Título en inglés:

The Illusion of Technique
A Search for Meaning in a Technological Civilization

Este libro es traducción de
The Illusion of Technique. A Search for Meaning in a Technological Civilization
© William Barrett, 1978
© Editorial Cuatro Vientos, Santiago de Chile, 2001
La Ilusión de la Técnica.

Derechos reservados para todos los países de habla hispana.

Registro de Propiedad Intelectual N°122.244
I.S.B.N. 956-242-073-6

Traducción: María Elena Silva y Héctor Orrego
Verificación: Paulina Correa y Marcela Campos
Imagen de portada: P. Prelaschi, Florencia
Diseño de portada: Josefina Olivos
Diagramación: Elba Peña

www.cuatrovientos.net

Para Julie

LA ILUSIÓN DE LA TÉCNICA
La búsqueda de sentido dentro de una civilización tecnológica

William Barrett

Traducción:
María Elena Silva y Héctor Orrego

Editorial Cuatro Vientos
Casilla 131, Correo 29, Santiago de Chile

Contenidos

Prólogo

"Los Grilletes Forjados por la Mente"

Para el autor, el comienzo de un libro es algo muy anterior a cualquier experiencia particular que él haya determinado como su comienzo. Pero puede que exista un incidente fortuito que el autor asocie con su estructura inicial:

Hace tiempo (febrero de 1974), el *New York Times* de Nueva York publicó una columna escrita por Anthony Lewis en la que describe una conversación con un cientista[*] conductual soviético en Leningrado. En el artículo no se nombra al cientista, pero es evidente que el periodista considera que el punto de vista de esta persona representa una corriente influyente en la Unión Soviética. Se trata de un punto de vista que no es totalmente desconocido a nuestros propios cientistas conductuales. La diferencia estriba en que, en la Unión Soviética, estos cientistas esperan que sus métodos se implementen en forma masiva. De manera que el cientista soviético en cuestión podía esperar tranquilo el día en que las técnicas de su ciencia determinaran completamente la estructura del nuevo hombre soviético. Cuando llegase ese momento, la discrepancia dejaría de ser un problema para el estado. Con ese sistema, las tendencias del individuo se canalizarían de tal modo para servir a los requerimientos de la sociedad, que la posibilidad de la reaparición del individuo rebelde se eliminaría para siempre.

---

[*] Usamos el apelativo "cientista" en vez de "científico", porque un cientista no es necesariamente un científico. Houston Smith (*The Forgotten Truth*) dice: "El cientificismo... va más allá de los hallazgos reales de la ciencia negando que existan, fuera de la ciencia, otras formas de abordar el conocimiento y que existan otras verdades que también son verdades". Al hacer esto, el cientista se separa de la ciencia en favor de la metafísica... la afirmación de que no hay más verdades que aquellas de la ciencia en sí misma no es una afirmación científica... tiene las connotaciones de una religión, de una religión secular (N. de los T.).

Ahora bien, el Sr. Lewis no se cuenta entre aquellos dados a ponerse demasiado nerviosos con respecto a la Unión Soviética —en realidad, sus esfuerzos periodísticos a menudo tienden a refrenar a quienes reaccionan en forma excesiva frente a este tema. Pero es evidente que esta conversación con el cientista soviético lo impresionó mucho. Cuando las dictaduras adquieren los métodos más racionales de la ciencia, llegan a preocupar aun a los liberales más acérrimos. La revolución, de acuerdo a Marx, ha dado lugar a una sociedad de acuerdo a Pavlov. Esta perspectiva bastó para despertar, por lo menos momentáneamente, al Sr. Lewis de los ensueños de la *détente*. Preguntó: "¿Qué ocurriría con individuos como Solzhenitsyn?". La respuesta del cientista soviético fue rápida y categórica: sencillamente no habrían más Solzhenitsyns.

En esos días yo leía *Archipiélago Gulag* y no pude dejar de pensar que los inquisidores de Solzhenitsyn ya tenían a su disposición algunas de las poderosas técnicas creadas para desalentar a los disidentes. Es verdad que sus métodos eran toscos, brutales y carecían de toda sofisticación científica. Pero lo peor era que se aplicaban luego de haberse cometido, o imputado, el crimen. ¿Por qué no prevenir el crimen de la disensión antes que se produzca? Con las técnicas más elaboradas del cientista conductual se podrían anticipar esas situaciones, estructurando la mente para que jamás experimentara la tentación de seguir por el camino de la disensión. Sería un gran paso hacia la eficiencia. ¿Para qué hacer esfuerzos extraordinarios destinados a quebrar el espíritu de un hombre si uno puede moldearlo para que no tenga espíritu? Además, como cuestión de economía, se ahorraría enormemente: sería innecesario el elaborado "sistema de alcantarillado" para eliminar rebeldes que presenta Solzhenitsyn. El asunto se reduciría a encontrar la técnica apropiada.

Estas técnicas para modelar la conducta también han constituido el tema del psicólogo estadounidense B.F. Skinner. Yo aún no había leído su libro *Beyond Freedom and Dignity*, aparecido más o menos en esta misma época. Ahora, súbitamente y en forma fortuita, esta columna en el *New York Times* trajo a los dos autores, Solzhenitsyn y Skinner, al centro de mi atención y no pude resistir el impulso de establecer un diálogo imaginario entre ambos. Mal que mal, el profesor Skinner, con las debidas reservas derivadas de las diferencias políticas, podría corresponder a un homólogo estadounidense del anónimo conductista soviético entrevistado en Leningrado por el periodista del *Times*. Jamás pensé que el Sr. Lewis pudiera catalizar algo en mí; tampoco se sabe desde cuál rincón puede surgir la luz. Sea como fuere, su columna me lanzó en el experimento intelectual de leer ambos libros simultáneamente —o, más precisamente, uno contra el otro.

Y, en realidad, en medio del desorden general de los acontecimientos contemporáneos, estos autores presentan un contrapunto sorprendente. Ambos libros fueron publicados en momentos suficientemente cercanos como para que puedan considerarse productos simultáneos de nuestra época. Ambos fueron grandes éxitos editoriales, aunque, como al parecer, nadie los ha comparado, deben haber llegado a públicos diferentes. Sin embargo, ambos libros, en sus estilos propios y diferentes, tratan el tema de la libertad, que se ha transformado en el problema más importante de nuestro tiempo.

Claro que tratan la materia en forma tan diferente que sus caminos jamás parecen cruzarse ideológicamente. El psicólogo americano no discute la libertad política como tal. Su sola preocupación es negar la posibilidad de que alguien, en cualquier sistema político, pueda alguna vez ser libre. Sin embargo, esta avasalladora postura metafísica no está libre de consecuencias políticas. La sociedad organizada de acuerdo a Pavlov no es políticamente inocente. El ideal de una personalidad libre y autogobernada (autónoma) constituye una parte tradicional de nuestro modo de concebir la ley y la filosofía política. Para el profesor Skinner esta idea no sólo es una ilusión sino además una perniciosa reliquia del pasado que actúa como una barrera para seguir progresando. Un programa enteramente científico en favor del avance de la humanidad** exige que eliminemos esta idea. De modo que, después de todo, el profesor Skinner se nos presenta como una especie de cruzado social.

Por otro lado, Solzhenitsyn nos entrega un poderoso y horripilante cuadro de la vida que llevan millones de personas que han sido privadas de su libertad. El ruso había sido encarcelado y luego exiliado por haber abrazado la causa de la libertad. A su vez el estadounidense, que denigra la idea de libertad individual como una creencia metafísica, ha recibido los máximos honores académicos en este país. Somos un país libre y no lo quisiéramos de otro modo.

Es evidente que vivimos en tiempos extraños.

** Barrett escribe *mankind*, no *humankind*, como es lo habitual hoy en día. Él es básicamente un hombre de la primera mitad del siglo, cuando aún no había conciencia de la falta de respeto que significa dejar a la mujer fuera de la humanidad. También usa frecuentemente el nombre genérico *man* (hombre) para referirse al ser humano, un error que hemos corregido sólo en forma ocasional, ya que no es papel de los traductores cambiar el estilo del autor. Etimológicamente, no es un gran error: antiguamente, en inglés, *man* no significaba "hombre" sino "ser humano". La palabra para "mujer" era *wif*, *woman* viene de *wif-man* (mujer humana). La palabra para "hombre" era *vir* o *wer*, del sánscrito *vira* (de donde se originan nuestras palabras "viril", "varón", "virago", etc.). Es interesante que en el inglés se conservó esta forma antigua en la palabra *werewolf* (hombre lobo) (N. de los T.).

I

Por el momento no es necesario profundizar en esta imaginaria confrontación que ha servido para situar la idea de la técnica científica en una novedosa y cruda relación con la vida. En una sociedad cada vez más dominada por la técnica, es probable que la tecnología humana ensaye e incluso logre conquistar un lugar dominante en esa dirección. Los cientistas conductuales tratan de forzarnos en ese sentido. Según el profesor Skinner, para curar nuestras enfermedades actuales necesitamos una "tecnología de la conducta". Y cree que esta tecnología ya está disponible. "Las técnicas ya están", nos asegura en forma reiterada; sólo tenemos que ponerlas en práctica.

Si nos detenemos por un momento a evaluar la situación, notamos que, en comparación con el siglo XIX, existe una notable desviación en el enfoque del problema del libre albedrío. Las personas de ese período sentían que la naturaleza imponía en ellas el determinismo. Este parecía ser el cuadro residual al que finalmente había llegado la física, la más exacta de las ciencias naturales. Las moléculas en la naturaleza existían en función de leyes inalterables y a medida que las moléculas de nuestro cuerpo cambiaban, nuestra mente y persona eran arrastradas con ellas. La única posibilidad era rendirse a este esquema, pues se imponía como la última palabra de la ciencia. De allí la gran ola de melancolía que cundió entre la gente educada, la cual sentía que frente a este universo, el esfuerzo humano era vacío e ineficaz.

Esa imagen científica ya no existe y la física ya no sirve de apoyo al determinista. Ahora no es la naturaleza sino los técnicos los que nos empujan a abandonar la idea de libertad. El cientista conductual que ha elaborado técnicas de condicionamiento en el laboratorio, las presenta como el fundamento de su afirmación de que la libertad es una ilusión. La "tecnología de la conducta", no la física, se transforma en la principal arma del arsenal del determinismo. No se debe dejar pasar inadvertida la ironía que esto implica. La mente humana crea esas técnicas de condicionamiento, termina encerrada en una prisión diseñada por ella misma.

Generalmente la idea prevalente de una época se produce contra el trasfondo de alguna imagen dominante. Para el antiguo determinismo newtoniano, era la imagen de los cuerpos celestes: las estrellas y planetas siguiendo cursos inalterables. Este modelo inalterable se extendía a las partículas de materia más pequeñas, de las cuales los humanos sólo éramos agregados fragmentarios. Las ecuaciones que rigen a los seres humanos eran las mismas que gobiernan a los cuerpos celestes en su

inercia circular. Y aunque algo más complejas, estas ecuaciones finalmente serían escritas. El determinismo más reciente invoca una imagen
diferente: el trasfondo contra el cual se mueve esta idea no es la imagen
cósmica de las estrellas desplazándose, sino un producto de la tecnología humana: el computador. Y el futuro de la libertad radica en que
logremos simular por completo la mente humana en un computador.

En otro contexto, William Blake se pronunció en contra de los
"grilletes forjados por la mente". Blake, el más visionario de los poetas
románticos, vio trazas de esos grilletes en los rostros y voces que encontraba en las calles de Londres. Esas vidas atrofiadas y atribuladas no
eran obra de la naturaleza, sino de la mente humana trabajando en
contra de sí misma. Aquí el tono de protesta social sólo era incidental
con respecto al objetivo de Blake. Las ideas libertarias de la Revolución
Francesa eran solamente un peldaño hacia las visiones de Swedenborg.
El enemigo, que para él siempre estaba en el trasfondo, era cierto mecanismo de la mente que empieza a prevalecer en la sociedad moderna,
sofocando la imaginación e inhibiendo la vida que se ahoga en las rutinas de la convención y la estrechez de una moral pacata. Aquí nuestro
contexto es algo diferente, e indudablemente más restringido, pero la
gran frase de Blake aún vibra plena de significado. Los "grilletes forjados por la mente" reaparecen bajo otra apariencia en la afición contemporánea por la "tecnología de la conducta".

En todo esto, el determinista se ve arrastrado por un impulso completamente humano y obstinado que es común a todos los intelectuales.
Tiene una convicción que desea comprobar a toda costa. Si la naturaleza no colabora conformándose a esta postura, procederá a producir
seres humanos completamente determinados. Los físicos nos dicen que
ya no podemos hablar de la naturaleza como una máquina en la forma
simplista de los filósofos y científicos de antaño. No importa; ahora el
determinista reemplazará este obstáculo produciendo seres humanos
mecánicos. Para disfrazar esta obstinación intelectual absoluta, se subra-
yarán las ventajas prácticas. Se nos promete que la tecnología de la
conducta —o, dicho de un modo más directo, la ingeniería de seres
humanos— disminuirá los conflictos sociales, hará que la sociedad funcione en forma más armónica y eficiente y tal vez —¿quién sabe?—
eliminará completamente las neurosis personales. Sin embargo, grilletes
son grilletes, a pesar de los beneficios imaginarios que pudiesen con-
ferir.

Por lo tanto, es evidente que cualquiera que en este momento argu-
mente en favor de la libertad tendrá que preocuparse de la naturaleza
de la técnica —su alcance y sus límites— si es que está pensando con-

frontarse seriamente con los posibles modelos de condicionamiento que algún día pueden imponernos. El tema de la técnica es en sí importante para la filosofía —y en especial es importante para la filosofía moderna, que tan a menudo se ha dejado deslumbrar por las materias de la técnica. Más significativamente, este tema tiene que ver con las incertidumbres de toda una civilización tecnológica, que al tiempo que ejerce sus grandes poderes técnicos, no está segura de sus límites o de sus posibles consecuencias.

II

En realidad este libro no se originó de esa accidental conjunción de acontecimientos: una fortuita columna en un periódico y la lectura de dos autores contemporáneos. Eso presentaría las cosas en forma algo más dramática de lo que realmente fueron y le daría más importancia a ese periodista de lo que yo quisiera. Cuando leí su columna, yo ya estaba embarcado en un estudio de la filosofía contemporánea que buscaba una perspectiva global de este tema sin caer en la habitual fragmentación en escuelas. A medida que avanzaba, fui eliminando cada vez más material irrelevante. Intelectualmente hablando, el siglo XX tiene una forma muy definida, que en ocasiones parecemos percibir muy claramente; pero como recién estamos a mediados de siglo, nuestra visión es parcial e incierta. Lo más perturbador es que el modelo que percibimos, los pasos significativos que parecen haberse dado aquí y allá, podrían revertirse con los acontecimientos de las próximas dos décadas y el posible colapso de una civilización que esto acarrearía. En este libro solamente aspiro a entregar un esquema hacia una historia de la filosofía de nuestro siglo. Y pienso que la historia se puede referir mejor en términos de ciertas figuras representativas que me atraen en forma especial.

Por eso los tres filósofos en los que me voy a concentrar son Ludwig Wittgenstein, Martin Heidegger y William James. La inclusión de James, cuya actividad pertenece en gran parte al siglo anterior, podría parecer fuera de lugar. Pero más adelante, en su debido contexto, se dará la justificación para incluirlo como contemporáneo.

A primera vista, son tres cohabitantes improbables. Sin embargo, si no queremos que la filosofía degenere en campos aislados, debemos tratar de comunicarnos a través de las barreras que algunos filósofos, a partir de un frenesí sectario, han intentado erigir. Estas tres figuras son representativas de ciertos modos importantes de filosofar que han dominado en este siglo.

Wittgenstein puede considerarse representativo de lo que se ha llamado "filosofía analítica". Sin embargo, la etiqueta es algo hechiza. El procedimiento de Wittgenstein es enteramente sintético e intuitivo, basado en destellos de inspiración más que en la laboriosa dialéctica practicada por otros miembros de la escuela.

Heidegger es representativo de la fenomenología y del existencialismo, aunque es tan único en sí mismo que la clasificación es puramente provisoria. En un momento declaró, tratando de apartarse del movimiento popular fundado por Sartre: "No soy un existencialista". Lo que dice Heidegger, si usamos la medida de Sartre, es verdad. Pero si extendemos más allá el sentido de la palabra, descubrimos que es "existencial" en un nivel más profundo de lo que jamás puede llegar el pensamiento de Sartre.

James es nuestro ejemplar del pragmatismo. Sin embargo, en el desinhibido tono personal de su filosofar así como en su osada aventura en la creencia religiosa —que son precisamente los aspectos por los que lo he escogido—, él siempre ha sido un motivo de vergüenza para algunos de sus colegas pragmatistas.

Teniendo en cuenta las heterodoxias creativas de estos tres pensadores, podríamos sostener que nuestra forma de tratar el tema es equilibrada. Sin embargo, cuando empecé este libro, no tuve la deliberada intención de buscar tal simetría, simplemente se produjo por la gravitación de la atracción personal. Entre las corrientes cambiantes de este siglo, no se puede estar seguro cuál nos llevará sin contratiempos a un canal más profundo y quedará varada en la arena. Uno no puede colocarse a un lado e intentar evaluar los caprichos con los que el futuro enjuiciará las reputaciones del presente. A la larga, es mejor actuar siguiendo las cosas que realmente nos atraen. El valor de un filósofo radica en la medida en que estimula nuestro propio pensamiento. En todo caso, uno filosofa mejor cuando dialoga con filósofos con cuyo pensamiento uno congenia.

No obstante, debo terminar con un agradecimiento hacia la columna del Sr. Lewis. Si no hubiese sido por el encuentro casual con este artículo en el periódico —y, más especialmente, la lectura en paralelo de Solzhenitsyn y Skinner que éste provocó—, el énfasis y aun la forma de mi exposición habrían sido muy diferentes. Porque el libro tal como está, aparte de ser una exploración de ciertos pensadores contemporáneos, también es un intento de entregar un razonamiento en favor de la libertad humana.

Hay muy buenas razones filosóficas para hacer de la libertad un tema central en la filosofía. Emmanuel Kant sostuvo que las tres grandes preguntas filosóficas eran Dios, la libertad y la inmortalidad. Estas son las preguntas que todos queremos ver contestadas y que la ciencia nunca podrá responder. Cerca del final de su vida, Kant llegó a sostener que la pregunta sobre la libertad tenía cierta prioridad entre las tres. El tema de la libertad es algo que nos queda más directamente a la mano; su realidad está presente dentro de nosotros y se hace, aunque sólo sea en parte, presente en nuestra experiencia; y a medida que nos adentramos en la pregunta de la libertad, ella se abre hacia las otras dos grandes preguntas: Dios y la inmortalidad. Creo que Kant basó su punto de vista en buenas razones; y voy a recrear su enfoque —aunque con un lenguaje muy diferente— en algunas de las páginas que siguen. Pero al colocar figuras como Solzhenitsyn y Skinner en una confrontación, estas razones formales se retiran al trasfondo. Al hacerlo, captamos una fugaz visión de nuestra actual libertad y de la filosofía misma sosteniéndose precariamente al borde de una civilización técnica para la cual dejan de ser comprensibles los razonamientos de Kant.

Ya que este razonamiento está contenido en nuestra exploración de tres filósofos, voy a presentar un bosquejo de su pensamiento como un tipo de guía preliminar.

I. Para nosotros, la lección de la obra de Wittgenstein se halla en el fracaso de la lógica para determinar una filosofía. (Esto no es todo lo que Wittgenstein tiene para enseñar, ni lo único que nos aporta, pero es la lección que subrayamos). Al llegar a cierto punto, la lógica formal tiene que entregarse a las percepciones más caprichosas del sentido común. La insistencia respecto a la exactitud tiene que doblegarse ante los requerimientos de la realidad.

En este caso, la lógica formal es lógica matemática, una técnica que, a principios del siglo XX, para algunos filósofos parecía suficientemente poderosa como para resolver todas las disputas filosóficas. Por lo tanto, su fracaso en lograr esta paz debe decirnos algo sobre los límites de la técnica en general. Una civilización altamente técnica que ensaya manejarse a sí mismo a través de una acumulación de técnicas no puede sustraerse de las contingencias de la decisión y de la creatividad que son necesarias para mantener la máquina en movimiento. ¡Decisión y creatividad! Nuevamente volvemos a la condición humana de la libertad.

II. Sin embargo, las técnicas humanas no operan en el vacío. Material y socialmente inmersas en la forma de nuestra tecnología, configuran para nosotros un nuevo medio ambiente. Nos colocan como seres humanos en una nueva relación con nuestra naturaleza ambiental, con el cosmos y, en último término, con nosotros mismos.

Con la explosión de la bomba atómica, vislumbramos algo de este nuevo ámbito del ser al que hemos ingresado —lo vislumbramos, pero apenas si lo comprendemos. Desde entonces la prensa nos ha inundado de opiniones en favor y en contra del tema de la tecnología, pero a pesar de todas las palabras vertidas, es dudoso que hayamos comprendido filosóficamente lo que nos ha sucedido.

Al hacernos estas preguntas, Heidegger es un guía útil. La cuestión de la tecnología, esencial en sus escritos posteriores, es de hecho el tema por el que conduce a su pensamiento hacia una confrontación directa con la era moderna. Superficialmente, la tecnología parece una simple servidora de la libertad: al aumentar nuestras potencialidades, multiplica nuestras oportunidades de ser libres. Pero al alcanzar esos poderes, perdemos el sentido directo y orgánico de la relación que una vez tuvo la humanidad con la naturaleza; o, en palabras de Heidegger, adquirimos dominio sobre los seres, pero al precio de perder el sentido de Ser. Podemos imaginar una sociedad técnica del futuro que, habiendo superado sus problemas materiales, se aboque al hecho de haber perdido su significado, precisamente porque su propio pensamiento técnico la dejó incapacitada de entender.

Aquí la función de la filosofía no es entregar respuestas, sino mantener vigentes las preguntas.

Pero como individuos tenemos que responder otra pregunta que nos lleva inevitablemente un paso más allá de Heidegger:

III. Tanto Wittgenstein como Heidegger, en ciertos momentos y aspectos, son pensadores religiosos de la misma categoría. Pero si su pensamiento los lleva al umbral de lo religioso, ellos no lo traspasan. La cuestión de la libertad no puede detenerse ahí; debe avanzar más allá de este umbral para explorar las necesidades del individuo y su derecho a arriesgarse dentro de la creencia religiosa. La religión no es un asunto adventicio que de alguna manera se adhiere al problema de la libertad. En aras de su propia libertad, el individuo se ve impulsado a plantearse la pregunta religiosa —como quiera que la responda. Por lo tanto, cualquier defensa filosófica de la libertad será incompleta si no se planteara a sí misma esta pregunta.

Y aquí (en la Parte III) elegimos a William James como compañero de viaje. Escoger a James para este objetivo resultará bastante obvio, ya que la voluntad de creer ha constituido su tema central; pero hay otra razón para haberlo elegido: es *casi* el último filósofo moderno que nos presenta al individuo en lo concreto de sus necesidades y opciones. Esta puede ser una afirmación sorprendente en vista de la prominencia de ciertos filósofos existencialistas de nuestro tiempo. ¿Acaso no encontramos al individuo por todas partes en las páginas de Heidegger y Sartre? En realidad no en el sentido que lo estamos buscando. A pesar de toda la profundidad y poder del análisis de la existencia humana que presenta Heidegger, el individuo es reemplazado por una estructura de posibilidades; y así es como debe ser dentro del esquema de su pensamiento. En Sartre, el individuo desaparece en la demoniaca y melodramática posibilidad de su propia libertad. Como aquel Pierre, que frecuenta eternamente el café por su ausencia, el individuo termina convirtiéndose en una ausencia: deja de ser una persona como usted o yo, para transformarse en una invención de su propia abstracta e imposible fantasía de libertad. Debemos retornar a James para encontrarnos con nuestras verdaderas dudas e incertidumbres; y por eso creo que es valioso, especialmente en la actual situación de la filosofía, renovar su modo de pensar, por mucho que tengamos que disentir con él al final.

Con respecto al aspecto social en la libertad, actualmente es difícil escribir sobre el tema de la libertad sin que se imponga como lo primordial la cuestión social: cómo podríamos preservar y si es posible extender la libertad. Esta cuestión social, como tal, queda fuera del plan de este trabajo, aunque en dos capítulos finales (en la Sección IV) la abordamos indirectamente. A nosotros nos interesa la pregunta filosófica —y, de hecho, metafísica— de la libertad para el individuo, y no las formas y problemas específicos de la libertad política. Sin embargo, a la larga, no creo que los dos tipos de pregunta puedan separarse; y me parece que el curso de los acontecimientos que se han desencadenado en el mundo apoya este punto de vista.

Parte I

La Técnica

Uno

La Ilusión de una Técnica

Ludwig Wittgenstein llegó a Cambridge en el otoño de 1911. En la primavera siguiente se matriculó como alumno de Bertrand Russell y gracias a su personalidad clara y franca pasó rápidamente de alumno a amigo y colaborador crítico en los problemas en que trabajaba su maestro.

El momento de su llegada era auspicioso. Un año antes, Russell y Whitehead habían publicado el primer volumen de *Principia Mathematica*, una obra sobre lógica y los fundamentos de las matemáticas que hizo época. Ahora trabajaban en los volúmenes que le seguirían, proyectados para los años siguientes. Wittgenstein llegó demasiado tarde para colaborar en ellos. Ya antes de su llegada, el texto había adquirido una forma inalterable. No obstante, por estar tan cerca de Russell, Wittgenstein se transformó de lleno en un partícipe en las cuestiones que provocaba toda esa empresa.

La imaginación se excita ante el espectáculo de tres hombres tan extraordinarios reunidos alrededor del mismo recién nacido. Si bien esta imagen parece intelectualmente verdadera, no es físicamente exacta. El intercambio entre Wittgenstein y Whitehead debió haber sido escaso y sólo producto de la mutua colaboración con Russell. En esa época Whitehead ya se había trasladado a Londres y su colaboración con Russell se hacía en gran parte a través del correo y el telégrafo. No obstante, desde el punto de vista de la historia intelectual, la imagen de estas tres mentes centradas en el mismo tema sigue siendo válida. Debemos imaginar a estos tres contra el trasfondo de los años inmediatamente previos a la Gran Guerra, como aún llaman a este conflicto los británicos. En Cambridge, el ambiente intelectual relucía con un tranquilo esplendor que nunca más volvió a verse en el mundo. Aunque los individuos inmersos en él no estaban conscientes del hecho, se trataba del fin de un capítulo de la civilización europea. Pero en lo que se refiere a *Principia Mathematica,* y su tema, la lógica matemática, esos años fueron el inicio de un capítulo en una carrera llena de aventuras. Por lo tanto, mirando hacia atrás, se justifica plenamente destacar el momento histórico cuando estas tres mentes se concentraban en el mismo camino.

Es raro encontrar tres mentes de esta magnitud juntas en el mismo lugar y tiempo; más raro aún que centren su atención en el mismo tema e incluso en el mismo libro. La unidad que mantenían en ese momento resalta aún más por las extraordinarias diferencias en la personalidad de estos tres hombres. Si uno buscara en todo el espectro humano, sería difícil encontrar tres especímenes más distintos, tanto en sus orígenes como en sus rasgos individuales. No podemos estar seguros desde qué profundas vertientes de carácter se originan nuestras filosofías personales. Parecería que en los filósofos siempre es posible advertir una profunda correspondencia interna entre el hombre y su filosofía. Entonces, ¿son nuestras filosofías sólo el inevitable resultado del peso del destino y de las circunstancias personales impuestas en cada uno de nosotros? ¿O es que estas creencias son los medios a través de los cuales nos creamos libremente para llegar a ser la persona que somos? Aquí, al inicio ya revolotea en el trasfondo la cuestión de la libertad. Pero sea cual sea nuestra respuesta final, podemos señalar que estas vertientes de carácter personal no podrían haber sido más diferentes.

Russell, como la figura más pública de los tres, era la personalidad más fácilmente accesible. No obstante, su biografía nos deja con la sensación de algo extraño y no realizado en su vida, una porción de su ser que nunca llegó plenamente a la conciencia. Huérfano y aristócrata, fue marcado por una doble y contradictoria soledad; y ninguna de sus posteriores aventuras en el amor y en la fama lograron llenar ese vacío interior. Percibía los sentimientos como una abstracción, pero nunca pudo realizarlos en forma concreta en su propia vida. Ayudó a fundar una escuela para niños necesitados, pero sus hijos no se sintieron queridos por él. Fue un liberal y un campeón de las causas humanitarias; pero frente a un antagonista filosófico, no siempre era muy justo. Sus ideas políticas eran democráticas y socialistas; pero sus parientes habían sido importantes estadistas en los consejos de Inglaterra, y en los debates filosóficos Russell solía adoptar la actitud de un lord en el Parlamento silenciando a un *backbencher** con mordaz ironía.

---

* *Backbencher* es una palabra intraducible. Reciben este nombre los parlamentarios que se sientan en las tribunas alejadas del pasillo central de la Cámara de los Comunes y los miembros de la cámara que no tienen cargos en el gobierno o en la oposición (N. de los T.).

Whitehead pertenecía a otra categoría, en una época en que las diferencias de clase en Inglaterra no sólo eran cuestión de status social, sino también de herencia espiritual. Sus parientes eran "gente local", profesores de escuela y ministros de la iglesia de la zona rural de East Kent, y Whitehead heredó de ellos su profunda devoción por el terruño y la vida enraizada en ella. Es comprensible que a la larga gravitara, aun en su filosofía, hacia la poesía de la naturaleza que se encuentra en Wordsworth y los demás románticos.

Si la mayor diferencia entre dos individuos radica en su relación con la religión, entonces Russell y Whitehead son diametralmente opuestos. Russell es el racionalista inveterado, para quien la religión es ajena y antitética, y en definitiva sólo una hipótesis absurda sobre lugares comunes para los cuales no hay evidencias. Por un tiempo mantuvo cierto flirteo con el misticismo, pero se trataba de un misticismo con poco o ningún contenido religioso —sólo una intoxicación intelectual con las matemáticas, que se esfumó a medida que pasaron los años.

Por otro lado, los impulsos religiosos de Whitehead son profundos y genuinos. Por muy liberal que sea su teología, su devoción es profundamente ortodoxa. Sus sentimientos religiosos son espontáneos y naturales. Salen a la superficie cada vez que la ocasión lo permite. Pero su expresión final es un sistema metafísico completo, el cual, aunque es de una generalización avasalladora, está enraizado en la línea de sus antepasados, aquellos "hombres locales" amarrados a su región. Whitehead les dio a ellos y a su devoción tradicional una voz metafísica.

Tanto Russell como Whitehead pertenecen en buena medida a la civilización del siglo XIX. Podemos imaginar a Russell en la misma línea que John Stuart Mill, liberal en lo político y utilitario en lo moral, pero, como corresponde a la modernidad, con el agregado de ciertas notas escépticas y disonantes. Whitehead a veces nos hace recordar la Inglaterra de Newman. Es posible imaginar a Whitehead una generación atrás como uno de los tocados por el fervor de Newman, pero manteniéndose en forma resuelta en la devoción de su región y de su iglesia local. Su prosa a veces puede invocar esta comparación. Por ella corre cierto murmullo clerical que nos recuerda a Newman, si es posible imaginar por un momento a ese impecable estilista escribiendo en forma algo descuidada.

Pero cuando llegamos a Wittgenstein, es indudable en qué siglo nos encontramos: en el nuestro. No se trata de haber agregado acordes nuevos y disonantes a la vieja melodía. La clave misma ha cambiado o, más bien, desaparecido: nos encontramos en nuestro propio mundo atonal. La diferencia no es sólo de años, aunque se trate de años en que se produjo un vuelco en la civilización. Hay que tener presente que en ese período Whitehead tenía cincuenta años, Russell cuarenta y Wittgenstein era un muchacho de veintidós.

La diferencia en sus orígenes era aún más considerable: Wittgenstein venía del centro de Europa, de Viena, una tierra fértil para el modernismo en una serie de formas y, por lo tanto, la antípoda cultural de la Inglaterra de esa época. Él expresa sus visiones en brillantes fragmentos, en consonancia con la naturaleza deliberadamente fragmentaria de gran parte del arte moderno. En sus anhelos religiosos está tan lejos del chispeante escepticismo de Russell como de la sólida devoción de Whitehead. Profundamente religioso, Wittgenstein practica una religión ascética —en este caso, una autonegación que inhibe sus propios impulsos religiosos. Esta autoprivación se parece algo al aterrador ejemplo del gran escritor modernista Franz Kafka. Mientras más profundos sean los sentimientos, más silenciosamente se deben enfrentar. En resumen, Wittgenstein es otra personificación del genio neurótico, y como tal, completamente representativo de nuestra época de neurosis. No le falta nada para ubicarlo dentro del modernismo, incluyendo su homosexualidad y los amargos conflictos ocasionados por ello.

¿Cuál era entonces la poderosa idea que lograba juntar las mentes de tres seres humanos tan diferentes? ¿Existiría una lógica capaz de unirlos permanentemente bajo el estandarte de una sola filosofía?

Para la mayoría de nosotros, la lógica no es un tema tan importante ni central. La vida parece funcionar a veces con un mínimo de lógica. Y en cuanto a la lógica matemática, ésta parece aún más remota y rarificada: una disciplina intrincada para especialistas. Pero *Principia* no era cualquier texto de lógica y, cuando apareció, no hacía las afirmaciones habituales. El siglo XIX había visto los primeros pasos decisivos para matematizar la lógica y a fines de siglo, distintos lógicos habían hecho una serie de brillantes exploraciones en este sentido. Russell y Whitehead se propusieron primero codificar todas estas exploraciones previas y colocar el cuerpo de la lógica en una forma precisamente simbólica o matemática. Con ello, y por primera vez en la historia humana, parecía que iba a existir una representación completa y exacta de la estructura del pensamiento humano.

Pero los autores también tenían en mente otro objetivo aún más osado. Además de codificar toda la lógica, buscaban "reducir" las matemáticas a la lógica. Reducción aquí significa el intento de lograr un sistema dentro del cual todas las verdades matemáticas se pudieran expresar en un lenguaje puramente lógico que las revelaría como verdades esencialmente lógicas. Por lo tanto, *Principia* prometía arrojar una nueva y definitiva luz sobre los fundamentos de las matemáticas —un área que, a fines de siglo por diversas razones, se había vuelto especialmente dificultosa. Después de antiguas incertidumbres y dudas, estos fundamentos finalmente se afirmarían al quedar establecidos dentro de la estructura más simple, pura y básica de la lógica misma.

Para el visionario, la llegada de este libro fue un sueño hecho realidad. Más de dos siglos antes, al comienzo de la era de la ciencia moderna, el gran filósofo y matemático Leibniz había bosquejado un proyecto para crear una *caracteristica universalis*, un lenguaje exacto y universal que pudiesen usar los científicos de todas las naciones y en todas las disciplinas. La obra de Russell y Whitehead parecía haber conseguido el propósito de ese proyecto. Después de todo, aquí había un lenguaje universal, ya que expresaba el meollo lógico de todos los lenguajes. Cualquiera que hablase lógicamente, sin importar su área, terminaría hablando dentro de este sistema. Se podrían construir lenguajes teóricos especiales para el uso particular de ciertas ciencias, pero también operarían dentro de la matriz general de la lógica. Como el lenguaje lógico ideal, *Principia* sería el lenguaje de los lenguajes.

Russell y Whitehead no hablaron en forma explícita de la técnica. Esta palabra aún no sobresalía con fuerza en el vocabulario intelectual; y habría sonado extraña en el ambiente filosófico de Cambridge antes de 1914. Cuando los filósofos británicos conocieron el pragmatismo estadounidense en los escritos de William James y John Dewey, las mentes reinantes en Cambridge —G.E. Moore y el mismo Russell— fruncieron el ceño con desdén. Sólo los filósofos estadounidenses podían ser tan toscos y vulgares como para mezclar la filosofía con asuntos prácticos. Por eso Russell y Whitehead presentaron su lógica como teoría pura. No obstante, en la medida en que pretendían introducir un lenguaje ideal y exacto, era imposible dejar de lado nociones de naturaleza instrumental y práctica. El lenguaje se debe concebir, al menos en uno de sus aspectos, como una herramienta o instrumento. En efecto, es el más poderoso instrumento y la mayor ventaja que los humanos poseen en relación con las demás especies. Considerado como el lenguaje de los lenguajes, *Principia* también nos entregaría la técnica de las técnicas: sería el instrumento de pensamiento más poderoso concebido hasta ahora. Russell se apresuró a proclamarlo como tal, insistiendo en que el inglés corriente confunde y es engañoso y que sólo a través de este nuevo lenguaje formal es posible el pensamiento claro y exacto.

I

Si uno considera las dificultades iniciales que presenta el texto, el prestigio alcanzado por la obra de Russell y Whitehead fue más bien rápido. Erizado de símbolos extraños, *Principia* parece a primera vista incomprensible para una inteligencia común. Un crítico ha señalado que de hecho es esencialmente un libro basado en notas. Este comentario es irónico, pero tiene algo de verdad. Bajo la prolija riqueza de simbolismos, las ideas básicas de la obra son muy sencillas y están al alcance del novato inteligente. Y cuando estas ideas se popularizaron, fue precisamente su avasalladora simplicidad lo que determinó su poderoso atractivo.

El primer impacto lo ejerció sobre los especialistas: lógicos y aquellos matemáticos interesados en los fundamentos de su disciplina. Sin embargo, durante los años 20, el entusiasmo cundió entre los filósofos, y en la década del 30 se convirtió en un éxito en algunos círculos filosóficos. El profesor C.I. Lewis de Harvard, distinguido filósofo y lógico por derecho propio, declaró que el libro marcaba un vuelco en el pensamiento humano. Además, la aparición del positivismo lógico aproximadamente en el mismo período sirvió para reforzar este punto de vista.

Lo que hicieron los positivistas fue tomar el empirismo de David Hume y anexarlo a la nueva técnica de la lógica matemática. Sin embargo, en su verdadero modo de filosofar, fue esta última el arma más potente y agresiva. Parecía darles a los filósofos un lenguaje más exacto y "científico" en comparación con sus adversarios. En ese entonces parecía que los problemas filosóficos sólo se podían plantear con precisión dentro del sistema de este lenguaje. Por otra parte, uno se engañaría con pseudoproblemas sutiles y vaporosos como la neblina. Y cuando los positivistas volvieron esta arma en contra del pasado, iniciaron una masacre generalizada. Los grandes problemas filosóficos del pasado serían declarados pseudoproblemas y las grandes figuras del pasado se describirían como hombres luchando contra sombras vacías. El esquema resultante del positivismo al menos tenía la virtud de su abrumadora simpleza. Todos los problemas eran cuestiones de hecho o de lógica. Los primeros se resolvían mediante la ciencia, y la filosofía desaparecía en cierto tipo de análisis lógico sin dejar residuos. Así, cuando la filosofía —que originalmente se suponía cuestionaba todo— se cuestiona a sí misma, descubre que ha desaparecido.

Esta postura no debiera sorprendernos. A partir de Kant, la filosofía moderna se ha dedicado a buscar y replantear su legítimo papel. Incluso el período moderno se podría describir como el período en que la filosofía se ha vuelto más insegura de sí misma. El positivismo al menos tenía una respuesta clara para esta incertidumbre. En el descarnado cuestionamiento de las escuelas filosóficas, entre las diversas propuestas respecto a qué es o debiera ser la filosofía, ninguno era más francamente suicida que el del positivismo.

Se cayera o no en las disputas surgidas en ese período en torno al positivismo, la lógica matemática rondaba el ambiente intelectual general. Para un joven estudiante recién entrando a la filosofía, *Principia Mathematica* era un libro obligado. Se había convertido en una especie de *pons asinorum* moderno, el puente que se debía cruzar para llegar al verdadero terreno de la filosofía de más allá. Fuese cual fuese su área en particular, uno sentía que sería competente en ella sólo cuando tuviera cierta comprensión preliminar de este libro. En esa época pensábamos que los problemas filosóficos se podían plantear con algún grado de precisión sólo en los términos de este lenguaje. Y si no era posible plantearlos así, tanto peor para ellos: podían descartarse o ser ignorados. Prevalecía en el ambiente una fe en que la lógica, en su forma matemática, era una técnica decisiva para la filosofía.

II

Hoy en día, esa confianza ha decaído entre los filósofos. Sin embargo, no ha desaparecido la creencia en el papel decisivo de la técnica; se ha transmitido desde los filósofos a toda la cultura. Se ha convertido en una fe generalizada, que sostiene que la técnica y la organización técnica son las condiciones necesarias y suficientes para alcanzar la verdad; que pueden abarcar toda verdad; y que bastarán, si no en este momento, dentro de poco, para responder las preguntas que nos plantea la vida.

Por eso el caso de nuestros tres filósofos es de suma importancia. Los acontecimientos históricos habitualmente se desarrollan en forma tan asimétrica y poco clara que es difícil recoger las lecciones que de ellos se podrían aprender. Pero ocasionalmente, como en el caso actual, la historia nos ofrece sus propios experimentos cruciales: situaciones en que basta con no ser ciego para extraer una enseñanza. El siglo XX nos legó una demostración de este tipo en el caso de los desarrollos filosóficos de Russell, Whitehead y Wittgenstein. No aprovecharlo sería atrincherarnos más profundamente en nuestras actuales ilusiones con respecto a la técnica. Como dijera Santayana, los que no aprenden de la historia están condenados a repetirla.

Volvamos a nuestra situación inicial. Centremos nuestra atención en tres filósofos de habilidades extraordinarias en el momento en que se adueñan de un instrumento de pensamiento notablemente poderoso. Además, los tres estaban convencidos del gran valor e importancia de este instrumento. Entonces, si la técnica fuera decisiva en la formación de una filosofía, cabría esperar que los tres, en su desarrollo subsecuente, hubieran recorrido aproximadamente el mismo camino. Serían aceptables algunas divergencias menores según los distintos intereses personales y estilos de expresión. Era de esperarse que sus filosofías posteriores se hubieran desarrollado en forma más o menos paralela —al menos si la técnica común fuera el factor decisivo. Sin embargo, es claro que la realidad histórica resultó ser completamente diferente. En su desarrollo ulterior, los tres filósofos siguieron caminos drásticamente divergentes.

Es difícil detectar si acaso la técnica lógica jugó un papel importante en la formación de las filosofías de Russell y Whitehead, los autores de *Principia*. Dos años después de la aparición del primer volumen de *Principia*, en *The Problems of Philosophy* (1912), la postura de Russell se desarrolla en forma independiente de la lógica matemática. Esta postura es el platonismo, elaborado como una rebelión contra el idealismo en que Russell se había formado. Sus razones para este cambio no se derivan del aparato de la lógica matemática. Retrospectivamente, se puede hacer el juicio contrario: una buena parte de la estructura platónica de *Principia* debe su forma a una filosofía desarrollada de manera independiente.

En 1914, en *Our Knowledge of the Eternal World*, Russell cambia de rumbo y proclama que "*la lógica es la esencia de la filosofía*", asignándole así un papel determinante a la nueva técnica. Esta simple afirmación —"la lógica es la esencia de la filosofía"— resume el meollo del positivismo lógico mucho antes de que apareciera este movimiento. Sin embargo, en los años siguientes, la postura de Russell cambia tan frecuentemente de rumbo que sólo se puede concluir que si estas directivas provienen de la lógica, es evidente que suministra guías muy inciertas y poco concluyentes.

En 1912, la postura de Russell era de un dualismo dentro de las líneas habituales y tradicionales. La experiencia se divide en dos mundos: uno privado o subjetivo y otro público u objetivo; los mundos de la percepción sensorial y de la física. Como veremos, esta doctrina será un tema recurrente en este libro. Es una doctrina que ha dado forma al clima intelectual de toda la edad moderna, y contra la cual los filósofos de este siglo, sin importar sus diferentes escuelas, se han sentido llamados a combatir. Russell tampoco se siente cómodo con ella, y en 1914 intenta trascender la doctrina de los dos mundos construyendo un puente entre el mundo de la mente y la materia —o, como dice él, entre la psicología y la física. Con este fin adopta de Whitehead una técnica lógica para derivar los conceptos abstractos de la física a partir de los datos sensoriales concretos[1]. Si los conceptos fundamentales —de espacio, tiempo y materia— en que enmarcamos nuestra noción del mundo físico pueden exhibirse como derivados de nuestra experiencia sensorial, entonces el golfo entre los dos mundos se hace más fácil de sortear. Sin embargo, siguen habiendo dos mundos —si no fuera así, ¿por qué luchar denodadamente para construir un puente entre ambos?

Luego, Russell dio otro paso, que no aparece tan explícito hasta 1921, en su *Analysis of Mind*. En lugar de un dualismo entre dos mundos, ahora existe una doctrina que él llama "monismo neutral". (Los términos, así como la sugerencia inicial, fueron tomados de William James, aunque Russell los usa en forma no jamesiana). No hay dos mundos, mental y material, sino sólo uno, que se puede ver alternativamente como mental o material, dependiendo de la forma en que lo construimos a partir de componentes elementales que en sí no son mentales ni materiales —por lo tanto, se les debe llamar "neutros". Russell escogió los datos sensoriales elementales como materiales de construcción básicos. Por ejemplo, la mesa en que escribo es un conjunto de datos: color, forma, dureza, etc. Mi mente que la contempla es

---

[1] Whitehead lo llamó el método de la "Abstracción Extensiva". En esencia, era el procedimiento usado en *Principia* para abordar los problemas matemáticos relacionados con el "corte" o la "cortadura" de Dedekin y los números irracionales. En vez de postular la existencia de un número irracional (como $\sqrt{2}$) como una entidad distinta, uno lo "construye" como una clase de números racionales. Por lo tanto, Russell pensó que no era necesario postular la existencia de objetos físicos corrientes, como mesas o sillas, sino simplemente "construirlos" como clases, o colecciones, de datos sensoriales.

Para Russell, "construir una clase" sólo consistía en tener una notación adecuada para escribirla. Más adelante, Wittgenstein rechazó esta peculiar idolatría de la notación. Su pensamiento con respecto a las matemáticas había cambiado, bajo la influencia de Brouwer, y sus requerimientos para la construcción necesitaban ser mucho más claros y definidos. La clase se construye sólo en la medida en que se computa el número. Con esto se llega, sin importar cuán lejos esté, a un decimal finito, que no alcanza "*al* número irracional" que se busca. Ver Capítulo 6.

Alrededor de este aislado pero significativo procedimiento podríamos desarrollar todo un capítulo sobre los papeles relativos de la filosofía y la técnica. Luego:

(1) Dos filósofos, Whitehead y Russell, adoptan la técnica. No obstante:

(2) Les entrega en sus manos una interpretación filosófica completamente diferente con respecto a la naturaleza de la experiencia. Mientras tanto:

(3) Un tercer filósofo, Wittgenstein, ¡rechaza absolutamente la técnica basándose en la filosofía!

Decididamente, aquí la técnica es útil para la perspectiva filosófica con la cual se llega a esta técnica.

también otro conjunto, pero de datos diferentes, vale decir, compuesto por todos los datos sensoriales que constituyen el material de mi biografía personal.

La doctrina del monismo neutral es un esfuerzo barroco y espectacular, aunque de dudoso éxito. Cabe preguntarse: ¿por qué Russell eligió los datos sensoriales como los materiales de construcción elementales de la realidad? ¿Escogió lógicamente de acuerdo a la nueva lógica que se suponía era "la esencia de la filosofía"? Si había algo "neutro" en esta enredada situación, era la técnica lógica misma situada entre dos visiones rivales de la experiencia. De esta manera, Russell reconoció su deuda con Whitehead respecto a esta técnica, mientras que en manos de Whitehead esta misma técnica produjo una filosofía completamente diferente. Y esto ocurrió porque ambos hombres partían de visiones de la experiencia completamente diferentes. Para Russell, la experiencia nos llega fragmentada en átomos separados; para Whitehead, cada percepción sensorial constituye una revelación inmediata del mundo, en la cual entran todos los detalles del trasfondo, aunque con distintos grados de relevancia. Russell llegó a la idea de los datos sensoriales como materiales de construcción básicos del mundo a través de un proceso de pensamiento —o falta de pensamiento, como dicen sus críticos— que no se derivaba en absoluto de la lógica matemática. Su elección de estos elementos se originó de una forma particular de captar y elaborar la experiencia —de una fenomenología peculiar, para usar el término de otra escuela— que era anterior a la aplicación de la técnica.

En 1948, con la publicación de *Human Knowledge*, ¡Russell, finalmente ha dado un giro completo y declara que la lógica no es en absoluto parte de la filosofía! Había leído la escritura en la pared: para los matemáticos, la lógica matemática se había transformado en un área de investigación específica y voluminosa, que había decantado como una disciplina muy especial dentro de las propias matemáticas. Dejó de ser la *caracteristica universalis*, ese lenguaje universal y global con que había soñado Leibniz como una posible clave para todo el conocimiento. Desde 1914 hasta 1948 —en un tercio de siglo—, la lógica ha pasado de ser el centro de la filosofía a no formar parte de ella. Si esta conclusión fuera correcta, la filosofía estaría en un estado tal como si jamás se hubiera escrito *Principia Mathematica*, y esto también se lo debemos a Russell, porque durante esa época ninguna de sus posturas filosóficas de fondo se derivó de esta particular técnica de la lógica.

En la filosofía de Whitehead, el papel de la lógica matemática tampoco es determinante, y en algunos aspectos, es aún más difícil advertir su presencia. Es verdad que en escritos subsiguientes emplea algunas de las técnicas de *Principia* para elaborar sus ideas sobre el espacio y el tiempo, pero las técnicas están al servicio de una intuición fundamental que forma parte de una visión más amplia del universo. Y Whitehead insiste en esta visión ampliada. Es uno de los pocos filósofos de nuestra época que se aferra a la necesidad de la filosofía especulativa y que desarrolla este sistema en forma personal.

Aquí, "especulativa" significa exactamente lo que dice la palabra. El filósofo busca una generalización más allá de los límites de la ciencia; intenta desarrollar un sistema de ideas global y coherente dentro del cual sean más inteligibles los resultados parciales de la ciencia. Hoy en día, este intento no es popular, al menos entre los filósofos; en cambio algunos científicos en ánimo festivo no desdeñan hacer incursiones especulativas. Sin embargo, Whitehead sostenía que no aventurarse en estas conjeturas racionales es frustrante para el intelecto humano. Nos embota dejar de asombrarnos ante el universo, frente a todo lo que existe y ante Dios como fundamento de la realidad entre Ser y No-Ser. Alejada de tales interrogantes, los horizontes de la mente humana se restringen y empequeñecen. Así, su impopular entusiasmo por la filosofía especulativa acabó dirigiéndose contra el dominio de la técnica que él había ayudado a gestar. Sus palabras poco antes de morir: "*La decadencia de la filosofía especulativa es una de las enfermedades de nuestra cultura*", apuntaban contra el estrecho positivismo que en ese período se afirmaba en la técnica de *Principia*.

Más aún, la premisa fundamental de la filosofía de Whitehead es contraria a la lógica que él mismo había creado con Russell. Whitehead tiene una visión orgánica del universo. Las partes de un organismo se hallan en una relación interna recíproca dentro del todo. Sus conexiones no son sólo externas, sino uniones íntimas entre ellas. Sin embargo, en la lógica de *Principia*, todas las conexiones son "extensionales": vinculan los hechos en forma externa. En ese lenguaje no se puede expresar la intimidad entre los hechos A y B más allá de decir que A y B casualmente se encuentran juntos. Se puede afirmar su coincidencia pero no su interrelación activa. Whitehead nunca miró hacia atrás con el ánimo de hacer una crítica detallada de su obra con Russell[2]. Prosi-

---

[2] La única excepción, un párrafo en un ensayo tardío, *Mathematics and the Good*, es un devastador comentario contra la Regla de los Tipos, introducida por Russell en la obra. Según Whitehead, la regla es una muleta práctica adoptada sólo para hacer funcionar el sistema. Pero si esta regla realmente se usara, ¡la aritmética se transformaría en algo inoperante! Como esta regla era claramente un aporte de Russell, aquí Whitehead podría estar ventilando antiguas desavenencias. Pero el asunto mismo es muy importante y lo retomaremos en el Capítulo 6.

guió filosóficamente como si la colaboración jamás hubiera tenido lugar. Toda su filosofía posterior podría haber sido sustancialmente igual aun si *Principia* jamás hubiese existido.

Curiosamente, el discípulo más joven, Wittgenstein, es el que filosóficamente evoluciona más unido a las fortunas de la lógica matemática. Fue el único de los tres que intentó tomar en serio la afirmación de Russell respecto a que la lógica debiera llegar a ser la esencia de la filosofía. En todo caso, Wittgenstein empezó construyendo una visión total del mundo dentro del marco de la lógica matemática. Pero no se quedó ahí. Su etapa posterior fue renunciar al dominio de la lógica formal para reemplazarlo por el lenguaje de uso corriente como un vehículo más adecuado para esclarecer la filosofía. Las pretensiones de exactitud se sacrifican a favor de la satisfacción más real de adecuarse a la experiencia. Pero su rebelión contra Russell lo lleva aún más lejos. No sólo el aparato técnico de la lógica es demasiado pobre para el uso filosófico, y por lo tanto, necesita ser complementado con el lenguaje corriente, sino que además esta lógica, según Wittgenstein, se ha transformado en un desastre para algunos matemáticos y filósofos, pues el uso aislado de una notación simbólica es una tentación para arreglárselas sin tener que pensar con claridad. Así, en cuanto a esta técnica en particular, Wittgenstein recorre toda la gama desde la aceptación incondicional hasta el rechazo total.

III

El siglo ha transcurrido rápidamente y tanto Russell como Whitehead y Wittgenstein han tomado su ubicación en él. En cada caso, vemos al hombre y al filósofo unidos en forma inseparable: vemos al hombre a través de y en la filosofía; y la filosofía como aquello sin lo cual ese hombre en particular no sería el que fue. Y, en cada caso, tenemos que concluir que una técnica en particular —la lógica matemática— desempeñó un papel muy pequeño en la formación de estas filosofías. Su imagen definitiva de las cosas vino de un área de experiencia y personalidad —es decir, un área de libertad— más profunda y anterior a cualquier técnica que ellos pudieran haber utilizado ocasionalmente.

¿Qué es lo que nos lleva a las filosofías que finalmente adoptamos para nosotros mismos? O, en términos más simples, ¿qué es lo que como individuos nos hace ver las cosas como las vemos? Hay una anécdota acerca de Whitehead y Russell que puede arrojar algo de luz sobre este asunto. El incidente ocurrió durante los días de su colaboración en *Principia*. Hacía algún tiempo que Whitehead estaba extrañado y fascinado por el hecho de que, prácticamente en todas las materias, Russell tenía un punto de vista diferente al suyo. Finalmente le dijo a su amigo: "Hay dos clases de personas en el mundo: las simplonas y las confundidas". Y cuando Russell esperaba un ejemplo, Whitehead se lo dio de inmediato: "Tú, Bertie, eres un simplón; yo un confundido". Los términos parecen en broma e irónicos, pero su intención es seria y la percepción aguda. Nos recuerda la clasificación de William James en pensadores de "mentes fuertes" versus pensadores de "mentes débiles". Pero "fuerte" y "débil" connotan ciertos factores de agresividad y voluntad, mientras que la distinción de Whitehead es exclusivamente intelectual. Los "simplones" se aferran a los claros fragmentos de hechos que aparecen en primer plano, dejando de lado el complejo trasfondo de la realidad contra la cual se destacan esos hechos. Por otra parte, los "confundidos" son atraídos con tal intensidad por la complejidad del trasfondo que penetra en cada átomo de los hechos que la claridad de expresión apenas emerge, si es que llega a hacerlo.

Si la distinción es aplicable a los demás filósofos a través de la historia no lo sé, pero ciertamente se aplica en el caso de él y Russell. Ambos continuaron en sus subsecuentes carreras como si estuvieran empeñados en demostrarlo. Whitehead creó una filosofía completamente confusa que requería un vocabulario propio insólito y especial. Russell siguió siendo resueltamente simplón hasta el final, sin jamás desviarse de una claridad que ilumina su punto de vista momentáneamente, sólo para dejarnos luego con todas las dudas que acarrean sus exageradas simplificaciones.

¿Y Wittgenstein? Parece oscilar entre los dos extremos, exhibiendo alternativamente la simplicidad del ingeniero que busca sencillos modelos concretos y otras veces la habilidad del artista por lo que se puede comunicar sólo apenas, o indirectamente.

Esta dualidad forma parte del cúmulo de conflictos que hacen de él un "moderno", y es uno de los motivos por los cuales escogimos a Wittgenstein como un caso especial de estudio en los capítulos que siguen. Él parece atraer hacia sí todos los conflictos que ha producido el modernismo en nuestra cultura y, al examinarlo, quizás podamos comprender más profundamente el clima bajo el cual aún estamos. Otro motivo es que su desarrollo filosófico está unido en forma más explícita a la lógica; él ha examinado más a fondo que Russell o Whitehead las bases e importancia de la lógica y, por lo tanto, deberíamos ver en él la relación entre técnica y filosofía.

Hasta ahora no hemos encontrado una relación decisiva entre la lógica y las filosofías individuales de estos tres hombres, y por ende, podría parecer que estamos considerando el desarrollo de la lógica moderna como algo sin importancia. Al contrario —y debemos ser enfáticos en esto—, el desarrollo de esta lógica ha tenido una enorme importancia filosófica. Sólo que esa importancia no ha tomado la forma de esos sueños iniciales. La lógica no ha entregado la clave para resolver problemas filosóficos tradicionales, como la materia y la mente, como lo soñó Russell. Tampoco termina con la ética, la estética o la metafísica, como esperaban los positivistas más agresivos. Su valor ha resultado ser mucho más limitado, pero, al mismo tiempo, más avasallador en sus consecuencias. Es la única de las ciencias modernas que ha producido su propia crítica, en el sentido kantiano de la palabra —es decir, ha mostrado sus propios límites. Y al mostrar los límites de sus sistemas formales, pone al descubierto los límites de las técnicas y de las máquinas que pueda diseñar el hombre.

Para las expectativas de una civilización técnica, esta es una conclusión de gran importancia.

Dos

Técnica, Técnicos y Filosofía

¿QUÉ ES UNA TÉCNICA?

Los indios yurok pertenecen a una tribu que vive en nuestra costa del Pacífico. Su principal medio de subsistencia es el salmón que remonta los ríos desde el océano. Antes de la temporada de subida, los yurok construyen una represa para atrapar a los peces y así asegurarse una buena reserva para el invierno. La construcción de esta represa va precedida y acompañada de muchas ceremonias y rituales. Hay representaciones colectivas de los mitos tribales, baños de purificación, ayuno de ciertos alimentos, abstinencia sexual y un tabú contra algunos tipos de lenguaje procaz. Una vez terminada la faena y almacenados los pescados, sigue un corto período de distensión, una especie de bacanal en que se permite la libertad sexual y las licencias verbales.

La represa misma constituye un logro tecnológico bastante complejo; pero para los yurok, los rituales que la acompañan son parte integral de esta técnica de pesca tal como el acto de fabricar o preparar las redes y el resto del equipo. Para la mente civilizada, esto representa una incapacidad para separar los componentes subjetivos y objetivos en el trabajo de la pesca. El aborigen no entiende el porqué de esta separación, y si llegara a comprenderla, se rebelaría contra ella. Todas las formas heredadas le enseñan la sabiduría de no separar al hombre de la naturaleza dentro de la cual se mueve. Para él, los peces capturados, e incluso la pericia del pescador, son un regalo de la naturaleza. En consecuencia, la pesca no constituye una agresión de la voluntad humana contra la naturaleza. Tardíamente hemos llegado a reconocer que estos rituales podrían tener una eficacia "psicológica". Pero este mismo reconocimiento muestra que nosotros no podemos retornar al estado del primitivo, ya que los términos en los cuales actuaríamos también son completamente ajenos a ello.

En el sentido antropológico más amplio, todos los rituales se pueden considerar como técnicas; y una cultura es la suma de sus rituales. En nuestra tecnología aún persisten algunos rituales. Cuando se termina una represa hidroeléctrica, suelen efectuarse diversas ceremonias de celebración: se reúne un grupo de personas, hay discursos de políticos, toca una banda, y si la ocasión lo merece, incluso habría un oficio religioso a cargo de un representante de la iglesia. Pero esta pompa es poco genuina si la comparamos con la de los yurok. El antropólogo objetivo notaría que, en todo el espectro de las culturas humanas, en la nuestra el ritual es más mecánico y externo con relación a la tecnología.

La estructura imponente de la tecnología, como la presencia dominante en la sociedad moderna, tiende a asimilar el significado de "técnica". Esta asimilación es más evidente en otros idiomas que en el inglés: en alemán, por ejemplo, *Technik* significa tecnología, y es probable que en discusiones intelectuales se use más que su cognado, *Technologie*, igual cosa sucede en el caso de las palabras francesas *technique* y *technologie*. La asimilación de estos dos términos en uno es el gran acontecimiento de la historia moderna. Lo que aquí encontramos, y seguiremos encontrando, es el fenómeno único de la *técnica-tecnología*.

De hecho, estas dos palabras se han vuelto inseparables. La mayoría de nosotros tiene mínimas técnicas con relación a las máquinas que usamos. Sabemos pulsar teclas y la mayoría conducimos vehículos motorizados sin saber qué es un carburador. Pero si nuestra civilización perdiera sus técnicas, todas nuestras máquinas y aparatos se convertirían en un enorme montón de basura. No sabríamos producir el poder que mantiene funcionando a las máquinas y no sabríamos reemplazar aquellas que se desgasten. Deambularíamos por un paisaje de dínamos, fábricas y laboratorios, y aun cuando todo este equipo permaneciera intacto como materia física, seríamos una civilización sin tecnología. La ciencia y la tecnología modernas son fruto del *método* y sólo persisten mientras dominemos este método. *La tecnología es la técnica materializada.*

Desde luego, aún usamos la palabra en otras áreas, como en el arte, que parecen ajenas a la tecnología. Por ejemplo, frecuentemente hablamos de la técnica de un pintor o un escritor. Incluso se dictan cursos en que se estudian estos temas. Y nos matriculamos en ellos para aprender a pintar o a escribir, según sea el caso. Pero aun aquí, y tal vez sobre todo aquí, si observamos cómo se valoran los diferentes significados, vislumbramos el sentido más preciso y limitado de la técnica. El maestro puede enseñarnos algunas reglas simples y mecánicas al comienzo. Pero si el alumno persiste y se desarrolla, finalmente llega a un punto en que el maestro se ve obligado a decirle a su pupilo que debe seguir su propia inspiración y que no existe una técnica reglamentaria que le pinte un cuadro. Entonces hay que invocar otras palabras: destreza, don, aptitud, talento o, lo más improbable, genio. De hecho, fue una simple consideración de este tipo la que llevó a Kant a definir genio como la capacidad para producir algo más allá de cualquier regla. La creación genuina es precisamente aquella para la cual no se pueden prescribir técnicas ni recetas; y la técnica alcanza sus límites, tanto en la ciencia como en el arte, justamente en el punto más allá del cual se requiere verdadera creatividad.

Pero es precisamente en este punto en el arte, ahí donde la técnica deja de ser eficaz, que vislumbramos el significado central de la técnica-tecnología. Una técnica es un método estándar que se puede enseñar. Es una receta que se puede transmitir de una persona a otra. Una receta siempre indica cierto número de pasos que, seguidos al pie de la letra, invariablemente llevan al fin deseado. Los lógicos lo llaman *procedimiento de decisión*.

Desde niños nos familiarizamos con estos procedimientos en nuestra aritmética elemental. Sumar, restar y multiplicar eran procedimientos perfectamente automáticos, aun cuando a veces reclamasen nuestra atención. Las divisiones largas eran algo más enojosas, porque, para mayor velocidad, a veces exigían cierta dosis de conjeturas astutas. Pero si uno las hacía lentamente, no eran diferentes a las otras operaciones. Lo único que había que hacer era seguir cuidadosamente un método rutinario y se obtenía la respuesta correcta. Temprano en la vida, también en las matemáticas de la escuela, enfrentamos otros tipos de problemas que no se podían resolver en esa forma mecánica. Por ejemplo, en la geometría de la enseñanza secundaria, algunos teoremas sólo pueden resolverse ideando una determinada *construcción*: hay que dibujar una línea o figura que no está en los datos originales. Para esto había que usar la inventiva, y si no se era lo suficientemente ingenioso, no quedaba más remedio que memorizar la prueba en el texto —que originalmente había sido creación de algún genio de la antigua Grecia. Estos dos procedimientos —construcción libre y aplicación rigurosa de una regla o reglas— son antitéticos pero complementarios. Juntos definen la sustancia de las matemáticas.

Entonces, aunque no lo podamos formular, muy pronto llegamos a conocer la esencia lógica de la máquina y, por lo tanto, el significado de la técnica que constituye el meollo de la tecnología. Hablando en términos lógicos, una máquina es un procedimiento de decisión materializado. Siguiendo un número finito e inamovible de pasos, invariablemente llega, siempre que funcione bien, a un resultado definido. Cuando nuestro automóvil parte en la mañana, resuelve un problema siguiendo una serie de pasos prescritos. En términos lógicos, está realizando el mismo tipo de operación que en las divisiones largas de nuestra niñez, aunque, es de esperar, con mayor rapidez. Lo único que queremos de una máquina de este tipo es que siga las rutinas que se le han prescrito. Lo último que deseamos es que sea creativa o ingeniosa. Cuando nuestro automóvil empieza a hacer ruidos extraños en la mañana como si su partida fuera cuestión de improvisación o invención, es que ha llegado el momento de cambiarlo.

I

Reduciéndola a su esencia lógica, la máquina no parece constituir una amenaza. Sólo ejecuta acciones de rutina al servicio nuestro; por así decirlo, nos hace nuestras largas divisiones. Cuando la máquina se pone más inteligente es que empezamos a temerle. Puede tornarse más inteligente que nosotros mismos y transformarse en algo que no podemos controlar. También las personas inteligentes a veces pueden tornarse bastante insensatas para lograr sus objetivos; de allí que mientras más compleja y sutil sea la tecnología, más probable es que tenga perjudiciales e inesperados efectos secundarios.

Pero sea cual sea su origen, no cabe duda que la desconfianza hacia la tecnología se ha generalizado tanto que el monstruo de Frankenstein podría ser el mito dominante de nuestra época. Y, como en el caso de los mitos, ha empezado a tener fuertes repercusiones no sólo en la clase intelectual, sino también en la mente popular. Las películas de terror, por ejemplo, son principalmente una recreación de este mito en una u otra forma, y su público ha ido en aumento. Gran parte de la cienciaficción, como profecía del futuro, es una prolongada historia de terror. Para el estudioso de nuestra cultura, esta situación lleva implícita una curiosa y llamativa ambigüedad. Mientras algunos de nuestros mejores autores buscaban recrear mitos literarios para una época que parecía haber perdido la capacidad de crear mitos, la tecnología nos entregaba en forma subrepticia otro gran mito. Y hay otra ironía: aunque la tecnología es algo que apunta esencialmente hacia el futuro, ha sido capaz de despertar en el inconsciente del público moderno el miedo y terror primitivo a los monstruos y ogros que abundan en las leyendas y cuentos de hadas.

Desde un punto de vista filosófico, lo importante es llamar la atención hacia la compleja e intrincada naturaleza de la tecnología, especialmente cuando, por un lado u otro, se tiende a simplificarlo en forma exagerada y drástica. La verdadera dimensión del problema se aprecia cuando vemos cuán difícil resulta separar los efectos beneficiosos y dañinos de la tecnología. Los fertilizantes químicos, por ejemplo, han permitido que la agricultura sea enormemente productiva, con lo cual se ha logrado alimentar a millones de personas que de otro modo podrían haber pasado hambre; sin embargo, estos mismos fertilizantes se escurren a los arroyos, contaminan nuestras aguas, matan a los peces y convierten los lagos en lagunas estancadas. La tecnología médica ha reducido en todo el mundo a los enemigos ancestrales de la humanidad, las plagas y la pestilencia; y como resultado, ahora enfrentamos la amenaza de la sobrepoblación, que puede llegar a ser el problema más serio para la humanidad en el siglo que viene. En casos como este, la tecnología no parece ser el extraño monstruo de una película de terror, sino algo muy humano: nosotros mismos magnificados. Parecemos traspasar a la tecnología aquella característica más profunda e inquietante de la condición humana: el que todos nuestros esfuerzos son siempre una mezcla inseparable del bien y del mal.

Así, pareciera que tenemos simultáneamente demasiada e insuficiente tecnología. Por ejemplo, aún no logramos suficiente tecnología operante para alimentar a toda la humanidad.

Nuestra ambivalencia es más compleja por el hecho de que, por mucho que protestemos en contra de los equipamientos y maquinarias de la tecnología, al mismo tiempo, abrigamos una secreta fascinación por la técnica misma. El mercado editorial está inundado de todo tipo de manuales sobre "cómo hacer". Recurrimos a libros para aprender a hacer el amor, y en consecuencia, el sexo se llega a considerar principalmente como una técnica. Los tratados de salud mental suelen incluir manuales de autoayuda psicoterapéutica. Todo esto sería cómico si no fuera además tan patético, y en definitiva, peligroso. Adorar la técnica es más infantil que adorar las máquinas. Basta con encontrar el método apropiado, el procedimiento preciso, e inevitablemente se solucionarán todos los problemas de la vida. Nuestra ambivalencia ante el fenómeno de la técnica-tecnología es total.

Si los filósofos se detuvieran a reflexionar, advertirían que la filosofía tiene una relación muy especial con esta situación tan confusa. De hecho, la filosofía es la fuente histórica de la tecnología en su sentido moderno. A primera vista, esta afirmación puede parecer sorprendente, pero basta recordar nuestra discusión previa para ver que no es en ninguna forma exagerada. Allí señalamos que la técnica, en su estricto sentido tecnológico, implicaba dos factores:

1) Para poder hablar racionalmente del problema debe existir en cualquier situación una separación clara y precisa de los componentes subjetivos y objetivos.

2) Una vez aislado el problema objetivo, debe ser abordado mediante un procedimiento lógico que busca resolverlo en un número finito de pasos u operaciones. La filosofía creó estas dos condiciones. Al establecer la primacía del *método,* Descartes introdujo la edad moderna, definiendo así la distinción entre sujeto y objeto con la máxima exactitud posible. Y en cuanto a la lógica, fue creada originalmente por filósofos de la antigua Grecia.

De modo que toda la tecnología que conocemos es el fruto tardío, y quizás el último, de la filosofía. Este juicio, que puede parecer exagerado, sólo informa sobre el simple curso histórico de las cosas.

Pero esta paternidad no privilegia en forma especial al filósofo. Él está tan envuelto como el resto del mundo en el esquema técnico de las cosas. La especialización del trabajo constituye una de las principales características de la sociedad técnica. Esto es el resultado de la naturaleza lógica de la técnica. Ya que la tecnología es sólo la materialización de un procedimiento lógico, y como éste divide el problema en una serie de pasos parciales y sucesivos, la realización social del trabajo se divide en el logro de estas partes componentes. En consecuencia, a cada uno de nosotros se nos asigna un determinado lugar en la sociedad, según cual sea el o los procedimientos que manejamos.

Aquí el filósofo debe sentirse algo inseguro. Sigue secretamente inmerso en una disciplina que se siente incómoda frente a tanta especialización. Voltaire describió a su Dr. Pangloss, el ridículo metafísico de *Candide,* como un "profesor de cosas generales". Esta ironía pretendía ser devastadora. Al hablar de todo en general, se pierde su especificidad y por lo tanto su sentido. Desde entonces los filósofos modernos han trabajado bajo la sombra de la censura de Voltaire. Y como si fuera poco, a diferencia de sus hermanos de antaño, ahora tienen que competir con la ciencia moderna, que hablaba —y en forma triunfante— de cosas muy definidas y específicas. No obstante, el filósofo, por inseguro que se sienta, sigue condenado por el sino de su vocación. En la medida en que siga fiel a su profesión, debe seguir tratando de desarrollar algún esquema general de ideas —aunque sea provisorio— sobre cómo son las cosas. Acechado por el fantasma del Dr. Pangloss, está condenado a ser un "profesor de cosas generales".

La imitación social constituye un escape al que, como ser social, el filósofo también es susceptible. En cada sociedad, el individuo tiene que establecer su status social demostrando competencia en el uso de las formas aprobadas por esa sociedad. En una sociedad técnica, esto significa que el individuo establece su competencia técnica en algún tipo de tarea. Ya que no hay excepciones privilegiadas, el filósofo cae en la red como todos los demás. Por eso intenta justificarse a sí mismo y su existencia como un tipo especial de técnico. En filosofía, tal como en matemáticas y física, también existen revistas "técnicas". Así, el filósofo adopta una coloración protectora que le permite no llamar la atención en su sociedad. Pero si se detiene a pensar por un momento, se dará cuenta que está jugando un juego: las llamadas publicaciones técnicas en filosofía no se parecen a las de las matemáticas y de la física. Si piensa un poco más, va a concluir que la filosofía es el tipo de tema donde no caben estas revistas técnicas. Pero al fragor de la batalla, se pierden fácilmente estas consideraciones. El prestigio y la vanidad personal conspiran para envolverlo en la controversia; la técnica del filósofo tiene que ver con las palabras y con razonamientos sobre palabras; y mientras más se sumerge en elucubrados debates, más alimenta su ilusión de ser un verdadero técnico. Se convierte en lo que originalmente iba a ser sólo una coloración protectora. El filósofo desaparece tragado por el técnico. Desde una perspectiva histórica más amplia, se aprecia una divertida ironía: la filosofía, que engendró a la técnica, ahora está a punto de ser devorada por su propia descendencia.

Tironeado por tendencias opuestas —por un lado, convertirse en especialista y perderse en detalles técnicos, y por otro, seguir en contacto con las interrogantes históricas de su disciplina—, el filósofo experimenta una gran sensación de alivio si se topa con una técnica que une a ambas fuerzas. Eso fue lo que ocurrió cuando apareció en escena *Principia Mathematica*. Era una técnica y lo suficientemente intrincada como para que la capacidad de entenderla y manejarla otorgara credenciales de competencia técnica. Por otra parte, no se trataba de una técnica restringida; parecía tener implicaciones universales, y lejos de limitarse a un estrecho compartimento técnico, parecía abrir un ancho camino hacia otras disciplinas. Luego, se podía ser "profesor de cosas generales" sin tener que agachar la cabeza avergonzado.

Pero, en ocasiones, la técnica también se caracteriza por producir su propia obsolescencia. Tal como los productos materiales de la tecnología se gastan y quedan obsoletos, así también la técnica que los originó debe ser reemplazada por otra. En filosofía, esto generalmente significa un cambio completo de estilo y lenguaje.

En este siglo, el recambio de los estilos filosóficos ha sido muy rápido. Esto corresponde a una civilización técnica que quiere acelerar la historia en todos sus aspectos. Si se persiste como filósofo académico durante suficiente tiempo, se verá cómo estos estilos filosóficos van y vienen, lo que obliga a buscar un equilibrio humano normal entre el entusiasmo y la desilusión. Sin embargo, esta rápida sucesión de ortodoxias reinantes no parece servir a la filosofía, que supuestamente aspira a la verdad perenne, pero el recambio otorga ciertas ventajas. Al menos una técnica limitada va a conducir a otra, y la siguiente eliminará algunos errores. Aunque no existe certeza de que este sistema conduzca alguna vez a la verdad, por lo menos permite abrigar la esperanza de que ella anime todo el proceso. Y si uno no se desilusiona completamente, el mismo remezón del cambio también puede producir momentos de iluminación, como en la historia que sigue:

Mis colegas y yo debíamos reunirnos para organizar el curso para graduados en filosofía. El tema de la discusión era si éstos requerían o no un curso de lógica matemática. Algunos estudiantes opinaban que este curso no tenía importancia para sus intereses particulares. Casi todos mis colegas, y yo mismo, pensábamos que era necesaria al menos una mínima exposición al tema. La oposición más tenaz provino de un joven y activo colega, quien expuso con gran claridad su postura: él nunca había estudiado ese tema, ni sentido la necesidad de ello, y no veía por qué los estudiantes tendrían que gastar tiempo aprendiéndolo. Si sus tendencias generales hubieran sido humanistas, su oposición habría sido comprensible, aunque probablemente la habría expresado con mucha más timidez. Pero en realidad era una especie de técnico absolutamente convencido del valor de su técnica particular. En ese momento estaba dedicado a la lingüística y tenía la convicción de que ésta era la disciplina que entregaría la clave definitiva y final para la filosofía.

Hay momentos en que el paso del tiempo nos golpea con su brutal iluminación, y éste fue uno de ellos. Pensé que este joven y yo podríamos haber sido intercambiables a través del espacio de una generación. Veinticinco años antes, este joven filósofo habría asegurado que la lógica matemática era esencial e indispensable para la filosofía. Y yo, veinticinco años más joven, habría compartido su absoluta pasión por la nueva técnica. *Autre temps autres moeurs*. Este joven filósofo cree que todo lo que tradicionalmente conocemos como filosofía va a desaparecer sin dejar rastros, convirtiéndose en lingüística. La técnica en particular ha cambiado, pero lo que persiste incólume es una subyacente convicción propia de nuestra época: algún tipo de técnica es indispensable para la filosofía.

Por eso vale la pena retomar el caso de Russell, Whitehead y Wittgenstein. Aparentemente, aún no hemos aprendido su lección; y ésta, uno de los legados verdaderamente significativos de una generación anterior, va a ayudar a liberar a esta generación de algunas de las ilusiones respecto a la omnipotencia de sus técnicas actuales.

Tres

La Mística de la Lógica

Aunque no hubiese escrito nada ni hubiera influido en la filosofía contemporánea como lo hizo durante más de cuatro décadas, de todos modos Wittgenstein habría sido una de las figuras extraordinarias de nuestro siglo. La magnitud de su influencia no se puede separar de la fuerte impresión que causaba en sus alumnos y discípulos, quienes durante los largos años en que Wittgenstein decidió no dar a conocer sus escritos, mantuvieron vigentes las palabras de su doctrina. Era tal la atracción de este personaje, que años después, cuando ya había desaparecido la turbulencia de su amistad y quiebre final, Russell escribió: "Haber conocido a Wittgenstein fue una de las aventuras intelectuales más excitantes de mi vida". Estas palabras notables, proviniendo de un hombre tan parco y mundano como Russell, son asombrosas si uno se detiene a reflexionar que cuando se conocieron, Wittgenstein era un joven desconocido de veintidós años, mientras que Russell ya era un hombre famoso y maduro de cuarenta.

Wittgenstein además poseía un extraordinario número de talentos. Demostró precocidad en ingeniería y asuntos técnicos; gracias a un relato de su hermana, sabemos que a los diez años, construyó con trozos de madera una máquina de coser que funcionaba. Titulado de ingeniero, primero fue a Inglaterra para trabajar en aeronáutica en Manchester. Incluso registró algunas patentes que, según nos han dicho, anticipaban invenciones en ese campo. Combinando la ingeniería y el arte, pasó dos años (1926-28) construyendo una casa en Viena para su hermana mayor, lo que en su tiempo constituyó una destacada contribución a la arquitectura moderna. Sensible a la música y a la literatura, además escribía muy bien. Ante él se abría una carrera como ingeniero, artista o literato. El que haya terminado siendo filósofo podría considerarse un simple asunto de azar, pero en retrospectiva, es difícil concebir que pudiese haber sido otra cosa.

La profusión de dones sugiere una figura del Renacimiento, pródigo y generoso con sus energías. Pero la dirección de su pensamiento es exactamente la opuesta. Se restringe, estrecha sus horizontes, se enfrasca en lo que parecen ser cuestiones menores y triviales. Dice irónicamente de sí mismo que, en cierta forma, filosofa como una anciana que ha perdido sus llaves o anteojos y que buscándolos revuelve todo. Durante su vida, intentó varias veces escapar de la filosofía y dedicarse a una profesión menos reflexiva e insegura. En vano: siempre vuelve al incesante cuestionar que lo reclama como filósofo. Un ser desamparado, aquí podía encontrar un albergue, pues la filosofía es un área donde el hombre se busca a sí mismo como un desamparado. Sin importar el tema que aborde, Wittgenstein filosofa con una intensidad casi religiosa.

Nació en 1889 en una familia rica e influyente —su padre era un importante industrial y una autoridad en el Estado. Los orígenes de la familia eran judíos y cristianos, aunque predominantemente lo primero. En Austria, los matrimonios entre judíos y cristianos eran frecuentes y, antes del advenimiento de Hitler, no se objetaban por motivos raciales. La madre de Wittgenstein era católica, él fue bautizado como católico y siempre se consideró como tal. No hay indicios de que se haya sentido particularmente judío. Un hecho bastante llamativo: ¡un judío que no se ve a sí mismo como judío! —el colmo del desamparo.

La familia además era muy culta, y desde temprana edad Wittgenstein estuvo expuesto a las diversas corrientes de la vida cultural de Viena. (También rondaba la tragedia en la familia: tres de sus hermanos se habían suicidado). Se ha intentado —creo que no siempre en forma convincente— establecer influencias detalladas de este ambiente en la formación del pensamiento de Wittgenstein. No obstante, la intención general de estos estudios me parece acertada, se sostengan o no en detalles particulares, porque en un sentido muy profundo, Wittgenstein pertenece al medio espiritual del cual emergió.

¿Cómo era la atmósfera de la capital del Imperio austrohúngaro en los primeros años de este siglo? En la gran novela de Robert Musil, *El Hombre Sin Atributos*, aparece un inolvidable e intenso retrato de la época. Musil llama al lugar Kakania —un nombre evidentemente burlón— y lo describe como frívolo y vacío, alternativamente anhelante y desesperado, pretencioso y nihilista. Pero la pluma de Musil estaba inmersa en ácido y sólo nos entrega una visión negativa, aunque escrutadora, del mundo vienés. En lo positivo, a partir de este mismo medio espiritual, Viena produjo dos de los más poderosos y sintomáticos movimientos de la cultura moderna: el psicoanálisis y la música atonal, dos voces que hablan del desamparo del hombre moderno. Quizás la voz de

Wittgenstein en filosofía debiera sumarse a éstas. Desde el punto de vista social, Viena era la brillante y elegante capital del Imperio. Pero si es que Wittgenstein participó en este lado vistoso de la vida vienesa, no dejó huellas en él. La intensidad religiosa de su temperamento tampoco se vio influida.

Su hermana relata que estos rasgos de seriedad e intensidad aparecieron a muy temprana edad y preocuparon a su familia. Ella se consoló con las palabras de Dostoievski sobre Alyosha, el personaje santo en *Los Hermanos Karamazov*. Alyosha parecía ajeno al mundo y desamparado, pero la gente siempre acudía a ayudarlo y él lograba aterrizar en sus pies. Algún ángel benigno revoloteaba sobre Wittgenstein a través de los acontecimientos de su vida; y aunque no le evitó tormentos, le permitió sobrevivir.

Wittgenstein no ingresó a la filosofía en la forma tediosa que es habitual en los alumnos de licenciatura; él dio un brinco, casi como sin estar preparado, en *medias res*. En Bertrand Russell y en la lógica matemática encontró al hombre y el tema donde centrar sus preguntas. Russell fue generoso en esta relación; dijo haber aprendido más de Wittgenstein que lo que él le había enseñado, y al poco tiempo anunció que este joven, que aún no había sido publicado, sería quien iba a dar el próximo paso decisivo en filosofía.

Dependiendo de las tendencias filosóficas de los comentaristas, se han dicho cosas diferentes y contradictorias sobre la relación entre estos dos personajes. Una carta que Wittgenstein escribió a Russell en el primer año de su amistad expresa la simple verdad humana en esta materia. Le dice que no pueden ser amigos, que siempre admirará a Russell y le estará agradecido por su ayuda y bondad, pero no pueden ser amigos, pues sus valores son demasiado diferentes. Wittgenstein era una persona difícil en muchos aspectos, otorgaba gran valor a la amistad y probablemente era un amigo exigente. Pero en esta carta no hay petulancia. Impresiona la singular madurez de un joven que recién cumplía veintitrés años. Wittgenstein no le reprocha a Russell sus valores —son algo tan personal—, pero ya que sus valores son radicalmente diferentes, no pueden ser amigos. (De esto podría pensarse que, por la misma razón, era improbable que terminaran teniendo las mismas filosofías). En esta ocasión en particular, parece que Russell suavizó rápidamente las cosas, y la amistad continuó tal como antes. Pero la carta era profética: cuando llegó el quiebre final, en 1922, la ocasión misma fue relativamente poco importante; simplemente eran demasiado distintos como para continuar una estrecha amistad.

Esta diferencia se hace evidente en su reacción ante el estallido de la Primera Guerra Mundial en 1914. Russell se opuso a la guerra y fue encarcelado como disidente. Wittgenstein regresó rápidamente a Austria y se inscribió como voluntario para servir en el ejército. Aunque tenía ideas radicales, en la vida diaria sentía una profunda y espontánea lealtad hacia cualquier autoridad que considerara legítima. Su sentido religioso de la vida le exigía buscar algún tipo de servicio y autosacrificio. Estacionado lejos del frente, hizo repetidos esfuerzos para que lo enviaran más cerca del campo de batalla. El que las autoridades hayan considerado estos esfuerzos como un intento para evadir el servicio es parte de la comedia con que el mundo mira a los personajes realmente serios. Sin embargo, finalmente llegó al frente y terminó siendo teniente de artillería.

La intensidad de su vida interna continuó durante el fragor externo de la guerra. En la pequeña ciudad de Tarnev, cerca del frente, encontró un ejemplar de la versión del Nuevo Testamento escrita por Tolstoi; este libro lo impresionó profundamente y lo llevaba a todas partes, por eso sus tropas lo conocían como "el hombre del libro". También era el hombre del libro en otro sentido: acarreaba el manuscrito de lo que sería su primera obra, el *Tractatus Logico-Philosophicus*. Uno no puede menos que impresionarse con la intensidad de la mente del pensador que pudo concebir y producir una obra tan concentrada y compacta durante la vida de las trincheras. Poco antes del Armisticio de 1918, Wittgenstein fue capturado por tropas italianas, y el fin de la guerra lo encontró en un campo de prisioneros italiano.

Al terminar la guerra, Russell no sabía nada acerca del paradero de Wittgenstein e ignoraba si había sobrevivido. Se vieron de nuevo a fines de 1919, en Holanda. Russell nos ha dejado una carta con un relato de este encuentro que es de suma importancia para entender el estado mental de Wittgenstein en esa época. Sin ella, no captaríamos la profundidad de los sentimientos religiosos que subyacen en el *Tractatus* y quizás perderíamos la intención de esta obra. Escribiéndole a Lady Ottoline Morrell el 20 de diciembre de 1919, Russell dice: "Yo había percibido en su libro un toque de misticismo, pero me asombró descubrir que se hubiese transformado en un completo místico. Lee a gente como Kierkegaard y Angelus Silesius, y piensa seriamente convertirse en monje". La sorpresa de Russell se debe a que lo que había considerado sólo como "un toque de misticismo" resultó ser algo que para Wittgenstein era absolutamente serio —y que, de hecho, pretendía que fuese el mensaje central de su obra. Russell además observa que Wittgenstein ha desarrollado una pasión por las novelas de los rusos Tolstoi y Dostoievski (especialmente las de este último). Russell continúa diciendo que todo comenzó en Cambridge, antes de la guerra, cuando Wittgenstein leyó *Las Variedades de Experiencia Religiosa* de William James. Por mucho que se admire el libro de James (que, por lo demás, fue siempre un favorito de Wittgenstein), cuesta creer que todo empezó con esa lectura. James no tiene el fervor o poder evangélico para haber producido una conversión donde no haya existido una predisposición. Desde el principio, Wittgenstein parece haber sido ese raro fenómeno entre los seres humanos: una personalidad genuinamente religiosa.

Por último, en la carta de Russell hay una observación que es más reveladora de lo que él mismo percibió: "[Wittgenstein] ha penetrado profundamente en las formas místicas de pensamiento y sentimiento, pero yo pienso (aunque él no estaría de acuerdo) que lo que le atrae del misticismo es su poder para hacerlo dejar de pensar...". Dejar de pensar, ¡liberarse por un tiempo de las mandíbulas devoradoras del intelecto! —este es el clamor de pensadores como Pascal y Kierkegaard, con quienes, en su estilo tan peculiar, Wittgenstein está emparentado. En el libro que encontró cerca del frente, Wittgenstein habría leído y comprendido la magistral frase de Tolstoi en el ensayo que acompaña a su traducción del Evangelio: "*Mientras más vivimos en el intelecto, menos entendemos el sentido de la vida*". Es probable que Wittgenstein no hubiera estado en desacuerdo con la observación de Russell respecto a la necesidad de dejar de pensar. Algunas partes de la experiencia sólo se captan si dejamos de pensar y nos permitimos ser. Pero todo esto era un terreno extraño para Russell.

De vuelta en Austria, Wittgenstein empezó a buscar un editor para su manuscrito. Luego de tropezar con dificultades, estuvo a punto de abandonar la empresa. Después de todo, las cuestiones que se abordaban en el libro ya eran parte de su pasado; ahora intentaba escapar de la filosofía y de sus preguntas, trabajando como jardinero en un monasterio y después como maestro en una escuela rural. Fue gracias a la intervención de Russell que finalmente se logró la publicación de su obra. La edición inglesa, acompañada del texto alemán en la página contrapuesta, apareció en 1922, con una introducción de Russell. Wittgenstein objetó la introducción, por lo que su amistad jamás se restauró completamente. Las fortunas subsecuentes del libro son parte de la historia de la filosofía de este siglo.

I

Habiéndose ya desvanecido las controversias y malentendidos que provocó inicialmente el *Tractatus*, la lectura de esta obra resulta ahora más simple y provechosa. Los desarrollos posteriores de la lógica han sobrepasado al libro, dejando en claro que, si bien Wittgenstein hizo observaciones proféticas en algunas materias, en otras andaba a tientas en la oscuridad. Sin embargo, el autor sigue interesándonos como filósofo, no como técnico.

Cuando apareció, el libro resultó extraño y desconcertante para sus lectores. Nosotros estamos familiarizados con él desde hace mucho tiempo; sin embargo, al releerlo luego de sus escritos posteriores, lo encontramos más extraño en otro sentido, ya que sus suposiciones y conclusiones nos parecen más extremistas y arbitrarias. Aun así tiene la peculiar impronta y la intensidad del genio de Wittgenstein; sigue vigente como la única y cabal expresión de una visión filosófica especial que ronda a la mente moderna más profundamente de lo que se percibe a simple vista o más a menudo de lo que se quiere reconocer.

¿Cuál es esta visión? La postura introducida por él podría llamarse "Atomismo Lógico", una frase introducida previamente y usada por Russell. Pero Russell presentó este nuevo estilo de filosofía como un modo de procedimiento: una especie de análisis filosófico que procede descomponiendo fragmentariamente cualquier tema complejo en sus componentes lógicos esenciales. Wittgenstein no puede restringirse a este método tan neutro; con su habitual modo abrupto, empuja el asunto del procedimiento hasta sus raíces. ¿Cómo tendría que ser el mundo si el único método confiable para analizarlo fuera el uso de esta forma lógica? Y desde el comienzo del libro no gasta palabras para decirnos cuál es su visión del mundo. El mundo es la totalidad de todos los hechos, los cuales tienen una peculiar relación, o no-relación, entre ellos: "*Cualquier hecho puede venir o no al caso, y todo lo demás permanece igual*" (1.21).

Hay que recobrar el aliento frente a la audacia de esta última afirmación. Debemos caer lentamente en cuenta de cuán austero y desolado es el cuadro del mundo que Wittgenstein nos presenta. Los hechos que constituyen el mundo están completamente desconectados y se sitúan en forma externa entre sí dentro del espacio lógico. No hay un vínculo interno, necesario u orgánico entre ellos. Otras expresiones de fragmentación en la cultura moderna nos podrían haber preparado para esta postura. En realidad, la imaginación moderna ha sido perseguida por la imagen de un mundo fragmentado, y en el arte ha intentado de vez en cuando dar expresión a este sentimiento. Esto se da especialmente en la narrativa, donde han habido ciertos intentos audaces e incluso se han elaborado técnicas especiales de ficción para transmitir este aspecto de la experiencia como un libre y azaroso flujo de detalles. Pero en ninguna parte se ha dado a esta imagen de un mundo fragmentado una expresión *intelectual* tan tersa y descarnada como en la escueta proposición de Wittgenstein: "*Cualquier hecho puede venir o no al caso, y todo lo demás permanece igual*".

Esta es una afirmación asombrosa para lanzar ante nuestra experiencia habitual. Es evidente que nuestro mundo cotidiano tiene sus cortes, discontinuidades, irregularidades y nonsequiturs; y nosotros mismos, si nos detenemos a pensar, somos seres mucho más fragmentados de lo que quisiéramos reconocer. A pesar de eso, las conexiones son más frecuentes. Un hecho sí hace una diferencia para otros; y si algunos hechos desaparecieran, nos parece que seguramente todo lo demás no seguiría siendo igual. En nuestras relaciones con los demás nos gusta pensar que nuestra existencia personal sí produce una diferencia para alguna gente, tal como sentimos que nuestra propia vida ha sido diferente debido a algunas personas que hemos conocido y amado. Pero estos sentimientos nuestros, si somos consecuentes con la doctrina de Wittgenstein, sólo tendrían validez para determinar la *apariencia* superficial de las cosas; la *realidad* del mundo que las subyace es completamente diferente y ajena a ellas.

¿Qué llevó a Wittgenstein a esta peculiar visión? El *Tractatus* está escrito en un estilo aforístico y oracular; no da las razones que llevan a su autor a las conclusiones que expresa. Sin embargo, no es difícil reconstruir esas razones a partir del texto. Y en efecto, su razonamiento, como veremos, no es una manifestación de una idiosincrasia personal, sino que tiene una simpleza masiva que expresa toda una época ideológica.

En primer lugar tenemos que captar qué es lo que trata de hacer este libro. El objetivo de Wittgenstein es decirnos cómo es el mundo en la medida, y sólo en la medida, en que se puede expresar en un lenguaje lógico. El intento es, al menos *prima facie*, tan justificado como el de Kant para describir el mundo a partir de las estructuras de la conciencia humana. Kant nos dice que si el mundo fuera diferente a esas estructuras, no podríamos pensarlo. Asimismo, en Wittgenstein, si el mundo se estructurara de un modo completamente diferente a las formas de nuestra lógica, no podríamos expresarlo en lenguaje —al menos no en un lenguaje lógicamente exacto. "No podríamos decir cómo sería un mundo no-lógico".

Sin embargo, en este intento de inferencia desde el lenguaje al mundo, hay que notar dos cosas específicas. Todo gira en torno a (1) la forma particular de lenguaje que uno escoge y a (2) la relación particular que uno considera válida entre el lenguaje y el mundo. Nuestra visión del mundo podría ser muy diferente dependiendo de nuestra elección en cualquiera de estas materias.

1. Para Wittgenstein en esta etapa, la elección fundamental es el lenguaje de la lógica matemática —y específicamente, la lógica de Russell y Whitehead. Se ha dicho que él describe el mundo como si Dios lo hubiese creado a imagen y semejanza de *Principia Mathematica*. La observación no es incorrecta. Desde luego, él tiene serias dudas sobre asuntos de detalle de esta lógica; pero en general la toma como el modelo o lenguaje paradigmático que provee la estructura dentro de la cual ver el mundo. ¿Qué justifica su elección de este lenguaje en particular y para este objetivo en particular? No lo dice. Pero el razonamiento detrás de esa elección parece claro: si vamos a construir la naturaleza del mundo a partir del lenguaje, es mejor comenzar por escoger la forma de lenguaje más exacta desde el punto de vista lógico[1].

2. Debe haber una relación definida entre este lenguaje modelo y el mundo si vamos a inferir el segundo del primero. Y en esta etapa, para Wittgenstein, esta relación es muy simple y definida: el lenguaje es un espejo que refleja al mundo, y por consiguiente, a partir de la imagen en el espejo podemos inferir la cosa o cosas que refleja.

Wittgenstein se entusiasma con esta metáfora del espejo y con la simple línea de razonamiento que lo lleva a ella. Supongamos que se acepta que el papel fundamental del lenguaje es afirmar hechos (en esa etapa Wittgenstein considera que ése es su único papel). Para afirmar su hecho, la afirmación debe ser de alguna manera una representación de ese hecho. Pero puede representar su hecho sólo si los componentes de la afirmación corresponden enteramente a los componentes del hecho —tal como los detalles en el espejo corresponden a los detalles que reflejan. "La afirmación es un *retrato* del hecho". Asimismo, la partitura musical es un retrato de los sonidos de una sinfonía: cuando se ejecuta la música, cada signo de la notación musical corresponde a un sonido específico.

Ahora demos un paso adelante para llegar a los átomos lógicos que forman el mundo. La lógica divide las afirmaciones en dos tipos: complejas o moleculares y las afirmaciones atómicas en que éstas se resuelven. Lo que es verdad para los ítems en el espejo también debe ser verdad para las realidades que retrata el espejo. Luego, de acuerdo con la teoría pictórica del lenguaje, en definitiva, el mundo debiera estar formado por hechos atómicos que corresponden a las afirmaciones atómicas con que concluye el análisis lógico. Y los distintos agrupamientos de estos hechos atómicos conforman los hechos complejos que constituyen nuestra experiencia. Así llegamos de lleno a la doctrina del Atomismo Lógico.

---

[1] Más tarde cambiaría dramáticamente esta elección, sosteniendo que el lenguaje de la lógica matemática bloquea nuestros esfuerzos para ver el mundo en forma adecuada.

Resumiendo la línea de razonamiento recién descrita, y omitiendo los pasos intermedios, podemos decir que Wittgenstein cree que hay hechos atómicos porque hay proposiciones atómicas en la lógica de Russell y Whitehead.

Wittgenstein no nos dice qué son estos hechos primarios, ¿datos sensoriales o partículas físicas? Ése es un asunto para la determinación empírica y se supone que los filósofos deben permanecer estrictamente dentro de los límites del análisis lógico. Ni Russell ni los positivistas que siguieron a Wittgenstein fueron tan cautelosos. El Atomismo Lógico de Russell intentó construir los objetos físicos comunes de nuestra experiencia, como las mesas y sillas, a partir de los datos sensoriales elementales. Siguiéndolo, el positivista Carnap, en su obra *The Logical Structure of the World* (extraño título para un filósofo que pretendía renunciar a la metafísica), trató sistemáticamente de construir el mundo a partir de los mismos datos sensoriales. Más tarde, los positivistas abandonaron este intento por ser demasiado tedioso, complicado e innecesario para los objetivos del conocimiento científico. Sin embargo, todo el proyecto desde un comienzo está tan lleno de ambigüedades que nunca se ha podido realizar. Wittgenstein se ahorra estas situaciones embarazosas: insiste sólo en la existencia de los hechos atómicos sin pronunciarse sobre su naturaleza.

II

Wittgenstein parece filosofar alejado de cualquier reflejo histórico, como si estuviese confrontando problemas al desnudo y frente a frente. Pero para un filósofo, o cualquier hombre, implica un riesgo intentar ser ahistórico. Al tratar de abordar un problema desde su origen mismo, en forma inmaculada, es fácil que termine reproduciendo, pese a los alardes de originalidad, un modelo de pensamiento ya conocido y que ha recibido serias críticas. También es probable que el pensador ahistórico sea un involuntario producto del clima de opinión dominante. Y en este caso, se ve claramente que el Atomismo Lógico de Wittgenstein resulta de la convergencia histórica de dos poderosas corrientes que fluyen hacia la filosofía moderna.

La primera es el famoso análisis de la causalidad de David Hume en el siglo XVIII. Según Hume, cuando decimos que A es la causa de B, no estamos afirmando que haya un vínculo interno o necesario entre los dos fenómenos. Sólo queremos decir que cuando ocurre A, también ocurre B. El fuego quema; los dos fenómenos, la llama y el calor, son hechos asociados. Eso es todo lo que se puede decir sobre la llamada "relación causal" que hay entre ellos. Y si dijéramos que fuego "implica" calor, sólo quiere decir que no se dará el caso que ocurra el fuego sin que ocurra el calor. A fines del siglo XIX, físicos como Mach y Helmholtz tomaron el análisis de Hume y lo trasladaron a su propia ciencia. Según ellos, las ciencias físicas debieran eliminar la noción de causa o fuerza como un poder oculto o vínculo interno entre los fenómenos. La ciencia sólo afirma la copresencia y covariación de los hechos dentro del mundo. Así, habiendo recibido la aparente aprobación de la ciencia, el punto de vista humeano se transformó en un dogma básico dentro del clima dominante de las opiniones empíricas.

La segunda fuente que engrosó esta corriente fue la aparición de la nueva lógica matemática. Esta lógica como tal no se pronuncia sobre la doctrina de la causalidad, pero como cálculo nos entrega herramientas que nos permiten desenvolvernos más fácilmente y con más soltura dentro del mundo humeano. No es necesario saber lógica matemática para captar cómo esta disciplina nos lleva al atomismo lógico de Wittgenstein. Basta con captar la sencilla y fundamental idea que sustenta a esta disciplina.

El primer paso para transformar la lógica en un cálculo matemático fue cambiar nuestra comprensión de su elemento fundamental: la afirmación o proposición. En la antigua tradición de la lógica de Aristóteles, cuando decimos que A es B, queremos describir qué tipo de cosa es A, y específicamente que es de la clase B. En Aristóteles, una proposición es un *logos,* un dicho u oración. Pero no todas las oraciones son proposiciones: por ejemplo, un rezo, ruego o pregunta son oraciones pero no afirman hechos. Por lo tanto, una proposición es una forma particular de *logos* —un *logos apophantikos*; la raíz griega de esta última palabra es el verbo que significa aparecer o causar la aparición, traer algo a la luz. La afirmación coloca la cosa al frente nuestro y nos la muestra tal cual es. Aquí estamos en una relación primaria con el lenguaje que, como veremos más adelante (Capítulo 8), constituye una preocupación básica para un filósofo como Heidegger. Pero el lógico matemático avanza audazmente más allá de esa relación:

Para transformar la lógica en un cálculo, debemos dar un paso gigantesco desde el comienzo —debemos abstraernos del carácter intrínseco de A y B y de cualquier relación intrínseca que exista entre ellos. Cuando decimos que todo A es B, sólo queremos decir que las instancias que caen bajo A, sea lo que sea A, ocurren conjuntamente con las instancias que caen bajo B. *La proposición expresa cierta distribución de hechos dentro del espacio lógico.* Los hechos que así se distribuyen quizás "no tienen nada que ver entre ellos", en la forma habitual en que se entienden estas palabras. Nótese que hablamos de espacio lógico, no físico: A y B pueden ocurrir en los extremos opuestos de la galaxia y seguir representándose a través del mismo diagrama lógico. Debemos pensar en dos círculos que se intersectan: luego los hechos tabulados bajo A caen dentro, fuera o en parte dentro y en parte fuera de B. Parece haber cierta relación entre la matematización de la lógica y la posibilidad de retratar sus hechos. En efecto, el cálculo de clase, con el que se originó esta lógica, se puede considerar una especie de topología elemental de los espacios cerrados. Esta afinidad con los posibles diagramas puede haber sido la que llevó a Wittgenstein a imaginar una proposición como un retrato[2].

La lógica de Russell y Whitehead, llevando aún más allá este proceso de abstracción, entrega un cálculo de proposiciones basado en la idea de "implicación material". Generalmente cuando decimos que A implica B, suponemos que existe un vínculo intrínseco entre los dos. El lógico se abstrae de eso: cuando sostiene que "A implica B", no intenta establecer un vínculo interno entre los dos; sólo afirma que los hechos se distribuyen en el espacio lógico en forma tal que nunca va a existir una instancia de A sin una instancia de B. Existe, por ejemplo, el hecho denotado por la proposición A: "Dos veces dos es cuatro", y el hecho denotado por la proposición "La nieve es blanca". Según nuestra experiencia cotidiana, estos hechos no se relacionan entre sí, están completamente desconectados, y en nuestro lenguaje corriente, no diríamos que A implica B. Pero el lógico no vacila en decirlo. Estas dos proposiciones tienen el mismo valor-verdad (ambas son verdaderas), y por lo tanto, satisfacen su condición de implicación: la primera no será verdadera y la segunda falsa. Entonces, para el lógico, la proposición "Si dos veces dos es cuatro, luego la nieve es blanca" es una afirmación perfectamente correcta y verdadera. La afirmación irrita nuestros hábitos de lenguaje común e inicialmente puede parecernos extraña. Pero es precisamente este tipo de recurso el que otorga a la lógica matemática sus singulares poderes de manipulación y cálculo.

Así, aunque los hechos estén intrínsecamente desconectados, las estructuras de la lógica se siguen aplicando. Para el nivel de generalización al que aspira la lógica, y donde se aprecian sus plenos poderes, esta desconexión de los hechos es un asunto indiferente. ¿Pero qué ocurre si este lenguaje lógico se toma como un retrato del mundo? Lo que se

---

[2] ¿Habría dicho que una proposición es un retrato de un hecho si no fuese porque los diagramas de Venn ya habían servido como retratos de hechos? En todo caso, siempre se puede decir que una proposición es un retrato de un diagrama de Venn.

ve en el espejo corresponde a la realidad que refleja. La desconexión que permite la lógica va a reflejar la posible desconexión de los hechos dentro del mundo. *"Cualquier hecho puede venir o no al caso, y todo lo demás permanece igual"*.

Wittgenstein simplemente ha seguido hasta sus amargas consecuencias las dos líneas de influencia dentro del clima dominante de las opiniones empíricas de su tiempo. Si uno mantiene el análisis de Hume de la relación causal, junto con una proyección metafísica de una lógica extensiva sobre el mundo, la conclusión es inevitable: los componentes elementales del mundo, sean lo que sean, estarán desconectados. Según el caso, sólo podríamos notar su ocurrencia o no-ocurrencia. En definitiva, será inexplicable por qué vienen y van con relación a ellos mismos. Nos enfrentamos a una muralla en blanco. En el fondo, el mundo sigue siendo fundamentalmente irracional.

Nos impresiona más la desconexión que la atomicidad de este mundo. Hace casi tres siglos, Leibniz construyó su propia visión de un mundo atomizado. En el sistema leibniziano, los componentes elementales del mundo, las mónadas, no actúan ni se comunican entre sí. Su famosa frase es: "Las mónadas no tienen ventanas". Estos átomos elementales del mundo están sellados de tal forma que no existen aperturas a través de las cuales puedan mirar hacia fuera, percibir, afectar a o ser afectados por otras mónadas. No obstante, todas estas mónadas se interrelacionan y comunican entre sí en la Mónada de las Mónadas, Dios. No existe esta posibilidad para aliviar el vacío del universo de Wittgenstein. Al no especificar qué son los hechos atómicos, tenemos la libertad de imaginarlos como las entidades más valiosas que puede desear nuestro corazón. Podrían ser benditos y buenos —digamos, bellos seres angelicales. No obstante, si fueran completamente externos entre ellos, si no se comunicaran entre sí de manera que la existencia de uno constituya una diferencia para el otro, entonces este mundo nos parecería decididamente fallado. Por lo menos las mónadas de Leibniz podrían cantar como un coro en armonía celestial dentro del Dios todomónada. En cambio, los hechos atómicos de Wittgenstein están condenados al silencio y la soledad. La dictadura de la lógica nos conduce a un mundo estéril.

III

Pero si la lógica desempeña un papel prominente y dictatorial, Wittgenstein procede a desinflarlo. Para él en esta etapa, la lógica es todo y nada al mismo tiempo. Si bien las estructuras de la lógica pueden cartografiar las estructuras del mundo, las proposiciones lógicas no dicen nada sobre el mundo. Son meras tautologías. Sólo dicen que A es A.

Esta visión que hoy es tan común, en su tiempo fue como una bomba contra la postura platónica de Russell. Como un platónico cabal, Russell había sostenido originalmente que las entidades con que trata la lógica *subsisten* independientemente del espacio, el tiempo y la mente humana. Sus puntos de vista respecto a esta "subsistencia" cambiaron con el tiempo, pero en 1920 escribió en *Introduction to Mathematical Philosophy*: "*La lógica se preocupa del mundo real tan verdaderamente como la zoología, aunque de sus características más abstractas*" (p. 169). El zoólogo se dedica a las jirafas, leones, titís, lemures y otras criaturas interesantes, y nos relata hechos significativos acerca de sus estructuras biológicas y anatómicas. Estas criaturas son reales, existen en el tiempo y el espacio, y el zoólogo aumenta nuestro almacenamiento de información sobre ellas. Pero si las proposiciones lógicas son tautologías, si sólo dicen que A es A con complejos e interesantes disfraces, es difícil descubrir en qué forma estas proposiciones se pueden comparar con las del zoólogo o de cualquier otro cientista natural. La comparación zoológica de Russell pierde sentido. Por lo tanto, uno se ve obligado a buscar otra visión sobre qué es la lógica y qué tipo de realidad aborda.

Wittgenstein trata de poner en evidencia el carácter tautológico de las afirmaciones lógicas mediante las tablas-de-verdad. Haga una lista de todas las posibilidades de verdad y falsedad de las partes que componen una proposición lógica, y el resultado total será siempre una verdad. Así, la proposición lógica es verdadera sin importar los hechos. En consecuencia, no puede decir nada sobre el mundo. La proposición lógica "O está lloviendo o no está lloviendo" es necesariamente verdadera sea cual sea el clima. Pero es una verdad vacía; no me dice nada sobre el clima en ese momento.

El realista obstinado podría responder que nos dice algo acerca del tiempo en cualquier mundo posible. Por lo tanto, debemos buscar un modelo más convincente para demostrar el carácter tautológico de las verdades lógicas. Una imagen gráfica nos puede ayudar, y es curioso que Wittgenstein, cuya imaginación estaba tan poseída por la metáfora de los retratos, no haya utilizado esta herramienta. Usemos el diagrama de Venn de la lógica elemental y tomemos como nuestro ejemplo de verdad lógica el silogismo básico y tradicional: 1) "Si Todo A es B", y 2) "Todo B es C"; luego 3) "Todo A es C".

Grafiquemos la primera premisa, que dice que no hay instancia de una A que no sea también una instancia de B, oscureciendo la parte del círculo A que cae fuera de B para indicar que esta zona se ha eliminado.

Asimismo, con la segunda premisa, todo B es C, se elimina todo lo de B que cae fuera de C.

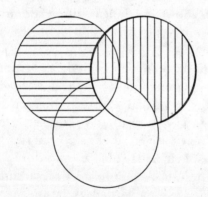

Así hemos diagramado la distribución de los hechos dentro de nuestro pequeño mundo, como lo expresan las dos premisas. Ahora veamos la conclusión. Ésta dice que todo A es C, o sea, ninguna instancia de A cae fuera de C. Por lo tanto, debemos oscurecer en el diagrama la parte de A que cae fuera de C. Pero al mirar de nuevo el diagrama, vemos que esto ya se ha hecho. Las premisas ya han diagramado los hechos que se iban a afirmar en la conclusión. La conclusión no agrega información sobre la que ya existe. La distribución de los hechos dentro del universo es exactamente igual antes y después de aplicar nuestra ley lógica. Luego, la verdad lógica no nos dice nada acerca del mundo.

A la luz de este modelo —el más sencillo que se me ocurre para demostrar el carácter tautológico de la lógica—, no sólo se derriba la comparación con la zoología que hizo Russell, sino que se introducen serias dudas respecto a la proposición avasalladora de Wittgenstein de "la estructura lógica del mundo". ¿Qué sentido tiene maravillarnos con "la estructura lógica del mundo"? La distribución de los hechos dentro del mundo es exactamente igual antes y después de aplicar nuestra ley lógica. A la larga, lo único que logramos es una afirmación verbal diferente. Hay sólo una estructura lógica entre las afirmaciones y está dentro del lenguaje. "Tautológico" significa "decir lo mismo". Decimos lo mismo con palabras o símbolos diferentes. La lógica nos brinda un sistema de transformaciones mediante el cual, y *para satisfacer nuestros propósitos particulares*, podemos cambiar un conjunto de expresiones por otro hablando al mismo tiempo de los mismos hechos. Por ejemplo, la única utilidad de la conclusión de nuestro pequeño silogismo anterior es enfocar en otra forma nuestro interés sobre los hechos tal como son. Por lo tanto, la lógica es un instrumento humano diseñado para ciertos objetivos humanos prácticos. Aquí Wittgenstein se sitúa paradójicamente a medio camino entre una nueva visión de la lógica, la que sólo elaboraría muchos años después, y los vestigios de una posición russelliana más antigua cuyos fundamentos él estaba en proceso de demoler. Por un lado, reafirma el énfasis en la tautología para desinflar las pretensiones de la lógica. Por otro lado, aún está ebrio con la retórica del realismo russelliano y habla de la lógica como un "espejo del mundo" y, aún más exaltadamente, de "la lógica que abarca todo y refleja al mundo entero".

Años más tarde hablaría de "la mente hechizada por el lenguaje", para lo cual la desfalleciente filosofía humana aparecería como la cura. Pero está hechizado con la metáfora del espejo, que, en este caso, parece ser especialmente confusa. Considere, por ejemplo, una habitación donde no hay espejo. Los objetos en la sala y sus relaciones espaciales son accesibles aun sin espejo. Si traemos un espejo a la habitación, vemos las imágenes de estos objetos duplicadas en el vidrio, pero ya eran totalmente accesibles sin él. Entonces, según la metáfora del espejo, ¡se podría obtener una completa y clara "estructura lógica del mundo" sin necesidad de articular lógica alguna! Lo que parece un absurdo. Sin embargo, Wittgenstein podría argumentar: "No podemos decir cómo sería un mundo no-lógico". Precisamente ésa es otra razón por la que no podemos pensar en la lógica como un espejo. No podemos *decir* cómo sería un mundo no-lógico porque tendríamos que expresarlo en lenguaje y éste requiere un mínimo de articulación lógica. Aquí el lenguaje se transforma en nuestra condición humana para tener un mundo. Los seres humanos pueden construir el mundo sólo a través y dentro del lenguaje. El lenguaje, el mundo y el ser humano son términos coordinados. Pero aquí nos interesan los significados del mundo y del ser humano, algo que la filosofía de Wittgenstein no analiza y para lo cual tenemos que recurrir a la interpretación de un filósofo como Heidegger[3].

¿Y qué se puede decir de la filosofía misma? En el mundo de Wittgenstein donde los hechos se sitúan en forma externa entre sí y la lógica sólo se preocupa de las identidades dentro de un lenguaje formal, ¿qué le queda a la filosofía por hacer? En realidad muy poco, si pensamos en las metas tradicionales de los filósofos. Si queremos hacer afirmaciones acerca del mundo, éstas caen dentro del territorio de las ciencias empíricas y deben probarse con los métodos de esas disciplinas. Por otro lado, están las afirmaciones tautológicas de la lógica, que tienen un interés formal y pueden ser manipuladas para usos prácticos, pero no nos dicen nada sobre el mundo. Todas nuestras dudas humanas deben caer en uno de los dos campos; y por consiguiente, la filosofía se divide dicotómicamente en cuestiones de hecho o de lógica. Y al hacer esa división, ella virtualmente desaparece. Las partes tradicionales de la filosofía —metafísica, ética, estética— desaparecen en el camino, ya que emergen, según esta perspectiva, como una mezcla confusa de cuestiones de hecho o cuestiones de lógica, que debe buscar un orden dentro del análisis lógico. En la medida en que la ética, por ejemplo, tiene que ver con los deseos, valores y opciones humanas, éstos son hechos dentro del mundo que deben ser explorados por la psicología y las ciencias de la conducta. El filósofo debe contentarse exclusivamente con analizar la sintaxis lógica de las afirmaciones-de-valor. Las especulaciones metafísicas que pueden hacer los filósofos respecto al cosmos, si es que tienen algún contenido fáctico, caen dentro del rubro de posibles hipótesis sugerentes que deben ser tratadas más eficientemente por las ciencias naturales —física, química o biología, según el caso. Cualquier afirmación que la filosofía hiciera fuera de estos límites sería, en rigor, insensata: no tendría sentido. Por lo tanto, la filosofía quedaría sin sus doctrinas, sólo conservaría la actividad lógica de aclarar, que esencialmente consiste en disectar las afirmaciones reduciéndolas a sus componentes fácticos y lógicos. Sólo gracias a esta radical cirugía habría esperanzas de aliviar a la filosofía de la confusión y la oscuridad.

Así, el joven Wittgenstein, que aún no cumplía treinta años, entregó los planos del Positivismo Lógico incluso antes de que se hubiera

---

[3] Ver Capítulos 7 y 9, especialmente este último.

formalizado esa denominación para esta escuela filosófica. Este movimiento, iniciado en Viena en la década del 20, siguió ejerciendo gran influencia en el mundo angloamericano en las dos décadas siguientes. Aun sin la fuerza e impacto inicial de su forma original, esta corriente dejó una profunda huella en el pensamiento filosófico contemporáneo. Y gran parte de la filosofía que cautivó a los pensadores angloamericanos, ha sido y sigue siendo de espíritu completamente positivista, aunque no acepte ese nombre. El vocabulario ha cambiado, pero persiste el modelo fundamental de pensamiento. En cierto sentido, es extraordinario que lo haya originado un individuo como Wittgenstein. En materia de temperamento y personalidad, está aparte y a gran distancia de otros positivistas destacados. Yo los conocí personalmente y sé que ellos desconocían la sensación del misterio. Para Wittgenstein, ésta era muy real a pesar de querer distanciarlo de la filosofía. Con este mismo espíritu, podía alegremente consignar la ética a la psicología porque sus propios valores esenciales no eran hechos que ocurrieran dentro del mundo: "El significado del mundo está fuera del mundo". Era un hombre dividido y los positivistas conquistaron una parte de su pensamiento. Algunos ardientes seguidores del Wittgenstein tardío han embestido contra el Positivismo sosteniendo que es un total malentendido respecto a él. La acusación es exagerada; de hecho, en Wittgenstein hay una fuerte vena positivista que se mantiene a lo largo de su pensamiento hasta el fin, aunque no es el único componente. Los positivistas no falsearon su pensamiento, pero tomaron sólo una parte de él, la que Wittgenstein consideraba relativamente poco importante.

IV

Entonces, ¿qué podemos concluir del mundo que nos ha bosquejado Wittgenstein? Y, sobre todo, la pregunta: ¿qué significa para nosotros el ser libres en ese mundo?

Aquí, como de costumbre, Wittgenstein es consecuente con sus suposiciones. La libertad humana, en un mundo de hechos atómicos, descansa sólo en nuestra ignorancia del futuro. *"La libertad de la voluntad consiste en el hecho de que las acciones futuras no se pueden conocer ahora"*. Este es el único tipo de libertad posible para nosotros en el mundo fragmentado de Hume, donde no hay vínculo entre el presente y el futuro. El futuro está abierto para nosotros sólo en el sentido de que tropezamos ciegamente con él. Somos como niños con los ojos vendados poniéndole la cola al burro y libres sólo para tropezar con algún mueble que se encuentre en el camino. Esta es una libertad de pura negatividad, una libertad de impotencia e ignorancia.

Sin embargo, al realizar nuestras tareas ordinarias en el mundo cotidiano, conocemos un tipo de libertad muy diferente. Esta libertad corriente no se basa en la ignorancia, sino en nuestra capacidad para dirigir el futuro como deseamos. El presente no está profunda y totalmente separado del futuro, sino que fluye hacia él de un modo parcialmente controlable. Pero esta libertad práctica común nuestra se transforma en una imposibilidad teórica en el mundo fragmentado de Hume y Wittgenstein. En ese mundo no hay continuidad para transformarse —no existe un influjo causal del presente hacia el futuro. Un hecho atómico sigue a otro sin conexión. Estiro el brazo para tomar mi lapicera y escribir estas palabras, y ahora se supone que lo que así realizo como el simple y continuo acto de mi voluntad, en la perspectiva humeana, se desintegra en fragmentos aislados. Ya no existe ese constante flujo de transformación desde que tengo el impulso de tomar este simple objeto, lo cojo y uso para escribir los pensamientos que deseo. Más bien, se supone que hay una sucesión de acontecimientos desconectados: un deseo, el movimiento de un brazo hacia adelante, los dedos cerrándose en torno a la lapicera y la serie de movimientos espasmódicos que dejan trazos en el papel, los que después contemplo como algo ajeno. No puedo simplemente decir que tomé mi lapicera y escribí estos pensamientos, porque en este mundo ha desaparecido la realidad del que hace y, en efecto, del *hacer*. La libertad, como normalmente la entendemos, no puede tener significado aquí por la simple razón de que se ha eliminado la continuidad del proceso. El presente no fluye hacia el futuro en forma significativa y efectiva.

Como ya dijimos, la discrepancia con la experiencia cotidiana no habría detenido a Wittgenstein en esta etapa. La contradicción con ciertos puntos cruciales de la experiencia común, más que negligencia, es parte del diseño deliberado de un tipo especial de metafísica. Decimos "metafísica" porque, a pesar de que Wittgenstein rechazaba en forma positivista esta disciplina, lo que aquí nos presenta es una metafísica todo lo completa que se podría desear. Está bien que al final del *Tractatus* afirme que todo lo que ha dicho debe considerarse sólo como una escalera para subir hasta las alturas de su visión, que se descarta después de usarla. La escalera, si es que tenemos que subir por ella, debiera tener peldaños lo suficientemente sólidos como para soportar nuestro peso, sin importar lo que decidamos hacer con ella después. En este caso, los peldaños son afirmaciones precisas sobre el mundo, las que de hecho representan una doctrina metafísica. Y esta metafísica, además, es de un tipo histórico especial, que *por principio* debe antagonizar con la experiencia cotidiana, pues para ella el mundo cotidiano es Apariencia y no Realidad. En resumen, el Atomismo Lógico de Wittgenstein nos entrega otra versión de los *Dos Mundos*, una doctrina que ha tenido al pensamiento occidental bajo sus garras desde el siglo XVII.

Ya señalamos que el pensamiento de Wittgenstein no es tan ahistórico como imaginaban él o sus seguidores cercanos. Sus postulados pertenecen al empirismo de su período inmediato. Pero, a su vez, ese período tendría que incluirse en el modelo más amplio y profundo que define a la edad moderna. Sin Descartes y sus dos mundos, no habría existido Hume. Ningún hombre, mucho menos el pensador, puede lograr ser ahistórico. Las raíces de nuestro ser van más lejos y profundamente en la historia de lo que solemos imaginar. Wittgenstein no es una excepción. Él posee una mente intensamente original, pero aquí su originalidad sólo logra producir una nueva versión de un punto de vista muy arraigado y tradicional.

Esta visión divide la realidad en dos partes. Por un lado, está el mundo de nuestra experiencia cotidiana, con todas las características y cualidades que nos resultan familiares. Por otro lado, la ciencia nos presenta un mundo muy diferente y que pretende estar más arraigado en la verdad. Por eso este último se denomina mundo "real" u "objetivo"; y el primero, "subjetivo" —como la mera "apariencia" de una "realidad" subyacente. Wittgenstein no emplea estas palabras; pero ya que su Atomismo Lógico corre atropellando grandes trozos de nuestra experiencia cotidiana, es tanto una versión de los Dos Mundos como si hubiera usado la terminología habitual. Lo significativamente diferente en su caso son los fundamentos que lo guían para hacer la división. Para un filósofo como Descartes, las razones apremiantes para dividir los dos mundos provenían de la ciencia física, cuya estructura él estaba ayudando a crear. Luego, los atributos habituales de nuestro mundo —colores, sonidos, olores, etc.— debían ser reemplazados por configuraciones de la materia en el espacio. Por otro lado, el Atomismo de Wittgenstein afirma originarse no de los resultados de la ciencia física sino de un análisis de la lógica matemática. Y por el solo hecho de que ésta parece independiente de cualquier descubrimiento empírico en particular, algunas mentes podrían considerarla más rigurosa.

Según Whitehead, la doctrina de los Dos Mundos es una forma de "materialismo científico" que busca reducir el mundo de la experiencia concreta a los componentes *materiales* más básicos que lo subyacen. Como Wittgenstein no nos dice qué son sus hechos atómicos y no utiliza las conclusiones materiales de la física, esta etiqueta no es tan apropiada aquí. Pero si cambiamos la frase por "reduccionismo científico", el pensamiento de Wittgenstein podría llamarse correctamente una forma de "reduccionismo lógico". En todo caso, su pensamiento sigue el mismo modelo de la doctrina más antigua —un modelo que, volviendo a Whitehead, podríamos llamar "la falacia de lo concreto mal situado". Se supone que los exactos pero muy abstractos conceptos de la lógica (no de la física, como en la doctrina anterior) caracterizan los materiales básicos de la realidad concreta. El lógico matemático mira lejos del mundo cotidiano para construir relaciones más generales y abstractas entre las entidades. Intenta obtener un esquema general y lo suficientemente poderoso, para sus fines *prácticos,* como para abarcar hechos desconectados y no relacionados dentro de sus estructuras. Para sus objetivos, esta desconexión, en el sentido cotidiano, no tiene importancia. Lo que hace ahora el Atomismo Lógico es invertir totalmente este esquema: las estructuras abstractas son las que indican las características subyacentes y finalmente concretas del mundo. Es como si tuviéramos un espejo —para recurrir a esta dudosa metáfora por última vez— que de algún modo filtrara todas las características de un rostro y nos devolviera las imágenes como simples siluetas. Y entonces, a partir de este espejo, concluyéramos que en realidad las personas no son como se nos presentan habitualmente, sino que sólo son esas siluetas.

¿Cómo escapar de este desolador retrato del mundo que nos pinta el Atomismo Lógico? Podríamos renunciar a la lógica matemática como el lenguaje ideal o paradigmático, que de hecho fue el paso que más tarde dio Wittgenstein. Pero no es necesario ir tan lejos como él en este rechazo. Supongamos que uno quisiera aferrarse a la lógica de *Principia,* sin sucumbir al mismo tiempo a la doctrina de los hechos atómicos. ¿Qué se necesitaría para eso? El remedio no es tan difícil como se podría pensar. Simplemente habría que abandonar la idea de que la relación entre lenguaje y hecho es cuestión de concebir retratos. Como esa lógica tiene formas atómicas de afirmación, no implica nada sobre la naturaleza del mundo. Para armar la maquinaria del cálculo y ponerla en marcha, sólo se necesitan estas afirmaciones elementales. Así, un cálculo lógico se transforma en un instrumento práctico, como cualquier otra herramienta o técnica humana, y en sí mismo no se pronuncia sobre cómo podría ser finalmente el mundo. Tendríamos que aceptar una visión radicalmente diferente del lenguaje: como una actividad práctica al servicio de la vida. Wittgenstein se demoró varias décadas en dar este gigantesco paso. Pero cuando por fin lo dio, no fue por un cambio de preferencia por los matices del lenguaje corriente, sino porque se sintió obligado a entregar toda la verdad posible a nuestro mundo cotidiano, la cual él mismo había tergiversado tanto en su obsesión con una técnica formal.

En realidad, el aspecto más sombrío del libro consiste en algo que apenas llamó la atención en medio del furor de su recepción inicial. Es el postulado subyacente que supone que la lógica y las matemáticas son sistemas cerrados. Un sistema es cerrado cuando existe un medio mecánico que permite determinar si una combinación de símbolos constituye una afirmación verdadera o falsa. Un computador podría buscar cualquier combinación de este tipo y aceptarla como tautología (afirmación verdadera) o rechazarla como contradicción (afirmación falsa). Así Wittgenstein puso en evidencia el carácter tautológico de ciertas afirmaciones lógicas a través del sistema puramente mecánico de las tablas-de-verdad —un sistema que en la actualidad los alumnos de lógica elemental aprenden al comenzar el curso. Sin embargo, con el entusiasmo del momento, se olvidó que este mecanismo servía sólo para una pequeña parte muy elemental de la lógica, el llamado Cálculo de Oraciones. Este era el postulado tácito: lo que había resultado verdadero para la parte, también sería verdadero para la lógica como un todo. En efecto, este postulado fue tan tácito que llegó a considerarse casi un hecho establecido.

Este punto no llamó mucho la atención, en los círculos lógicos, porque el ambiente estaba cargado con el gran triunfo de *Principia*. Parecía que la lógica había alcanzado, o estaba a punto de alcanzar, su forma final y definitiva. Además, las matemáticas parecían seguir una trayectoria paralela. Los matemáticos, especialmente los de la escuela formalista, aspiraban a una completa axiomatización del tema, es decir, querían establecer ciertas reglas que, si se aplicaban mecánicamente, entregarían todas las verdades de las matemáticas. Así, con una enorme máquina computacional se podrían procesar todos los problemas de las matemáticas. Y ahora que existía un sistema global de lógica que parecía incluir a las matemáticas, ¿acaso esta meta no se veía como algo inminente? Seguramente, bajo todas las operaciones de la lógica deben existir formas simples que contienen todo el razonamiento lógico como un proceso puramente mecánico.

Cabe recordar que en esta etapa para Wittgenstein, la lógica matemática es el modelo de todo el lenguaje. Entonces, probablemente todos los deseos, necesidades, acciones o planes humanos habituales podrían expresarse adecuada y exactamente dentro de la forma de este lenguaje. Y si éste es determinado y cerrado, las posibilidades de la existencia humana también debieran estar cerradas. Todos los desarrollos humanos serían combinaciones mecánicas de elementos ya dados.

Se desvanecerían la creación, la invención genuina, la novedad —las marcas de la libertad. Esta sería la consecuencia más sombría del pensamiento de Wittgenstein. Por lo tanto, no es sorprendente que más allá de la lógica y su manipulación mecánica de los hechos, él tuviera que encontrar otro ámbito, el de "lo Místico".

Esta confianza generalizada de la época, se apoyaba en la creencia de que la lógica había alcanzado una forma definitiva, y considerando la juventud de Wittgenstein, ayuda a explicar el tono extremadamente dogmático con que afirma sus convicciones. Nos dice que "la *verdad* de los pensamientos comunicados aquí me parece inexpugnable y definitiva". Y además que "esencialmente los problemas han sido resueltos". ¡Ay de los humanos cuando empiezan a dogmatizar así! En efecto, el mecanismo como doctrina filosófica se podría definir como la creencia de que la última máquina creada por el ingenio humano nos entrega la forma definitiva de la realidad. Lo que ocurre generalmente es que la libertad y el ingenio humano crean una máquina que supera a la anterior, y en consecuencia, la realidad asume un modelo diferente. Existe una regla bastante confiable que dice que cada vez que los hombres de ciencia están seguros de haber alcanzado una fórmula o afirmación definitiva sobre cómo son las cosas, la situación científica misma está llegando a una etapa en que probablemente va a sufrir un cambio total.

Y, claro, esto es exactamente lo que ocurrió con la lógica. Para el filósofo debiera ser de suma importancia el hecho de que la lógica y las matemáticas resulten ser abiertas y no cerradas, que ningún mecanismo pueda abarcarlas y excluyan la necesidad de invención y creación. Ya que si el lenguaje —aun en su forma lógica más estricta y elemental— es abierto, también debe serlo nuestra existencia humana, que en efecto se expresa dentro del lenguaje. La subsecuente trayectoria de Wittgenstein será una aventura hacia esta apertura.

Cuatro

Misticismo

Para transformar la lógica en una mística es necesario otorgarle un poder extraordinario y mágico: el poder de determinar la estructura del mundo y resolver las preguntas tradicionales de la metafísica. El verdadero misticismo se sitúa en el polo opuesto de esta mística, y Wittgenstein lo descubre precisamente allí, donde la lógica abdica de sus poderes.

En lo referente a los aportes sustantivos a la lógica, la primera parte del *Tractatus* es de interés histórico. El subsecuente progreso de la lógica, así como el propio desarrollo de Wittgenstein, resolvería algunas de sus preguntas, desplazaría a otras y en general transformaría la naturaleza de todas. Pero es la última parte de esta obra —y en rigor no se trata realmente de una parte, sino más bien de unas cuantas páginas que, para el lector poco cuidadoso, pueden parecer pensamientos incluidos a posteriori— la que nos entrega el verdadero sentido del pensamiento de Wittgenstein en este libro. Probablemente serán sus páginas más duraderas, pues nos presentan las ideas que mantuvieron vivo a Wittgenstein el hombre.

El lugar que ocupa "lo místico" se identifica en forma simple y parca: "*El hecho* de que el mundo exista es lo místico". La ciencia nos dice *cómo* es el mundo; describe los innumerables tipos de fenómenos, su comportamiento e interacciones mutuas. Pero confrontados con el hecho de la existencia del mundo, con *el hecho* de que exista un mundo, de que exista cualquier cosa, en la significativa frase de Leibniz, sólo podemos permanecer en un asombro silencioso. Frente a este misterio primordial del Ser, la verborrea humana se detiene. Aquí el lenguaje sólo puede señalar y luego entrar al silencio. "De lo que no podemos hablar debemos guardar silencio".

Pero para Wittgenstein este ámbito de lo que no se puede hablar encierra lo más valioso y la parte más importante de la vida humana.

Sólo si penetramos en esa zona de silencio somos humanos de verdad. Y aquí es donde él se sitúa en forma personal y existencialmente, en la perspectiva más diametralmente opuesta al gran grupo de sus seguidores positivistas. El silencio deja cesante al filósofo académico; donde no hay nada que decir, no hay esperanzas de escribir un artículo de lógica.

La importancia que Wittgenstein daba a lo místico queda incuestionablemente en evidencia en una reveladora carta que escribió a su editor alemán, Ficker:

> El asunto de este libro es ético. Había pensado incluir en el Prefacio una oración que no incluí, pero que ahora se la escribo porque puede resultarle como una clave para el libro. Esto es lo que en ese entonces pensé escribir: mi obra se divide en dos partes: además de todo lo que *no* he escrito. Y precisamente esta segunda parte es la más importante. Se podría decir que mi libro marca el límite a la esfera de lo ético partiendo desde el interior, y estoy convencido que esta es la *única* forma *exacta* de señalar esos límites. En resumen, creo que donde *muchos* otros sólo fanfarronean, yo he logrado colocar las cosas en su lugar con el expediente de mantener silencio sobre el asunto[1].

Esta carta es de crucial importancia para el estudioso de Wittgenstein. En primer lugar, se trata de una declaración directa y clara sobre lo que quería decir con el libro; y segundo, nos da otra descripción de —o, más exactamente, otro indicador señalando hacia— el ámbito de lo que no se puede expresar: lo místico es también lo ético, o la fuente de lo que es verdaderamente ético en la vida.

¿Cómo puede ser así? ¿Cómo puede el reconocimiento del misterio de la existencia tener sustancia ética para nosotros, si consideramos que esta carta al editor es un factor decisivo, éticamente hablando, en la vida humana? Para Wittgenstein en esta etapa de su desarrollo, hablar es expresarse claramente; y si no podemos hablar del misterio, más allá de ese mero gesto verbal que lo señala, ¿cómo podemos extraer normas éticas definidas por el solo hecho de reconocerlo?

Wittgenstein no tiene nada que se parezca a un sistema de ética. Hay que construir lo que sería su ética a partir de algunos breves comentarios que ha dejado. Por una parte —y este es el lado negativo—, su idea

---

[1] Paul Engelmann, *Letters from Ludwig Wittgenstein, with a Memoir* (Nueva York: Horizon Press, 1967), p. 143.

es bastante clara y completamente positivista. Ya que tanto nuestra voluntad como nuestro comportamiento ético son hechos dentro del mundo, ambos caen bajo las ciencias empíricas de la conducta. A partir del análisis lógico, nuestras afirmaciones morales resultan ser expresiones de nuestras propias emociones —de deseo o aversión, según sea el caso. Ésta era la postura general que los positivistas, que se decían seguidores de Wittgenstein, usaban para desacreditar la ética tradicional.

Pero éste es sólo un aspecto del pensamiento de Wittgenstein: tiene algo diferente que agregar sobre el tema. El significado del mundo, nos dice, se sitúa fuera del mundo. En consecuencia, la intención de la voluntad, en la medida en que está comprometida con este significado, apunta más allá del mundo. (Cabe recordar que aquí el mundo es simplemente la totalidad de los hechos). Luego, sean lo que sean los puntos éticos positivos de Wittgenstein, al menos sabemos lo que no son: no son los de una ética estrictamente naturalista o utilitaria. El máximo bien no puede definirse final y completamente como felicidad o como el mejor equilibrio del placer con el dolor. Estos son estados del ser humano que, si ocurrieran, serían hechos dentro del mundo; su significado —como el significado del propio mundo— apuntaría más allá de ellos. Por ejemplo, si alguna vez se lograra la felicidad de la humanidad, los hombres seguirían preguntándose: ¿por qué?, ¿cuál es la razón?, ¿con qué fin? Aquí la postura de Wittgenstein —aunque a algunos les sorprenda— denota un marcado parecido a la ética kantiana.

Kant sostuvo que los requerimientos de la acción moral nos llevan más allá del ámbito fenoménico hacia el ámbito nouménico. El mundo de los fenómenos nos es accesible a través de la percepción y se puede articular mediante los conceptos de nuestro entendimiento. El ámbito nouménico es donde nuestros conceptos son insuficientes. Entramos a él con fe y postulando lo que nunca podremos demostrar, pero debemos hacerlo como seres espirituales. De otro modo, la voz de la conciencia moral, el centro de la personalidad humana, se volvería irracional y absurda al empujarnos hacia el bien aun a costa de nuestro bienestar. Kant nos señala, en forma bastante legalista, todo el aparato teísta de Dios, la Providencia y la inmortalidad. Pero éstas son lo que Kant llama *Ideas*, fabricaciones hechizas prácticas, sobre las cuales es imposible tener conceptos definidos. Analizada en forma superficial, su ética parece tener poca o ninguna similitud con la de Wittgenstein. Pero en ambas, lo ético llega finalmente a lo que no se puede articular en conceptos definidos.

Las insinuaciones que estas últimas páginas del *Tractatus* nos entregan sobre esta región más allá del lenguaje, se pueden agrupar bajo tres categorías:

1. "Lo místico" corresponde al hecho de que el mundo exista, que exista cualquier cosa en lugar de la nada. Este es el asombro cosmológico ante el misterio de la existencia.

2. Esta región de lo inexpresable, de lo que no se puede hablar, es también de supremo valor para el hombre. Constituye todo lo "ético" del libro, como dice Wittgenstein en su carta. En nuestras aspiraciones éticas nos esforzamos para alcanzarlo como el ámbito en que nuestras acciones y nosotros mismos encontraríamos un "significado".

3. Aquí se superponen la segunda y tercera categorías. Cuando hablamos de algo que llamamos "el sentido de la vida", en realidad hablamos de otra forma de lo ético. A veces, en nuestros peores momentos, sentimos que la vida carece de sentido; otras veces nos parece que sí lo tiene. Pero quizás nos cueste expresar en forma factual y concreta la diferencia entre estos dos estados. Necesitamos desesperadamente creer que nuestra vida tiene sentido. Pero este "sentido" que buscamos es inexpresable —al menos dentro de los estrictos estándares que impone el *Tractatus*: no podemos afirmarlo como un simple hecho o cualquier combinación de hechos lógicamente aceptables. "*¿No es por esto que los hombres que, después de mucho cavilar, logran descubrir el sentido de la vida, no pueden explicar en qué consiste?*" (6.251).

Supongamos ahora que agrupamos estos tres tipos de insinuaciones, considerándolas como indicaciones provenientes de diferentes direcciones pero que apuntan hacia la misma región de la experiencia que nuestra vida toca ocasionalmente. El misticismo de Wittgenstein abrazaría las tres. Aquí se unen intelecto y voluntad: el misterio del cosmos frente al cual nuestra mente se detiene asombrada, se hace uno con el misterio dentro de nosotros que nos lleva a esforzarnos éticamente; y ambos se unen al sentir que, en una forma inexpresable para nosotros, todo tiene sentido.

Aquí nuestro punto se refuerza si además consideramos lo que Wittgenstein dice sobre la inmortalidad. Aunque tuviéramos vida eterna, nos dice, ello no resolvería las interrogantes que nos plantea la vida. Podríamos seguir sintiendo eternamente que la existencia no tiene sentido ni en forma general ni personal. Lo único que puede redimir a la vida, si es que esto es posible, son aquellos momentos de "eternidad en el presente" —cuando el misterio del mundo y nosotros mismos como seres éticos nos unimos en la insondable sensación de que todo está bien. Entendidas así, las fragmentarias exclamaciones de Wittgenstein conducen a un misticismo sano bastante tradicional.

Digo "sano" intencionalmente. Los excesos tradicionales de algunos místicos —su lenguaje extravagante, acciones bizarras o aún más bizarras supresiones de la acción— crean el malentendido de que las preocupaciones del misticismo son ajenas a las condiciones habituales de la vida. Cabe recordar que las ocasiones en que se origina el misticismo no se alejan mucho de la experiencia cotidiana. No obstante, la persona común se mueve dentro de lo místico sin tener conciencia de ello. Y con esto no quiero decir que el ser humano común sea estéticamente inconsciente del milagro de la existencia misma, sino que no tiene conciencia de las bases de su existencia ética. En el ámbito de lo ético, este hombre construye sus virtudes mediante las rutinas de las buenas acciones. El hábito, la decencia o una bondad inherente le pueden permitir recorrer los caminos más habituales de la ética. Pero en situaciones extremas —y éstas siempre acechan—, las rutinas del hábito no siempre le funcionarán. Puede que no basten para instarlo a seguir esforzándose cuando el esfuerzo parece inútil o el mundo lo ha abandonado. En esas circunstancias, los conceptos de la ética pueden parecer vacíos y distantes. Aquellas metas más elevadas —el mayor bienestar para el mayor número de gente o la perfección personal como ser racional— no parecen estar conectadas con ese mínimo rincón de acción al que está confinado o con la pequeñez de la tarea que allí desempeña. Si bajo estas circunstancias se le pregunta al hombre moral, o si se pregunta a sí mismo: "¿Por qué sigues?", es incapaz de poner en palabras una respuesta satisfactoria. Sin embargo, aquello que no puede poner en palabras, que lo mantiene activo y le impide resbalar en la fosa del nihilismo, es el meollo de su vida y, por ende, la parte de ella más valiosa para él. Corresponde precisamente a la parte "no escrita" del libro de Wittgenstein, la cual —como le dice a su editor— es más importante que lo escrito.

Por esquemáticas y breves que sean las insinuaciones que nos entrega, el misticismo que presenta Wittgenstein tiene el valor de una austeridad lógica. No nos llega como la descarga de un particular estado mental, como una revelación especial o como una visión propia de histerismo sublime. Por su misma parquedad de expresión, es algo que nos atañe a todos y no sólo a los místicos de temperamento especial. El misterio de la existencia del mundo nos incluye a todos. No nos llega a través de experiencias alucinatorias o paranormales; sólo tenemos que estrujar suficientemente nuestro razonamiento acerca del lenguaje y los hechos y ahí estará esperándonos. No cabe duda que, para gran parte de la humanidad, la percepción de este misterio se produce, si es así, sólo en los márgenes de la conciencia. Pero si desapareciera completamente de esos márgenes, nos convertiríamos en una raza donde prevalecerían las estrechas visiones tecnocráticas.

Y es precisamente aquí que la táctica del silencio nos parece discutible. Sin duda, Wittgenstein explota este silencio con sobresaliente dramatismo. En nuestro primer encuentro con su texto, este silencio es realmente estruendoso; sin embargo, después de un tiempo, su efecto disminuye. Nos gustaría que dijera algo más. Tampoco cabe duda que la mayoría de quienes se aventuran en este terreno "fanfarronean"*, como lo llama Wittgenstein. Entre todas las variedades de autores religiosos, pocos son humanamente convincentes; y los que lo son, a menudo se ven obligados a usar la táctica de lo que Kierkegaard llama "comunicación indirecta". El silencio frente a lo incomunicable mantiene su propia y peculiar dignidad.

Sin embargo, hay un peligro si este silencio se adopta como una táctica deliberada. Los positivistas, por ejemplo, que decían seguir a Wittgenstein, tomaron este silencio como evidencia de que allí no había nada sobre lo cual hablar. En efecto, para ellos, no había nada ahí; esa parte de la vida que Wittgenstein más valoraba, simplemente no existía para ellos. En esto no son especiales ni diferentes. Representan una poderosa tendencia de la cultura actual, que en su sed de información se vuelve cada vez más positivista en espíritu. Insiste en los hechos, pero éstos deben ser moldeados para los medios de comunicación. Llegamos a aceptar como real sólo lo que puede ser comunicado en algún boletín ordenado y preciso transmitido por radio o televisión. Lo que eluda este ordenado encapsulamiento pasa inadvertido o se olvida. El silencio, el silencio permanente, frente a esta tendencia, sólo puede hacer que el misterio desaparezca completamente.

Pero, sobre todo, perseguir la táctica del silencio es quizás ceder con exceso de cortesía ante las restricciones formalistas impuestas al lenguaje. Lo que se sugiere es que el misterio es sólo una falla del lenguaje, como si nos encontráramos frente a un instrumento deficiente. El mis-

---

* Barrett usa la palabra inglesa traducida de Wittgenstein "*gassing*", difícil de traducir al castellano. En inglés quiere decir: jactancia, farsantería, lenguaje insincero, hablador. Los fanfarrones se jactan, son farsantes, frecuentemente insinceros y por supuesto habladores. De allí que escogimos esta palabra (N. de los T.).

terio de la existencia del mundo no es, antes que nada, algo peculiar
sobre los límites del lenguaje. Al resaltar esos límites, al localizar el
misterio más allá del lenguaje, tendemos a distanciarlo de nosotros
mismos. Pero, en realidad, el misterio nos envuelve; nosotros y nuestro
lenguaje existimos dentro de él. Aquí es donde el énfasis cambia del
lenguaje al Ser.

Más adelante analizaremos la postura de Heidegger ante este asunto. El también, aunque por un camino diferente, llega a la región de "lo
innombrable", donde los conceptos en su sentido común y habitual no
son aplicables. ¿Entonces qué debe hacer el filósofo? Pasar al silencio
sería entregarse al enemigo. El filósofo debe correr el riesgo de una
vocación diferente para pensar: su tarea es la "expresión poética" del
Ser. (Aquí la palabra alemana *Dichten* es al mismo tiempo más poética
y terrenal que "poetizar"). Y esto no es así por un impulso retórico de
"fanfarronear", sino que a partir de la sobriedad del pensamiento, al
que se recurre para mantener vivo el misterio para una cultura que de
otro modo lo dejaría perecer.

En todo caso, Wittgenstein no podía mantenerse para siempre dentro de los austeros límites del *Tractatus*. La lógica de Russell llegó a
parecer una estructura demasiado rígida para describir la realidad. Es
inútil tratar de entender el lenguaje partiendo del modelo de un solo
lenguaje paradigmático —y que es, nótese, un lenguaje formal construido artificialmente. No nos muestra los múltiples usos del lenguaje en el
flujo real de la vida. Y en cuanto al intento de construir el mundo a
partir de una lógica como el *Principia*, es semejante a mirar un paisaje
a través de un cuadriculado y luego moldear sus partes geométricamente
sin seguir los contornos naturales del terreno.

En la siguiente y más madura etapa de su pensamiento, Wittgenstein
emprende un camino, igualmente original, para explorar estos contornos vivos dentro del lenguaje que usamos habitualmente.

Cinco

El Lenguaje Abierto

Mientras su libro se convertía en el tema de la conversación filosófica en Cambridge, Wittgenstein permaneció en Austria, una figura solitaria en busca de una vocación. Durante un tiempo trabajó como ayudante de jardinería en un seminario. Tal vez aún pensaba ingresar a un monasterio y hacerse monje. Tiempo después decidió trabajar como maestro rural en la escuela de una de las aldeas más pobres de Austria. Seguía sintiendo el deseo de servir o sacrificarse.

Su hermana Hermine, que asistió varias veces a sus clases, nos relata la pasión con que Wittgenstein enseñaba a los niños campesinos. Les construyó modelos, les enseñó a fabricar máquinas simples y a crear sus propias imágenes visuales de los temas que trataba de enseñarles. "Muestra y cuenta" es el nombre del conocido juego didáctico donde un niño enseña a sus compañeros algo que ha visto y luego les habla de ello. Quizás toda enseñanza es a su modo una versión de este juego; y el filósofo que enseña a niños puede aprender de ellos algo más esencial sobre la naturaleza del lenguaje que lo que podría aprender a partir de cualquier cálculo formal. Describir es mostrar: poner algo al descubierto y hacerlo inteligible. En esta materia, Wittgenstein tenía un genio que después transmitiría a sus escritos, los cuales presentan una incansable capacidad para inventar modelos y ejemplos —una cualidad que nos enfrenta con su extraordinaria riqueza de pensamiento y que lleva a la desesperación a quienes tratan de resumirlo. Es un don que lo coloca en una ambigua relación con la escuela filosófica denominada, en forma un tanto superficial, "filosofía analítica". El no es un filósofo "analítico" en ningún sentido comparable con quienes obtienen este título desmenuzando las consecuencias de esta o aquella proposición en particular, como quien presenta un escrito legal. Al contrario, todo su procedimiento es sintético e imaginativo —proyectando constantemente nuevas imágenes, modelos y puntos de vista desde los cuales contemplar los asuntos más comunes. La filosofía es una manera de mirar y no tiene nada que ver con el tedioso trabajo de un alegato legal. La inventiva de Wittgenstein en materia de ejemplos era un don innato y no algo aprendido. Pero nada nos impide ver el episodio docente como una etapa en su estilo de vida. Enseñar a escolares puede ser una experiencia más iluminadora que enseñar a académicos avanzados. Con estos últimos es fácil caer en las redes de un lenguaje abstracto cuyas presuposiciones permanecen ocultas para nosotros. Al enseñar a los jóvenes hay que satisfacer al escolar que hay en nosotros y entrar a la región donde comienzan todos los significados. Por lo demás, ése es el lugar desde el cual el filósofo siempre debe empezar.

Sin embargo, su hermana consideraba que ser maestro de escuela era un despilfarro de su talento. Decía que era como usar un instrumento de precisión para abrir bultos. Ella expresaba la angustia de la familia por lo que consideraban el cambiante e incierto estado mental de Ludwig. Sabemos poco de su vida durante este período de los años 20, y en particular respecto a los conflictos que significó su homosexualidad. La respuesta de Wittgenstein a su hermana revela las grandes tensiones por las que pasaba: "Eres como alguien que, mirando a través de una ventana cerrada, no puede explicar los extraños movimientos de un transeúnte. No sabe qué clase de tormenta brama afuera y que esta persona tal vez sólo se mantiene en pie con gran esfuerzo".

Estas palabras inevitablemente muestran los aspectos mórbidos de su temperamento. G.H. Von Wright, su alumno y amigo, comenta: "Probablemente sea cierto que vivía al borde de la enfermedad mental. Durante toda su vida tuvo miedo de ser arrastrado hacia allá". Un crítico hostil fácilmente podría distorsionar estas palabras. Como ha señalado William James, uno de los distintivos de un tipo de personalidad religiosa es el infectarse con algún grado de morbidez. El hombre religioso vive en el borde más apartado de la existencia, el que la mayoría de nosotros evita, y por lo tanto, es probable que presente rasgos que nos pueden parecer mórbidos. Pero lo que realmente importa aquí —siguiendo nuevamente a James— es saber si la llamada disposición mórbida destruye la personalidad y la vida, en cuyo caso sería genuinamente patológica, o si convierte la vida y el trabajo en una unidad más concentrada. Y según este criterio, no caben dudas sobre la salud de los escritos posteriores de Wittgenstein: a su modo, son una celebración del mundo común y de la visión cotidiana de las cosas.

En 1929 fue invitado nuevamente a enseñar filosofía en Cambridge. Aquí se enriela su biografía externa: el resto de su vida, con algunas breves interrupciones, transcurriría en Cambridge, enseñando y escribiendo.

Era una existencia austera, pero austera porque Wittgenstein así lo eligió. Dormía en un simple camastro. Sus habitaciones prácticamente no tenían muebles. Prefería comer solo en su casa más que en el Commons* con los demás académicos. Una vez le dijo a John Wisdom, su colega y amigo, que la cháchara académica de los profesores "no [era] ni del corazón ni de la cabeza" y prefería no compartirla. No había nada teatral en su postura; Wittgenstein quería simplificar su vida y siguió el curso más sencillo que a la mayoría nos gustaría seguir si tuviéramos el coraje necesario. Asimismo, en los años 20, había renunciado simultáneamente a su fortuna y a las corbatas. Estos no eran actos de desafío bohemio; sólo quería eliminar de su vida todos los estorbos posibles. En sus habitaciones vacías había pocos libros. Se entretenía leyendo novelas policiales; necesitaba un mínimo de sensacionalismo para distraer la mente. Respecto a autores más serios, mantuvo su afición por *Las Variedades de Experiencia Religiosa* de William James, un libro que, como señala Russell, había sido una poderosa influencia en años anteriores. Además, Wittgenstein se olvidó del juicio que Kierkegaard era "el mejor escritor del siglo XIX".

Entonces, en cierto sentido, Wittgenstein sí cumplió el plan de convertirse en monje e ingresar a un monasterio que había mencionado a Russell cuando se reunieron en 1919 —sólo que el monasterio constaba de una sola persona y estaba situado en Cambridge. Fuera de eso, la vida de Wittgenstein tiene todas las marcas de una dedicación religiosa.

Para nosotros, tan inclinados por nuestra cultura hacia lo naturalista, la pregunta inevitable es: ¿fue una vida feliz? Su discípulo Norman Malcolm comenta —en la misma vena de Von Wright— que Wittgenstein vivió la mayor parte de su vida en un perpetuo tormento. Pero Malcolm también comenta que, al final, Wittgenstein declaró que su vida había sido "maravillosa". Según Malcolm, lo maravilloso y misterioso es que haya dicho esto. No habría sido enigmático para Dostoievski, quien da a su atormentado personaje Kirillov la visión redentora de que todos nosotros, si lo supiéramos, en realidad somos felices. Al final, el hombre religioso proclama que todo está bien.

No obstante, como vida religiosa, la suya es de una extraña autonegación. Los ascetas tradicionales negaban la carne para deleitarse

---

* Comedor de los académicos (N. de los T.).

con el espíritu. En realidad, al permanecer silencioso con respecto a esa
parte de la vida que consideraba la más valiosa, Wittgenstein niega el
espíritu. Cuando se les niega la palabra, y sin una expresión ritual a
través de la unión con alguna iglesia, las aspiraciones religiosas tienden
a volverse raquíticas y anémicas. Hay un cuento de Franz Kafka, "El
Artista del Hambre", uno de sus relatos más evocadores y aterradores,
que pensamos se aplica en forma muy particular al propio autor. El arte
del "artista del hambre" consistía en ayunar, y realiza sus prolongados
ayunos ante el público, que termina por aburrirse de ellos. Finalmente,
convertido en piel y huesos, muere de hambre. Aquí el ayuno físico
puede considerarse una parábola de la negación espiritual. Cuando no
se nutren los impulsos religiosos, se transforman en un famélico espectro de sí mismos. Kafka tenía un temperamento profundamente religioso, pero un racionalismo dialéctico y curiosamente irónico le impedía
alcanzar la plenitud espiritual. "Le apareció una gran púa en la frente",
observa de sí mismo en una brutal y reveladora imagen; y en otra parte,
resume su vida diciendo que su cabeza había conspirado contra él.
Wittgenstein, como Kafka, es un artista del hambre con el espíritu. En
este sentido, son almas gemelas, figuras representativas del espíritu
"modernista" en sus simultáneos anhelos y autonegaciones. La melodía
religiosa suena a lo largo de la vida de Wittgenstein, como lo hace en la
de Kafka, pero en un tono apagado y curiosamente autofrustrado, como
una plegaria sofocada.

I

Picasso, comentando la pintura de Cézanne, dijo en una oportunidad:
"Si no hubiese ansiedad detrás de esas manzanas, Cézanne no me
interesaría más que Bouguereau". En este contexto, puede que la
palabra "ansiedad" no sea la correcta; sugiere vibraciones nerviosas
ajenas a Cézanne como pintor. El padre de la pintura moderna no era
un modernista. Está tan sólidamente situado dentro de la naturaleza
como cualquier pintor tradicional, y como no ha existido otro después
de él, mientras que la esencia del modernismo está en su ruptura con
la naturaleza. Pero la intención de Picasso era clara y su juicio profundo: se refería a la intensidad de la vida interior que, en buenas manos,
puede convertir lo trivial en materia de profundo interés. Entendido
así, su comentario podría aplicarse a las *Investigaciones Filosóficas* de
Wittgenstein.

Si un lector de filosofía del siglo XIX resucitara y se le entregara este
libro diciéndole que fue una de las obras más importantes de nuestra

época, quedaría muy asombrado ante esta afirmación. ¿Qué importancia puede tener una obra que habla sólo de los asuntos pequeños y triviales del lenguaje común? ¡Una obra que carece de comienzo, centro o fin, que salta de un párrafo aislado a otro! Sería inútil compararlo con Nietzsche, cuyo estilo también era ocasionalmente aforístico. Los aforismos de Nietzsche rompen el flujo de la exposición o constituyen de por sí una avasalladora generalización con respecto al universo y al hombre. En Wittgenstein estas generalizaciones jamás irrumpen más allá de los asuntos pertinentes a nuestro lenguaje común. El filósofo no se aleja de lo cotidiano para insinuar puntos de vista globales. Sin embargo, este libro, como las manzanas de Cézanne, adquiere en nuestra mente una monumental vida propia.

Las *Investigaciones* giran en torno a la totalizadora zona de silencio hacia la que apuntaba el *Tractatus*. En esa primera obra nos habían arrojado este silencio final como un trueno, pero ahora ni siquiera se anuncia; está presente sólo por su ausencia. El *Tractatus* hablaba del mundo como visto desde arriba, aunque Wittgenstein afirmaba estar dando puntapiés a la escalera que lo había llevado a esas alturas. En esta etapa posterior de su pensamiento, no hay alturas ni escalera; estamos totalmente inmersos en el mundo del lenguaje, saltando de un ejemplo en particular a otro. El mundo de la ficción de Franz Kafka ha sido llamado por los críticos el mundo de la "trascendencia confundida". Los personajes siempre están obsesionados con un mundo trascendente situado más allá del mundo banal en el que habitan, pero son perpetuamente derrotados al tratar de establecer contacto con esta otra esfera y siempre deben retornar a los chatos contornos de lo cotidiano. Pero ni siquiera este tipo de trascendencia parece haber obsesionado a Wittgenstein. La renuncia a ese mundo diferente y más elevado debe ser tan completa —al menos para el discurso filosófico— que ni siquiera debemos sentir nostalgia por él. "La filosofía deja al mundo tal como es".

Una obra de tan ambiciosa renuncia trae consigo sus propias y peculiares dificultades. La demora de Wittgenstein en publicar es un síntoma de la extraordinaria empresa en que se había aventurado. El libro estuvo sustancialmente terminado en 1945; sin embargo, le siguió agregando y corrigiendo cosas, y permaneció sin ser publicado hasta su muerte en 1951. Apareció en forma póstuma en 1953. Si hubiera vivido más tiempo, se habría aferrado a él en forma indefinida. Siempre se le podía agregar algo. La estructura de la obra no indica cuándo ha concluido. En este sentido, las *Investigaciones* se parecen a algunas obras de arte contemporáneo que buscan romper con los conceptos tradicionales de estilo. En una pieza musical atonal quizás no haya progresión hacia un clímax, ni resolución ni coda. La pieza comienza y termina abruptamente. Se completa cuando se nos ha dado lo suficiente como para que nos entreguemos tan plenamente a la obra que su realidad nos parece válida y convincente. Así, el libro de Wittgenstein, organizado más o menos alrededor de dos temas básicos, nos entrega lo suficiente como para imbuirnos completamente en el punto de vista de quien lo escribió.

Esta es obviamente una peligrosa forma de imitar, y los seguidores de Wittgenstein no siempre han sido tan afortunados como el maestro. La preocupación por el lenguaje común puede degenerar en trivialidad. Incluso en el mismo Wittgenstein, uno se irrita por cierta cualidad fragmentaria, la ocasional resistencia para dar a una idea una forma más sistemática y coherente. Bertrand Russell comentó que el movimiento hacia el lenguaje común en filosofía ponía en evidencia una rara preocupación por "las necedades que dice la gente necia". Como siempre, el ingenio de Russell era felino, pero hubo ocasiones en que algunos de los practicantes más derivativos parecen haber merecido un zarpazo. ¿Cuál es la diferencia en Wittgenstein? Debemos volver al comentario de Picasso sobre Cézanne. Lo que distingue a Wittgenstein es la intensidad de la mente que trabaja con el material aparentemente trivial, y así, tal como a menudo abandonamos frustrados el libro por no encontrar las respuestas que buscábamos, lo retomamos para sentir una vez más el estímulo que provoca al pensamiento. El hombre está siempre allí, vivo en y a través de sus pensamientos. Y cuando uno piensa cuánta de nuestra filosofía se ha vuelto rutinaria y académica, carente de la savia de la vida o del espíritu, su vitalidad no deja de ser un gran estímulo.

II

El cambio monumental desde el *Tractatus* al Wittgenstein tardío se debe al viraje desde el lenguaje formal de la lógica a nuestro lenguaje común como el tema y el ámbito escogidos para la filosofía. Esta elección tiene consecuencias de gran alcance. Nuestro lenguaje común no es una simple estructura monolítica. Hablamos en forma diferente en diferentes ocasiones y según con quién lo hacemos. El lógico considera que el lenguaje es sólo el vehículo de afirmaciones o proposiciones. Pero en realidad usamos el lenguaje para muchos otros objetivos vitales. Al final de un largo e informal catálogo de éstos, Wittgenstein concluye pidiéndonos reflexionar sobre cómo usamos el lenguaje cuando "preguntamos, pedimos, agradecemos, maldecimos, saludamos, rezamos" (N° 23). Agradecer, maldecir, rezar[1] son cosas muy lejanas al ámbito de la lógica, pero constituyen partes muy importantes de la vida, y por lo tanto, el filósofo no debe excluirlas.

Entonces, nuestro lenguaje común, lejos de ser un simple todo homogéneo, es en realidad una familia de lenguajes sobrepuestos. Aquí Wittgenstein introduce su famosa idea de los "juegos de lenguaje". La palabra "juegos" puede parecer una elección incorrecta, que sugiere algo frívolo e inconsecuente. Pero basta recordar a Bobby Fischer y el ajedrez para darnos cuenta que un juego puede ser algo extremadamente serio. El término "juego de lenguaje" es adecuado por dos razones: (1) un juego es una forma de actividad vital, un exuberante y aventurero despliegue de vida; (2) un juego se juega de acuerdo a reglas, pero recordemos que éstas han sido establecidas por seres humanos y, lo que es importante, pueden modificarse.

Primero consideremos este último punto. Aunque los juegos estadounidenses del béisbol y el *football* se juegan año tras año y generación tras generación, sus reglas siguen sufriendo modificaciones. A veces se modifican para eliminar situaciones ambiguas, como en el caso de la regla del *infield-fly* en el béisbol. Otras veces los cambios son para hacer más interesante el juego. Por ejemplo, algunos de los cambios propuestos ahora para el béisbol son para agilizarlo. Se dice que el juego se originó en un período más calmado de la historia; el estilo de vida actual es acelerado y, en consecuencia, exige un ritmo de juego más rápido. En este caso el contexto total de nuestra vida desempeña un papel como fuerza de cambio para las reglas.

¿Pero acaso disciplinas tan estrictas como la lógica y las matemáticas no quedan fuera de este contexto vital? De ninguna manera. La historia de las matemáticas exhibe tantos cambios como otros juegos. Cuando los griegos descubrieron los números irracionales, pudieron haber escogido excluirlos de las matemáticas, como era el deseo de los pitagóricos más ardientes. La aritmética se habría limitado a enumerar y, con ello, las matemáticas habrían sido menos poderosas e interesantes. En el siglo XVII, Newton y Leibniz violaron antiguas reglas cuando introdujeron los infinitesimales, pero este nuevo cálculo les permitió desarrollar la ciencia de la mecánica en favor del dominio de la naturaleza. Las paradojas que así surgieron no fueron eliminadas hasta el siglo

---

[1] Desgraciadamente, Wittgenstein no analizó la gramática del rezo. De haberlo hecho, la llamada "filosofía de la religión" podría tener ahora otra fisonomía. En el Capítulo 14 intentamos llenar este vacío.

XIX, cuando Cauchy y Weierstrass adaptaron las reglas para acomodar esta invención del cálculo integral. Y así se sigue. La actual "crisis en matemáticas" tiene sus raíces en las elecciones fundamentales respecto a cómo debe usarse el lenguaje matemático en esa forma particular de actividad que llamamos matemáticas. Siempre es cuestión de *libre elección*, pero las opciones que se abren son las permitidas o requeridas por el contexto más amplio de la actividad.

Ahora podemos entender la razón para el viraje de Wittgenstein desde el *Tractatus* a su posterior inmersión en el lenguaje cotidiano. Como siempre, él condensa este punto en una imagen vívida, dejándonos la tarea de componerla en un todo. Dedicarse exclusivamente a un lenguaje lógico formal es como caminar sobre el hielo. "No hay fricción y, en cierto sentido, las condiciones son ideales, pero también, y precisamente por eso, no podemos caminar. Si queremos caminar, necesitamos algo de *fricción*. ¡De vuelta al áspero camino!" (107). Mientras más abstracto e ideal es el lenguaje, más alejado está de las condiciones concretas de la vida.

Así, su postura general es de un pragmatismo muy radical y cabal —de hecho, tan cabal como lo hubiesen deseado William James y John Dewey. Si Wittgenstein hubiera desarrollado su libro en alguna forma demostrativa, su axioma fundamental habría sido una oración que encontramos mucho más adelante en el texto, como si él hubiera alcanzado el verdadero punto de partida sólo al llegar al final:

"Lo que tiene que aceptarse, lo dado, son *formas de vida*" (226). Este es el hecho, lo dado, desde donde debe comenzar todo el pensamiento; y el pensamiento, que empieza desde este hecho, es a su vez sólo otra forma de vida. *Primum vivere deinde philosophari*, dice el viejo adagio; y está bien enfatizar la primacía de vivir, pero es un error sugerir que la filosofía es un adjunto agregado a la vida, cuando en realidad debiera ser una actividad vital efectuada para despejar nuestro camino entre los confusos asuntos de lo cotidiano. La lógica formal no es una estructura que encierra a esta vida, sino un lenguaje deliberadamente restrictivo que se usa para fines propios, así que cae dentro del contexto total de esta vida. Si Wittgenstein dejó de interesarse por ese lenguaje formal más estrecho y optó por sumergirse en el lenguaje cotidiano, fue porque aquí enfrentamos las condiciones más amplias y concretas de nuestra vida.

Todo esto pone patas arriba la doctrina tradicional de los dos mundos. La lógica ya no dicta una estructura final del mundo. No hay una realidad final situada detrás o debajo de la experiencia cotidiana y a la cual recurrimos intelectualmente como la última corte de apelación.

Todos los significados se originan dentro del mundo humano de lo cotidiano y deben retornar a él para comprobarse. Se hace igualmente imposible una división entre los mundos interno y externo, privado y público. El lenguaje corriente se mueve entre estos dos polos opuestos. Cuando utilizamos la lógica formal, la operación habitualmente requiere lápiz y papel, la manipulación de un cálculo. Pero nuestro lenguaje cotidiano consiste en hablar, lo cual no ocurre dentro de la cabeza de cada uno, sino afuera. Sin embargo, este lenguaje común a veces puede expresar una intimidad compartida. No hay una cortina metafísica que divida nuestro lenguaje en universos de discurso privados o públicos que se excluyen mutuamente.

Wittgenstein impone una curiosa restricción sobre nuestro uso del lenguaje común en comparación con los juegos. Somos libres, si lo deseamos, de cambiar las reglas de un juego —incluyendo el de las matemáticas. Pero Wittgenstein insiste que no debemos intentarlo con el lenguaje común; tenemos que tomar todo tal como es y trabajar dentro de esa estructura. ¿Por qué esta restricción? ¿Es para evitarnos las posibilidades de aberración individual al seguir la dirección que nos da la sabiduría colectiva que ha dado forma al lenguaje corriente? Aquí hay otro punto donde hubiese sido preferible que Wittgenstein hubiera tomado el camino reflexivo más frecuente de otros filósofos, en vez de seguir dando saltos oraculares. Según parece, las reglas de nuestro lenguaje no se construyeron en forma consciente en algún momento del pasado. Se desarrollaron orgánicamente en el oscuro pasado dentro del abismo del tiempo. Estas reglas también cambian en el curso del tiempo, no al fíat de un individuo determinado, sino sutil y gradualmente de acuerdo con el total de la vida humana. El gran filólogo, Wilhelm von Humboldt, observando esta fuerza moldeadora del lenguaje trasmitida de generación en generación, concluye: "Es en el lenguaje que cada individuo siente más vívidamente que él es sólo una afluencia (*Ausfluss*) de toda la humanidad". Así, un lenguaje vivo se transforma en depositario de una sabiduría que trasciende las limitadas capacidades del individuo mismo[2].

---

[2] Sin embargo, con el máximo respeto por la tradición, aquí cabe plantear una pregunta. Supongamos que la evolución de un lenguaje implicara la pérdida de algunos significados. En tal caso, ¿un pensador individual no tendría que luchar contra las formas del lenguaje para recuperar esos significados perdidos? Retomaremos esta pregunta a propósito de Heidegger.

III

Aceptando este revolucionario paso inicial, que nuestro hablar coloquial debe ser el medio dentro del cual filosofemos, ¿qué tiene que decirnos Wittgenstein? ¿Cuál es su doctrina?

La paradójica respuesta es que no tiene ninguna doctrina que comunicar. Hay un evidente énfasis y orientación, pero ningún cuerpo de proposiciones que pudiera considerarse como un sistema filosófico. Sin embargo, esta aparente paradoja está claramente en línea con su objetivo; la actividad filosófica es para dar claridad; y si funciona bien, debe retornarnos a lo que ya estaba allí en forma visible y obvia, y que sería evidente si observáramos cuidadosamente. "La filosofía deja al mundo tal como es". No puede alterar nada en ese mundo; ni puede, como la ciencia, adentrarse en territorios desconocidos para nuestras percepciones y facultades normales; sólo puede traernos de vuelta a lo que debe ser nuestro perpetuo punto de partida.

El tema de Wittgenstein es sumamente limitado. El variado conjunto de comentarios, apartes, ilustraciones y preguntas que constituyen las *Investigaciones*, se centra en torno a dos temas principales:

1. El lenguaje y el problema del significado; que solía llamarse el significado del significado.
2. El problema de la mente y el cuerpo; cómo deben describirse correctamente las experiencias mentales con relación a la conducta corporal manifiesta.

Estos dos temas están relacionados y Wittgenstein trata de unirlos aún más. En ambos casos, su intención es la misma: liberarse de un modelo cartesiano de la mente como un compartimento independiente donde se guardan las experiencias, ideas o significados peculiarmente "mentales". Por ejemplo, no debemos concebir el significado como una suerte de halo que rodea a una palabra; o, para cambiar la imagen —como suele hacerlo Wittgenstein—, como una especie de pepita de oro mental que guardamos en el cofre de la conciencia. El significado de una palabra tiene que ver con la forma como la usamos dentro de la red total de nuestro discurso. Por lo tanto, el impacto del énfasis de Wittgenstein sobre la conexión intrínseca entre significado y uso, es llevarnos del ficticio gabinete mental hacia el mundo abierto y público, donde la gente habla y se comporta en las situaciones comunes y corrientes de la vida. Por lo tanto, el énfasis es claramente conductista. Pero persiste la pregunta: ¿cuán lejos va esta tendencia conductista de Wittgenstein? De hecho, ¿cuán lejos puede llegar si el lenguaje común se usa como árbitro?

Por un lado, no se puede reducir el significado al uso. Buscamos una palabra en el diccionario para saber su significado y encontramos una lista de sus usos. Pero debemos entender el significado de esos usos para llegar a la comprensión. Por supuesto, estos nuevos significados pueden explicarse citando nuevos usos, pero también hay que entender el significado de estos últimos. Y si finalmente llegamos a la conducta como medio final de explicación, que es lo que quisiera el conductista, aún nos queda entender el significado de la conducta en cuestión. Los estadounidenses, por ejemplo, se sorprenden al descubrir que cuando el público europeo silba en un espectáculo, ello no *significa* aprobación o adulación, sino el más rotundo rechazo.

Por mucho que empujemos la reducción del significado al uso, y en última instancia a la conducta, finalmente terminamos con un mundo donde hay significados. También empezamos por ahí. No somos, como imaginó Locke, páginas en blanco en las que convergen diferentes experiencias. Para tener cualquier experiencia, o para explicar cualquier significado, debemos presuponer, usando la terminología de Heidegger, que ya existimos dentro de un mundo donde hay significados. Lo que Wittgenstein dice sobre la conexión entre significado y uso se convierte en una generalización heurística: "Si quiere saber el significado de una palabra, examine su uso".

Este es un buen consejo, aunque siempre deberíamos tener a mano algunos significados para ponerlo en práctica.

¿Qué es lo que busca el conductista? En uno u otro sentido, quiere reducir nuestra vida mental a conductas corporales manifiestas. La reducción puede efectuarse negando de partida la existencia de distintos tipos de cosas como procesos o estados mentales; o el conductista puede afirmar que nuestras expresiones sobre tales procesos o estados, si son significativos, pueden traducirse a expresiones equivalentes acerca del comportamiento corporal. Wittgenstein afirma que no busca eliminar el hecho de la conciencia como tal. En un momento dado, se pregunta: "¿Por qué voy a negar la existencia de los procesos mentales?"; y luego explica que no quiere negarlos, sino sólo mostrarnos cómo hablar de ellos correctamente. No obstante, la mayor parte de su libro, el peso acumulado de sus ejemplos, apunta en la otra dirección: casi siempre sus sencillos ejemplos sirven para indicar cómo una afirmación sobre la conciencia puede ser reemplazada por otra que se refiere a conductas manifiestas.

Lo más inquietante de sus ejemplos es esta sencillez o incluso simpleza mental. Después de todo, nuestra mayor queja contra el conductista podría ser que empobrece nuestra vida psicológica. Ya que se preocupa de las conductas manifiestas, se restringe a las formas más elementales porque al parecer pueden describirse sin necesidad de inyectarles la idea de "estados interiores". En consecuencia, la vida psíquica que emerge no tiene profundidad, complejidad ni interioridad. El profesor Gilbert Ryle, por ejemplo, carece del genio de Wittgenstein, pero Ryle es un conductista más consecuente y el proceso de sobresimplificación resulta más evidente en él. Ryle sigue los casos chatos y obvios en forma tan minuciosa que cuesta encontrar algo que disputar en su exposición de la mente —siempre que no se salga de ese tema. La pregunta es cuán lejos llega. Y ésta es la duda que se desprende de un agudo comentario de Iris Murdoch al observar que en el mundo de Ryle:

> "La gente juega criquet, hornea tortas, toma decisiones simples, recuerda su niñez y va al circo; no se trata del mundo en el cual pecan, se enamoran, rezan o se afilian al Partido Comunista".

Podría haber agregado que tampoco es un mundo donde escribir una novela —al menos una novela interesante. Murdoch, que es tan filósofa como novelista, no quiere olvidar como filósofa lo que sabe como novelista. De hecho, al leer a los grandes novelistas —Dostoievski, Proust, Henry James o incluso Jane Austen, se ve que, a su modo, es tan compleja y sutil como los otros—, nos movemos siempre y sin dificultad dentro de la mente de sus personajes y del mundo que habitan. Comprendemos lo que le sucede al personaje sin necesidad de basar esta comprensión en un pequeño detalle conductual. Ocurre lo mismo en la vida real, con nuestras amistades íntimas, aunque sin la radiante claridad del arte. En efecto, tan pronto como evocamos esta comparación con la novela, el mundo del conductista nos parece pobre e insignificante.

Lo que lleva al filósofo a esta pobreza es una intención admirable. El profesor Ryle quería liberarse del dualismo cartesiano entre mente y materia, para cuya doctrina acuñó la famosa frase "el fantasma en la máquina". El fantasma es la conciencia concebida como una sustancia inmaterial; la máquina es el cuerpo humano, concebido mecanísticamente; y el cuerpo de alguna forma se esconde dentro de, o ronda misteriosamente a la conciencia. Esta fue la imagen que nos dejó Descartes; y casi todos los filósofos de nuestro siglo —en Inglaterra, América y Europa— se han unido para luchar contra ella. En efecto, esta lucha contra el cartesianismo parece haber sido el único vínculo entre las diversas escuelas y sectas. El resultado ha sido un gran enriquecimiento en la precisión del intercambio filosófico sobre la conciencia.

Sin embargo, la observación de Murdoch introduce una duda persistente respecto a esta gran realización. Tal vez el hecho de que Murdoch además sea novelista sugiere otra perspectiva; porque no bien pensamos en la novela —en la prodigiosa amplitud y profundidad del conocimiento de la vida interior, el alma, de sus personajes—, descubrimos cuán poco se considera al alma humana en la filosofía moderna. Al tratar de eliminar al fantasma de la máquina, hemos excluido más de lo que deseábamos. Nos hemos transformado en organismos con conductas más que sujetos conscientes. Ser un sujeto consciente no es ser un sujeto cartesiano, pero es mucho más que ser un organismo con conductas.

En su estilo un tanto abrupto, Wittgenstein deja caer la siguiente observación:

Mi actitud hacia él es una actitud hacia un alma. No soy de la *opinión* que él tenga un alma [178e].

Esta afirmación cuelga allí en el texto y no recibe la explicación que clama. Yo no pienso que mi amigo *tiene* un alma, en el sentido de una sustancia cartesiana escondida en su cabeza o repartida por su cuerpo. Sin embargo, mi actitud hacia él sigue siendo la actitud hacia un alma. Sería más correcto decir que él *es* un alma, en lugar de decir que *tiene* un alma —como también es más correcto decir que él *es* un cuerpo en lugar de decir que *tiene* un cuerpo. ¿Se trata de una actitud fantasiosa, ficticia, que intenta ser recibida con simpatía, o es real y sincera?

En otra instancia Wittgenstein ha escrito extensamente para demostrar que la creencia no es un estado mental aislado; creer algo es aferrarse a ello y ponerlo en práctica. Si yo actúo, hablo y pienso en relación con mi amigo como hacia un alma, entonces creo sinceramente que es un alma. Es cierto que no conozco ningún análisis filosófico del alma que me satisfaga completamente. ¿Pero debo esperar tal análisis para adoptar las actitudes que asumo frente a quienes amo? Y aun cuando existiera un análisis que eliminase el alma, mi actitud seguiría siendo la misma, a menos que se desvanecieran para siempre el amor y la devoción.

La observación de Wittgenstein sobre el alma se presenta ante nosotros como un relámpago, pero desaparece en forma igualmente abrupta. Si él profundizara en ejemplos de esta naturaleza, su texto tendría un aspecto diferente. Él mismo ha hecho una de las mejores advertencias contra algunos de los tipos de conductismo más simplistas y monolíticos:

La principal causa de enfermedad filosófica es una dieta desequilibrada: cuando uno nutre el pensamiento con un solo tipo de ejemplo [593].

Sin embargo, nos parece que él mismo no prestó oídos a su propia advertencia. Cierto; era de esperar que se limitara a ejemplos más simples —y recordemos que para Wittgenstein en esta etapa, la filosofía es casi exclusivamente cuestión de casos individuales— para poder entender su orientación y punto de vista. Pero en algún momento podría haber buscado ejemplos más complejos y sutiles[3]. El hecho es que la huella del positivismo, el simplismo mental del ingeniero, yace profundamente en Wittgenstein, quien nunca pudo liberarse completamente de ello. Y la característica del positivista se manifiesta especialmente en su tendencia a eliminar del discurso todo lo que no tenga sentido, con la consecuencia de que a menudo se eliminan de nuestras perspectivas los temas más complejos y amplios. Por lo tanto, los datos de la introspección, la vida interior, se han vuelto sospechosos para nuestros filósofos analíticos. Pero Wittgenstein debió haber tenido más confianza en los poderes y riqueza del medio que eligió, el lenguaje común. Nuestro lenguaje habitual en gran medida es adecuado a nuestras transacciones con las cosas, pero también está saturado de interioridad y subjetividad humanas. ¿Cómo podría no estarlo si es el medio dentro del cual las

---

[3] Se pueden encontrar ejemplos menos simplistas en el comportamiento científico y en las situaciones novelescas que sugiere Iris Murdoch. Por ejemplo, la historia de la invención del telescopio por Galileo. Según los biógrafos contemporáneos: cuando Galileo supo que cierto holandés había construido un vidrio que aumentaba las imágenes, se retiró a su estudio y "después de una noche de prolongada meditación", inventó el telescopio. Esto podría plantearse en la forma habitual del modelo estímulo-respuesta. Estímulo: Galileo se entera de la existencia de un vidrio que aumenta las imágenes; respuesta: Galileo inventa el telescopio.

Pero lo que me interesa aquí es el guión en esta situación estímulo-respuesta: vale decir, la noche de prolongada meditación. Es evidente que este pensar intenso y concentrado es el factor crucial sin el cual no se habría fabricado el telescopio.

Al estudiar el comportamiento de una rata, el conductista debe aislar del desplazamiento al azar de la rata el tipo de conducta que le interesa para su estudio. Y esto es lo que él llama "comportamiento operante". La rata, por ejemplo, oprime una determinada palanca con la nariz y recibe a cambio un comprimido de alimento. Este pequeño detalle conductual modifica su mundo. Entonces, la larga noche de meditación de Galileo también tendría que considerarse un "comportamiento operante": indudablemente cambió al mundo. De hecho, el pensar puede producir más cambios en el mundo que cualquier número de conductas manifiestas.

almas humanas se han comunicado entre sí a lo largo de generaciones? Después de todo, en este lenguaje común se expresan los autores que Wittgenstein admiraba (Dostoievski y Kierkegaard, por ejemplo), quienes logran comunicarnos modos de nuestro ser que, hasta ahora, no se han sometido a la reducción conductista. Un lector inteligente, incluso sin ninguna filosofía, entiende muy bien los sutiles modos de desesperación de Kierkegaard. Sería una lástima si este lector, después de estudiar filosofía, encontrara que Kierkegaard "carece de sentido".

IV

¿Pero dónde queda la libertad, nuestro tema elegido, dentro de todo esto?

Wittgenstein no analiza el libre albedrío como tal, y sus observaciones sobre la voluntad son muy breves y están comprimidas en una andanada de comentarios acerca del intentar y el hacer. Como siempre, estas observaciones son estimulantes, pero también fragmentarias. Wittgenstein nos ayuda a pensar, pero no nos entrega una filosofía; nosotros debemos desarrollar una filosofía propia a partir de lo que él dice.

La esencia de lo que sostiene es que no se debe considerar la voluntad como una entidad sustancial por derecho propio, cuyos actos son paralelos a, o desencadenan, las acciones del cuerpo. La voluntad no es un agente independiente que opera dentro de nosotros, ni un instrumento que usamos para ejecutar una acción. Cuando levanto un brazo "voluntariamente", no utilizo mi voluntad como una palanca adicional, por decirlo así, entre el movimiento y yo mismo.

La voluntad es una abstracción de alto nivel que sirve para señalar un aspecto de esa continua red de transformaciones que nosotros llamamos acción voluntaria. Sin embargo, esta abstracción no corresponde a algo real; y Wittgenstein está tan decidido a expulsar al fantasma de la máquina, que no reconoce a la voluntad como un poder interior y motivador en nuestra vida. Luego nos pide considerar una situación donde nuestro cuerpo está incapacitado por una u otra razón y no responde como quisiéramos:

> Podemos decir: "Tengo la voluntad, pero mi cuerpo no me obedece", pero no: "Mi voluntad no me obedece" [Agustín]/[618].

San Agustín tenía bastante experiencia en disciplinar la voluntad, por lo que debiéramos escucharlo. Sin duda, la voluntad no es una criatura independiente, como un perro, a quien le enseñamos a obedecer; pero hay muchas circunstancias en la vida donde tratamos de cambiar nuestra voluntad. "No deseo desear estas cosas", dice T.S. Eliot en *Miércoles de Ceniza*, y si los tipos de cosas que deseamos nos disgustan lo suficiente, en realidad existe la posibilidad de cambiar nuestros deseos. Desde luego, esto habitualmente implica cambiar los tipos de cosas que *hacemos* —nuestros hábitos de conducta—; pero estos a su vez son sobrepasados, cambiando los tipos de cosas que deseamos.

Imaginemos un médico que le dice a su paciente: "En su estado, fumar es muy peligroso. Debe procurar no hacerlo". Si la perspectiva de vivir sin fumar es tan terrible y triste que no vale la pena el esfuerzo, el paciente no tendrá motivación para abandonar el hábito. (Aquí tomamos como equivalentes la motivación y la voluntad). Pero si valora su vida, quizás esto lo impulse a iniciar una estrategia conductual que finalmente le permita dejar de fumar. Esta es libertad, y es un hecho que algunas personas lo logran. La motivación, o la voluntad, es aquí la principal fuente del cambio —los manuales sobre cómo dejar de fumar siempre insisten en esto: uno debe realmente *desear* dejar de fumar para poder hacerlo. Pero también es cierto que el cambio conductual apunta a modificar su voluntad. Efectivamente, sería una solución muy poco satisfactoria si la persona dejara de fumar, pero viviera perpetuamente ansiosa e intranquila por las ganas de encender un cigarrillo. Una cura satisfactoria debe liberarnos del deseo. Esto también ocurre a veces con personas que han cambiado su conducta respecto al hábito de fumar; puede que les disguste tanto el olor a humo, que les resulta desagradable aun cuando proviene de otros. Conozco casos de este tipo.

Llevando este asunto más allá de los cambios en nuestra conducta externa, ¿podríamos decir que el cambio que más ardientemente deseamos es una transformación de la "persona interior", un cambio en nuestros sentimientos, deseos y voluntad, en nuestra actitud fundamental hacia nosotros mismos y el mundo? La ruta que tendríamos que seguir podría significar un cambio conductual, pero la meta que anhelamos alcanzar es un cambio en el corazón. Los ritos y prácticas religiosas son modalidades de conducta orientadas a transformar la voluntad. Cuando funcionan para el individuo, le permiten estar en paz con su voluntad. Tomemos el caso más secular de un paciente en psicoanálisis. Él no va a terapia necesariamente para deshacerse de un determinado hábito molesto o tic desagradable, sino porque sufre de una enfermedad más general y menos localizada: lasitud de la voluntad, disminución de la motivación, vaga sensación de falta de sentido de las cosas. Si hubiera perdido totalmente la motivación, su caso no tendría esperanzas; pero entonces, lo más probable es que ni siquiera habría buscado tratamiento. El analista debe usar toda la motivación que queda y desviarla hacia cualquiera de los canales de actividad posibles con la esperanza de que esto conduzca a un nuevo y diferente resurgimiento de la voluntad y sus energías. Si el tratamiento tiene éxito, el cambio en el paciente será total: mirará el mundo y a sí mismo con otros ojos y descubrirá nuevos valores allí. Desde luego, éste sería el psicoanálisis ideal, pero sólo a veces sucede algo remotamente parecido a eso.

No bien desviamos la atención puesta sobre algún fragmento aislado de conducta, abocándonos al tema más amplio de la motivación, se nos abre una nueva perspectiva sobre la libertad humana. Así, la libertad adquiere otra dimensión, y la ayuda que Wittgenstein puede brindarnos no reside en sus comentarios sobre ella, sino en el cambio filosófico que ocurre desde el *Tractatus* hasta sus *Investigaciones*. En la primera obra, su modelo fue la lógica formal. Wittgenstein creía, como otros en esa época, que este lenguaje era cerrado —que entregaba un mecanismo para determinar automáticamente la verdad o falsedad de cualquier proposición que se hiciera mediante él. Por lo tanto, el cambio hacia el lenguaje común es un vuelco desde un lenguaje cerrado a uno abierto. Las reglas de este último son indefinidas y flexibles; tenemos que improvisar, crear y elegir en el camino. Pero este cambio desde el lenguaje cerrado al abierto es también el paso desde un mundo cerrado a uno abierto, ya que nuestro mundo, el mundo concreto en que vivimos, no nos llega como algo independiente del lenguaje; no construimos un lenguaje independientemente y luego lo agregamos a la experiencia; nuestro mundo transcurre dentro del lenguaje. Por ende, la apertura esencial del lenguaje que tenemos que usar para los objetivos de la vida, significa que también se ha abierto el mundo de nuestra experiencia. Y el hecho de que el mundo esté abierto para nosotros es el significado real y concreto de la libertad a la cual aspiramos. Porque, ¿qué otra cosa es esa deprimente sensación de falta de libertad que suele abatirnos, si no el sentir que el mundo se nos ha cerrado, que estamos en una prisión donde todas las puertas están bajo llave, y que estamos atrapados en una rutina que nunca se abre ante nuevas posibilidades?

Sin embargo, debemos ponernos en guardia contra un malentendido un tanto sensacionalista sobre este mundo abierto. Desde allí el demonio de la libertad sartreana absoluta y embriagadora nos hace señas seductoras. Me pone ante la posibilidad de cometer actos tan radicales y gratuitos que pueden comprometer severamente mi futuro. Si poseo los medios, puedo viajar a Tahití y comenzar una nueva

vida. Pero, ¡ay!, con ello no he huido de mí mismo; llevo conmigo la
misma carne y sangre, la misma psiquis, y tendría que recrear sus
fortunas en condiciones totalmente diferentes. El sentido de un mundo abierto no está en las refulgentes posibilidades de un salto hacia
otro modo de existencia, sino en algo mucho más mundano y modesto. De hecho, algunas rutinas son una ayuda para alcanzar la sensación de mundo abierto.

Al tratar el tema de la libertad, los filósofos han puesto demasiado
énfasis en la cuestión del acto aislado. Con esto quedan atrapados en el
juego del lenguaje que ocupa la ley. En un juicio criminal debemos
debatir si el acusado era dueño de sí mismo al cometer un acto en
particular. ¿Estaba en sus cabales o temporalmente trastornado por la
pasión en el momento de cometer el acto? Este tipo de preguntas es
parte de la estructura de nuestra vida social y legal, donde es necesario establecer grados de culpabilidad. El prisionero debe esperar en
el banquillo de los acusados el resultado del juicio, pero el tema de la
libertad no puede restringirse en esa forma. Es un asunto que no se
puede comprimir dentro de esos horizontes. Es hora de que todos
esos ejemplos de fragmentos de acción aislados, como levantar un
brazo, sean relegados al olvido filosófico que merecen. Más bien
debiéramos preguntar si un individuo es libre o no en sus "formas
de vida" concretas. En resumen, debemos recordar el axioma
de Wittgenstein: "Lo que tiene que aceptarse, lo dado, son *formas
de vida*". Este es un buen punto de partida para este y otros asuntos.
A la luz de este principio, la libertad debe plantearse, no para un
acto aislado como levantar un brazo, sino para un determinado individuo en toda su forma de vida actual. ¿Es libre o no esa vida en
particular?

Consideremos el caso de Emmanuel Kant, que todos los días tan
exactamente a la misma hora daba un paseo que la gente de
Koenigsberg ponía sus relojes al verlo pasar. ¿Era Kant tan sólo un
robot en esto? De ningún modo; actuaba voluntariamente. Lo había
dispuesto por iniciativa propia como parte de su disciplina de vida. Sin
embargo, supongamos que el hábito se hubiera transformado en algo
tan intenso que ya no le era posible cambiarlo. Supongamos, usando la
jerga psiquiátrica, que una compulsión repetitiva se hubiera asentado
tan profundamente en él que, aunque tratara, le era imposible deshacerse de ella. Aún así, seguiría siendo un hombre libre. La apertura de
su vida descansaba en otro ámbito, porque en esa caminata diaria, tan
exactamente puntual, desarrollaba pensamientos que iban a transformar la historia intelectual de Europa.

Por supuesto, Kant es uno de los grandes personajes de la historia de la cultura. Muy pocos tenemos la oportunidad de estar abiertos en nuestra vida hacia la creación intelectual o artística trascendental. Pero, hablando en términos humanos, ninguno de nosotros necesita encerrarse en la prisión de un mundo cerrado. Repentinamente me viene a la memoria el recuerdo de un anciano que tenía una tienda de artículos de escritorio, revistas y periódicos en una esquina cerca de donde yo viví años atrás en Nueva York. Abría todas las mañanas a la misma hora y cerraba en la tarde con la misma puntualidad. En este sentido, su vida era una rutina invariable. No obstante, siempre era un placer entrar a su tienda y hablar con él; sin exagerar, nos dejaba con la sensación de que cada día era una nueva aventura con sus pequeñas sorpresas y curiosidades, lo que resultaba un regalo más grande que lo que él jamás hubiera esperado. Había criado a dos hijos ahora profesionales, uno médico y otro abogado; por eso tenía esta sensación de realización, una vida con un propósito y sentido. La rutina de la tienda era un regalo adicional para concluir sus días.

Nunca le pregunté cuál era el secreto de su invariable optimismo —la cualidad en sí misma parecía demasiado sencilla y natural como para requerir más averiguaciones. No necesitamos ser genios creativos para encontrar el mundo abierto ante nosotros. Se requiere poco, muy poco, para que se abran las rejas de nuestra prisión —tal vez sólo un pequeño cambio en nuestra actitud interna. Porque, a diferencia de cualquier conductismo —aun uno tan flexible como el de Wittgenstein—, esta actitud interna no es un acompañante periférico adosado a nuestras acciones, sino muy por el contrario: el hacer es el que se subordina al ser, son nuestras acciones las que se subordinan a la conciencia que las irradia y les da su sentido.

La libertad de cualquier vida individual está ligada en forma inseparable a la presencia o ausencia de alguna sensación de sentido en esa vida. Por eso la libertad humana se convierte en la pregunta sobre qué da sentido o no a una vida. Y así es como tendremos que abordarla en las páginas que siguen.

Pero aún no hemos acabado con Wittgenstein. Debemos seguirlo hasta el fin, hasta su juicio final sobre la técnica desde la cual había empezado. Sólo ahí podremos evaluar la magnitud de su rebelión contra Russell. Wittgenstein comenzó —siguiendo a Russell— entronizando a la lógica como la dictadora de nuestras decisiones filosóficas. Para algunos, el paso hacia el lenguaje común podría parecer como sólo agregar otra provincia al análisis filosófico, anexando el discurso informal al dominio de la lógica formal. Sin embargo, Wittgenstein desea derrocar a la dictadura. La lógica formal de Russell no sólo es una clave insuficiente para descifrar nuestros problemas filosóficos, sino que —como finalmente él concluye— a menudo se convierte en una traba para el pensamiento claro. La rebelión contra Russell es total.

Seis

Matemáticas, Mecanismo y Creatividad

En 1928, Wittgenstein asistió en Viena a una conferencia de Brouwer, el líder de la escuela de matemática intuicionista[1]. Al año siguiente, Wittgenstein volvió a Cambridge para retomar su carrera filosófica después de una década en que intentó encontrar otra vocación. El haber escuchado a Brouwer coincide más o menos con su retorno a la filosofía.

Necesitó varios años y mucha reflexión para poder alejarse de sus ideas previas. Sin embargo, el encuentro con Brouwer lo expuso directamente al más poderoso representante de un punto de vista en matemáticas y lógica diametralmente opuesto a los de Frege y Russell, con los cuales se había formado Wittgenstein. Y cuando las propias ideas de Wittgenstein finalmente tomaron forma, se movieron mucho más en la dirección intuicionista de Brouwer. Y sin este cambio en sus ideas fundamentales sobre las matemáticas, Wittgenstein no podría haber dado su siguiente paso hacia la filosofía del lenguaje común.

Algunos lectores se sorprenderán al enterarse que dentro de las matemáticas existen escuelas rivales de intuicionistas y formalistas. ¿Cómo es posible que existan escuelas con opiniones diferentes sobre este tema? Se supone que las matemáticas son la disciplina más rigurosa y objetiva, y por lo tanto, debieran concitar el más completo

---

[1] Brouwer dio dos conferencias en Viena el 10 y 14 de marzo de 1928: "Matemáticas, Ciencia y Lenguaje" y "La Estructura del Continuum". Ambas están entre sus ensayos más fecundos (aún no han sido traducidas al inglés). Los temas de ambas resuenan en los pensamientos posteriores de Wittgenstein sobre las matemáticas. La primera conferencia es especialmente relevante en términos filosóficos, ya que busca insertar las matemáticas dentro del contexto humano total. Aunque el lenguaje de Brouwer es subjetivista y Wittgenstein trata los mismos temas en forma objetiva y conductista, ambos buscan la misma inserción. Aún no se ha explorado completamente esta relación de Wittgenstein con Brouwer.

acuerdo entre los hombres, si es que son capaces de ello. Sin embargo, en este siglo, entre los matemáticos se ha dado una especie de ardiente guerra civil respecto a cuáles serían las bases fundamentales de su disciplina; y hasta ahora no se ve fin a ese conflicto. De hecho, los desacuerdos han sido tan violentos que en un momento dado, luego de un congreso matemático a principios de siglo, Poincaré, el gran matemático francés, exclamó: "Los hombres no se entienden entre sí; no hablan el mismo lenguaje". Podríamos preguntarnos por qué los hombres, si son técnicamente competentes, no pueden entender el lenguaje de los otros. Pero aquí el asunto ya no es la competencia técnica sino las premisas básicas de la inspiración. Y en este terreno, los hombres tienden a acarrear sus propias disposiciones para ver las cosas como las ven. Difícilmente se podría encontrar una indicación más clara de cómo todos nosotros, incluso los matemáticos, podemos encadenarnos a premisas filosóficas y cuán potentes son éstas incluso para captar las materias que parecieran ser las más "objetivas". No existe una técnica pura que pueda aislarse completamente del punto de vista que decide de qué se trata la técnica y cuáles son sus usos. La técnica carece de significado y sólo tiene un papel de visión informativa.

Estas desavenencias entre los matemáticos deben recordarnos que las matemáticas, sean lo que sean, forman parte de la vida histórica de la humanidad. Una adecuada filosofía de las matemáticas no puede dejar de considerar eso. El hecho de que sea parte de nuestra historia debería ser un argumento suficiente para convencer al lector de no dar la espalda a los temas relacionados con las matemáticas. Es sorprendente cómo gente culta e inteligente se inhibe ante la primera muestra de una idea matemática, por simple que sea. Yo experimenté esta timidez hace unos años al mirar por sobre los hombros de mis hijos cuando padecían los absurdos exámenes de la Nueva Matemática. Cuando hablé con otros padres, con la esperanza de unirnos en una protesta, se evadieron argumentando que estos asuntos estaban fuera de su alcance. Se trataba de las mismas personas que podían seguir meticulosamente los valores de la bolsa, calcular cuidadosamente sus impuestos y deleitarse con las agotadoras complejidades del bridge. Pero consideraban que las matemáticas pertenecían a una esfera formal y sacrosanta, separada de las actividades de cálculo —una creencia que, con Wittgenstein, nos dedicaremos a demoler.

Hoy en día, la Nueva Matemática ha pasado algo de moda porque demostró ser un fracaso pedagógico. Pero, como dijeran los pragmatistas, una falla en la práctica generalmente significa una deficiencia en la teoría. La Nueva Matemática fue presentada a profesores y alumnos como más "científica", cuando, de hecho, no era más que una osada aventura *filosófica* de las autoridades educacionales. Entonces, optaron por una particular filosofía de las matemáticas, creyendo que estaba de moda, cuando en realidad no lo estaba desde hace treinta años.

Si hubieran estudiado a Wittgenstein, tal vez no habrían emprendido esta loca aventura. El resultado es que el presupuesto de nuestras escuelas se vio recargado en millones de dólares en textos de estudio, parte de una vasta campaña de ventas para el programa. Difícilmente se podría encontrar un ejemplo más claro o materialista de cómo la filosofía —en este caso, la filosofía de las matemáticas— puede infectar nuestras vidas y a veces entrar al mercado con las consecuencias económicas más grotescas.

Los obstáculos en el camino de los lectores filosóficos aquí son de otro tipo. Algunos de los admiradores de Wittgenstein suprimirían sus escritos tardíos sobre las matemáticas —sospecho que debido a sus poco halagadores comentarios sobre los errores de la lógica matemática. En su mayoría, aunque no lo acepten, siguen aferrados a las ideas de Russell sobre el tema y no pueden ver más allá. No es muy coherente admirar a Wittgenstein como un "gran" filósofo y al mismo tiempo encontrar que sus ideas matemáticas son de poca monta —en vista del importante papel que jugaron en su pensamiento. Sospecho que el obstáculo es que los filósofos estadounidenses no conocen las ideas de Brouwer y a los intuicionistas, y aún no han meditado a fondo sobre las cuestiones aún más radicales que Wittgenstein impulsa. Mi opinión es que sus cuadernos de anotaciones de matemáticas contienen algunos de los pensamientos más audaces y estimulantes que Wittgenstein tiene para comunicarnos. Desde luego que no son completas ni resuelven todos los problemas que suscitan estas interrogantes, y al final nos enfrentan con una gran y luminosa brecha que la filosofía de las matemáticas aún no ha sorteado. Con todo, por fragmentarias que sean estas notas, su conjunto constituye una postura coherente.

Se pueden presentar bajo tres encabezamientos. (1) Primero, su rebelión contra la lógica de Russell y el sentido que esta lógica daría a las matemáticas. (2) Segundo, Wittgenstein tiene algunas cosas importantes que decir contra la axiomatización —o, en su fecunda frase, la mecanización— de las matemáticas propuesta por los formalistas. (3) En el tercer aspecto de su pensamiento, lleva su pragmatismo al extremo, a una especie de convencionalismo, del cual las matemáticas emergen como una red de normas o convenciones humanas. Y es aquí donde nos encontramos con la profunda grieta ya mencionada.

I
"ARITMÉTICA CON ADEREZOS"

Russell afirmaba haber reducido las matemáticas a la lógica, es decir, haber logrado transformar las afirmaciones de las matemáticas en afirmaciones puramente lógicas. El objetivo de esta reducción era dar más solidez a las bases fundamentales de las matemáticas.

Al comienzo, las objeciones de Wittgenstein tenían un tono más bien general. La "sensación" que nos dejan las diferentes disciplinas matemáticas es contraria a esta homogeneización, a esta fusión de las diferencias específicas en el material subyacente de la lógica. Wittgenstein defiende lo que él llama la *Farbigkeit* (la colorida variedad y heterogeneidad) de las diferentes disciplinas matemáticas. Los estilos de pensamiento de una disciplina pueden ser muy diferentes a los de otra. Las facultades de construcción, imaginación e intuición necesarias para alguien que trabaja en teoría de los números (por ej., el increíble fenómeno de Ramanujan)* pueden ser muy diferentes a las necesarias para un geómetra. Un matemático experto en una disciplina puede ser un artesano mediocre en otra. Decir que la lógica nos entrega la esencia de las matemáticas es como decir que la habilidad del carpintero reside esencialmente en pegar trozos de madera.

¿Por qué estas diferentes disciplinas matemáticas necesitan asegurar sus bases fundamentales? Si tomo un simple teorema aritmético —por ejemplo, que no existe un número primo final—, la demostración se presenta en inglés empleando las correspondientes y simples notaciones numéricas algebraicas de multiplicación y suma. A mi juicio, en esos términos la demostración es convincente, evidente y autosuficiente. ¿Qué se ganaría al traducirlo a la lógica? ¿Sería más verídica la demostración? Al contrario, sería mucho más complicada y menos perspicua (*perspicuous*). Wittgenstein insiste que para que una demostración sea

---

* Srinivasa Ramanujan nació en Erode, India (1887-1920). Matemático cuya contribución a la teoría de los números es de fundamental importancia. Cuando tenía quince años obtuvo un ejemplar del libro de G.S. Carr, *Synopsis of Elementary Results in Pure and Applied Mathematics.* Desde ese momento comenzó a crear sus propios teoremas e ideas. Siguió trabajando en matemáticas a pesar de encontrarse sin empleo y en condiciones de extrema miseria. Finalmente consiguió un puesto en una oficina del puerto de Madrás. En 1911 publicó su primer artículo. Eventualmente su genio fue reconocido, recibiendo una oferta de trabajo en la Universidad de Cambridge. Lo sorprendente es que se hizo matemático por sí mismo, sin ninguna educación y desde una casi completa ignorancia. Contrajo tuberculosis y volvió a la India, donde murió. Los matemáticos lo reconocen como un genio fenomenal no igualado desde Leonard Euler (1707-83) y Karlo Jacob (1804-51) (N. de los T.).

convincente tiene que ser perspicua; debemos comprenderla en forma clara y completa para convencernos.

Además, si la lógica proporciona los fundamentos de las matemáticas, ¿cuáles serían los fundamentos de la lógica? *¿Quis custodiet custodem?* ¿Quién resguarda al guardia? ¿La lógica es más verídica y confiable que la aritmética? Más adelante veremos que en realidad es mucho menos confiable que la aritmética elemental. Luego, ¿por qué no considerar la lógica matemática como una disciplina específica de las matemáticas en lugar de entregarle una dudosa hegemonía sobre todas las demás disciplinas?

Volvamos ahora a la forma específica de reducción propuesta por Russell. Para llevar las matemáticas a la lógica, primero debemos tener éxito con los casos más simples —por ejemplo, con los números naturales, que usamos para contar. Usando una afirmación que contiene sólo expresiones estrictamente lógicas, trataremos de demostrar la elemental verdad matemática de *Dos más dos es igual a cuatro*. Para aclarar mejor, consideremos lo siguiente: hay dos manzanas y dos plátanos en un canasto; luego, éste contiene cuatro frutas. Expresado lógicamente, sería así: en el canasto hay una *a* y una *b*, miembros de la clase manzanas; una *c* y una *d*, miembros de la clase plátanos; por lo tanto, *a, b, c* y *d* son manzanas o plátanos. La conversión ahora está completa; hemos transformado la afirmación original en una afirmación estrictamente lógica, donde no existen términos matemáticos específicos, sino sólo las nociones lógicas de individuos, miembros de clases, si-entonces y uno-u-otro.

¡Parece tan maravillosamente simple! Y con los números naturales ya explicados, pasemos a los números reales, usando el método del "corte" de Dedekin, como clases de números naturales; y, a su vez, las funciones matemáticas como clases de números reales. Y así, a partir de este sencillo primer paso, se abre ante nosotros todo el prodigioso jardín de las matemáticas.

Sin embargo, en la aparente simplicidad de este primer paso, nos topamos con un obstáculo. Tomo un racimo de uvas (las cuento y hay veinticinco) y las pongo en el canasto. Ahora tenemos *Dos más dos más veinticinco* o veintinueve frutas en el canasto. ¿Cómo convertirlo en cálculo lógico? Se nos acaban las letras y nos vemos obligados a usar subscriptos numéricos. Sea cual sea la forma que adoptemos, si queremos elaborar una afirmación verdadera, nos vemos obligados a contar exactamente veintinueve operadores. No nos hemos escapado de la aritmética y de la necesidad de contar. La afirmación lógica sólo ha logrado envolver a la afirmación aritmética en una gran y frágil gasa. No ha reemplazado a la aritmética, sólo nos ha dado, en la expresiva frase de Wittgenstein, una "aritmética con adornos".

Alguien podría decir: efectivamente, nos preocupa esta operación de contar, pero no "la proposición en sí". ¿Pero qué es esta proposición en sí? ¿Qué significado tiene, fuera del hecho de caber en nuestro discurso y del uso que le demos? ¿Qué significado tiene un lenguaje aparte de algún o todo uso? Alguien podría decir: bueno, ¿por qué no tener dos aritméticas: una "teórica" en el lenguaje de Russell, que nunca usamos, y la aritmética corriente, que nos sirve para contar? Podríamos imaginar los teoremas en este cálculo lógico "teórico" inscritos en un volumen monumental guardado en un lugar aislado y seguro. Aun así, debemos contar los operadores (letras) de estas afirmaciones para asegurarnos que lo que inscribimos es verdadero. Nuestra vida continuaría igual como si este volumen sagrado no existiera.

En el argumento de Wittgenstein hay otros dos puntos separados pero relacionados: (1) es errado pensar en lo "teórico" como algo con significado separado de la práctica, operaciones y usos humanos; (2) la estructura aritmética o numérica, contrario a lo que induce a creer la formación inicial con Russell, es en realidad más básica que la estructura lógica. Una estructura A es más básica que una estructura B, si es que B presupone todos los elementos que aparecen en A más otros que le son propios. Luego, la transformación lógica reproduce todos los elementos de la afirmación aritmética más algunas características propias, que Wittgenstein denomina "adornos".

(El hecho de que la estructura aritmética sea más básica que la lógica se evidencia en los diferentes "teoremas limitantes", que veremos más adelante, especialmente el celebrado resultado de Gödel. Gödel demostró que una prueba podía considerarse una forma particular de descontar los teoremas de un sistema. Luego construyó una fórmula según la cual, si se llegara a descontar, el sistema se haría contradictorio. Aquí la aritmética carga con lo más pesado del argumento y de hecho hace posible la demostración completa. Luego, en un punto determinado, la sintaxis lógica se hace presente para observar lo que ya habían obtenido nuestras construcciones aritméticas).

Lo dudoso de intentar definir números en términos de clases lógicas se puede ilustrar mediante una anécdota de la Segunda Guerra Mundial. No puedo garantizar que sea cierta y su tono es un poco siniestro.

Un batallón de soldados estadounidenses que operaba en el Pacífico Sur se había ganado la confianza de una tribu de cazadores de cabezas a los que indujeron a luchar contra los japoneses. Entre otras cosas, los nativos mostraron una especial afición por los cigarrillos americanos. El capitán hizo un trato con ellos. Por cada cabeza de japonés que trajeran, recibirían un paquete de cigarrillos. Un indígena con espíritu emprendedor llegó un día con un botín de doce cabezas. El oficial lo felicitó y contó cuidadosamente doce paquetes de cigarrillos y los puso frente al cazador. Esperaba que el nativo estuviese contento, pero el hombre lo miró con desencanto. ¿Qué había pasado? Fue necesario alinear las doce cabezas en el suelo y poner junto a cada una un paquete de cigarrillos. Sólo entonces al cazador le cambió la cara, recogió su premio y se alejó riendo de alegría.

El número 12 no existía para este nativo; no podía contar tan allá. Pero podía perfectamente parear conjuntos, uno por uno, al estilo de Frege y Russell. Esto demuestra que parear conjuntos no nos da la idea de un número definido. Por lo tanto, es imposible, al menos con este método, reducir las matemáticas a la lógica.

Vale la pena detenerse en esta siniestra historia, ya que sus implicaciones antropológicas destacan en forma más evidente el asunto de la existencia de las matemáticas. (El contexto antropológico también es parte del contexto total dentro del cual Wittgenstein querría analizar las matemáticas). Los nativos de Nueva Guinea han desarrollado sutiles estrategias para sobrevivir; tienen un vasto conocimiento de la flora y fauna locales y saben reconocer las diversas señales naturales dentro de su ambiente; tienen lenguaje, rituales y una compleja estructura de parentescos. Pero en sus distintas adaptaciones para sobrevivir no han encontrado necesario idear o construir un sistema numérico. ¿Debemos decir que el número 12 existe pero que ellos aún no lo han descubierto? Para nosotros es fácil decir esto, ya que usamos ese número en nuestros cálculos. Se nos ha convertido en una segunda naturaleza y por eso tendemos a creer que es parte de la naturaleza. Supongamos que la mente humana no hubiese evolucionado más allá de la etapa de este nativo de Nueva Guinea; entonces, el número 12 no existiría para nadie. ¿Existiría a la espera de ser descubierto por la humanidad? América estaba allí antes que Colón la descubriera. Pero América era un vasto continente que existía físicamente en el espacio y el tiempo, y es evidente que las entidades matemáticas no son de este tipo. Por eso, si estas entidades existen fuera de la mente humana, tendrían que subsistir en una especie de cielo platónico más allá del espacio y el tiempo. Pero esta idea nos hace retornar a antiguas fantasías metafísicas.

Aquí entramos al viejo asunto de la existencia de las entidades matemáticas —un tema que actualmente divide a platónicos e intuicionistas en la filosofía de las matemáticas. Los platónicos sostienen que estas entidades tienen una realidad independiente de la mente humana; los intuicionistas afirman que son constructos humanos. Podríamos escoger a Platón y a Kant como los ancestros históricos de cada una de estas posturas. Wittgenstein adhiere a la última, pero difiere de un intuicionista como Brouwer al sostener que las entidades matemáticas, más que conceptos mentales, son partes funcionales dentro de la red total de conducta que él llama lenguaje.

¿Pero quedan aún platónicos en este momento de la historia? Wittgenstein predica contra la constante tentación intelectual de caer en "el hechizo que ejerce el lenguaje sobre nuestra mente". Creemos que esta prohibición va dirigida más bien contra los metafísicos de mente confusa, pero también los matemáticos pueden ser víctimas de su propio lenguaje y terminar dándole características materiales a las entidades de su simbología. Es fácil concluir que el número 12 no flota en ningún tipo de existencia independiente. Pero cuando llegamos a asuntos más sutiles, como las series infinitas, los matemáticos suelen caer hechizados por las intrincadas redes de su propio lenguaje deslizándose hacia un platonismo inconsciente**.

La reducción de las matemáticas a la lógica pretendía asegurar más las bases fundamentales de la lógica. Luego, la implicancia es que las clases son más simples, exactas y seguras que el concepto de los números naturales. Sin embargo, los sencillos números naturales que usamos para contar son uno de nuestros conceptos más claros y definidos y es la noción de clase la que los transforma en algo vago, incierto y ambiguo. Esto se hizo evidente cuando, al poco tiempo de introducir la teoría de conjuntos en las matemáticas, se produjeron antinomias, en tanto que la aritmética elemental ha estado con la humanidad durante siglos y aún no muestra contradicciones. El método de *notum per ignotius* —explicar lo que es claro y definido usando lo que es más inseguro y

---

** Brian Rotman publicó en *The Sciences* "The Truth about Counting. Enormous Numbers, Like Curved Spaces, Can Follow 'Non-Euclidian' Rules" (nov.-dic. 1997). El artículo discute las matemáticas no-euclidianas y el problema del infinito. En esencia, comenta la imposibilidad de contar algo *ad infinitum*. Contradiciendo la idea platónica que supone que los números son entidades independientes, sostiene que son constructos humanos que se agotan cuando no hay más entidades que contar. Por lo tanto, parece imposible contar hasta infinito, pues antes se acabarían las entidades contables, por ejemplo, todas las partículas que existen en el universo (10^{80}, según Sir Arthur Stanley Eddington); también se agotaría la energía disponible para que puedan contar los computadores. Los físicos estiman que la energía del universo visible es 10^{75} joules. El computador ideal no podría contar más de 10^{96} sin antes agotar toda esta energía. Pero estos números máximos podrían multiplicarse o elevarse al cuadrado, etc., produciendo números que no se pueden contar. Por eso Rotman habla de "números contables" (los que enumeran algo), que él llama *iterates*, y de "números no contables" (que sobrepasan lo que se puede enumerar), los *transiterates*. Para los indígenas de Barrett, el número 12 sería el fin de los *iterates* y el comienzo de los *transiterates* (N. de los T.).

más vago— es evidentemente un procedimiento muy irracional. La aritmética es más segura que la lógica; el ábaco no produce antinomias.

Revisemos la famosa antinomia de Russell en forma más fácil y popular: en una ciudad hay un barbero que afeita a todos los que, y sólo a los que, no se afeitan a sí mismos. ¿Se afeita a sí mismo el barbero? Si lo hace, no lo hace; y si no lo hace, lo hace.

Por supuesto que tal barbero es imposible y la suposición puede descartarse rápidamente. Pero la generalización de Russell sobre esta paradoja no se puede descartar tan fácilmente. La forma en que Russell presenta la paradoja es de por sí reveladora. Primero debemos considerar que la mayoría de las clases no son miembros de ellas mismas. Así, la clase de las tazas de té no es en sí misma una taza de té. Estas se podrían llamar clases *comunes*. Pero parece haber otras clases diferentes o extraordinarias que son miembros de sí mismas; luego, la clase de las cosas que no son tazas de té tampoco es en sí misma una taza de té. Ahora formemos la clase *w* de todas estas clases comunes —de todas las clases que no son miembros de sí mismas. ¿Es *w* un miembro de sí mismo? Si lo es, no lo es; y si no lo es, lo es. En otras palabras, la clase *común* es en sí misma extraordinaria; y si es extraordinaria, entonces es corriente. Cuando Russell presentó esta paradoja al venerable Frege, éste se lamentó: "¡Qué desgracia, la aritmética se tambalea!". Se equivocaba; no era la aritmética lo que se tambaleaba, sino el intento de transformarla en lógica.

El remedio de Russell para la paradoja fue invocar su regla de los tipos lógicos. Las expresiones del sistema deben clasificarse en niveles y tipos, de manera que los miembros de una clase no pueden estar en el mismo nivel que la clase misma. Luego deja de ser gramaticalmente permisible afirmar o negar que la clase sea un miembro de sí misma. La regla es sólo una muleta práctica creada *ad hoc* para que el sistema funcione. Así llegamos a una situación peculiarmente irónica: se suponía que el cálculo lógico daría una base más puramente "teórica" para la aritmética, pero este cálculo sólo funciona si lo apuntalamos con un expediente puramente práctico. El pragmatismo expulsado por la puerta principal vuelve a entrar por la puerta trasera y con mayor fuerza.

Sin embargo, este expediente práctico posee algunas características muy poco prácticas. Aunque la regla permite definir número en un nivel, el número no se puede aplicar en ese nivel. No podemos hablar de *dos* ideas en *dos* páginas de texto en el mismo sentido que hablamos de *dos*. Si realmente tuviéramos que usar las matemáticas dentro de este sistema, nos veríamos envueltos en complicaciones insoportables. Además, pese a la regla de los tipos lógicos, el fantasma de la antigua antinomia sigue rondando al sistema. Si mientras manipulamos el cálculo, nos detenemos a preguntarnos qué estamos haciendo, no podemos formular ninguna respuesta legítima. Por ejemplo: trabajamos con clases. ¿Qué clases? Bueno, como la teoría es general, trabajamos con cualquiera o todas las clases que la regla permite. Pero esta clase de las clases permitidas en sí misma es no permitida. Como una decisión puramente práctica, para que el cálculo continúe funcionando, la paradoja no se registra, pero seguimos pensando en ella.

Una reflexión más radical de Russell sobre su propio y particular ejemplo —la clase de las cosas que no son tazas de té— podría haberlo hecho dudar de la noción misma de clase. ¿Qué cosa pertenece a esa clase? Dios, los ángeles, los seres humanos, los árboles, las rocas, los números primos —bueno, cualquier cosa que no sea una taza de té. Sus límites son borrosos y poco definidos. El término "clase" es incierto. El que una clase sea clara o no, depende de las entidades que la constituyen. Podríamos pensar en ella con la analogía de un paréntesis: el paréntesis es claro sólo si lo que cae dentro de los dos paréntesis es claro y definido. En contraposición, los números naturales 1, 2, 3,... son sólidos, claros y de contornos bien definidos: no caben dudas sobre su significado. ¿Por qué entonces tratar de definir lo claro a través de lo borroso?

Detrás de esta pretensión de hegemonía de la lógica se esconde el dominio de una metáfora especial. Bertrand Russell comentó que las matemáticas dejaron de interesarle cuando las vio como una inmensa tautología, la cual podría ser directamente evidente como tal para una mente sobrehumana. Este es el *ennui* de un dios que se ha colocado fuera de la condición humana. Difícilmente se podría encontrar un caso más drástico de la mente hechizada por su propia metáfora. Al considerar la historia real de las matemáticas con sus constantes creaciones y sorpresas, sus construcciones de nuevos conceptos y ámbitos nunca antes soñados o señalados sólo vagamente, alimentándose constantemente de los problemas que se encuentran en la naturaleza, entonces la metáfora de Russell nos parece sin vida y estéril, precisamente porque se ha alejado de la vida real de las matemáticas. Sin embargo, conscientemente o no, es la metáfora bajo la cual aún trabajan la mayoría de los filósofos angloamericanos.

Pero fuera de esta imagen de las matemáticas como una tautología encerrada en sí misma y autocontenida, hay otra metáfora que hechiza nuestro pensamiento y que al parecer proviene de una parte completamente diferente de la imaginación: la metáfora de las matemáticas como una máquina que fabrica mecánicamente sus resultados.

II
MECANIZACIÓN

En el siglo XIX, el impulso hacia axiomatizar las matemáticas fue un paso positivo hacia un mayor rigor matemático. El siglo que siguió a Newton había visto una gran expansión de las matemáticas, pero este prodigioso enriquecimiento del tema también había dejado un gran número de métodos y conceptos poco confiables. Para mayor rigurosidad en el pensamiento matemático, sería necesario insistir en que éste permaneciera estrictamente dentro del marco de sus premisas iniciales y que el matemático no planteara supuestos, tácitos o de otro tipo, que no hubiese postulado explícitamente. Los axiomas fijan las reglas con que se desarrolla el juego de las matemáticas.

Pero esta exigencia no bastaba. Una vez lanzado el impulso hacia la axiomatización, gradualmente tomó el control cierto *hubris* del espíritu —quizás el espíritu mecanicista endémico en esa época. No basta que haya reglas; si éstas han de prevenir un llamado, encubierto o de otra índole, a cualquier tipo de evidencia intuitiva, las reglas deben ser estrictas y bien definidas. Deben abstraerse de cualquier significado y sólo especificar configuraciones de símbolos y operaciones con esos símbolos que una máquina bien programada podría realizar. Y el objetivo de toda la empresa matemática sería producir una máquina gigantesca o grupo de máquinas que espetaran automáticamente todas las verdades matemáticas. El matemático, en su rol creativo tradicional, quedaría obsoleto; se transformaría, si es que sobrevive, en un mecánico chapuceando con una máquina completa en todos los aspectos esenciales. También desaparecería la idea común de la prueba como procedimiento para demostrar algo —para revelar algo y hacerlo evidente ante nosotros.

Sin embargo, una empresa tan arrogante iba a acarrear sus propias inseguridades. *¿Quis custodiet custodes?* Si los axiomas garantizan a las matemáticas, ¿quién garantizaría que los propios axiomas no nos lleven a contradicciones? Ya que en ningún momento debemos confiar en la evidencia y lucidez, cualquier conclusión que se obtenga, por parcial y restringida que sea, debe depender de la integridad de toda la estructura. Entonces, ¿qué nos asegura que nuestra máquina matemática no produzca en algún momento una contradicción, la cual le quitaría todo sentido al sistema? De allí que la exigencia de coherencia se convirtiera en la orden del día entre los formalistas. Si los axiomas fueran coherentes, no sería necesario entender de qué se habla; al operar la máquina, ésta se podría operar con la certeza de que su operación no produciría contradicciones.

Pero la sola coherencia axiomática no sería suficiente. Las reglas que se hubiesen establecido como coherentes serían triviales si bastaran para producir sólo un puñado de verdades matemáticas. Por lo tanto, los axiomas deben ser *completos*, es decir, suficientes para generar todas las verdades de un sistema matemático. Además de estas exigencias de ser coherente y completo, hay otro requerimiento en el que Hilbert, líder de la escuela formalista, insistió con mayor énfasis a medida que el movimiento cobraba fuerza. El último *desideratum* de una máquina es que produzca sus resultados automáticamente. Uno no quisiera un automóvil que en cada mañana hubiera que improvisar para ponerlo en marcha. Al girar la llave del encendido, uno espera que la máquina siga automáticamente esos pasos finitos e invariables (un "procedimiento de decisión") que ponen en funcionamiento el motor. Al encender el motor cada mañana, el automóvil ha resuelto su pequeño problema siguiendo los axiomas de procedimiento que tiene impresos. ¿Qué utilidad tendrían los sistemas axiomáticos si no produjeran conclusiones automáticamente —es decir, si el matemático, a pesar de los axiomas, tuviese que seguir como antes creando, buscando, equivocándose para poder obtener resultados? Sería como tener un hermoso automóvil que sólo se pone en marcha cuando uno se baja a empujarlo. Así, el matemático estaría haciendo matemáticas con el sistema antiguo, usando toda la intuición, imaginación e inventiva de que disponga; y los axiomas aparecerían al final como una especie de decorado. Es por eso que Hilbert fue absolutamente consecuente, al insistirle a sus seguidores que el diseñar procedimientos de decisión, en los diversos ámbitos matemáticos, es la tarea más importante para que el programa axiomático sea realmente productivo.

Por desgracia, estos tres sueños iban a tener un brusco despertar. El primer golpe vino en 1931 con la celebrada prueba de Gödel de la incompletitud*** de la aritmética. Menos espectaculares pero igualmente significativos fueron los posteriores estudios de Church, Turing, Tarski, Post y otros lógicos sobre la cuestión de la indecidabilidad de los sistemas. En resumidas cuentas, estos "teoremas limitantes", como se los ha llamado, son la mayor contribución del siglo a la lógica, y tal vez tan

---

*** Como una aproximación, tradujimos *incompleteness* como "incompletitud" y *undecidability* (en oración siguiente) como "indecidabilidad". Ninguna de estas palabras nos satisfacen, pero nos parece que se ajustan en algo al significado inglés. En inglés, *incompleteness* es un sustantivo que se refiere a lo no completo, lo que no se puede completar. La palabra *undecidability* significa: que no puede llegar a conclusiones o a decidir. *Decidability* quiere decir: el acto de resolver, de tomar una decisión, de llegar a una conclusión; implica previa consideración a un asunto que produce dudas, debate o controversia (N. de los T.).

grande como cualquiera en toda la historia del tema. Su efecto es hacer imposible el sueño de mecanizar completamente las matemáticas.

Gödel demostró que aun un sistema relativamente simple como la aritmética elemental es demasiado complejo como para enmarcarlo dentro de un conjunto de axiomas. Siempre tendrá más verdades que las que puedan entregar los axiomas. Esto tiene grandes consecuencias para la coherencia. Es imposible probar la coherencia de la aritmética sin tener que presuponer medios más ricos —y, por lo tanto, menos seguros— que la aritmética misma. Por ende, disminuye la esperanza de establecer la coherencia de las matemáticas.

Lo que aquí nos llama la atención es que un trozo tan pequeño de la realidad construido por el ser humano, aparentemente tan simple y transparente en su naturaleza, como es el área de los números naturales, sea sin embargo tan refractario y esquivo al método axiomático. Esta evasividad se pone en evidencia drásticamente, aunque de otro modo, en los resultados complementarios del matemático noruego Skolem. Mientras Gödel demostró que los axiomas son demasiado magros para abarcar la aritmética, Skolem demostró que son demasiado laxos como para adaptarse al cuerpo de la aritmética. Otros sistemas, diferentes a la aritmética en algunos puntos significativos, están igualmente bien cubiertos por estos axiomas.

Veamos una metáfora que servirá de ejemplo. Un buen terno se ajusta al cuerpo en forma adecuada y cómoda. Pero en nuestro caso el terno (el sistema axiomático) es al mismo tiempo demasiado corto, de manera que las muñecas y los tobillos quedan descubiertos, y demasiado suelto y colgante, de modo que caben en él varias personas al mismo tiempo. Nos recuerda el incidente en *Los Viajes de Gulliver*, donde los sastres del reino fantástico de La Puta fabrican un terno para el héroe con elaborados medios mecánicos, el cual, al probárselo, resulta peor ajustado que cualquier prenda fabricada por medios convencionales.

Aún más llamativos para la teoría de las máquinas son los descubrimientos en la llamada decidabilidad. Como parecía que la decidabilidad sólo se puede dar en sistemas muy pequeños, únicamente en estos se podría obtener un mecanismo automático que permita decidir si sus afirmaciones son verdaderas o falsas; en otras palabras, que proveyera un mecanismo automático que resuelva todos los problemas que se originen dentro del sistema. Pero en estos sistemas pequeños basta dar un mínimo paso adelante o introducir una mínima complejidad y el sistema es tal, que ya no permite solucionar sus problemas en forma automática. Para resolver los problemas es necesario buscar, equivocarse y crear, aun dentro del marco de los axiomas más elegantemente enunciados.

Wittgenstein no tuvo nada que ver con estos descubrimientos. Algunos de sus críticos han señalado, con bastante razón, que él no se mantenía al día con los nuevos desarrollos de la lógica. Pero lo más notable es cómo su filosofía calza con estos nuevos hallazgos y cómo parece haber anticipado el punto de vista hacia el cual apuntan las matemáticas. Wittgenstein comenta que su objetivo es *vorbei reden* (adelantarse a) Gödel. Esto no significa hablar contra o no respetar el resultado de Gödel, sino preocuparse de las cosas más simples y elementales que hacemos al trabajar con matemáticas, de manera que el resultado de Gödel sobre la incompletitud sea el esperado.

A estas alturas cabe hacer una breve pausa para revelar el aspecto humano de estas materias lógicas. Una de las convenciones más frecuentes de nuestro pensamiento —también usada ocasionalmente por los filósofos de antaño— es el contraste entre lógica y vida. Generalmente se representa la diferencia como entre lo cerrado y lo abierto, lo completo y lo inconcluso, lo fijo y lo indeterminado. (Kierkegaard dice: "Hay un sistema de lógica, pero no un sistema de existencia humana"). Pero lo que surge de estos nuevos desarrollos es más bien una llamativa similitud en un aspecto fundamental entre la lógica y la condición humana.

Si creímos alguna vez escapar de las particularidades y contingencias de nuestra vida real hacia el mundo atemporal y perfecto de la lógica, estábamos profundamente equivocados. A su modo, la lógica devuelve una imagen de nuestra propia condición humana. La gente que le teme a la libertad busca encerrarse en una situación donde el control es completo, donde cada emergencia se puede enfrentar con una técnica predeterminada, rutinaria y automática. Pero aun si pudiéramos mantener el carácter rutinario de ese mundo, produciría aburrimiento, monotonía y, en los casos más graves, neurosis. Asimismo, si quisiéramos completitud y decidabilidad en la lógica, tendríamos que restringirnos a esos sistemas formales mínimos que las permiten. Pero sería como limitarnos a jugar ese juego donde el que elige primero siempre gana. Al comienzo estaría el entusiasmo de la victoria, pero la monotonía pronto se haría agotadora. El espíritu humano ansía cierta apertura en su mundo, cierta indeterminación y aventura; de otro modo, cada proyecto futuro se extingue anticipadamente. Este mundo abierto requiere cierto riesgo e inseguridad. No podemos estar totalmente seguros de que los elementos con los cuales construimos nuestro mundo resistirán para siempre en forma constante; nunca sabemos con certeza si nuestras técnicas y recursos bastarán para enfrentar todos los problemas, y específicamente nuestras emergencias. Debemos confiar en la inventiva y el ingenio que no pueden ser preprogramados. El precio de la libertad es el riesgo, la incertidumbre e inevitablemente el grado de angustia que los acompaña; pero sin esas cualidades, la vida perdería su sabor y espíritu de aventura.

"El hombre está condenado a ser libre", dijo Sartre refiriéndose a las artimañas y engaños que usamos en la vida para tratar de evadir el peso de la libertad. Toda una generación de matemáticos trabajó para abolir su tema entregándoselo al mecanismo de los axiomas. La mecanización fracasó; y, usando la oportuna frase de Sartre, ahora el matemático está condenado a ser libre. Comentando las limitantes pruebas que ha producido la lógica moderna, el lógico matemático E.L. Post resumió el asunto así: "El pensamiento matemático es y debe seguir siendo esencialmente creativo".

Estos "teoremas limitantes" más bien debieran llamarse "teoremas liberadores". Nos muestran que la creatividad humana excede cualquier mecanismo diseñado para contener sus propios constructos. Siempre somos más que cualquier máquina que podamos construir.

La indecidabilidad, como un carácter intrínseco de los sistemas matemáticos, arroja una nueva luz sobre el antiguo y debatido asunto de la existencia de entidades matemáticas. Es más cuestionable separar estas entidades de las operaciones humanas de calcular. Consideremos el ejemplo de Wittgenstein respecto al número pi (π), que designa la relación entre la circunferencia de un círculo y su diámetro. Sabemos que este es un número irracional, que se continúa con un interminable decimal no repetido: 3,14159... En alguna parte de esta serie expandida, donde nuestros cálculos aún no han llegado, imaginamos que se puede producir la secuencia ...777... La pregunta es: ¿se produce o no esta secuencia?

Aquí nuestra imaginación cae bajo el hechizo del lenguaje. Invocamos la sacrosanta ley de la lógica, la ley del tercero excluido, y decimos: la secuencia ...777... existe en alguna parte de esta serie, o no existe. Una de estas dos afirmaciones *tiene* que ser verdad. Imaginemos que estamos mirando esta serie como si fuera un pasillo que se extiende más allá de nuestra vista —en alguna parte puede estar la tríada ...777...; o bien no está. Sólo sabemos hasta donde hemos calculado. La raza humana podrá seguir calculando este decimal hasta un millón de lugares sin encontrar que se produce el ...777... Pero esto no prueba que no pueda producirse el próximo millón, si seguimos calculando. Pero pensar que ya está allí, como esperándonos, es pensar que la expansión existe independientemente de nuestra actividad de calcular.

Aquí nuestra imaginación hechizada siente la tentación de invocar la ayuda de Dios: pensamos que una inteligencia divina, al abarcar de una sola mirada la infinita expansión de los decimales, puede determinar inmediatamente si tiene o no un ...777... Pero Wittgenstein quiere eliminar esta fantasía nebulosa. Ni siquiera Dios puede ver una expansión infinita como algo que no es, como algo cerrado y terminado, y no como un proceso que jamás termina[2].

III
CONVENCIONALISMO

Una de las promesas más seductoras de los axiomatizadores era que a la larga se podría hacer matemáticas sin necesidad de entender lo que se estaba haciendo. Bastaba poder manipular los símbolos según las reglas. No habría que preocuparse del significado o la verdad de los postulados, sólo extraer las conclusiones apropiadas. Las pruebas de coherencia garantizarían llegar a feliz término. Sin embargo, ahora que sabemos que estas pruebas o demostraciones de consistencia no son visibles en ninguna parte, hay que tener otra perspectiva del asunto. Debemos preocuparnos de la cuestión del significado y de la verdad, del significado de nuestros conceptos y tanto del significado como de la verdad de las afirmaciones. Y, en cuanto a la demostración, especialmente aquí tenemos que retornar al punto de vista más tradicional sobre la evidencia y coherencia.

Wittgenstein nos dice que la prueba debe ser perspicua y tan transparente como para captarla como un todo claro, coherente y convincente. Presentó esta idea en una de sus frases más evocadoras:

No hay algo detrás de la prueba, sino que es la prueba misma lo que prueba.

La prueba no es algo que transcurre en bambalinas utilizando el invisible mecanismo axiomático que ni siquiera atisbamos. Esta oración de Wittgenstein me impresionó la primera vez que la leí porque en ese

---

[2] Con esta misma línea de razonamiento, Wittgenstein atacó el famoso "corte" de Dedekin, que se supone define la naturaleza de los números reales. De manera que la raíz cuadrada de 2 se definiría como un "corte" entre todos los números racionales menores que o mayores que él mismo. Pero esto es hablar como si estos números *ya estuvieran allí*, cuando sólo cobran existencia cuando calculamos el decimal en pasos sucesivos: 1,4; 1,41; 1,414; 1,4142... etc

Aquí nuevamente no podemos adscribir existencia a entidades matemáticas independientemente de la operación por la cual las establecemos.

momento participaba de los sufrimientos de algunos jóvenes por el esfuerzo que significaba la Nueva Matemática. Estos niños, a quienes se les presentaban las matemáticas como un tedioso asunto de contabilidad, no tenían la noción de prueba como algo que debe ser *visto*. Si el razonamiento matemático nunca se *ve* en forma clara, se convierte en un simple acto de fe sin importar cuán sofisticado sea el computador que se use.

Sin embargo, precisamente aquí surge la dificultad para Wittgenstein. El requisito *fenomenológico* aplicado a esta disciplina exige que los procedimientos matemáticos *deben* ser, en definitiva, claros, evidentes y coherentes para que sus resultados *tengan que* ser aceptados. No hay verdad que a la larga no descanse en lo que es evidente en nuestra experiencia. Por otro lado, también debe considerarse la dimensión *pragmática*. Las matemáticas son una actividad humana y, como tal, forman parte del flujo de la vida, que habitualmente nos impide usar nuestras pequeñas joyas de claridad separadas del resto de la experiencia. Así, puede que la prueba originalmente evidente deba usarse junto con otros hechos matemáticos; además podríamos querer modificar su expresión o reevaluar su importancia en relación con esclarecimientos posteriores. El filósofo, de alguna manera, debe buscar el equilibrio entre estas dos exigencias. Entre estos dos aspectos, el fenomenológico y el pragmático, Wittgenstein pone más énfasis en el segundo. Busca un pragmatismo de un extremismo tal que le permita considerar las matemáticas esencialmente como una "red de normas", una red de convenciones humanas.

Tendemos a olvidar el enorme papel que juegan nuestras convenciones en las matemáticas y es útil que un pensador nos lo recuerde. Por ejemplo, es muy probable que la convención del sistema decimal haya acelerado el desarrollo de las matemáticas más que cualquiera de los teoremas de alto nivel. No obstante, los escrúpulos del convencionalismo de Wittgenstein parecen excesivos.

Lo que preocupa a Wittgenstein es la noción de *necesidad*. Se suele decir que las matemáticas difieren de las ciencias empíricas porque trabajan con verdades necesarias, en cambio las segundas sólo nos entregan probabilidades. Pero Wittgenstein no deseaba establecer una distinción tan absoluta. Después de todo, no están tan separadas, ambas forman parte del material de nuestro lenguaje común, el que, para Wittgenstein, constituye el contexto definitivo.

Luego, la afirmación de una prueba forma parte de la red del discurso matemático y éste a su vez forma parte de la tela más grande del lenguaje humano. El lenguaje mismo es un sistema de convenciones dentro del cual vivimos los seres humanos. A medida que cambia la vida, también cambian las convenciones del lenguaje, y lo hacen en formas no predecibles. Pero una convención nos *obliga* a aceptar las consecuencias de su uso; si un símbolo se utiliza de uno u otro modo, *debe* producir esto o aquello. Aquí el problema filosófico se centra en el asunto de la necesidad; en determinar de qué forma nos amarran palabras tales como "obliga" y "debe". Y si en un momento dado no quisiéramos aceptar estas consecuencias, ¿no podríamos *optar por* cambiar la convención original? Si un lenguaje es abierto, no necesariamente determina cada situación que surge; tenemos la *libertad* de alterar la regla frente a nuevas situaciones. Nótese la aparición de estas nuevas palabras: "elegir" y "libertad", en lugar de las palabras previamente usadas para la necesidad, "debe" y "obliga". ¿Cuál es el alcance relativo de estos dos conjuntos de expresiones y cuál es la relación entre ellas? Para la filosofía de las matemáticas así se presenta el problema del convencionalismo.

Desde luego, esta pregunta no tiene una solución general. La única ley que existe aquí es la ley del caso que debe determinarse en cada situación en particular. Pero aun en esos casos particulares, el énfasis que pone Wittgenstein en las convenciones parece excesivo.

Tomemos su ejemplo de una simple multiplicación, 7 por 3 es 21. ¿Cómo lo sabemos? Wittgenstein nos dice que es una regla que se nos ha enseñado, sugiriendo que lo "sabemos" sólo a través del hábito o la costumbre. Al menos deja pendiente esta conjetura. Supongamos que efectuamos la multiplicación y el resultado no es 21. Debemos estar equivocados. ¿Por qué decimos eso? ¿No podríamos pensar en cambiar las reglas de multiplicar? Sin duda esta es una línea de pensamiento poco productiva de parte de Wittgenstein. Aquí no estamos enfrentando una regla aislada que simplemente hemos aprendido de memoria. El sistema numérico tiene tal red de interrelaciones que cualquier afirmación simple como "7 por 3 es 21" está de hecho *sobredeterminada*. Para modificar esta regla de multiplicar aparentemente simple, habría que cambiar toda la aritmética elemental.

Podríamos seguir preguntando, ¿bajo qué circunstancias cambiaríamos esta regla y con ello toda la aritmética elemental? No conocemos ni podemos imaginar tales circunstancias. Nuestra exigencia de necesidad se torna en una confesión de la incapacidad de nuestra imaginación. Según Wittgenstein, el asunto de la necesidad se resume así: si nos viéramos obligados, ¿cuáles serían nuestras últimas creencias que abandonaríamos? Me parece más difícil dejar la aritmética elemental que el principio de la contradicción como una ley universalmente válida. De hecho, este principio no parece sostenerse frente a ciertos estados psicológicos, como la ambivalencia, por ejemplo. Puede que nuestro vocabulario psicológico no sea lo suficientemente exacto como para excluir la posibilidad de que existan situaciones donde no se pueda afirmar que una persona ama y odia al mismo objeto, al mismo tiempo y en el mismo sentido. Afirmar la validez universal del principio de la contradicción implica afirmar que jamás encontraremos un universo de discurso donde nuestro vocabulario carece de la precisión necesaria para excluir tener que decir que una cosa es *A* y *no A*, al mismo tiempo. Desde luego, esto la transforma en una afirmación sobre la experiencia y el destino de nuestro lenguaje. Aquí resulta que lo lógico y lo empírico no están completamente separados.

Pero si Wittgenstein no satisface completamente respecto del convencionalismo, cabe recordar que en este caso su pensamiento no es más que un tanteo, un ensayo, y además deliberadamente provocativo. Su genio consiste en llegar a los límites de una posición y enseñarnos lo que sucede allí. En el *Tractatus* tomó el aparato de la lógica matemática con la idea de que entregaba al mundo una estructura rígida y fija. Ahora el zapato ha cambiado de pie; el énfasis se ha desplazado hacia la flexibilidad, irregularidad y particularidad de la situación que encontramos dentro del juego de lenguaje de las matemáticas.

Así, incluso algunos de sus bizarros ejemplos pueden tener sobre nosotros el efecto beneficioso de un tábano[****]. En varias ocasiones nos pide imaginar mundos extraños donde nuestras varas para medir se flectan, nuestras reglas se ponen lacias como masa, y los números se resbalan de las páginas al escribirlos. ¿Qué tipo de matemáticas podríamos construir en un mundo así? En esas circunstancias, sería sumamente difícil construir cualquier tipo de matemáticas. Pero si lo lográramos, creemos que, aunque su expresión fuera muy diferente, las matemáticas serían las mismas, incluso idénticas, pero luego de ciertas transformaciones, como dicen los matemáticos. ¿Será este acto de fe una ilusión? No podemos estar seguros.

El lado positivo de estas bizarras fantasías es que debieran recordarnos lo mucho que nuestras matemáticas actuales se deben al constante intercambio con el mundo físico que nos rodea, y lo mucho que dependemos de la estabilidad de los instrumentos que usamos y de nuestra propia corporeidad física. La historia de las matemáticas confirma esta

---

[****] Barrett se refiere aquí a la leyenda griega de Io, quien fue transformada en ternera por Zeus. Hera, su mujer, agregó al castigo un tábano que la perseguía incansablemente (N. de los T.).

relación entre la mente matemática y la naturaleza. La geometría y el cálculo, por ejemplo, se desarrollaron a partir de la necesidad de usar las cosas del mundo físico. No obstante, en ocasiones algunos matemáticos modernos han intentado cortar estos lazos con la naturaleza. La exuberancia del formalismo los llevó a imaginar las matemáticas incursionando libremente en el vacío. Los filósofos modernos han apoyado esta tendencia. Uno de los daños causados por el positivismo (en el que le cabe alguna responsabilidad al joven Wittgenstein) fue transformar en dogma la consigna: "Las matemáticas no nos dicen nada sobre el mundo real". En todo caso, este dogma debió haber levantado sospechas desde un comienzo. Es absolutamente improbable que hubiésemos construido aviones y lanzado cohetes al espacio sin la ayuda de las matemáticas. El error fue tomar esta o aquella proposición y preguntarse a qué hecho particular del mundo correspondía; y la respuesta, desde luego, iba a ser negativa. El Wittgenstein tardío analizó este asunto en forma más razonable. No se puede tomar una proposición matemática aisladamente del conjunto del discurso. Sin embargo, al tomar a éste como parte de nuestro lenguaje total, y la matemática como una parte funcional de él, sirve para decirnos mucho sobre las cosas de nuestro mundo.

Y creo que precisamente aquí encontramos la clave para el tema del convencionalismo, una clave que el mismo Wittgenstein no pareció captar. Las convenciones que adoptamos deben "funcionar" de alguna manera: nos deben servir para encarar la naturaleza. Por ejemplo, podríamos decidir cambiar nuestras convenciones matemáticas y eliminar la noción de números irracionales. Después de todo, han sido una parte irritante de las matemáticas y aún no se ha podido desarrollar una teoría satisfactoria sobre ellos. Pero de todas maneras siempre estará ahí la necesidad de medir el diámetro de un cuadrado. Y es esta necesidad de habérselas con la naturaleza la que en definitiva aquilata nuestras convenciones matemáticas y otras.

En este momento, la filosofía de las matemáticas se divide entre platónicos e intuicionistas, y se ha sugerido la conveniencia de encontrar alguna mediación entre ellos. Si Platón y Kant son los ancestros de estas escuelas rivales, entonces podríamos sugerir a Aristóteles como la tercera figura tutelar entre ambos. Necesitamos la noción de que la mente es producto de la naturaleza y se relaciona con ella en sus modos más fundamentales de funcionamiento. Las entidades matemáticas no subsisten en un mundo platónico atemporal —son constructos humanos, pero constructos cuyo uso y ser se relaciona con el mundo natural que los rodea. Todo el pensamiento humano ocurre contra este trasfondo de la naturaleza. Pero lo que falta en la filosofía de Wittgenstein es este sentido de naturaleza, de nuestro compromiso global con ella, y el cual buscamos en la próxima sección.

Habría que decir una palabra final sobre Wittgenstein y el convencionalismo. Aunque no lo enuncie en forma explícita, creo que es el sentido verdadero y concluyente de lo que quiere expresar sobre el tema. Cuando cuestiona la necesidad que nos obligaría a seguir lógicamente las consecuencias de una determinada convención, ¿no está cuestionando nuestra adhesión práctica a la lógica misma? ¿Es la coherencia un monstruo tan grande que nos vemos obligados a seguirla, a cualquier precio, aun cuando constituya un impedimento para algunas situaciones de la vida? Es probable que la verdad nos llegue de un área donde hemos dejado de lado la lógica. Algunas de las autoridades más importantes opinan que esto es así. Se dice que cuando Santo Tomás de Aquino al fin tuvo una visión, dijo que todos sus escritos, todas esas *Summae* masivas y lógicamente ordenadas, eran sólo "paja molida". Y Buda, desde una tradición muy diferente, rehusó afirmar o negar las preguntas lógicas que le formularon algunos dialécticos brahmánicos. Según él, la verdad que buscaba no estaba en el sí ni en el no a las preguntas lógicas. Y si al lector le parece que estos ejemplos son demasiado trascendentales, tal vez él mismo deba conjurarse uno más mundano. En mi caso, recuerdo un momento del pasado, cuando la mujer a quien amaba, con las mejillas rojas de ira, exclamó: "¡Eres tan malditamente lógico!". Tenía razón, y desde entonces he tratado de acatar su lección. En algunas situaciones, si queremos captarlas en toda su vitalidad y significado, no está de más dejar de lado nuestra manía por la coherencia lógica.

Y con mayor razón, es de esperar que una civilización altamente tecnificada como la nuestra pueda dejar de lado su obsesión por las técnicas, de modo que posiblemente aprenda a vivir y amar[3].

En todo caso, Wittgenstein nos advierte que si lo que queremos es absolutizar la lógica, debemos recordar al fantasma de la incoherencia que la ronda. Russell enunció una regla práctica para que el sistema de los tipos funcionara, prohibiéndonos escribir ciertas expresiones. Sin embargo, si intentamos pensar en lo que el sistema realmente es —vale decir, qué clases y conjuntos son permitidos—, se nos presenta

---

[3] Un ejemplo: aun si investigaciones como las de Masters y Johnson sobre sexo se hicieran en una forma lógica y técnicamente perfecta, uno esperaría que la civilización fuera capaz de decir: "Sí, pero ése no es el punto".

el fantasma de la contradicción. Por su parte, como un sano recordatorio, Wittgenstein está dispuesto a no tocar la contradicción. Aunque para algunos fines es práctico tener un sistema sin contradicciones, para otros puede ser útil tener un sistema con potenciales contradicciones. Ahora Wittgenstein nos deja esta imagen oracular:

> ¿Por qué no concebir la contradicción de Russell como algo que se eleva sobre las proposiciones y mira en ambas direcciones como una cabeza de Jano?

La lógica nunca antes había sido tan insegura e interesante.

Conclusión de la Parte I

Después de este intrincado capítulo, vale la pena hacer una pausa para ver hasta dónde nos han llevado estos argumentos. El tema central ha sido la creciente interrelación y compromiso con las ideas de libertad y técnica.

La "tecnología de la conducta", a la que aspiran los cientistas conductuales, otorga a la técnica los más absolutos poderes. Se presupone, o se propone como hipótesis, que existen técnicas que pueden moldear completamente a los seres humanos para todas las situaciones de la vida. Sólo tendríamos que implementarlas para poder moldear a la humanidad en cualquier sentido que consideremos adecuado y así transformar la propia condición humana.

Los resultados de la lógica sugieren que el asunto es un poco más complicado. Aun las entidades matemáticas y lógicas más sencillas y manipulables demuestran que se escabullen de las reglas que tratamos de imponerles. Se producen casos individuales que no se rigen en forma automática por la regla y deben ser resueltos usando la improvisación y la inventiva. Se vuelve a las antiguas dudas humanas. Si intentamos escapar de nuestra condición humana a través del computador, es sólo para encontrar ante nosotros mismos el inevitable juego de "la opción y sus consecuencias", aunque a otro nivel.

He aquí una anécdota que podría venir al caso. No podemos escapar a los muchos relatos de este tipo y a la larga se podrían acumular bastantes como para constituir un aporte único de nuestra época, la creación de un nuevo género llamado "folklore del computador". La historia me la contó un amigo que trabaja como ingeniero consultor en casos de fallas computacionales. La compañía telefónica lo llamó porque tenían un problema muy particular. Necesitaban un programa que permitiera que hubiese suficiente personal a mano en las horas más recargadas y que, en las horas de poca demanda del servicio, no hubiera redundancia. Las variables que incidían en el problema eran las esperadas: ausencias por enfermedad, interrupciones para comer y tomar café, idas al baño, etc. Un ingenioso y algo audaz programador había desarrollado un algoritmo, una fórmula general, que parecía controlar todas esas variables y, en consecuencia, todos los datos que se habían ingresado a la máquina. Pero los resultados no fueron los esperados. El personal resultó ser cada vez más irregular en sus idas y venidas que lo que el computador había proyectado. La confusión no era total, pero lo suficiente como para tener que improvisar parches que había que introducir diariamente en el programa, lo que a su vez produjo una considerable confusión que empezó a ser onerosa para la compañía. En estas circunstancias fue consultado mi amigo.

Comenté que al parecer la gente va al baño en forma impredecible. Fue un chiste que en realidad no alivió su ánimo. Estaba metido en un problema que lo tenía derrotado. Generalmente los argumentos sobre indecidabilidad se dan en la atmósfera pura y enrarecida de las metamatemáticas, pero aquí esta diabólica indeterminación de un sistema se presentaba en algo tan rutinario y mundano como un programa de horas de trabajo. Aquí la indeterminación se extendía a través de todo el sistema; el computador no sólo era incapaz de abarcar todas las irregularidades de la programación, sino que tampoco podía determinar el origen del error. El retroceder las cintas no suministró ninguna idea sobre dónde se había producido el error; entonces no existía la posibilidad de cambiar algunas partes para usar el resto de los datos y el programa. Cuando la mayoría de nosotros comete errores en los modestos niveles computacionales que usamos en la vida práctica, en general podemos retroceder y descubrir dónde se produjo esto en nuestra aritmética, corregir el error y seguir con el programa. Pero en el caso de mi amigo, parecía imposible hacer estas correcciones parciales; la indeterminación había infectado a todo el sistema. Al final no hubo más remedio que eliminar todos los datos que ya se habían ingresado en la máquina, a un costo de miles de dólares para la compañía, y empezar de nuevo, sin tener tampoco esta vez la necesaria garantía de éxito, salvo que ahora las expectativas del programador serían mucho menos ambiciosas.

Poco después conocí a un joven ejecutivo de Bell Laboratories. Cuando le narré esta historia, frunció el ceño con impaciencia. Creyó que yo atacaba al computador, lo que no era mi intención. Dijo que lo único que demostraba esta historia era la estupidez del programador.

Precisamente. El computador sólo nos devuelve a nosotros mismos; es decir, hace lo que lo programamos para hacer. Es un fiel espejo que refleja las tendencias humanas que se entregan. En este caso, hubo excesiva ingenuidad y audacia, y por ser tan costosas, resultaron ser, como refunfuñó el ejecutivo, completamente estúpidas. Pero el computador nos puede entregar otros rostros humanos: el de la arrogancia, de la insensibilidad, de las ansias de poder.

Imaginemos un dictador a quien se le ocurre planificar la vida de toda la comunidad. Se investigan e ingresan en un computador las necesidades de alimentos, vivienda, etc. (Este programa sería de por sí muy costoso, ¿pero quién ha dicho que planificar sea barato?). Ahora supongamos que este experimento en planificación recorra el mismo camino del programa de la compañía telefónica. El computador produce no sólo resultados que difieren de las irregularidades que se presentan en las situaciones humanas, sino que además es imposible volver atrás para hacer correcciones parciales para que el programa funcione. No importa. El dictador tiene el poder para obligar a sus súbditos a yacer en el lecho de Procusto* que el computador ha diseñado para ellos.

En la imaginación popular, la fe en la maquinaria se expresa en las imágenes de gigantismo tecnológico: si el computador se agrandara lo suficiente, resolvería todos los problemas. [Isaac Asimov describe ficcionalmente una situación como esta en su cuento "Multivac", el cual presenta el mundo del futuro ordenado por una computadora superpoderosa, que tiene en sus manos los destinos de todos los habitantes del planeta, hasta en sus más recónditas intimidades. Esta máquina encuentra la manera de autosabotearse, pues no soporta el peso de todas esas vidas]. Pero la lógica intrínseca no ha cambiado, sigue siendo la misma, aun disponiendo de un computador tan gigantesco que cubriera una ciudad moderna. Ni la máquina más elaborada puede reemplazar la necesidad de ideas inteligentes para captar un problema.

Me imagino que aquí el cientista conductual se pondrá nervioso y exclamará: ¿qué tiene que ver este sutil punto de lógica con el trabajo concreto de moldear a los seres humanos? Estos hechos sobre la in-

---

* Procusto, un personaje de la mitología griega, tendía en un lecho a los infelices que pasaban por el camino, donde los hacía caber cortándolos o estirándolos según viniera el caso (N. de los T.).

completitud de los sistemas formales pueden ser de por sí sorprenden-tes e interesantes, pero es ciertamente irrelevante trasladarlos al campo de la conducta humana y los métodos que usamos para moldearla. De hecho, los seres humanos son muy maleables y, en este sentido, más sencillos que los sistemas que utilizan.

Este paralelo lógico tiene su razón de ser. Desde el punto de vista puramente determinista, es lógicamente lo mismo condicionar a un ser humano que programar un computador. En ambos casos se introducen en el sistema ciertas reglas que van a determinar acciones a futuro. Por lo tanto, lo completo de las reglas se transforma en un asunto crucial. Luego, si un sistema tan elemental diseñado por la mente humana re-sulta recalcitrante a la formulación, ¿sería factible que la mente que la creó sea menos compleja y más fácilmente regida por reglas? Reconoz-co que esta es la visión más idealista y con más perspectiva a largo plazo. Y confieso que tengo fe en que la mente humana nunca va a conformar-se con la pérdida de su libertad. Sin embargo, a corto plazo podría estar de acuerdo con el cinismo del cientista conductual. Los seres humanos siguen al rebaño y son sorprendentemente dóciles frente al condiciona-miento. La historia nos presenta muchos ejemplos de grandes mentes que se arrodillaron obedientes frente a la autoridad. Aún persiste la pregunta de ¿hasta qué punto se puede lograr que las respuestas huma-nas sean completamente determinables? ¿Será posible transformar al ser humano en un sistema cerrado en el cual estarían grabados los axiomas de los cuales dependerían inevitablemente todas sus acciones futuras?

Me parece que esta idea no dejaría satisfecho al cientista conductual, por lo menos en el mundo occidental. Después de todo, ellos buscan producir un ser humano adulto y maduro, y por lo tanto, con la suficien-te flexibilidad para enfrentar las situaciones contingentes que se van dando en la vida. No cabe duda que hay técnicas que pueden dañar permanentemente a las personas, transformarlas en zombies o reducir-las a débiles imitaciones de un mecanismo. Lo difícil es condicionarlas en una forma positiva que las lleve a ser libres y a desarrollar todas sus potencialidades. Y en realidad es difícil; hay un problema de tacto e improvisación más que de sistemas —quienes han tenido experiencia en educación lo saben muy bien. Es mucho más fácil dañar actuando rígidamente que formar actuando flexiblemente. De hecho, la mayor parte de la literatura psicoanalítica, que se centra en los efectos dañinos que pueden sufrir las personas por las circunstancias y privaciones de la infancia, constituye una de las grandes pruebas del poder del condicionamiento.

Sin embargo, en el bloque oriental**, los cientistas conductuales podrían estar satisfechos al lograr un condicionamiento que produzca miembros predecibles y obedientes de la sociedad. Para los objetivos del estado totalitario bastaría con producir comunistas inflexiblemente leales. Pero la pregunta sigue en pie: ¿qué constituye un comunista leal en algunas situaciones específicas? Podríamos decir que un buen comunista es quien sigue la línea del partido en forma ciega y sin cuestionamiento. ¿Qué sucede con los líderes que deben producir la línea a seguir en el partido? ¿Qué constituye una buena línea frente a ciertas exigencias en particular? Toda su indoctrinación anterior podría no proveer una respuesta en forma automática. Aquí nuevamente nos encontramos con el caso individual que no se puede determinar por una regla preasignada, y esto nos lleva, una vez más, al ámbito de la improvisación e invención que es una manifestación de la libertad. Los gobernantes totalitarios pueden gozar de la enorme ventaja de la docilidad de su pueblo, pero a la larga pierden aún más al dañar las posibilidades de creación positiva que se originan en la iniciativa individual.

Sin embargo, en esta primera sección el condicionamiento de las personas ha sido un tema subsidiario. Nuestro tema principal tiene que ver con la relación más fundamental que existe entre la filosofía y la técnica, y en particular, el papel de esta última en darle forma a la primera. Fue desde el punto de vista de este tema que analizamos el ejemplo histórico de tres filósofos: Russell, Whitehead y Wittgenstein. Hubo el caso crucial, como recordará el lector, cuando una técnica englobadora, que estaba disponible y en la que se tenía fe, no determinó las filosofías de los hombres comprometidos en su elaboración. Pero el asunto no se ha cerrado en forma definitiva; vendrán otras técnicas y otros filósofos que usarán esas técnicas para intentar que hagan más de lo que éstas pueden hacer. Mientras tanto, este ejemplo histórico es un

---

** Barrett escribía en la época de la guerra fría. Desgraciadamente no comenta el condicionamiento que también se ejerció en el mundo occidental. Por ejemplo, ¿por qué los antiguos esbirros del dictador Somoza, que invadieron Nicaragua tratando de derrocar su gobierno, pasaron a llamarse "luchadores por la libertad" y, en cambio, los rebeldes que luchaban contra la dictadura salvadoreña recibían el epíteto de "terroristas"? O, ¿por qué Irak, bajo el gobierno tiránico de Hussein, fue primero el país "bueno" (al que Estados Unidos armó en forma masiva) para pasar después a ser el país "malo" (al que se le exigía el desarme)?, o ¿por qué no es el mismo acto de terrorismo el destruir una fábrica en Khartum que el destruir una embajada en Nairobi? Además, y en forma mucho más penetrante, está el condicionamiento de los gustos, hábitos, formas de vida y aspiraciones a través de la publicidad masiva utilizando todos los medios de comunicación para inducirnos a consumir cada vez más (N. de los T.).

buen argumento para concluir que la filosofía debe tener prioridad:
cada técnica se usa para algún fin y este fin se decide a la luz de uno u
otro punto de vista filosófico. La técnica no produce la filosofía que la
rige.

Hasta aquí hemos argumentado en contra de la creencia, muy difundida, de la omnipotencia de la técnica, analizando sus contradicciones
internas. Pero la técnica, al menos como está corporalizada en nuestra
tecnología, no existe en un vacío. A pesar de los grandes triunfos de
la civilización técnica, la humanidad sigue existiendo en el regazo de
la naturaleza: somos criaturas completamente dependientes del deli-
cado ambiente planetario, una delgada capa de tierra y una frágil capa
de atmósfera. Y a pesar de la especialización de nuestra cultura que
parece confinarnos a estrechos cubillos, seguimos siendo animales cós-
micos, perseguidos por imágenes sobre nuestro verdadero lugar en el
esquema de las cosas. ¿Cómo cambia la tecnología nuestra relación
con la naturaleza? Esta pregunta va más allá de los problemas especí-
cos del medio ambiente, por importantes y urgentes que sean estos.
La pregunta fundamental es: ¿qué reverencias hacia el cosmos nos
quedan hoy en día? En resumen, ¿cómo existe el hombre técnico con
relación al Ser?

Parte II

El Ser

Siete

_____

Los Dos Mundos

Durante tres siglos la doctrina de los dos mundos ha estado rondando la filosofía como un espectro en bambalinas.

Y la doctrina de los dos mundos es en realidad un espectro. Nos inquieta que se nos diga que el mundo que nos muestran nuestros sentidos, el mundo conocido e íntimo en que vivimos, es sólo una apariencia, mientras que el mundo real, el que nos entrega la ciencia, no se le parece en absoluto. Aunque el ejemplo de las dos mesas de Eddington ya está algo trillado, puede servirnos nuevamente. Por un lado, existe la mesa que conozco, en la que escribo, y por otro, la mesa de la cual me informa la ciencia. La primera es de color café, lisa y continua, sólida al tacto y está tranquilamente en reposo. La mesa que me describe la ciencia no se le parece en nada. No tiene color, no es sólida ni continua; de hecho, es más que nada un espacio vacío donde hay unas pequeñísimas partículas que, lejos de estar en reposo, están en incesante vibración y movimiento. Si se tratara solamente de un asunto de mesas, podríamos dejar la perplejidad a los filósofos, quienes parecen disfrutar al preocuparse de este particular artículo de mobiliario. Pero la irrealidad que aquí nos confronta infecta hasta las raíces más profundas de nuestro mundo cotidiano. La plenitud de este mundo, su riqueza y variedad de atributos y, aún más, las vívidas percepciones de valor que captamos continuamente, deben dejarse de lado, desterrarse al ámbito etiquetado como "subjetivo". El mundo objetivo es otro y nos resulta ajeno. Y, en consecuencia, nosotros mismos parecemos haber sido dejados de lado por la ciencia como si fuéramos forasteros que no pertenecemos a este mundo "objetivo".

Por lo tanto, no debería sorprendernos que la Nueva Ciencia, como llamó el siglo XVII a su gran revolución, aun cuando expandió inmensamente las fronteras del conocimiento humano, trajo consigo una nueva carga de ansiedad. Blas Pascal, con su admirable presciencia, fue uno de los primeros en captar esta inquietud a la que le dio una elocuente voz. El infinito y el silencio de este nuevo universo producen ansiedad por la inquietante sensación de que la humanidad es sólo un minúsculo capricho dentro de la naturaleza. Este malestar ha acompañado a la conciencia moderna desde entonces y no se ha eliminado a pesar del enorme aumento de nuestro poder técnico. Mientras el pensar de una civilización técnica contenga esta división entre dos mundos, seguiremos sufriendo la herida de la ausencia. Estamos en el mundo sin hogar.

En última instancia, el problema tiene que ver con la mente y su relación con la naturaleza. La subjetividad de nuestro mundo humano que alega la doctrina, no puede provenir de nuestros órganos sensoriales. Estos órganos, considerados sólo como trozos de materia, carecen de atributos y por eso son congruentes con el mundo físico que los rodea. Lo mismo ocurre con nuestro cerebro. Como hecho de partículas de materia, no encontramos en él las variedades de atributos que conforman el mundo de la experiencia. El misterio se produce al terminar este proceso, cuando de alguna forma se impone la conciencia. Entonces vemos el verde de los árboles y el azul del cielo y olemos el perfume de la rosa. El mundo tal como lo conocemos bruscamente pasa a ser, eso sí que sólo dentro de la mente. Si seguimos literalmente esa doctrina, constatamos que la mente fabrica muchas cosas que en realidad no están allí. Y es esta curiosa característica atribuida a la conciencia humana la que en primer lugar origina el dilema.

Por eso es natural que cuando la doctrina de los dos mundos encuentra su primera expresión completa en Descartes, lo llevara a dudar de la relación esencial entre la mente y la naturaleza material. Por eso es apropiado reexaminar su pensamiento. Aunque vamos a viajar por un camino conocido, podríamos encontrarnos con algunas sorpresas, especialmente porque toca el tema de la libertad. También podremos determinar en forma precisa el punto donde el gran filósofo alemán Edmund Husserl, aproximadamente en 1913, se aparta de Descartes lanzando a la filosofía moderna en una nueva dirección.

I
DESCARTES, EL ANCESTRO

Si tuviéramos que fijar una fecha exacta, diríamos que fue en el año 1629, aunque en realidad la primera visión había ocurrido diez años antes, pero fue durante ese año que ordenó sus pensamientos sobre el asunto y los escribió. El joven René Descartes, un noble francés, matemático, filósofo y en ese momento soldado en campaña, se retira a pensar en una hostería en Holanda en medio de la confusión de su tiempo y el clamor de la guerra.

Descartes había demostrado precozmente tener talento matemático. Si esto hubiera ocurrido en nuestra era de especialización, que irónicamente Descartes ayudó a gestar, un joven tan dotado estaría enclaustrado en un instituto de investigación. Pero él era parte del Renacimiento, que tenía ideas propias sobre lo que era un hombre completo. Fuera de los libros, era necesario conocer el mundo y sus maneras de ser. Por eso Descartes dedicó los mejores años de su juventud a frecuentar los círculos de la moda y del saber de París, y luego por siete años siguió a los ejércitos de varios reyes europeos en el campo de batalla. Esta experiencia del mundo no fue tiempo perdido; era un observador agudo y siempre tuvo una nítida percepción de su época y del papel que jugaría en ella, algo que nosotros como sus intérpretes no debemos olvidar. Sin embargo, su destino era pensar y para ello debió retirarse del mundo y buscar la soledad. Lo que nació de esa solitaria habitación en la hostería holandesa fue nada menos que el bosquejo intelectual de la edad moderna que se avecinaba.

La época era confusa. En el ambiente flotaba la excitación de nuevos descubrimientos y perspectivas. El Nuevo Mundo que recién se había descubierto, se exploraba activamente y formaba parte del pensamiento de todos. Los horizontes geográficos del hombre europeo se habían extendido enormemente, y aún más espectacularmente el horizonte intelectual gracias a los nuevos descubrimientos y las promesas de futuros descubrimientos. Un italiano, llamado Galileo, planificaba una nueva ciencia, la mecánica. Un inglés, llamado Harvey, había descubierto la circulación de la sangre, y el hecho de que el corazón fuera una bomba sugería que todo el cuerpo (y también toda la naturaleza) podía ser simplemente una máquina muy compleja. Es probable que una época muy rica en descubrimientos (como la nuestra) también sea muy rica en confusiones (como la nuestra). Los nuevos hechos y teorías alteraban la antigua estructura sin producir todavía algo en su reemplazo. Inmerso en las incertidumbres de su época y en las propias, Descartes busca un camino para salir de la confusión. Debe encontrar un terreno firme en el cual sostenerse.

Por lo tanto, debe seguir el camino de la duda. Procederá a poner en duda cada una de sus creencias, rechazándolas una a una si suscitan cualquier duda; hasta llegar a algo que no se podía poner en duda o dudar y que, por ende, tendría certeza, o de lo contrario, concluye tristemente, debe resignarse a vivir para siempre en la oscura noche de la incertidumbre. Así comienza su famosa duda sistemática, bajo cuya sombra funcionaría la filosofía durante los tres siglos venideros.

Comenzó dudando de los sentidos. Estos nos parecen fáciles de poner en duda, pues en muchas ocasiones de la vida cometemos errores en nuestras percepciones. Y si esto ocurre en algunos casos, ¿por qué no en todos? ¿Cómo podemos estar seguros de que cuando nos parece que estamos despiertos en realidad no estamos soñando? Abrimos los ojos, sacudimos la cabeza, extendemos las manos y todo puede ser una ilusión. Con un magnífico sentido de lo dramático, Descartes lleva todo el proceso abstracto de la duda hacia lo corriente y familiar del cuerpo que habitamos día a día. "Reflexionemos sobre el hecho de que ni nuestras manos ni nuestro cuerpo son lo que parecen ser". Efectivamente, la nueva ciencia proyectaría una perspectiva de la naturaleza en la cual todos los cuerpos, incluso el nuestro, son sólo partículas de materia moviéndose en el espacio, algo "realmente" muy distinto de lo que parecen ser.

Pero si los sentidos nos engañan sobre los cuerpos, ¿no podría ser que el espacio y el tiempo en los cuales se sitúan sean diferentes de como se nos presentan? ¿Y qué hay con respecto a las verdades elementales de las matemáticas, cuando Descartes, por ejemplo, suma tres y dos para obtener cinco? La evidencia para esta última verdad es que contó los números repetidamente y siempre llegó a cinco. Pero a menudo había cometido errores en ciertos cálculos, ¿por qué no en este también?

Luego Descartes procede a reunir todas estas dudas bajo la famosa ficción del Demonio Maligno, quien ha diseñado todo el aparato del cielo y la tierra imitando un orden objetivo y la realidad con el solo propósito de engañarlo, y aquí su prosa alcanza un apasionado crescendo de incertidumbre:

> Supondré entonces que un genio maligno tan poderoso como engañoso ha empleado todas sus energías para engañarme y consideraré que el cielo entero, la tierra, los colores, las figuras, el sonido y todas las otras cosas externas son meras ilusiones y sueños de los cuales se ha apropiado este genio para tenderle trampas a mi credulidad, me consideraré sin manos, ni ojos, ni carne, ni sangre, ni ningún sentido, y sin embargo creyendo falsamente que poseo todas esas cosas...

Nunca antes se había planteado la situación del escéptico en forma más melodramática. No obstante, como saben los lectores, hay un final feliz, la luz se abrió paso y dentro de la noche oscura de la incertidumbre brilla el luminoso rayo de la conciencia que duda. Aunque el Genio Malvado me engañe con todas las manifestaciones inmediatas del mundo externo, es indispensable estar consciente para que se me pueda engañar. Descartes se propone presentarnos el punto de partida de toda la filosofía y la ciencia en esta certeza de la autoconciencia. Y, en el estilo de los cruzados, comprime esta idea en una consigna populachera: *Cogito, ergo sum* (Pienso, luego existo)[1].

Esta parece una verdad bastante pequeña dentro de la oscuridad circundante, pero Descartes tenía grandes ambiciones para ella. El *Cogito* entregará los atributos —autoevidencia y claridad— que distinguen a la verdad, y especialmente a las matemáticas. Por eso el método matemático debe tener prioridad como el medio más certero para dominar todas las áreas del conocimiento. Tras los titubeantes pasos del que duda marcha el conquistador. La duda sistemática de nuestro mundo cotidiano es el primer paso hacia la era de la técnica, en la que se han transformado nuestros tiempos modernos.

Hegel analiza a Descartes y su papel histórico en una forma muy diferente. Vale la pena reflexionar sobre lo que escribió Hegel a mediados del siglo XIX, en el apogeo del idealismo alemán y de la glorificación de la conciencia humana:

> Sólo ahora hemos llegado a la filosofía del mundo moderno y la comenzamos con Descartes. Con él, hemos entrado de lleno en una filosofía independiente que sabe que es un producto independiente de la razón y que la conciencia de sí mismo, la autoconciencia, es un momento esencial de verdad. Podríamos decir que ya estamos en terreno conocido; aquí, como el marino que llega al término de un largo viaje por mares tormentosos, por fin podemos gritar: "¡Tierra!"... En este nuevo período, el principio es el pensar, un pensar que proviene de sí mismo...

Es del todo apropiado que Hegel se adjudicara esta metáfora basándose en los viajes de descubrimiento que abrieron nuestra época moderna. Sin embargo, estos descubrimientos sólo abrieron los ojos del hombre hacia el mundo exterior; para darle a este período todo su triunfo histórico debía ir acompañado de un descubrimiento interno complementario implicando al espíritu humano mismo. Toda la filosofía, de hecho toda la vida humana, es una lucha para llegar a la concien-

---

[1] Como es habitual con las consignas, ésta también induce a error. El pensar no certifica la existencia del hombre Descartes, sólo afirma la existencia de su conciencia, y aún más, sólo la del momento en que ésta es autoconsciente de sí misma, cuando está consciente de estar pensando. La certeza que se alcanza es menos de lo que la consigna se atribuye.

cia de sí mismo. Pero cuando la filosofía propone esta autoconciencia o autopercatación como su punto de partida, entramos a una nueva etapa de la historia humana. De esta manera, Hegel insertó la nueva filosofía en su modelo de tríadas: los mundos antiguo, medieval y moderno. Los griegos, pese a su brillo extraordinario, hablando espiritualmente, permanecieron en un nivel de ingenua objetividad; la Edad Media trajo al mundo la interioridad del espíritu, pero se mantuvo porque, al ser de afuera del mundo, perdió el asidero con éste. La edad moderna produce la síntesis y complementa estas dos actitudes antitéticas de la mente: el hombre moderno emerge como la criatura que triunfa al tomar posición del mundo y, al mismo tiempo, afirmando el valor del espíritu humano en su completa y radical conciencia de sí mismo. De allí que la filosofía de Descartes calce tan bien como preludio de la nueva época de iluminación humana, de la cual Hegel se sentía su más consumado filósofo.

Hoy en día somos más cautelosos al analizar a Descartes. Es probable que el descubrimiento de la autoconciencia sea un gran avance para el espíritu humano, pero es un paso que conlleva peligros inherentes. La afirmación de la conciencia de Descartes es bastante extraña porque comienza por abolir nuestro mundo cotidiano. Ese mundo existía en forma evidente para los griegos y los medievales, fuera cual fuera el uso subsecuente que le dieran. Su pensamiento comenzaba ahí y era congruente con él. La primacía de la autoconciencia que postuló Descartes fue la que nos proyectó en las complejidades que acosan la privacidad de la mente. ¿Cómo cruzamos desde esta mente privada al mundo exterior, aquel que la mente cuestiona? ¿Cómo se une esta mente a ese cuerpo individual con el cual tiene una relación tan especial? La exaltación de la autoconciencia, que Hegel admira, separa a la mente del ámbito de los objetos, a los que ahora entiende en términos cuantitativos muy diferentes a aquellos de la vida cotidiana. ¿Cómo puede la mente privada tener seguridad en la existencia de otras mentes fuera de ella misma? Y así se puede seguir. Entran a la filosofía una multitud de preguntas que hasta ahora no habían causado problemas.

Para el lector habitual de filosofía estos problemas son corrientes. Pero lo que generalmente no se observa es la forma en que la libertad y la voluntad se entroncan en el núcleo del pensamiento cartesiano. Descartes observa que la duda es algo complejo y difícil. Hay cierta lasitud que en forma insensible nos devuelve a la vida cotidiana. Todo lo que hay adentro y afuera conspira para hacernos creer en esta ilusión cotidiana. Pero no debemos dejar que esto ocurra; si sucediera, terminaríamos aceptando las manifiestas y poderosas convicciones supeditadas a nuestro mundo cotidiano y que nos presionan por todos lados. Más bien, la voluntad en su libertad debe obligarnos a ir, contra todas nuestras inclinaciones naturales, hacia otro camino, hacia el camino de la duda. ¿Y qué encontramos al final de éste? Descubrimos un método que nos permitirá sonsacarle los secretos a la naturaleza. Este método matemático tuvo su mayor triunfo en la física, la cual ha transformado nuestro mundo. Pero Descartes insistió que era *el* método para todos los campos. Sus propios esfuerzos en fisiología tuvieron, en el mejor de los casos, un resultado indiferente, pero aun aquí se encontró una posterior justificación: los biólogos nos dicen que Descartes fue un profeta en la construcción de modelos mecánicos hipotéticos ahora muy productivos en su ciencia. Entonces, ¿cuál es la estrategia del pensamiento de Descartes? *En su libertad, la voluntad opta por ir contra la naturaleza y los impulsos naturales para así conquistar la naturaleza y sus secretos.*

He aquí el primer paso hacia la metafísica del poder que dominara la edad moderna. Pero, como muchos revolucionarios, Descartes tenía un pie firmemente plantado en el pasado, lo suficiente como para rescatarlo de sus propias y últimas perplejidades. Una vez llegado a la certeza de la autoconciencia, tenía ahora que cruzar hasta el mundo afuera de ella, y para esto necesitaba la garantía de Dios. Un Dios benévolo no nos hubiera creado con mentes que no reflejaran de algún modo la naturaleza en su forma verdadera. Descartes se retrae hacia las creencias de la Edad Media aun en el momento en que lanza una revolución que terminaría por abolirlas. Al lector moderno le sorprende cuán poco de sus *Meditaciones* se refiere a la duda y cómo en su mayor parte se dedica a intrincadas reflexiones teológicas. Esta obra no es un tratado epistemológico sobre el escepticismo, como hubieran deseado algunos intérpretes modernos, sino que, como lo indica su título completo, *Meditaciones sobre la Primera Filosofía*, su tema es en realidad la "Primera Filosofía", que aquí se entiende como la tradición ininterrumpida desde Aristóteles, una metafísica que culmina en Dios. Descartes, como el resto del siglo XVII, piensa dentro de y hacia Dios. Nosotros, que estamos fuera de esa convicción, debemos encontrar otras estrategias de pensamiento para enfrentar sus perplejidades.

II
FENOMENOLOGÍA

Supongamos que seguimos a Descartes sólo hasta el punto donde se retrae al esquema del pensamiento medieval. Hemos puesto en duda nuestra ingenua creencia en los objetos que nos rodean, lo que nos ha

llevado a descubrir la conciencia. ¿Y ahora qué? No estamos arruinados
ni nos encontramos en un vacío con las manos vacías. Al contrario, para
nosotros los filósofos hay una enorme cantidad de material que espera
ser elaborado. Esta fue la visión amplia y original que tuvo Edmund
Husserl a principios de siglo. Inspirándose en ella, se propuso lanzar
una nueva disciplina filosófica, la *fenomenología*, que estaba destinada a
transformarse en el movimiento más importante de la filosofía conti-
nental de nuestra época.

Sólo en el momento en que la conciencia se imagina a sí misma
revoloteando fuera de su mundo dispuesta para abolirlo mediante la
duda, se despliega ante ella toda la inconmensurable multiplicidad y
variedad de datos sensoriales que hay en el mundo. Descartes, en su
cuarto, levanta una mano y se pregunta si es real, pues cabe la posibilidad de estar soñando. Pero si sueña o no, nada de lo que se percibe ha
cambiado: las cosas que se manifiestan están allí para ser exploradas
por la conciencia en todo lo concreto de sus atributos e interrelaciones.
Mientras describimos las cosas, podemos suspender las preguntas sobre
si tienen o no existencia real fuera de la mente. No afirmamos ni nega-
mos su existencia independiente de nosotros, simplemente la ponemos
entre paréntesis y la dejamos de lado.

Según Husserl, este procedimiento de "poner entre paréntesis" es el
primer paso esencial para entrar al ámbito de la fenomenología. Pero
es importante entender bien esto de poner entre paréntesis. No es idén-
tico a la duda epistemológica sobre si los objetos realmente existen o
no, y tampoco es posponer la pregunta para más adelante. Lo que busca es pasar por alto este asunto para así encontrar el camino hacia un
campo para filosofar nuevo y más fructífero. De aquí que el poner entre
paréntesis tenga una doble fuerza. Por una parte, pone entre paréntesis
la cuestión de la existencia y la deja de lado. Por otra parte, pone entre
paréntesis a todo el mundo y sus hechos, para que así la conciencia,
situada fuera de los paréntesis, tenga la posibilidad de examinar el
mundo en forma más desapasionada y aguda.

Lo más habitual es que Husserl se refiera a esto como la *Epoche*
fenomenológica o de Suspensión, tomando el término de los antiguos
estoicos. Para estos filósofos griegos, el término denotaba la suspensión
de juicio necesario para tener la ecuanimidad racional de la mente
frente al torbellino de las pasiones. Por lo tanto, originalmente el término estaba cargado de significación moral; para el estoico señalaba el
camino hacia la salvación, la forma de lograr la libertad humana frente
a la esclavitud de las pasiones. Para Husserl, el término sólo se refiere a
la reflexión teórica; significa el acto de pensar, que, al descargarnos de

nuestros prejuicios, nos asegura la pureza de nuestro desapego como observadores y descriptores de la realidad.

No obstante, tal como la suspensión de la creencia estoica, este poner entre paréntesis de Husserl exige su propia y violenta ruptura con nuestras actitudes habituales. En la vida cotidiana nos movemos entre las cosas y las otras personas, llevando con nosotros la espontánea y aparentemente inconmovible convicción de su realidad independiente. Husserl llama a esta actitud cotidiana "punto de vista natural" o a veces "conciencia natural". No debemos negar las convicciones de este punto de vista natural; al contrario, más adelante Husserl lleva esto a posturas extremas para validar mis creencias corrientes sobre las cosas exteriores y sobre otras mentes. Pero esta actitud natural de la conciencia está demasiado inmersa en sus propias preocupaciones como para percibir sus propias presuposiciones. Por lo tanto, para verlas mejor y describir sus condiciones, también tendremos que ponerlas entre paréntesis.

Luego toda la filosofía se transformará en un esfuerzo de descripción sistemática. Aquí estaría el punto de partida radicalmente nuevo para los filósofos. La filosofía dejaría de ser el campo de batalla de la incesante dialéctica con la que una generación de filósofos refutaba a sus antecesores sólo para, a su vez, ser refutados cuando la antigua doctrina asume una nueva vestidura verbal. Había que rechazar las hipótesis especulativas, así como todos los conceptos que fueran construcciones arbitrarias y huecas. Para ser legítima, cada idea debe exhibir su origen dentro de la experiencia. Así, la fenomenología sería al mismo tiempo el más radical de los empirismos y el más radical de los racionalismos. Este fue el llamado de Husserl para unir a una generación de filósofos alemanes en este concertado esfuerzo de descripción: "¡A las cosas en sí mismas!". Como las experiencias del mundo son inagotables, el esfuerzo debía congregar a muchas mentes y ser el trabajo acumulado de generaciones. Lo que se prometía era la renovación de la filosofía misma, y era inevitable que Husserl atrajera seguidores y creara un movimiento cuyo programa escribiría y reescribiría sin cesar.

Y también aquí, al inicio mismo de su disciplina, el fenomenólogo descubre el principio de la conciencia en sí misma en el acto de poner entre paréntesis al mundo. La conciencia, suspendida fuera del mundo, debe comenzar autoexaminándose. Cuando lo hace, se sorprende al encontrar que es casi nada. No es ningún tipo de cosa mental o sustancia psíquica. De hecho, no es en absoluto una cosa determinada, no tiene características descriptibles que podamos especificar. Si queremos hablar de conciencia, sólo podemos hablar de los objetos de los cuales somos conscientes. Cuando tratamos de mirar en su interior, vemos a

través y más allá de ella. Si intento analizar mi "estado de ánimo deprimido" del momento, sólo encuentro cosas del mundo que ahora me
parecen "deprimentes". La naturaleza de la conciencia es apuntar más
allá de ella misma, hacia cualquier *datum* del cual está consciente.

Esta es la doctrina básica de Husserl sobre la "*intentionalidad*"* de la
conciencia. La palabra la tomó de filósofos medievales vía Brentano; y
aunque no sea el mejor término, ha quedado fijado en la literatura
fenomenológica. No debemos tomar "intention" en su sentido más estrecho, significando fines prácticos u objetivos. Más bien debemos con-
siderarlo según su etimología latina: tendiendo a, apuntando a... La
conciencia es esencialmente referencial, sea o no capaz de certificar la
realidad de las entidades a las que se refiere. Los filósofos estadounidenses y británicos recientemente han discutido mucho sobre asuntos
de significado y referencia y sus posibles diferencias. Pero como *acto
consciente*, cualquier significado se refiere a algo. Aun mi más fugaz fantasía, o mi más vago estado anímico, por muy imperfectamente formulado que sea, apunta a o cualifica de algún modo el mundo, aunque yo
no encuentre una verdadera referencia para él. La conciencia es siempre conciencia de...

Ya que la conciencia apunta a lo que está afuera de ella, es de por
sí autotrascendente. Tiempo después, Sartre, como es habitual en él,
melodramatizó este punto de la conciencia convirtiéndolo en una negación, una negación de sí misma *hacia* su objeto. Sin embargo, esta forma paradójica de presentar el asunto tiene cierta fuerza. Sirve para
debilitar la tendencia a considerar la conciencia como una *cosa*. También es probable que impida a algunos filósofos seguir hablando de una
idea como un "significado", al cual luego se le atribuye una referencia.

El principio de intentionalidad introduce dudas sobre algunas de
las formas más habituales de referirse a la mente. Por ejemplo, solemos
hablar de "contenido mental", o de cosas que tenemos "en la mente",
como si la conciencia fuera una especie de gabinete o receptáculo don-

---

* Nótese que hemos escrito "intentionalidad" y no "intencionalidad". La palabra "intentionalidad" ha sido motivo de controversia. Lo "intencional" se aplica especialmente a la esfera
de la lógica, mientras que lo "intentional" se aplica a la filosofía de la mente. Se podría decir
que las situaciones "intentionales" son aquellas en la que parece haber una relación que en
realidad no existe. Como el "quiero" de "quiero ver un unicornio", que parece relacionarme
con el unicornio, aunque no existen unicornios para relacionarse. Asimismo, "es posible que
los unicornios sean vegetarianos" es una frase que no dice nada sobre la existencia o no de
los unicornios. Sea cual sea la definición de "intentionalidad", el hecho es que ha jugado un
papel central en la reciente filosofía de la mente con su énfasis de analizar los contenidos.
(Resumido de A.R. Lacey, *A Dictionary of Philosophy*) (N. de los T.).

de se almacena una variedad de cosas. También hablamos de lo que "se nos cruza por la mente" como si estuviéramos contemplando un desfile callejero o una sucesión de imágenes en un filme o en la pantalla del televisor. Estas expresiones son habituales y convenientes y tales metáforas no son dañinas, siempre que sepamos lo que hacemos cuando las usamos. Sin embargo, estas formas de lenguaje ya antes han sido dañinas para la filosofía y sus fantasmas aún nos molestan en las discusiones contemporáneas. Por ejemplo, yo no observo las imágenes que cruzan por mi mente en la misma forma como lo hago con las verdaderas imágenes visuales que cruzan por una pantalla.

Este esfuerzo para descontaminar el lenguaje inevitablemente lleva a establecer comparaciones con Wittgenstein. De hecho, la exploración filosófica del lenguaje común de Wittgenstein es en el fondo una empresa fenomenológica. Como advertencia para no lanzarnos en una dialéctica vacía sin antes saber claramente de qué hablamos, Wittgenstein dice: "¡No piensen, miren!". La consigna de Husserl para la fenomenología, "¡A las cosas en sí mismas!", es en el mismo contexto; ambas son exhortaciones para mirar más allá de nuestras abstracciones hacia los datos concretos que ellas frecuentemente oscurecen.

Ambos filósofos consideran que la función esencial de la filosofía es describir. Pero hay una gran diferencia en las expectativas frente a los logros de esta descripción y en los métodos para llevarla a cabo. Husserl, como líder de un movimiento, tiene un proyecto inmensamente más ambicioso: a la larga, la fenomenología produciría la base absoluta para las ciencias y la razón. Wittgenstein habla como un individuo solitario y más bien con un dejo de resignación: "La filosofía deja al mundo tal como es".

El medio que interesa a Wittgenstein es nuestro lenguaje corriente, y en su mayor parte se expresa con una simpleza casi coloquial. En cambio, Husserl tiene la infortunada tendencia a usar terminología técnica y a veces multiplica las distinciones con la fertilidad de un escolástico de fines de la Edad Media, un procedimiento algo extraño para un pensador que nos exhorta a "las cosas en sí mismas", alejándonos de las abstracciones que las enturbian. Por otro lado, la dedicación de Wittgenstein al lenguaje corriente es incompleta e insatisfactoria. A veces escribe como si la única función de la filosofía fuese enseñarnos la gramática apropiada para nuestro lenguaje. Contra esto es que insiste el fenomenólogo, ya que por iluminador que esto sea, no es posible seguir discutiendo indefinidamente sobre formas de lenguaje, modos de hablar o la gramática de nuestro lenguaje común. Hay un momento en que el filósofo debe volcarse hacia otras realidades, fuera del lenguaje. Tenemos que comparar lo que dice la gente con lo que experimentamos. En definitiva, lo que provee la experiencia tiene que ser un dato más básico que lo que de ella decimos. Y, de hecho, el propio Wittgenstein a menudo tiene que hablar sobre las cosas, cómo son y cómo las vemos, y sobre los modos que se usan para hablar de ellas.

III
LA CIENCIA Y EL "MUNDO DE LA VIDA"

Como recordarán, lo que buscamos es un camino que nos lleve más allá de la división de los dos mundos. ¿Nos ayuda Husserl a alcanzar esa unidad?

Husserl luchó toda su vida para obtener un tipo de unidad, la unidad de la razón consigo misma contra el riesgo de fragmentación amenazada por la prodigiosa variedad en la ciencia moderna. Husserl llegó a la filosofía desde las matemáticas y siempre conservó algo de matemático. Lo que originalmente lo llevó a la filosofía fue la necesidad de rigurosidad, un rigor más absoluto y autovalidante que el de las matemáticas. Tradicionalmente esta búsqueda de certeza limita las opciones del filósofo empujándolo hacia ciertos modos de conciencia cuidadosamente seleccionados que parecen llevar a la certeza. Por otro lado, la fenomenología aspiraba a abrir de par en par la puerta hacia el ámbito de la conciencia, con su profusión de riquezas y también hacia la fuerza opuesta que la empuja hacia lo concreto y adecuado. En el tironeo entre estas dos tendencias opuestas está el drama del desarrollo, tanto personal de Husserl como de la historia subsecuente de la fenomenología.

En cuanto a la fragmentación del conocimiento, dos ciencias ocupan a Husserl, las matemáticas y la psicología, y en ambas vio signos de la confusión moderna.

Como señalamos en un capítulo anterior, el programa de mecanización ya había comenzado en las matemáticas. Abundaban las técnicas matemáticas y era innecesario preguntarse su significado mientras funcionaron. Bastaba que el matemático produjera marcas y signos produciendo marcas en el papel, siempre que no hubiera incoherencias. Para Husserl, esta situación era escandalosa y representaba una abdicación de la mente europea ante las metas tradicionales de la racionalidad. Desde los griegos, las matemáticas habían sido para la mente humana el modelo mismo de la inteligibilidad; una ciencia que basaba su razonamiento en concepciones autoevidentes, claras y bien definidas, por lo tanto, significativas en el sentido más estricto. Ahora se asimilaría al mundo de la técnica, y el matemático aceptaría convertirse en un mero técnico que opera una máquina en forma eficiente.

En psicología, la situación era similar. El primer laboratorio experimental se había establecido en 1870 y desde entonces proliferaba la investigación. A pesar de ello había bastante confusión sobre cuál era el tema que trataban estos métodos experimentales. El conductismo aún no había sido lanzado como el programa avasallador que eventualmente llegaría a ser, si bien en el materialismo predominante en esos laboratorios flotaba una especie de protoconductismo. Husserl entró en batalla. ¿De qué sirve una psicología que alberga una confusión respecto al hecho fundamental de la personalidad humana, que en último término es la conciencia misma? La psicología terminará asimilándose torpemente a una imitación de lo que ocurre en las ciencias físicas. Sus investigaciones irán en todas las direcciones, pero careciendo de un centro que las integre.

Desde que Husserl escribió, la situación se ha agravado aún más. Se ha acumulado un descubrimiento tras otro, pero parece faltar una concepción unificadora. La frecuencia de los descubrimientos parece ser cada vez más acelerada. Cada década maneja muchísimo más conocimiento y, en la misma medida, parece estar más confundida que la precedente. ¿Será posible que, en nuestra era técnica, el cientista no esté destinado a convertirse en técnico? El técnico es necesario para manejar su instrumento asignado, lo que no implica que sepa cómo funciona. El hombre que viene a reparar nuestro televisor es capaz de detectar y arreglar el desperfecto sin necesidad de conocer las teorías electromagnéticas. Asimismo, el biólogo no necesita conocer las leyes de la óptica que se usaron para construir su microscopio. La característica de la organización técnica es la subdivisión del trabajo y la especificidad de la tarea asignada. Dentro de la ciencia, esto genera la frecuente situación en que un científico toma y utiliza los resultados de otro científico sin necesidad de conocer sus bases o su significación más fina. Ahora imaginen este procedimiento llevado al extremo. Cada eslabón de la cadena hace lo que debe sin saber de qué se trata la cadena completa. Terminaríamos construyendo una torre de Babel donde cada nivel de la estructura está incomunicado del resto.

Una parábola más moderna y sombría es el cuento de Kafka "La Gran Muralla China". Según este relato, hubo una época en que la gente que construía la muralla sabía lo que hacía. La idea era impedir el paso de los nómades y así preservar la civilización, por eso los constructores trabajaban llenos de idealismo y entusiasmo. Pero luego de un tiempo la muralla se construía sólo en secciones, con lo que los grupos

perdieron contacto entre sí y, aún más importante, dejaron de comunicarse con la capital central. De hecho, ni siquiera sabían si seguía existiendo ese centro o si todavía se mantenía el Imperio. Sin embargo,
proseguían en un trabajo que había perdido sentido, y a pesar de haberse perdido la razón para hacer lo que estaban haciendo.

¡Han perdido contacto con el centro! Precisamente, habría dicho
Husserl; lo que nos falta es un centro unificador para la gran masa de
información que hemos acumulado. El centro que Husserl sugiere es
sencillamente la propia conciencia. Lo que propone la fenomenología
se podría plantear así: todo lo que perseguimos o logramos en el área
del conocimiento se lleva a cabo dentro y gracias a la luz de la conciencia, y por lo tanto, debe comparecer ante esta corte y probarse a sí
mismo, debe ser capaz de mostrarse dentro de la luz de la conciencia
como algo inteligible y autovalidante.

Se trata de un ideal noble, pero tal vez imposible. En el mejor de los
casos el cientista responsable sólo puede justificar de este modo a lo
más una fracción de su ciencia; para el resto debe contentarse con usar
cualquier idea o procedimiento que funcione. Lo que propone Husserl
es el ideal de la ciencia, pero sólo si ya estuviese terminada y completa.

Pero contra esta atracción centrípeta de su pensamiento emerge el
empuje complementario y expansivo de la fenomenología.

A medio camino en su carrera, y a medida que envejecía, empieza a
dominar cada vez más otro motivo en el pensamiento de Husserl. Es la
idea del *Lebenswelt* (mundo de la vida) como la región de nuestra experiencia cotidiana de la cual deben emerger todos nuestros significados,
científicos y demás. Para un hombre de un temperamento teórico tan
austero como Husserl, el variado desorden del mundo de la vida no lo
atraía. Algunos comentaristas dicen que lo que lo empujó en esa dirección fue en gran parte la influencia de sus seguidores, con un interés
más vivo en las realidades de la vida. Pero también fueron las consecuencias de su propia doctrina.

Si la conciencia es esencialmente intentional, esa intentionalidad
debe ser aplicable en toda su extensión. En el caso de asuntos obvios
como nuestros preceptos y conceptos, es evidente este aspecto intentional, o referente, de la conciencia. Mi percepción de esta mesa se
diferencia de mis otras percepciones sólo por el hecho de que se refiere
a esta mesa en especial. Lo mismo ocurre con mis conceptos: puedo
hablar sobre mis diferentes conceptos o ideas en términos de las cosas
a las cuales se refieren esos conceptos. ¿Pero cómo se aplicaría esto a las
formas más vagas de la experiencia, como los estados de ánimo transi-
torios o los sentimientos? Ya que se agitan vagamente en el fondo de la

conciencia, o se filtran a través de ella, dan la impresión de ser mucho más "subjetivos", de estar más claramente localizados en la mente. Es probable que sean los tipos de experiencia que más van a originar la noción de la conciencia como un *material* impalpable matizado por nuestros estados de ánimo. En todo caso, el objeto al cual se refieren no es aparentemente tan claro como mi percepción de esta mesa.

Pero incluso aquí la conciencia apunta más allá de ella, aunque no a un objeto en particular, sino a todos los objetos en general. Por ejemplo, este estado de ánimo que me ha embargado durante toda la tarde, esa sensación pesada, esta intranquilidad, eso innombrable, ¿se esconde en alguna parte dentro de mi mente, en el fondo de la conciencia, enroscada como un dragón? No; no lo encuentro en mí sino en el mundo; está presente en todas partes: en el día gris y pesado, en las nubes cargadas de una lluvia que parece inminente pero que no cae, en los altos de papel sobre mi mesa, los cuales me indican las tareas pendientes que me cargan pesadamente, tal como las nubes cargadas de agua en el exterior. Cada objeto que miro se transforma en algo tan cargado y abrumador como el día mismo. Este estado de ánimo engloba todo mi mundo en este momento, o más exactamente, es la manera como el mundo me engloba y se me hace presente.

Husserl se vio obligado a considerar cada vez más de esta totalidad que pena sobre la conciencia. Cualquiera sea la manera que trate de aislar alguna percepción, siempre debo hacerlo dentro de un trasfondo que la envuelve. Veo la mesa rodeada por la sala, y el árbol destacándose contra el horizonte. El horizonte nunca está demarcado en forma precisa, y al tratar de fijarlo no podemos detenernos hasta alcanzar la totalidad. Todas nuestras experiencias particulares se llevan a cabo dentro de la estructura de nuestras actitudes, intereses y preocupaciones. El mundo de la vida es la totalidad concreta en que se desenvuelve cualquier fragmento individual de la conciencia.

Husserl ha llegado aquí a algo muy diferente a su punto de partida original. Lo que lo había lanzado en esta senda era la búsqueda de las bases puras y *a priori* de la lógica y las matemáticas. Ahora parece haberse lanzado irremediablemente dentro del concreto desorden de nuestra vida habitual. Sin embargo, aun aquí persistiría en su pasión teórica: la filosofía debe seguir siendo la búsqueda de las estructuras *a priori* que se encuentran dentro del mundo de la vida que nos envuelve. Husserl sigue siendo un confiado racionalista. No podemos estar seguros de la existencia de las cosas, porque teóricamente la conciencia se sitúa fuera de los paréntesis que ha impuesto, pero, en cambio, podemos estar seguros de su apariencia: las esencias que ellas nos exhiben. Así, el conocimiento fenomenológico se transforma en el conocimiento de *la estructura de la apariencia*. Aquí Husserl separa enfáticamente su propia búsqueda de lo *a priori* de la de antecesores como Descartes y Kant.

Descartes buscó la claridad de la conciencia para que ésta finalmente le entregara un método simple —matemático— que se pudiera aplicar sin mayores problemas a todas las variedades de experiencia. Después Husserl subrayaría que el escrutinio fenomenológico debe guiarse por las diferentes esencias y estructuras que se manifiestan dentro de cada región de la experiencia. Kant, a su vez, buscó los componentes *a priori* del conocimiento en la estructura de la mente humana. Para Husserl, la conciencia en sí misma no tiene estructura, sólo se caracteriza en relación con los objetos que intentiona. Las esencias que entran en el conocimiento *a priori* pertenecen a "las cosas mismas" como se presentan a la conciencia. La mente del fenomenólogo debe ser transparencia pura; él debe entregarse sin reservas a la experiencia tal como se presenta. En una de sus obras tardías, *Cartesian Meditations*, Husserl comenta, en forma casi axiomática, este aspecto de su pensamiento:

> Esto no se puede enfatizar suficientemente: la explicación fenomenológica no hace más que *explicar el sentido que tiene para nosotros este mundo antes de cualquier filosofar*, y es obvio que sólo a partir de nuestra experiencia adquiere *un sentido que la filosofía puede revelar pero nunca alterar.*

La filosofía sólo puede tomar lo que es dado; ¡nunca lo puede alterar! Esta es una afirmación potente y extraordinaria —y, como veremos más adelante, una que el propio Husserl eventualmente dejó de sostener.

Si sólo podemos explicar el mundo como se nos da, al menos hemos debilitado la postura de Descartes. La consecuencia del dualismo cartesiano es la denigración del mundo cotidiano. Éste puede estar frente a nuestra experiencia, pero el verdadero mundo ocurre detrás de bambalinas, como nos lo revela la ciencia física. Si seguimos este principio de Husserl, el mundo de la vida tiene prioridad. Mal que mal, constituye la realidad que vivimos, mientras que el mundo científico es una realidad que concebimos, y por lo tanto, el mundo de la vida debe tener más valor para nosotros como seres vivos. Y en cuanto a nosotros como conocedores, este mundo de la vida también tiene prioridad para el conocimiento, porque es la fuente de la cual debe demostrar su legítima derivación cualquier realidad conceptual. Pueden existir diferencias sistemáticas entre estos dos mundos, pero, en definitiva, no pueden ser incompatibles. Los rieles del ferrocarril parecen converger, pero en realidad no lo hacen, y esto no desplaza su apariencia visual hacia "lo irreal". De hecho, gracias a esa convergencia es que aprendemos las leyes de la óptica según las cuales debe parecer que los rieles convergen. Las estrellas en el cielo invernal se ven claras y cercanas, pero "en realidad" están a años luz de distancia. Pero si las estrellas aparecieran en una forma diferente a como lo hacen, nuestras conclusiones astronómicas sobre su naturaleza y distancia también serían diferentes. Cualquier intento de destruir la validez del mundo de la vida socava *ipso facto* el mundo de la ciencia.

Sin embargo, esta aspiración hacia la unidad —el esfuerzo para reintegrar la conciencia moderna como un todo— resultó ser un sueño imposible, tanto por razones doctrinarias internas como por el curso de los acontecimientos externos. Husserl es una de las figuras ejemplares del siglo, y tal vez su fracaso lo hace aún más ejemplar. Entró a la justa como cruzado, luchando por lo que consideraba el ideal clásico de la razón contra las fuerzas desmembradoras de la época. A medida que los tiempos se hacían más tormentosos, su lucha parecía haberse volcado en una defensa de la razón como uno de los pilares de la civilización europea. La aparición del nazismo en Alemania fue como el último golpe. Hacia el final de su vida, tres años antes de morir en 1938, ya en la desesperación escribió: "La filosofía como ciencia, como ciencia seria, rigurosa y de hecho apodícticamente rigurosa, *como sueño ha terminado*".

IV
SER EN EL MUNDO

Pero este sueño ya estaba marcado por su propia división interna. La sombra de Descartes aún se proyecta sobre Husserl. Aunque lucha por deshacerse de ella, no lo logra. Desde el momento en que presenta su argumento siguiendo la línea de Descartes, es decir, dejando de lado la creencia en la existencia de los objetos, cae prisionero de las consecuencias de ese punto de partida. Aunque sus dos mundos no son los mundos mental y material de Descartes, la división es igualmente radical. Husserl nos deja con (1) una separación entre la esencia y la existencia imposible de zanjar, y por lo tanto (2) hay una muralla entre la conciencia y el Ser que la primera no logra sortear. Por mucho que la conciencia trate de alcanzar al Ser —como una curva acercándose a la asintótica—, jamás llega a su meta. Es imposible empezar colocando la conciencia fuera del Ser y luego intentar alcanzarlo usando una serie de aproximaciones convergentes.

Este dualismo se puede representar como una incoherencia entre el punto de partida de Husserl y el destino final al que lo llevó la fenomenología. El punto inicial desde el cual lanzaría a la fenomenología fue la "subjetividad trascendental" —es decir, la actitud de *Epoche* o el poner entre paréntesis la existencia. Pero a medida que la fenomenología se desarrolla, descubre la riqueza de la conciencia y sus correlaciones intentionales. El mundo de la vida se revela como el contexto concreto dentro del cual transcurre la verdadera vida de la conciencia. Además, insiste Husserl, no podemos cambiar nada en este mundo, tenemos que tomarlo como se nos entrega: la filosofía "*no hace más que explicar el sentido que tiene para nosotros este mundo antes de cualquier filosofar*". Pero el sentido que tiene para nosotros este mundo de la vida antes de cualquier filosofar está completamente saturado del hecho de la existencia. Por lo tanto, habría que abandonar o cambiar radicalmente la postura de la "subjetividad trascendental".

Consideremos por un momento más detalladamente el *poner entre paréntesis*. Debemos tomar los objetos de nuestra experiencia y ponerlos entre paréntesis, es decir, suspender la creencia de que existen independientemente de nuestra experiencia, para así poder describir más precisamente su *apariencia* dentro de la experiencia. (Nótese que ahora tenemos una dicotomía entre *experiencia* y *apariencia*, una dicotomía que Husserl jamás logró suprimir completamente). Pero el acto de poner entre paréntesis es de por sí un acontecimiento en el mundo de la vida. Cada trozo de conciencia es presa fácil del escrutinio fenomenológico, pero supongamos que hacemos que la fenomenología se dirija ahora al acto de conciencia tan particular que es el poner entre paréntesis. ¿Cómo se representa fenomenológicamente el poner entre paréntesis? Para darle sentido hay que presuponer un mundo y a nosotros mismos como seres en ese mundo. Descartes debe relatarnos sobre su habitación en la hostería para que la duda se haga inteligible. Nosotros realizamos este acto de poner entre paréntesis como individuos existentes: es nuestra artimaña o estratagema para lograr ciertos objetivos. Y si tiene sentido, lo tiene porque es parte de un proyecto que puede dar frutos filosóficos o científicos. En resumen, la existencia de antemano circunda y contiene a los paréntesis que pondríamos a su alrededor.

La paradoja de su punto de partida debió haber sido sumamente clara desde el momento mismo en que Husserl se transformó en líder de un movimiento. El subjetivismo radical de la conciencia no es una postura plausible para reunir discípulos bajo un estandarte. Descartes emprende solo y sin discípulos su viaje hacia la noche oscura de la duda; Husserl creía que el campo de la descripción fenomenológica era tan vasto que se requería la colaboración de muchas mentes, e incluso de generaciones, para lograr su realización. La ironía en todo este asunto es casi dramática; uno se imagina a Husserl reuniendo a sus colaboradores para decirles: "Señores, vamos a dejar de creer en los objetos externos y en las mentes de los demás. Esto nos dará la libertad para poder describir las estructuras puras de la experiencia tal como se perciben dentro de la conciencia. Vamos a adoptar el punto de vista de la privacidad pura de la mente, y el resultado de este esfuerzo conjunto será muy fructífero. Además, va a ser un trabajo que se continuará en las generaciones futuras".

El proyecto para separarse del mundo es un proyecto para lograr ciertos objetivos dentro del mundo. El subjetivismo que pretendemos adoptar como filósofos es un papel que optamos por desempeñar ante otros y con otros. La mente que proclamaría su propia privacidad es un ser-en-el-mundo.

Los existencialistas que seguirían sus huellas llamarían a Husserl "esencialista". La etiqueta es correcta, pero estas denominaciones, "esencialista" y "existencialista", están algo desgastadas por el uso y en consecuencia su significado se ha tornado borroso. Ahora veremos las cosas concretas que determinan el significado de la etiqueta usada en el caso de Husserl.

El apego de Husserl por la esencia tiene la impronta de David Hume. Vemos el color y la forma de la mesa, dice Husserl, y por ende, son esencias que se presentan directamente a la conciencia; pero la existencia de la mesa no se presenta en la misma forma ante la conciencia. Luego, aunque *no podemos estar seguros de que lo que parece existir exista, sí estamos seguros de la apariencia.* Esto es simplemente el fenomenalismo de Hume vistiendo el lenguaje de la esencia. Hume nos dice que no hay una impresión clara de la existencia. Veo la mesa y tengo una clara impresión de su color y forma, y al cerrar los ojos, casi los puedo convocar en mi mente, pero no me puedo formar ninguna imagen mental de su existencia, más allá del manojo de estas cualidades bien definidas. Luego, la idea de existencia misma queda flotando dudosa e insustancialmente en el vacío.

Hasta el final de su vida, Husserl siguió curiosamente unido a Hume y afirmó ver en la fenomenología humeana una precursora de su propia fenomenología. Pero, de hecho, la visión de la percepción de Hume no es de ninguna manera una exploración fenomenológica. Es una teoría *sobre* nuestra percepción —una teoría muy abstracta y construida que esconde sus propias abstracciones— y de ningún modo es una fiel descripción de lo que ocurre cuando percibimos. Simplemente como una descripción fenomenológica, es muy inferior, por ejemplo, a la tradicional de Aristóteles. Ciertamente es necio pedirnos que cerremos los ojos y nos representemos (por supuesto que en vano) la existencia de la mesa como un dato preciso y aislado. No percibo la existencia de la mesa, pero sí una mesa existente. La existencia no es un dato aislado, sino un hecho de una naturaleza mucho más penetrante. Es una característica del mundo que realmente existe, o de la porción que es presente para mí, dentro de la cual percibo objetos que realmente existen. No puedo pretender ver la existencia como si fuera algo como un color o una forma.

Un sabio de la antigüedad sugirió, tal vez en broma, que habría que azotar a los escépticos hasta convencerlos de la certeza de sus sentidos. El remedio sería brutal y no recomendable para nuestra época, que ya ha visto suficiente brutalidad proveniente de ella misma. Sin embargo, la sugerencia contiene un punto digno de consideración. Podría sugerir que esta duda sobre los sentidos, que es una hebra que corre por la filosofía moderna y que constituye una de las principales causas de la división entre los mundos interno y externo, es bastante indefendible en ciertas situaciones. ¿Podríamos decir que el dolor, como dato interno, es verídico, pero que la existencia del látigo y del hombre que lo esgrime no lo es? Al hacerlo, dividimos la realidad en dos. Esa antigua sugerencia podría recordarnos también que los datos particulares, que algunos fenomenólogos usan como luminosas y tranquilas autoevidencias, no constituyen la única forma verídica de la conciencia. No cabe duda que hay un placer noético en captar las relaciones que existen en las formas geométricas, o en establecer el orden intrínseco de los matices y colores en una fenomenología de la percepción. Estas son las estructuras de la apariencia, que ocuparán totalmente al fenomenólogo, y al compararlas con las circunstancias verdaderas dentro de las cuales existen, parecen poco definidas, sin importancia e inciertas. Pero a veces aflora en nuestra conciencia otra información que impone una certeza diferente, pero igualmente potente, sólo porque trae consigo la dura confrontación con la verdadera existencia; el ser torturado, por ejemplo, para recurrir a la antigua y monstruosa sugerencia, o salir al brusco golpe del frío y sentir las cortantes navajas del viento. ¿Se han zambullido alguna vez en un agua tan inesperadamente caliente que casi los escalda?

Sin embargo la fuerza de lo actual, más que nada, los sume en un modo más pausado y estable en la densidad de la vida que inducimos a nuestro alrededor. Pienso en Descartes, en aquella habitación de la hostería en Holanda. Él inmortalizó en nuestra imaginación algunas cosas de esa habitación como el lecho y el fogón. Pero esos detalles son escasos; para él, la pieza no era más que un sitio incidental para meditar. Es un ave de paso, no ha vivido en ese lugar el tiempo suficiente como para imprimirle las huellas de su propia existencia. De otro modo, hubiera sido más difícil simular la no-existencia de lo que lo rodeaba. Mirar a mi alrededor en esta buhardilla que uso de estudio y donde estoy escribiendo. ¡Cuánta de mi vida ha transcurrido aquí y cuántos de los objetos que me rodean me contemplan con la densidad acumulada de una historia que ha sido tanto suya como mía! ¿Podría pretender, por un instante, que abrigo una duda como la de Descartes? Tengo la inquietante sensación de que este cuarto y sus objetos se reirían de mí: ¿a quién tratas de engañar? Y anoche, mi vieja perra, ahora con incontinencia fecal, subió hasta aquí y dejó sus excrementos. Pobre bestia querida, ¿qué haré con ella? ¿Poner entre paréntesis su existencia? Tendría que anular toda esa parte de mi historia y toda la historia de este cuarto que se entrelaza con ella. Al limpiar lo que produjo, ni por un instante podría simular que no existía lo que estaba recogiendo. ¡Ensaye alguna vez hacer eso, dulce cartesiano!

¿O sería necesario presentar como ejemplos de la conciencia esos estados de ánimo tan particulares que Heidegger exploró siguiendo las huellas de Husserl? Si el estado de ánimo es de angustia, la existencia misma se presenta rudamente ante nosotros; me angustia mi muerte. Aquí es mi propia existencia y la existencia del mundo que perderé; se abre como un abismo ante mí, sobrecogedora, palpable e impalpable al mismo tiempo, pavorosa y precaria. ¿Cómo podría realmente ensayar "poner entre paréntesis" mi propia muerte? Mi angustia ante ella dejaría de ser lo que es.

Pero estas animadversiones hacia Husserl aún no llegan al meollo del asunto. Sirven para indicar la primacía de la existencia y de su inamovible certeza como un hecho de la experiencia. La realidad de la experiencia de los seres a mi alrededor y de mí mismo como un ser verdadero. Se trata sólo del sentido de la tradicional *existentia* que captaron aristotélicos medievales como Santo Tomás de Aquino. Pero si por fin queremos escapar de la división de los dos mundos, tenemos que dar un paso adelante hacia lo que significa *Ser* y su relación fundamental con la conciencia.

Al principio dijimos que la doctrina dualista se sustenta en la forma como entendemos la relación entre mente y naturaleza o entre sujeto y objeto. Pero esta distinción entre sujeto y objeto sólo se puede hacer porque nos situamos dentro del ser. En resumen, la conciencia sólo es inteligible en términos de nosotros siendo dentro del mundo o como un ser-en-el-mundo.

Esto debiera haber sido evidente inmediatamente a partir del descubrimiento de Husserl sobre la intentionalidad de la conciencia, a pesar de que requirió que Heidegger lo revelara. Pero si la conciencia siempre "intentiona" o se refiere, en alguna forma ella misma y lo que "intentiona" deben pertenecer al mismo mundo. Por ejemplo, yo señalo en una dirección y le pido: "Por favor, tráigame ese libro". Usted me pregunta cuál es el libro que yo *intentiono* (que intento tener). Bueno, el libro que quiero (que significo) es el tercero de la izquierda en la repisa de arriba. He indicado mi significado al seleccionar un objeto del mundo que me rodea. Mi acto de intentionar sólo puede ocurrir dentro del mundo que me rodea. Por lo tanto, la conciencia como intérprete de los actos intentionales sólo es inteligible sobre la base de nuestro ser en el mundo. De otro modo, no tendría raíces ni sentido.

Cuando en 1927 apareció el libro de Heidegger *Ser y Tiempo*, éste representaba en cierto sentido revertir completamente la doctrina del maestro. Pero la marca de un pensador importante es que su pensamiento sea lo suficientemente fructífero como para preparar el camino para su propia transformación si es necesario. Pero algunos husserlianos testarudos no lo han visto así. Aquí jugaron un papel los hechos de contingencia histórica: Husserl parece una figura ejemplar y heroica, y por lo tanto, nos despierta más simpatía; mientras que el nombre de Heidegger está manchado tal vez para siempre por su adhesión temporal al nazismo. Pero si miramos más allá de estos accidentes de la personalidad y de la historia, si nos entregamos al tema de la fenomenología misma como el constante esfuerzo para dejar que las cosas se muestren tal como son, entonces nosotros también tenemos que dar el paso decisivo desde la conciencia hacia el Ser.

Si comenzamos separando a la conciencia del Ser, dejando que la conciencia revolotee fuera de los paréntesis entre los cuales se ha puesto al mundo, entonces no importa cuán infatigable y cuidadosamente tratemos de acercarnos poco a poco hacia el Ser, nunca lo alcanzaremos. No nos podemos deslizar gradualmente hacia el Ser, debemos lanzarnos dentro de él con ambos pies. Y de hecho ya estamos allí, si es que nos permitimos estar conscientes de ello, pues no existe otra forma de darle sentido a la conciencia.

Sin embargo, este paso no significa retrotraernos hacia la indolencia no crítica de lo que Husserl llamó conciencia natural o punto de sostén natural. Nuestra conciencia natural tiene una poderosa luz propia, que después de estos siglos cartesianos tenemos que reavivar. Sin esa luz, los humanos no tendríamos ninguna luz. Pero no debemos sobrestimar esta conciencia: sean cuales sean sus otras virtudes, está demasiado ocupada con sus propias y más estrechas preocupaciones como para que pueda tener una visión del Ser dentro del cual se mueve. Para ello debemos proceder a abrir sus ojos, lo que es muy diferente a maniatarlo con un proceso artificial como el poner entre paréntesis.

Al hacer esto, traspasamos la privacidad de la conciencia, la que inevitablemente nos dividiría en los dos mundos. Ahora tomamos como punto de partida el hecho fundamental de nuestro Ser-en-el-mundo. Pero esto no quiere decir que ya estemos en el sitio al que hemos llegado, al lugar que deseamos. Está por verse si nosotros, los modernos, podemos sentir que el mundo es nuestro hogar.

Capítulo 8

Sin Hogar en el Mundo

La alienación es uno de los temas más profundos de la cultura moderna. Pero también, ¡oh, desgracia!, se ha convertido en uno de los más trillados. Todo el mundo habla de ella, y mientras más se habla de ella, cada vez parece transformarse en algo más corriente y aceptable. La alienación puede llegar a convertirse en algo "*in*". Ser alienado es una marca de distinción que nos separa del resto de nuestros compañeros menos sensibles. En los años 60, los jóvenes aspiraban a ella, la cultivaban como un estilo de vida y la proclamaban como un desafío frente a sus mayores. La alienación se convierte en un pseudohogar donde es posible acurrucarse cómodamente junto a otras almas también superiores y elevadas. Mientras más fácilmente se chacharea de ella, más se esconde de nosotros el fenómeno mismo en sus verdaderas dimensiones.

Alienus significa extranjero, y por lo tanto, alguien que no está en su hogar donde está. Si pensamos en un hogar y en lo que significa carecer de uno, comenzaremos a pensar en forma más concreta sobre el asunto de la alienación. Encontraremos también que nuestra charla informal no ha alejado al perturbador fantasma de la alienación.

No tener hogar, ¡qué bien conocemos ese concepto en esta época de gente desplazada! Grandes masas de personas han sido desarraigadas, arrojadas fuera de su hogar y reubicadas en lugares extraños. Eso es parte de la historia de nuestro atribulado siglo. Aun en una llamada sociedad estable como la nuestra, la movilidad se ha hecho constante. En los movimientos de gente de la ciudad a los suburbios, de suburbio a suburbio, de ciudad en ciudad, nuestras sucesivas casas empiezan a parecer estaciones en un camino. Años atrás, el filme *Aeropuerto* produjo una sensación popular. Era una mala película, pero tocó una cuerda sensible en el público. Hoy en día, un aeropuerto, con sus incesantes llegadas y salidas, constituye una imagen adecuada para representar la vida en el estado global de la humanidad.

Después de los primeros vuelos espaciales, se hizo corriente otra metáfora para nuestra existencia terrestre. Estamos en la tierra como viajeros en una nave espacial. La imagen fue una advertencia bien intencionada: así como en la nave espacial los recursos son limitados y deben ser conservados en forma prudente, lo mismo ocurre con los recursos del planeta Tierra, mientras viajamos en ella a través del espacio vacío. Si viciamos la atmósfera de nuestra cabina, no la podremos reemplazar. En una época técnica es natural que encontremos una imagen tecnológica para nuestra existencia terrestre. Sin embargo, sería difícil encontrar una imagen más desalentadora para representar nuestra falta de hogar. Desde el momento en que pensamos en nuestra vida en este planeta como si fuera un viaje en una nave espacial a través del espacio vacío, dejamos de habitar esta tierra como lo habían hecho los hombres hasta ahora.

No tener hogar es el destino del hombre moderno. Este tema es persistente y recurrente en el pensamiento de Martin Heidegger, aunque él mismo parece tener una relación ambigua con él. En sus primeras obras pareció hacer enormes esfuerzos para mostrarnos cómo es y debe ser el hombre, no por un accidente social o histórico, sino que en forma esencial, un misterioso extranjero en el mundo. Sus obras más tardías tratan de restituir el equilibrio: mostrando cómo la humanidad podría reencontrar en este mundo un hogar para habitar, pensar y construir. Tal vez no haya ambigüedad en esto. Sólo cuando entendamos en su verdadera profundidad al extranjero que tenemos dentro, aprenderemos a domesticarlo de nuevo.

Podría parecer irónico que Heidegger, el más testarudo personaje regional de la cultura moderna, fuera el filósofo contemporáneo que más se preocupa de este tema. Toda su larga vida estuvo enraizada en un lugar, Suebia, situada en el extremo sudoeste de Alemania, cerca de los Alpes y el Bodensee, una montaña y un lago, buenos compañeros para la meditación. Sólo muy tardíamente en su vida se alejó de su hogar para visitar un templo griego, algo que por largo tiempo ocupaba su pensamiento. Quiso visitar el sitio que una vez había sido el hogar de un dios y en torno al cual los hombres podían construir sus propios hogares. Luego no hay ironía respecto al tema que eligió. Sólo una persona tan arraigada a un sitio puede preocuparse en forma adecuada de que la humanidad haya perdido su hogar.

Este sentimiento hacia su propia región puede haber sido lo que atrajo a Heidegger al nazismo por algunos años, al comienzo del régimen

—un partido nacionalista a veces puede ser muy atractivo para las personas con fuertes sentimientos regionales. No podemos estar completamente seguros de que haya sido así. En 1966 grabó para la revista *Der Spiegel* una entrevista sobre este capítulo nazi de su vida, que no se publicó hasta diez años después, inmediatamente tras su muerte, en mayo de 1976. Aun luego de leer esta entrevista seguimos sin conocer sus motivos internos. Quizás los actores de un drama no siempre constituyan los mejores testigos para entender sus motivos. Lo que lo llevó a romper con el nazismo podría ser más significativo que lo que lo llevó originalmente a él, porque la fecha de la ruptura coincide con un cambio definitivo en el énfasis de su pensamiento. No obstante, aun aquí las conexiones entre su vida y su pensamiento siguen siendo tenues y, en el mejor de los casos, tensas[1].

Tal vez los filósofos no deberían tener otra biografía que la de la vida de su pensamiento. Por ejemplo, el saber que optó por alejarse prudentemente de Atenas durante el juicio de su maestro Sócrates, no ayuda en nuestro encuentro inicial con Platón. En el caso de Heidegger, el episodio nazi parece ser el único trozo de su biografía que algunos críticos toman en consideración. Por ende, nos ahorraremos más detalles biográficos y nos introduciremos directamente en su pensamiento.

El uso de su pensamiento nos va a ayudar a comprender más profundamente nuestra carencia de hogar. Hegel y Marx realizaron durante el siglo XIX los análisis clásicos de la alienación. Heidegger habla desde un ámbito más allá que esos grandes pensadores. Porque, aunque para ellos ya estaban las condiciones para superar la alienación, según uno (Hegel), se necesitaba que el espíritu humano dejara de estar dividido y en oposición a sí mismo, y según el otro (Marx), era necesario que los hombres por fin encontraran un verdadero sentido de comunidad dentro de una sociedad socialista. En ambos casos seguiría acechando una alienación aún más profundamente enraizada en el centro de nuestro ser humano, y por el hecho mismo de Ser.

I.
LA MAÑANA

¿Ser? Cuesta encontrar una palabra que despierte menos entusiasmo en los lectores de hoy. Queremos soluciones para problemas específicos o —si preferimos juguetear con generalizaciones— ideologías que nos presenten ilusiones sobre esas soluciones. Comparado con estas preocupaciones, el Ser es algo demasiado remoto y abstracto. Como diría

---

[1] Ver nota 1 al final de este capítulo.

William James, no tiene "valor monetario". Después de todo, quizás la palabra Ser sea un caso perdido. Está demasiado distorsionada por las connotaciones con que la ha cargado la historia, y los filósofos modernos la han acribillado con demasiadas críticas. Entonces suprimamos la palabra y sumerjámonos en el mundo cotidiano para tratar de determinar de qué manera *estamos* en el mundo.

Entramos al mundo en forma diferente con Heidegger que con un filósofo como Wittgenstein. Este último sólo le permite el lenguaje cotidiano. No podemos alzarnos sobre el lenguaje corriente para describir la naturaleza. Para mostrar lo que es este lenguaje, hay que permanecer dentro de él y sólo se ilustra ejemplificando su uso. Como un pez en el agua, no podemos salir del penetrante medio en que vivimos. Sin embargo, Heidegger intenta describir las características generales de nuestra existencia corriente, para lo cual se mueve tanto dentro como fuera del lenguaje. De hecho, una de las características de lo ordinario es que guarda en su interior esos momentos que siempre nos pueden lanzar fuera de lo ordinario hacia lo extraordinario y pavoroso. Luego, Heidegger suele usar en sus descripciones un lenguaje que está muy lejos del lenguaje corriente. Se ha hablado mucho de cuán extraña es su terminología, pero es una objeción que, a medida que hemos asimilado su significado, ha perdido mucha fuerza. *Ser y Tiempo* es una obra que, al volver a ella una y otra vez, nos sorprende más y más por la economía y poder de su expresión: parece imposible usar el lenguaje —en este caso, el alemán— en una forma más simple y eficiente para transmitir el poderoso rango de lo que el escritor tiene que decir. A medida que pasa el tiempo, el libro se alza como uno de los más importantes hitos de nuestro siglo. En todo caso, es la obra filosófica que nos entrega la más profunda descripción de lo que es nuestra existencia habitual.

Sigámosla entonces en uno de los días de nuestro existir cotidiano.

Yo, y usted lector, despertamos al comenzar el día. Este es un hecho tan extraordinario como banal. Despertamos a este día que está presente y que también es el día que *está por ser* mientras nos preparamos para nuestras tareas cotidianas. El tiempo presente es un presente futuro en esa presencia. Uno no despierta en el espacio sino en su habitación. El espacio físico —el que construye la ciencia— no es el mundo en que uno abre los ojos en la mañana o los cierra en la noche. También los objetos físicos son completamente diferentes al sentido que les da la ciencia. En verdad, uno se sumerge inmediatamente en un mundo de cosas: zapatos, calcetines, prendas de vestir o artículos de toilette con los cuales uno se prepara para enfrentar el día, que es tanto el presente como lo que está por ser. Mientras menos esfuerzo gastamos en vestirnos, menos conscientes somos de la presencia, como sustancias materiales, de estos artículos habituales que se desvanecen dentro de su forma de uso. Sólo cuando el zapato nos queda apretado, o se tranca la navaja, el utensilio se presenta en toda su entrometida obstinación como una pura materialidad que opone resistencia. Espacio, materia, sustancia permanecen en el remoto horizonte de nuestras preocupaciones diarias, y aunque se podrían convertir en temas de interés puramente *teórico*, no son las preocupaciones que normalmente tenemos a la hora del desayuno.

Ahora nuestro pequeño mundo se une a otro más grande: es hora de que debamos ir en camino al trabajo. Nótese que de nuevo aparece "debemos estar". Es una frase tan banal que normalmente no nos damos cuenta cuán pesado y ominoso es su significado. Estamos vivos y siempre tenemos que estar en camino a... Digamos que tomamos nuestro auto para ir a la estación de trenes. Nos detenemos frente a un semáforo. Está rojo, lo que quiere decir *Pare*. Este significado no es algo que haya que localizar "en nuestra mente". El significado no es, antes que nada, un fenómeno mental sino un aspecto de las cosas dentro de nuestro mundo cotidiano. Las cosas tienen este-u-otro significado en la medida que señalan o se refieren a otras cosas o a la conducta que despiertan en nosotros. Y eso también es verdad para el mundo que rodea al mundo hecho-por-el-hombre del tráfico humano. Esta mañana, por ejemplo, podríamos haber mirado por la ventana para ver si había nubes que podrían *significar* lluvia, en cuyo caso llevaríamos impermeable. Signos, símbolos, significados, nada de eso entra en lo mental como fenómenos de un ámbito diferente, sino como aspectos de las diversas cosas que encontramos y debemos manejar en nuestro ambiente.

En el tren nos sentamos a la derecha porque allí no nos va a molestar el sol de la mañana que se levanta desde el este. Hasta el momento no hay un espacio físico abstracto, sino direcciones espaciales que nosotros, los humanos, destacamos por interés propio. Establecemos sitios para nosotros con relación a los usos particulares que les damos: por ejemplo, el lado derecho del tren que nos permite leer el periódico sin que nos moleste el reflejo del sol.

¡Nuestro periódico matinal! Aquí se abre ante nosotros otro espacio más vasto. Se nos presentan y ordenan acontecimientos de todas partes del mundo, algunos deprimentes, otros alegres o aburridos, en la medida que atraen a nuestros intereses particulares. El hombre es una criatura que puede aniquilar la distancia y juntar lo lejano con lo cercano. Esta relación especial con el espacio es una de sus posibilidades. Nótese cómo este hilo de posibilidades se va tejiendo por dentro y fuera del tapiz de nuestro día. El día mismo es una concreta posibilidad presente, el día que está aquí y que también va a ser, de manera que lo que va a ser da de antemano forma a lo que uno piensa y hace. Quizás a su vez los titulares de la mañana traen consigo los estremecimientos de la historia. Estar comprometido con la historia, haciéndola o sufriéndola, es también una de las posibilidades únicas que tiene la humanidad al mismo tiempo aterradoras y como desafío. Aun en nuestro minúsculo rincón, lector, usted y yo, que no somos actores principales en el drama histórico, sentimos el constante tironear de estas posibilidades sobre nuestra vida. Pero tal vez en este momento estos pensamientos producen angustia y uno prefiere dejar de lado las posibilidades ominosas que el periódico despliega delante de uno y relajarse resolviendo las palabras cruzadas.

Nótese que a lo largo de todo esto no ha habido ni un ego, ni un sí mismo, ni una mente —por lo menos no en el sentido en que los filósofos tradicionalmente discuten estas materias. No llevamos un sí mismo adentro como una pequeña sustancial pepita de oro. Sentado allí en el tren, sólo somos un pasajero más entre muchos. Descansamos por el momento en ese anonimato cotidiano que como bendición nos es posible en este momento. Un existencialista de otro tipo como Sartre nos envenenaría incluso esta tranquilidad. Según Sartre, el conductor que nos mira fijamente mientras camina por el pasillo nos traspasa con su mirada y nos congela con la imagen del Otro. Sartre está hechizado por el mundo de Proust, donde al salir de un burdel o al agacharnos para mirar por la cerradura, súbitamente nos puede sorprender un ojo hostil que nos fija para siempre en esa posición de vergüenza. Como fenomenólogo, Sartre nunca pudo captar lo normal en lo cotidiano; su imaginación, teatral y melodramática, debe distorsionar, exagerar y sobredramatizar. Es interesante que su mejor obra de teatro, *Kean*, es también la más teatral, la obra es una adaptación de Dumas y una brillante recreación del melodrama del Segundo Imperio. Pero ahora no estamos en el mundo de Proust o de Dumas, sino en un tren común y corriente, y este anonimato de lo cotidiano, de ser uno entre otros, es emocional y éticamente neutral. Por supuesto que si esta situación dura demasiado tiempo, o si persiste a pesar del llamado de otras posibilidades, uno se convierte en un alma perdida, en un miembro de la masa sin fisonomía.

Pero, por el momento, es un precioso respiro y uno se puede distraer con las palabras cruzadas. Son lo suficientemente difíciles como para captar nuestra concentración y lo suficientemente fáciles como para no suscitar nuestra frustración. Si ocurriera lo último, uno podría verse precipitado en preocupaciones que proyectarían este yo escondido hacia un primer plano en forma demasiado violenta. En todo caso, la frustración estará abundantemente con nosotros todo el día, siempre en el horizonte, llamándonos a ser, nunca completos pero siempre en camino. Entonces uno agradece estos momentos de respiro.

Si el espacio lo permitiera, podríamos seguir así, con Heidegger siempre a nuestro lado, a través de los intrincados detalles del día. El vivir un día usando los ojos de su texto es un ejercicio útil para sus lectores. Es sorprendente cómo este libro resiste esta prueba. Aquí está nuestra existencia humana, no como la han concebido los filósofos, tampoco usando frases hechas como lo hacemos nosotros, sino que como realmente la vivimos empujándola hacia las dimensiones del tiempo, con el pasado-presente-futuro entremezclándose y copresentes y, sin embargo, con el poder silencioso del futuro, de lo que aún no es pero será, como el persistente tironeo de la aguja que arrastra la hebra.

La vida es muchos días, día tras día, pero esperamos que no se trate solamente de una simple sucesión de días. Ansiamos que estos días, de alguna manera, se sumen para llegar a un significado o a un drama que podemos llamar vida. A diferencia de las *Investigaciones* de Wittgenstein, que no tienen comienzo, medio ni fin, el tratamiento que hace Heidegger de lo cotidiano tiene una estructura intensamente dramática e incluso melodramática. Casi tiene los elementos de una trama o un relato. Y curiosamente en una obra de tono tan austeramente secular, el relato sigue la pauta del relato religioso de salvación tradicional. Heidegger nos dice que nuestro ser humano se puede perder al ser arrojado en el mundo, hundiéndose en un estado de caída, y cómo luego, gracias al encuentro con la conciencia, la angustia y la muerte, es llamado a y puede transformarse en un ser auténtico. Pero si Heidegger sigue el modelo de una parábola religiosa de salvación, lo que ofrece al final es posiblemente lo más alejado del habitual consuelo de la religión. El encuentro con la angustia y la muerte no abre perspectivas celestiales para el uno mismo. En ese encuentro, sólo descubre su propia nada. Sin embargo, es un descubrimiento liberador. A la luz de este descubrimiento, podemos resolver decididamente liberarnos de las mezquinas servitudes cotidianas. La libertad humana fundamental es nuestra libertad hacia la muerte. A la luz de esa libertad podemos aceptar, como auténticos seres humanos, cualquier decisión y tarea que se nos presente en el curso ordinario de la vida.

La angustia y la muerte son materias chocantes para arrojar frente a los filósofos que están inmersos en asuntos más formales y técnicos. Esos filósofos creen que los que se dedican a esos temas tendrían que ser algo sensacionalistas. El resultado es que estos asuntos se han tornado tan pesados para los comentaristas, tanto para los amistosos como para los hostiles, que han enturbiado el tema que era el más persistente en Heidegger desde un comienzo. Es evidente que tanto la angustia como la muerte son partes integrales de la vida y el filósofo que quiere analizar nuestra existencia tiene que habérselas con ellas. La muerte es aterradora y desde el pasado, los maestros de la humanidad, incluyendo los filósofos de la antigüedad, han tratado de aportar algún consuelo de uno u otro tipo frente a ella. Pero Heidegger no entra en la justa para traer una versión modernizada del estoicismo de la antigüedad que enseña a enfrentar la muerte con ecuanimidad. Su propósito no es ni terapéutico ni moral, y si su efecto es moral de alguna forma, lo es sólo incidentalmente, en la medida que ilumina nuestra condición humana. Interrogamos a la muerte y a la angustia buscando la luz que arrojan sobre la forma tan especial que somos. ¿Pero desde dónde sacan luz estas dos diferentes fuentes de luminosidad?

Por supuesto, esta es la pregunta sobre la verdad misma —la pregunta que yace tras el escenario dramático de *Ser y Tiempo* y que establece la unión entre el Heidegger joven y el tardío y no una drástica ruptura, como han considerado algunos críticos.

II.
TARDE

Es probable que el asunto de la verdad, de la verdad propiamente tal, dependiendo de nuestro estado de ánimo, nos resulte alternativamente algo remoto y rebuscado, o algo gratuito e innecesario por ser tan obvio. Lo más frecuente es que alberguemos los dos prejuicios sin pensar que pueden ser contradictorios. De hecho, incluso podrían reforzarse el uno con el otro. Es tan obvio lo que es la verdad que no hay necesidad de hurgar cómo está entrelazada tan finamente en la tela de nuestra experiencia; es, al mismo tiempo, algo remoto y difícil de captar. Las cosas que están directamente a nuestros pies son siempre las más difíciles de ver.

Pero si las miramos bien, podemos sorprendernos. Podríamos darnos cuenta que el origen de nuestra alienación yace escondido en el centro de este asunto aparentemente tan trivial.

A primera vista, la tradición filosófica pareciera confirmar la convicción de que este es un asunto completamente obvio. Aristóteles, ese luminoso maestro de los lugares comunes, comienza con una definición: verdad es la correspondencia de nuestro pensamiento con lo que realmente es el caso. Aristóteles dijo además otras cosas sobre el tema, pero la tradición se centró en esa frase y la Edad Media lo codificó en la fórmula *Veritas est adaequatio intellectus et rei* (la verdad consiste en la correspondencia de nuestro pensamiento con la realidad). Pensamos bien cuando nuestro pensamiento está de acuerdo con los hechos tal como son. ¿Quién puede ponerlo en duda? Se trata de sentido común autoevidente y no debemos ensombrecerlo con acertijos. El hecho es que tratamos de no dudar. Es la verdad sobre la verdad. Pero nos habla desde un nivel de abstracción del cual no es consciente el sentido común y que, en último término, da origen a toda clase de acertijos.

Los acertijos aparecieron tan pronto como comenzó la era moderna de la filosofía con el dualismo de Descartes entre la mente y la materia y del sujeto y el objeto. Si la mente y la materia son cosas totalmente diferentes, ¿cómo se podría comparar una idea en la mente con algo fuera de la mente? Para poder hacer la comparación, la cosa que está afuera debe introducirse en la mente en alguna forma. El asunto de la verdad se hace ahora el de la consistencia entre mi idea y mi percepción, entre dos contenidos diferentes de mi conciencia. De allí se origina la bien conocida teoría de la coherencia de la verdad, de acuerdo con la cual la verdad es un asunto de una continua expansión autointegradora de nuestra conciencia. Esto elimina un conjunto de acertijos, pero son reemplazados por otros. Ahora están aprisionados por la mente y por el fantasma que nos pena de un subjetivismo que ha atormentado hasta a los más grandes filósofos modernos.

Pero dejemos esos acertijos para la sala de clases y volvamos a este día, uno de nuestros días habituales, para ver si encontramos ahí la verdad.

Me siento en mi escritorio mientras se desvanece la tarde, luchando por trabajar, levantando de vez en cuando los ojos para mirar a mi alrededor en forma ausente. La misma vieja habitación, los mismos viejos objetos. No los percibo, mi atención está en mi trabajo y mis ojos vuelven a él. Pero comienzo a sentir una vaga inquietud, hay algo en la pieza que me molesta, pero no me detengo a pensar qué es lo que podría ser. Súbitamente entra un amigo y dice: "El cuadro está torcido", señalando un cuadro que cuelga de la pared directamente al frente. Y por supuesto eso era, eso era lo que vagamente me molestaba todo este tiempo: el cuadro colgaba ladeado, y yo, aunque realmente lo veía, no me daba cuenta de ello. Ahora este hecho que yacía oculto salta a mi vista y lo veo claramente. Experimento esa sensación de tranquilidad y satisfacción momentánea que siempre acompaña a la resolución de un problema, aunque se trate de uno tan pequeño como este.

En este incidente ridículamente corriente hemos sido testigos nada menos que del acontecer de la verdad. Perdonen el uso repentino de este lenguaje grandilocuente; pero debemos aferrarnos firmemente de esta minúscula situación como un todo, de otra manera nunca sabremos lo que es la verdad. Los filósofos generalmente toman una porción de la situación y creen que basta. Dicen, la verdad se ha producido porque se ha hecho una afirmación: "Ese cuadro está torcido", y resultó que la afirmación era verdad. Y era verdad porque correspondía al hecho: el cuadro que colgaba en esa pared en efecto estaba torcido.

¿Pero esto es lo que realmente ocurrió? ¿Podemos realmente comparar una proposición con un hecho? Si quiero comparar dos monedas, las coloco una al lado de la otra y veo si se asemejan. Las dos monedas me deben ser igualmente accesibles. En general si quiero comparar dos cosas, cada una de ellas debe ser igualmente evidente para mí. El hecho debiera ser evidente (verdadero) para mí antes que llegara la proposición para traernos su verdad[2].

¿Es posible que algo ocurra de este modo? Oigo ruidos que en alguna forma inducen en mi mente una idea: "Ese cuadro cuelga torcido"; luego salgo rápidamente de la mente, agarro una percepción sensorial del cuadro, vuelvo al interior de mi mente y comparo la percepción con mi idea. Decididamente, ¡esto es una extraordinaria desviación de cómo creemos que son las cosas! Es como si hubiéramos tomado un gran par de tijeras y recortado la proposición desprendiéndola de la situación concreta donde ésta funcionaba y trabajaba, y luego sobre este fragmento dislocado hemos construido una estructura fantástica sin significado para luego reconstruirla como un todo.

El lenguaje funciona en forma muy diferente a una comparación punto por punto. Supongamos que mi amigo sólo hubiera dicho: "¡Mire!", mientras señalaba el cuadro. Esta exclamación habría indicado que el cuadro estaba torcido en igual forma. ¿"Corresponde", en ese caso, la afirmación o se parece al hecho en alguna manera? No obstante, el resultado es tan efectivo como el producido por la proposición completa: ambas han traído a lo abierto algo que estaba escondido. Supongamos que una cortina hubiera tapado la pared y que mi amigo la hubiera corrido, descubriendo así que el cuadro colgaba torcido. Su

---

[2] Ver nota 2 al final de este capítulo.

acción toma lugar en lo abierto, no se nos ocurriría localizarla en la mente de alguien. No obstante, nuestro lenguaje que aquí ejecutó la misma acción de descubrir un hecho parece estar infectado de alguna manera con el virus de lo "mental" que nos hace creer que el hecho debe extraerse del mundo, para llevarlo hacia el interior de la mente. Es como si tuviéramos una conversación entre nosotros dentro de nuestras cabezas separadas. Nos olvidamos que la función primaria del lenguaje, si es que tenemos algo que decir que no sea sólo cháchara, es descubrir algo dentro del mundo, traerlo a lo abierto y sólo puede hacer esto porque él mismo transcurre dentro del mundo abierto.

En las antiguas tiras cómicas se dibujaba el nacimiento de una verdad en uno de los personajes como una bombilla eléctrica encendiéndose en su cabeza. Estos dibujantes parecían haber ido a la escuela con Descartes. Pero no debemos sonreír aquí con una sensación de superioridad, porque nosotros mismos estamos tan compenetrados de estas ideas, que frecuentemente podemos estar usando el mismo modelo. De todas maneras, debemos mantener la imagen de la luz, pero no como una bombilla eléctrica encendiéndose en nuestra cabeza cuando nos enfrentamos con la verdad, sino que se nos ha iluminado una porción del mundo. Si seguimos buscando la verdad dentro de la mente sólo descubriremos que la mente ya estaba afuera de sí misma, en el mundo. Cuando aparece una nueva verdad que cambia nuestra mente, como decimos habitualmente, lo que realmente hace es cambiarnos alguna porción del mundo. Se considera aquí que el mundo incluye a todas las cosas de la naturaleza, además de todo lo de la vida de los humanos en el curso de la historia.

Los medios y el origen de la iluminación pueden variar mucho. Las afirmaciones pueden ser instrumentos de la iluminación, pero no son los únicos. Tan pronto como nos libramos de la noción de la proposición única como el lugar último de la verdad, en la que cada proposición lleva su verdad a cuestas, como un jinete en su silla, quedamos también libres para entender otros modos a través de los cuales también se llega a la verdad. En particular, podríamos comenzar por fin a preguntarnos en qué forma la verdad se encarna en obras de arte. En lugar de reñir, como lo hacen los filósofos, sobre el trivial asunto de cómo está colgando el cuadro, podríamos hacernos la pregunta más importante: ¿qué verdad encierra ese cuadro? Porque un gran cuadro (del cual éste es una reproducción) puede iluminarnos todo un capítulo del espíritu humano. Bastaría tener sólo la música de los siglos XVIII y XIX, para que se nos hicieran abrumadoramente evidentes las profundas diferencias que existían en los horizontes humanos en esas dos épocas. No es posible entender estas verdades del arte dentro de la estructura de una verdad estrictamente proposicional. Tampoco se puede entender la verdad de la literatura que usa el lenguaje como medio dentro de esa armazón.

Lo que hemos dicho hasta ahora, especialmente sobre los aspectos instrumentales del lenguaje, está obviamente relacionado con la controversia originada en los primeros años del siglo por los pragmatistas William James y John Dewey, cuando atacaron frontalmente la teoría de la correspondencia de la verdad. Bertrand Russell, uno de sus adversarios, encontró a los americanos poco sofisticados y toscos. Pero después de lo que hemos sabido respecto a la naturaleza constructiva de la teoría científica, resulta que los pragmatistas (especialmente Dewey en este tema) son los más sofisticados —sofisticados por ser más imaginativos. Los científicos construyen modelos en los cuales sería absurdo y vacío buscar una correspondencia punto por punto con cada porción de los hechos. La teoría se prueba como un todo.

Podemos examinar en retrospecto más claramente cada uno de los puntos de la controversia. Los pragmatistas insistieron que la verdad no debe estar inmersa dentro del contenido humano, incluyendo el contexto del lenguaje (como insistían los pragmatistas), entonces la alternativa a la que nos vemos forzados es una doctrina de proposiciones subsistiendo independientemente y donde en cada una cabalga el jinete de la verdad o la falsedad. Russell, que entonces era platónico, aceptó encantado esta posición, que no ha sobrevivido bien. A pesar de eso, los pragmatistas no han podido desprenderse completamente de la visión de la correspondencia, que ha persistido en ellos como un tarro amarrado a la cola del perro, incluso la han aceptado en algunos puntos claves —sobre todo "en las verificaciones cara-a-cara", cuando miramos directamente la cosa—, porque aún no tenían la comprensión fenomenológica que no es necesario que una cosa directamente evidente implique alguna correspondencia[3].

La palabra griega que traducimos como "verdadero" es *alethes* (literalmente, "no oculta"). Esta palabra no habla de la correspondencia de una afirmación con un hecho, entre un juicio mental y una cosa, entre

---

[3] En general el pragmatismo merece mucho crédito por su insistencia en que el locus de la verdad no está en la proposición aislada, sino en el contexto humano total. No es seguro que ellos hubieran captado este contexto en toda su extensión y profundidad. Por ejemplo, nunca desarrollaron un análisis sobre la forma específica de verdad que se encuentra en el arte. Este tema está notoriamente ausente en *Art and Experience* de Dewey y esta ausencia es una seria deficiencia en su libro que en otros aspectos es muy valioso.

un contenido ideal y la materia de la percepción. Habla sólo de algo que emerge desde lo oculto a lo abierto. La palabra se originó en los comienzos del lenguaje griego, no sabemos cómo, cuándo o qué ideas determinaron su formación. Emergió antes de que los griegos se hiciesen literatos y produjeran gramáticos y lógicos, y sigue más cerca del sentido y función del lenguaje primitivo que de los sutiles análisis posteriores de la gramática y la lógica.

Sin embargo, Heidegger no llegó a la verdad a través de un trozo de etimología antigua. Esto sería invertir el verdadero orden de los hechos. Al contrario, Heidegger fue capaz de captar el significado oculto en la palabra griega porque ya había llegado a sus propias y fundamentales visiones filosóficas. Llegó a su doctrina de la verdad a través de una profunda reflexión respecto a la teoría de la evidencia que Husserl había intentado en sus investigaciones lógicas iniciales y que después elaboró en sus obras posteriores. Si la función del lenguaje es lograr la claridad de nuestras ideas, sólo puede lograr esto haciendo que sean más evidentes las cosas mismas a las cuales se refieren las ideas; y Heidegger, por lo tanto, dio un paso audaz y sencillo al plantarnos directamente frente de las cosas mismas[4]. Y con este paso transformó la naturaleza de la fenomenología en forma mucho más radical y decisiva que con su espectacular análisis de la angustia y la muerte. Pero por haber seguido ese camino, podemos resguardar la palabra griega como un talismán. En un momento veremos que nos servirá como un sombrío recordatorio de lo que nos permanece oculto en todas nuestras verdades.

Nótese que no decimos: la palabra griega para verdad es *alethes*. Eso nos impondría un estándar para juzgarlos y luego agregar un poco de etimología para darle color. En este caso el asunto es más drástico: los griegos no tenían una palabra para "verdad". Sólo tenían una palabra que significaba evidente, manifiesto, abierto, presente. ¿Significaba esto una deficiencia suya, un síntoma de un estado relativamente primitivo en comparación con nosotros? De hecho, constituye una clara ventaja. Y si en esto seguimos a los griegos, no sólo aprenderemos a pensar un poco más "griegamente", también podremos ver dónde se encuentra la

---

[4] Este punto se puede expresar en un simple paradigma. Un hombre A le dice a otro B:
1. "Usted me ha aclarado ese asunto".
O podría decir:
2. "Usted ha aclarado mis ideas con respecto a ese asunto". Si 2. significa algo, simplemente significa lo que significa 1.
   Este simple caso paradigmático contiene toda la idea de *Aletheia* de Heidegger, y en consecuencia, su diferencia con Husserl.

verdad de lo cotidiano. Sólo tenemos que buscar *ta alethea*: las cosas evidentes y manifiestas que encontramos allí.

De hecho, la verdad nos ha acompañado en cada paso en este largo viaje a través de lo cotidiano. No ha estado arrinconada ni asomando la cabeza frente a alguna inesperada y rara conjunción de eventos, sino que ha estado persistentemente a lo largo y dentro de todo este día en el cual, usted y yo, lector estamos todavía. Desde el momento en que abrimos los ojos, se nos reveló un mundo. Caras conocidas, casas, calles, autos, trenes, todo claramente delante de nosotros. Cada vez que hay una apertura hay una verdad. Por lo tanto, estar en el mundo, en cualquier mundo, es estar en la verdad. El mundo que así se revela puede ser un asunto pequeñísimo y poco impresionante, pero tenemos que aferrarnos a él de todas maneras. Por muy lejos que nos remontemos en nuestro teorizar, debemos partir y retornar desde aquí. Aun cuando tratamos de situarnos detrás del mundo y de desmantelarlo pedazo a pedazo considerando que es sólo apariencia, aun así tenemos que pedirle prestado nuestro lenguaje inicial y sus significados.

¿Y qué hay del día en que hemos viajado? ¿No ha sido su presencia algo manifiesto y evidente? Pero no es posible captarlo como captamos las cosas que llegaban y se iban y que estaban presentes dentro de ese día. Esas cosas eran visibles y tangibles y el día no lo es, no obstante ha estado con nosotros tan persistentemente e inadvertido como nuestro respirar. ¿Podemos captar la presencia como tal? Pero el día es algo más cercano y presente para nosotros que cualquiera de las cosas que estuvieron presentes dentro de él.

Pero alguien podría decir: ¿por qué hacer un misterio de este día, se trata sólo de un día, de un segmento del tiempo? Pero no es tan fácil escaparse. Cuando emprendimos este viaje a través de lo cotidiano, lector, lo hicimos en *este* día presente y no en cualquier otro. "Veinticuatro horas" es una abstracción que podría corresponder a mañana o ayer, pero no a la presencia de este día. Tampoco podríamos capturar esa presencia asignándole una fecha: "Hoy día *es*..." y llenando el espacio con una fecha del calendario. Lo que queremos captar es precisamente el "es" de esta frase, mañana esta fecha ya no nombrará el presente.

Tampoco podemos captar esta presencia como el instante presente del tiempo. Miro mi reloj ahora y cuento diez segundos. Diez pequeños saltos del segundero que son diez "ahoras" que se siguen uno al otro para desaparecer de la existencia. El reloj y el segundero son cosas presentes. El contar también se hace dentro de la presencia que engloba al reloj y al segundero. El *ahora* se manifiesta sólo dentro y a través de la presencia y por ello nunca podrá definir la presencia. Ser, como presencia, se manifiesta en el tiempo, pero no se puede capturar ni bajo las formas del tiempo ni bajo las formas del espacio.

Con este simple y envolvente hecho de la presencia hemos llegado al Ser. El Ser se manifiesta como presencia. Es una realidad ni remota ni abstracta, que está siempre allí, pervadiendo nuestro día del mundo de todos los días, a través de los encuentros más habituales. Cada vez que decimos: "Aquí hay...", "Hay..." u "Hoy día es...", que son formas indispensables de la expresión corriente, estamos reconociendo la presencia. Y fue dentro de esa presencia que hablamos del cuadro que estaba mal colgado. Aun teniendo constantemente en mente estas condiciones, tenemos inseguridad en el uso de esta pobre palabra "Ser", porque se la ha cargado con tantas distorsiones durante el curso de la historia. Yo preferiría hablar del ES, si no fuera porque ese uso parecería aún más arbitrario y bárbaro. Nos introducimos aquí en medio de una lucha con palabras que no escogemos en forma arbitraria y voluntariosa. Tenemos que hablar de este ES, que no es una entidad o cosa separada, que no tiene características, cualidades, ni relaciones definidas como una cosa; y tenemos que usar un lenguaje que se usa para las cosas, sus cualidades y relaciones. Pero es sólo a la luz de este ES que podemos decir algo de las cosas, de las cualidades y de las relaciones. Tendremos que usar todos los recursos del lenguaje para sobrepasar este obstáculo, un obstáculo que es paradójico, porque sin él no tendríamos lenguaje.

En el corazón de lo que debiera ser lo más luminoso y evidente de todas las cosas, es decir, la verdad misma, tropezamos con un misterio frente al cual súbitamente nos alienamos y nos sentimos extranjeros. ¿O es que somos nosotros mismos, dentro de nuestra libertad, los que hemos escogido el no sentirnos cómodos con ella?

III.
NOCHE

Es posible que hayamos inducido una falsa expectativa dando la impresión que tenemos más verdad de la que tenemos. Decimos, por ejemplo, que, en cierta forma, el mundo en que nos movemos está iluminado hasta cierto punto. Y más aún, que cualquier mundo que se abriera a nuestro alrededor tendría que estar iluminado y de hecho estaría iluminado en la medida que se abriera ante nosotros. Luego cada vez que hay Ser hay verdad. Parecería que nos presenta un universo más radiante del que conocemos.

Los filósofos de la Edad Media habían formulado como uno de sus principios: *Ens et verum convertuntur* (Ser y verdad son convertibles) —cada uno implica al otro. Lo que exista, en la medida que existe, conforma a una idea en la mente divina. En la medida en que no alcanza la verdad, es en la misma medida deficiente en su Ser. Aquí el universo se rebalsa con la radiancia del teísmo cristiano.

Pero ahora analizamos un cuadro totalmente diferente. El mundo en el cual nos movemos tiene que iluminarse para que nos podamos mover en él, pero hay dentro de él grandes zonas y aun abismos de oscuridad. El animal humano está lleno de contradicciones. Sólo una criatura capaz de la verdad es también capaz de mentir o de engañarse deliberadamente. Los dioses le dieron al hombre el lenguaje y una lengua para que dijera mentiras. Trampas, engaños, hipocresía son claramente productos humanos, tanto como el abismante cuerpo de conocimiento que la humanidad ha construido triunfalmente para sí. La verdad y la mentira hilan la malla continua de la naturaleza humana, y la historia es su campo de batalla.

La historia de los griegos nos cuenta todo lo que podríamos querer saber respecto a las bizarras y contradictorias tendencias humanas hacia la verdad y la mentira. Los griegos eran el pueblo de la luz. La raíz de "luz" se encuentra en sus verbos para el hablar y el decir: decir algo de algo es traerlo a la luz. La palabra poética antigua para hombre es *phos*: una criatura mortal de la luz. Como señala Erich Auerbach, Homero, el poeta de su raza, se caracteriza por su deseo de extraer cada detalle de su historia y traerlo desde un oscuro trasfondo a un primer plano claro y perfectamente iluminado. Los griegos crearon las claridades de la geometría, del pensamiento lógico y de la filosofía. Sin embargo, la historia de este pueblo también está llena de las más impacientes demostraciones de oscuridad. En ninguna otra parte nos encontramos con cualidades de alevosía, engaño y traición más espectaculares, casi sobrehumanas, junto a los más poderosos dones de la mente, como en un Pausanias o Temístocles. Por lo tanto, los griegos sabían muy bien por qué había que preservar el *Letheia* (lo oculto) dentro de la misma palabra usada para lo luminoso y lo evidente.

Edipo es la tragedia de la lucha entre la luz y la oscuridad. El héroe desea ver, quiere obtener la verdad a toda costa; y cuando por fin estalla a su alrededor, se arranca los ojos para no ver nunca más. Tal como durante los brillantes días de su gloria había sido ciego, ahora, a la luz de su sabiduría, se hunde en otra oscuridad. Así el dramaturgo nos enseña que la luz y la oscuridad, la verdad y la mentira, siempre se entremezclan.

Aquí se trata de un asunto de patología humana, alguien podría opinar, por lo tanto, un asunto para el psicólogo y no para el filósofo. Nuestro substituto ahora para el drama griego es el psicoanálisis. En una sociedad secular parece ser el único ritual que nos queda. Se supone que el paciente busca su complejo de Edipo; yo sugiero que reactúa el drama griego en un sentido más fundamental, que está luchando por la luz en contra de la oscuridad. Lo que el paciente quiere, o debería querer, es la verdad sobre sí mismo, pero algunas veces mientras más intensa y energéticamente se esfuerza, más obstáculos pone en su propio camino. Aún no es libre para aceptar la verdad. Todo esto es el bien conocido asunto de la "resistencia" y es el psicoanalista quien nos informa sobre esto, no hay aquí necesidad de un filósofo.

Quizás. Pero desde el momento mismo en que se habla de "resistencia" se usa la palabra "libertad" e inmediatamente la filosofía comienza a aguzar los oídos. Tal vez exista una relación más íntima entre verdad y libertad de lo que se piensa corrientemente. Debemos ser libres para la verdad y, al revés, tal vez el ser capaces de abrirnos a la verdad podría ser la más profunda de las libertades como criaturas humanas. La capacidad para mentir no es sólo un asunto privado de psicopatología personal. La verdad encierra la trágica posibilidad de la mentira debido a su intrínseca conexión con la libertad.

Por eso la verdad y la mentira se entremezclan en forma inextricable, no sólo en los hechos de las acciones humanas, en los héroes trágicos, en los pacientes padeciendo el psicoanálisis, sino también en nuestros esfuerzos teóricos para entender. La luz de una nueva teoría científica puede cegarnos momentáneamente, a veces por largo tiempo, sin permitirnos ver otras cosas de nuestro mundo. Mientras más grande y espectacular es la teoría, es más posible que fomente nuestra indolente disposición hacia la sobresimplificación: a torcer todos los asuntos corrientes de la experiencia para que tengan cabida en la nueva armazón y recortarlos si no lo hacen. La luz del *Principia* de Newton deslumbró a dos siglos y los enceguecío para que explicaran todas las cosas humanas, incluyendo nuestras virtudes morales y nuestros vicios, dentro de la armazón de la mecánica. Otro *Principia*, también salido de Cambridge, el de Russell y Whitehead, pareció ofrecer la llave de todas las preguntas filosóficas por varias décadas de este siglo. Freud entrega algunas ideas fundamentales respecto a la sexualidad infantil y ahora algunos de los más fanáticos partidarios de la psicohistoria tratan de persuadirnos que la verdadera historia de este siglo debe escribirse en términos de lo que ocurrió en la primera infancia. Marx captó el factor económico en la historia más profundamente que nadie antes en la historia y un crítico marxista interpreta a Kafka como un instrumento del capitalismo.

Los ejemplos se podrían multiplicar: en cada caso tomamos una verdad parcial y la transformamos en una total. Nos convertimos en totalitarios de la mente, pero las víctimas somos nosotros mismos, nos hemos hecho prisioneros de una ideología total que no nos deja ver más allá. Ya no dejamos que las cosas sean libremente lo que son, debemos torcerlas para que se ajusten a la armazón que les hemos impuesto. No obstante somos nosotros mismos los que libremente hemos escogido rendir esta libertad. ¿Por qué?, porque como niños asustados de la oscuridad, no podemos resignarnos a coexistir con el misterio, por lo que necesitamos una verdad total. Podría ayudarnos el recordar que la porción de la realidad a nuestro alcance está siempre dentro de la englobadora presencia de todo lo que es. No hay duda que desde ese punto de vista es imposible obtener una conclusión específica para la investigación. Pero si dejamos que esta presencia se desvanezca completamente, nos hacemos tan ajenos a ella que terminamos por olvidarla completamente y seremos tanto más susceptibles a sucumbir a la ceguera de una u otra ideología, sin excluir, por supuesto, la peculiar ideología del escepticismo.

Volvamos a nuestro caso trivial del cuadro que cuelga torcido en la pared. Este hecho se nos hizo presente, dentro de la presencia de esta habitación, a través de la eficacia del lenguaje. Pero la habitación es parte de la casa y fuera de la casa está la más englobadora presencia de lo exterior con todos los objetos que allí se encuentran. Ser es estar dentro de un mundo cuyos límites pueden extenderse en forma infinita. Estas fronteras del más allá pueden estar lejos con respecto a lo que es presente luminosamente, pero no siempre es así y por remoto que esté, el trasfondo está también siempre presente junto al primer plano.

Caminamos ahora hacia el exterior, es de noche. Retomemos, lector, nuestra pequeña ficción con que comenzamos este capítulo de un día de todos los días y terminémoslo apropiadamente con la noche que cierra este día.

La fría tarde de invierno inmediatamente nos envuelve con su presencia, donde también se destacan como presentes las estrellas, chispeantes y tersas. La delgada luna nueva casi parece tomar su luz de su presencia brillante. ¡Ah! Ahí *está* Orión, el antiguo cazador destacándose en el sudeste, mientras que Sirio, el Perro, apenas se destaca sobre los altos árboles cerca del horizonte. Ambos, el Cazador y su Perro, seguirán su marcha hacia el oeste, marcando las horas dentro de esta noche y después, noche tras noche, se desplazarán hacia el oeste en el cielo marcando el avance de nuestro mundo hacia la primavera. Dentro de la presencia de esta noche, esas estrellas, como tantos símbolos brillantes, encierran la procesión de las estaciones.

Por supuesto que usted y yo sabemos, porque nos lo han dicho los astrónomos, que estas estrellas están casi inimaginablemente lejos y que su luz nos llega desde una distancia que demoró años en recorrer. Supongamos que alguna de esas estrellas ya se ha apagado, entonces lo que usted y yo vemos en este momento es una estrella de hace varios años atrás. Entonces, esta noche tersa y clara que nos envuelve encierra sus propios engaños. Aquí también, dentro de esta brillante presencia, como en todas partes predomina el eterno conflicto, conocido de los griegos, entre la apariencia y la realidad, el parecer y la verdad.

Sin embargo, sólo hay engaño si llegamos a una conclusión en forma precipitada. La realidad que se esconde detrás de esa presencia también se manifiesta a través de ella. Debemos reflexionar que fue dentro de la presencia de ciertos fenómenos que los científicos llegaron a sus conclusiones respecto a la velocidad de la luz. Con lápiz y papel lograron que sus cálculos se hicieran evidentes y actuales para ellos. La lectura de sus instrumentos tenía que estar presente y visible para ellos para que pudieran así corregir la lectura del ojo desnudo con respecto a las estrellas allá arriba. Y sus resultados, los del pasado y los del presente, se unieron en un lenguaje en el cual su pensamiento, aunque estuvieran físicamente separados en diferentes continentes y por distancias de siglos, se hizo presente entre ellos. La presencia, siempre la presencia. Sólo a la luz de una presencia podemos corregir el engaño que puede estar escondido dentro de otra.

La noche es tan clara que al mirar atentamente se pueden distinguir las débiles estrellas de la espada de Orión a medida que se alejan describiendo una curva desde su brillante cinturón. El poderoso Cazador se enfrenta resueltamente al Toro en el extremo opuesto del cielo. Estas estrellas bruscamente se tornan vivas con los mitos de la humanidad. Dentro de la presencia de esta noche se reúnen los mitos, los cálculos de los astrónomos y la procesión de los siglos. El *ahora* del tiempo medido, la mínima y saltona pausa del segundero en su barrido de la esfera, es sólo un fragmento dentro de esta presencia, contenida pero no conteniendo, y ciertamente nunca idéntica con la presencia. Y si reflexionamos sobre la larga vida de la humanidad sobre este pequeño planeta Tierra, frente al insondable trasfondo de las estrellas, nos enfrentamos con el misterio. ¿Por qué existe este mundo? ¿Por qué hay un mundo?

El misterio se puede plantear de varias maneras, no cabe duda que cada una de ellas es inadecuada a su manera. A fines del siglo XVII, Leibniz formuló el misterio como una pregunta: "¿Por qué hay algo en lugar de nada?". Para Wittgenstein en el siglo XX, el misterio ya no se expresa como una pregunta. No es un problema que se pueda resolver científicamente, ni un acertijo que se pueda descartar al descifrar nuestro lenguaje, pero el problema persiste: "Lo místico es *que* el mundo sea", exclama. No como el mundo es, porque la ciencia, aunque aquí su tarea no tiene fin, puede describir las innumerables formas en las que las cosas son y como son operantes una a otra, pero el hecho mismo que haya un mundo, eso nos eludirá eternamente. Aquí se detiene Wittgenstein y pasa al silencio. Leibniz en cambio sigue con su pregunta, y tal vez podemos detenernos por un momento en su respuesta.

¿Por qué hay algo en lugar de nada? ¿Por qué hay un mundo? La existencia podría ser una cruda realidad para la que no hay explicación. Pero si hay alguna razón para que exista un mundo, entonces Leibniz, en conformidad con la tradición, da la única respuesta racional posible para su propia pregunta. Hay un mundo, hay una existencia o Ser, porque hay un ser cuya existencia es necesaria. La naturaleza de ese ser implica su propia existencia y si pudiéramos intuir esa naturaleza podríamos captar la necesidad de esta existencia con la certeza y autoevidencia con que captamos una proposición analítica en lógica o en matemáticas. Por supuesto que este ser necesario es Dios.

Esta es la posición del teísmo occidental. Dentro de esta armazón, desde la alta Edad Media pasando por el siglo XVIII, el hombre occidental experimentó el significado de los seres y de ser. O, en un lenguaje más heideggeriano, fue siempre dentro de esta armazón que los seres estaban presentes y se manifestaron a la humanidad.

Sin embargo, este teísmo tradicional no termina con el misterio, sólo lo empuja hacia la distante y remota región de la naturaleza divina. Mientras más reflexionaban los hombres sobre esta naturaleza, más absolutamente incomprensible se les hacía. Uno podía multiplicar sus atributos o nombres a nueve y noventa, pero cada uno era tan verbalmente vacío como el otro. A partir de las cosas del mundo, no podía obtener noción alguna sobre cómo tendría que ser un ser necesario. Todo sobre lo cual tenemos experiencia en este universo podemos imaginarlo como no existente. Hume dijo: "Si puedo imaginar que algo existe, también puedo imaginar que no existe". Entonces, algo que existiese necesariamente, cuya existencia fuera intrínseca a su naturaleza, tendría que ser radicalmente diferente a cualquier cosa conocida. Y sería tan radicalmente diferente que, a pesar de toda la tinta que han gastado los teólogos en este asunto, no podríamos tener noción alguna respecto a que clase de cosa podría ser. Dios es algo totalmente ajeno a nosotros y tan ajeno que sigue siendo completamente incomprensible. Los nueve y noventa atributos son sólo el bordado de un misterio.

A través de la práctica concreta de la religión, esta armazón teísta sirvió para mantener cierta forma de unión del hombre occidental con el ser. Uno existía después de todo dentro de un todo bajo el gobierno de Dios. Y, en último término, nuestros pensamientos y sentimientos, nuestra vida y nuestra muerte, tenían sentido con relación a ese todo. Pero al arrojar al misterio lejos de nosotros desplazándolo hacia la remota y oculta región de la naturaleza divina, este teísmo puede haber significado un inmenso daño para la conciencia occidental. El misterio dejó de ser envolvente y presente. El universo se desplazó hacia los desencantados y seculares agregados de cosas. Y ahora, cuando la armazón teísta también se ha alejado de nosotros dejando de ser la presuposición consciente o inconsciente de nuestra época, nuestra época "alienada" se enfrenta cada vez más con la pregunta de haberse quedado sin raíces.

Heidegger insistiría en que no podemos arrojar de nosotros al misterio porque estamos siempre dentro de él. Su presencia es la presencia misma. El misterio se oculta en la naturaleza de la verdad. En forma consciente o no, los griegos acertaron increíblemente con su palabra para verdad al conservar la forma privativa o negativa —A-letheia o desocultar— y no usaron, como otros lenguajes indoeuropeos, una palabra directamente positiva, como nuestra propia palabra "verdad". La palabra positiva sugiere un estado o condición que se ha desprendido de cualquier referencia al opuesto que ella oculta. A la luz de la palabra privativa de los griegos debemos pensar en la verdad como una privación, arrancamiento o desgarramiento de algo extrayéndolo desde lo oculto, pero se produce en forma tal que el misterio oculto persiste en, a través y alrededor de lo que se ha puesto al descubierto. Las más corrientes verdades de nuestra cotidianidad se encuentran dentro de este acertijo, tal como nuestras especulaciones sobre las más lejanas galaxias. Para volver al simple y trivial descubrimiento con que comenzamos: "Mire, ese cuadro *está* torcido" y con estas palabras un hecho se hizo presente dentro de la presencia de nuestra habitación. Persiga esta presencia aún más lejos y ahora estamos bajo la envolvente presencia de la noche con sus estrellas cercanas y distantes.

Ningún descubrimiento futuro de los humanos va a alterar jamás esta situación. La ciencia va desde lo conocido a lo desconocido, pero tanto lo conocido como lo desconocido se captan dentro del envolvente hecho de la existencia. Cualquier análisis futuro puede refinar el lenguaje con el que hacemos presente el misterio pero nunca lo eliminará. Y si, a este cansado mundo, llegarán nuevos dioses o nuevas revelaciones, nuestros corazones podrían elevarse, o nuestra voluntad exaltarse, y tal vez podríamos aprender nuevamente a vivir en presencia de lo sagrado. Pero persistiría el misterio y seguiría presente a pesar de esta nueva dispensación, fuera lo que fuera. El misterio estuvo en la primera conciencia humana y lo hizo en forma lo suficientemente fuerte como para que fuera algo presente para ellos, y estará presente para la última persona que respire en este planeta.

Pero basta por esta tarde. Bajo la bóveda circular de estas estrellas, hemos tenido la suficiente meditación para afirmarnos. El estado de ánimo no es sombrío ni entusiasta. No se dan los límites borrosos de "lo místico". Solamente se requiere estar allí y el misterio también estará allí para usted. El colegial oye que llaman su nombre y responde: "¡Presente!". Aquí decimos *Presente* y nuestro llamado nos llama a la presencia.

Un sonido agita el matorral cercano, hay allí un cauteloso animal que suavemente se mueve. A lo lejos ulula una inesperada lechuza. Y esto nos lleva a pensar en todas esas otras criaturas que hay en esta tierra fuera del ser humano, que no se atormentan con esta pregunta. Entre todas las especies animales, el ser humano es la única que percibe este misterio. ¿Será un peso demasiado grande para soportar?

Así volvemos al comienzo de este capítulo con el tema de la alienación. Somos extraños en este universo como ningún otro animal, porque somos los únicos que percibimos el misterio. Es en este plano que se debe enfrentar la alienación final del ser humano. Podemos conversar de la alienación como fenómeno cultural o social, pero todo lo que se dice queda corto frente a la dimensión más profunda en que el ser humano es un extraño en su universo. Y sin embargo esta dimensión de ser extraño es el peculiar hogar donde el ser humano se siente más cercano a todo lo que es. Cualquier planificación social utópica, que pretenda terminar con lo que llama en forma fácil "alienación", sólo lograría que la humanidad se alienara en forma mucho más verdadera de su propio ser. Serían criaturas del vacío, sin saberlo.

La humanidad, consciente de su muerte, también debe soportar el peso de este otro misterio. ¿Constituye un peso demasiado grande agregado a todas nuestras otras angustias? Nos hace sentirnos más desamparados dentro del mundo de lo que puede estar cualquier otro animal. Sin embargo, ¿constituye realmente una carga? ¿No podría ser más bien un regalo? El poder situarse frente al misterio es un don que se nos dio a nosotros y a ningún otro animal. Nos reclama como propios y nos sentimos en nuestro hogar y eso no le ocurre a ningún otro animal. Esta noche las estrellas brillan en el cielo como viejas y confiables amigas. Este cosmos es nuestro en la medida que sigamos siendo capaces de asombrarnos ante su estupenda presencia.

NOTAS DEL CAPÍTULO 8

1. La desilusión que sentí al leer esta entrevista no se debe a hechos particulares que hubieran incriminado a Heidegger. Ya se conocía el panorama general de los hechos y Heidegger sólo dio algunos nuevos detalles que sólo lo confirman. En resumen: en 1934, después de haber renunciado a su puesto de rector en Freiburg, comenzó a separarse de los nazis y, después de 1935, era evidente que su modo de pensar era antagónico a la filosofía nazi y en consecuencia se transformó en *persona non grata* para los oficiales del Partido. También trata de poner término a los rumores sobre un quiebre en sus relaciones con Husserl por ser éste judío. También cita algunos hechos, como haber tenido amigos judíos, para indicar que nunca fue antisemita, etc.

Entonces, ¿por qué nos desilusionó esa entrevista? Uno espera más de un filósofo en el sentido de una voz humana y moral, que una cauta defensa de sí mismo frente a un imaginario tribunal aliado. ¿Qué *sintió* frente al nazismo durante el breve período en que lo apoyó? Y, en retrospecto, ¿qué *siente* ahora? Después de todo, durante los primeros años hubo nazis "idealistas". En esta entrevista, Heidegger nos podría haber dado algunas luces respecto a lo que él y otros, en ese período, vieron en ese movimiento. Pero más que eso, uno esperaría algún tipo de reflexión personal, mirando retrospectivamente a ese terrible capítulo de la historia que había vivido y qué significado tiene ahora para él, con sus millones de víctimas.

Pero no hay nada de esto. Tal vez es culpa del entrevistador que no planteó estas preguntas. Pero el mismo Heidegger debió haber colocado estos asuntos en primer plano, porque eso era lo que el mundo quería oír de él. En vez, después de recitar los hechos, se lanza en la discusión de sus ideas sobre la historia del Ser y la tecnología —temas interesantes y poderosos, pero sobre los que ya había escrito en otras partes. Él vive en esas ideas y no puede alejar su mirada de ellas, o por lo menos, no por mucho rato. No hay dudas respecto a su integridad intelectual y su dedicación a sus ideas y no es probable que un partido político pudiera haberlo desviado de su objetivo filosófico, es decir, de su consagrada meditación sobre el Ser, que era lo que él consideraba su misión en la vida. Por mucho que uno admire esta dedicación a una visión intelectual, uno siente que hay en él una especie de desprendimiento olímpico. En los escritos de Heidegger hay una pasión intelectual, pero no mucha sensibilidad frente a las circunstancias reales de nuestra historia humana y de su importancia moral.

El lector haría bien en tener en mente este asunto cuando lleguemos al Capítulo 12, "La Voluntad Moral".

2. La lógica moderna analiza el tema de la verdad en la disciplina de la semántica y algunos han sostenido que este "concepto semántico de la verdad" resuelve todas las antiguas preguntas que se han hecho los filósofos sobre esta materia.

Yo creo que estas son pretensiones ilusorias, pero como tienen que ver con nuestro tema general de la técnica y la filosofía y de hecho son una expresión más de la ávida esperanza de que la técnica reemplace a la filosofía, creo que vale la pena una breve nota sobre el tema de la semántica.

a. La semántica en sí es una parte muy interesante de la teoría lógica y es útil para analizar algunas paradojas clásicas como la de "El Mentiroso"*. Pero no es una exploración filosófica sobre el significado de la verdad. Esto es claro en el bello ensayo que escribió Alfred Tarski en 1935, que fue quien virtualmente fundó la disciplina. Tarski nos dice que él acepta como correcta la concepción clásica de Aristóteles de la verdad definida como la "correspondencia" de la afirmación con el hecho afirmado. Una afirmación es verdadera sólo si y sólo si, el hecho es tal como la afirmación sostiene que es. Todo el aparato formal de la semántica se sostiene a la luz de esta concepción.

Pero esto no nos impide someter este concepto tradicional a la reflexión y el escrutinio filosófico.

b. El procedimiento de la semántica es *traducir* las afirmaciones hechas en un lenguaje dado (llamado el lenguaje objeto) como afirmaciones en un metalenguaje y sólo en este último se puede hablar de la verdad de las afirmaciones que se hicieron en el lenguaje objeto.

La "correspondencia" en cuestión es entre la afirmación en el metalenguaje y el hecho significado por la afirmación en el lenguaje objeto. Con este método sólo se puede aceptar la afirmación semántica si el hecho es evidente. (Resulta que este ser-evidente, como señalamos en nuestro capítulo, es una noción más básica que la "correspondencia").

Por lo tanto, no es accidental que Tarski comience su exposición erigiendo una semántica para la parte más simple y evidente de la lógica, su cálculo sobre las clases en su desarrollo formal por Schroeder.

---

* Esta famosa paradoja, que ha atormentado a muchos filósofos clásicos, es tan difícil de resolver como fácil de enunciar. Alguien dice: "Lo que estoy diciendo es falso". ¿Lo que dice es verdad o mentira? Si es verdad, es mentira; si es mentira, es verdad (N. de los T.).

En resumen, de nuevo nos enfrentamos con la situación general: para comparar dos cosas A y B, para ver si corresponden, las dos deben ser evidentes para nosotros en lo que son. Ser-evidente es el último *sine qua non* de la verdad.

c. La semántica es en realidad una teoría de la traducción y no una teoría de la verdad. Esto no disminuye su valor como teoría formal, tiene el mérito de llamar la atención hacia la necesidad de obtener traducciones precisas y de restringir las afirmaciones de verdad con relación a esas traducciones para evitar contradicciones. Pero en último término no nos dice nada sobre la verdad misma. Cuando se nos dice que la oración *Der Schnee ist weiss* es verdadera si y sólo si la nieve es blanca, tal vez hemos extendido nuestro conocimiento del alemán pero nuestra comprensión de la verdad permanece exactamente donde estaba.

Capítulo 9

El "Valor Monetario" de Ser*

La mayoría de nosotros, y muchos más que no lo han expresado, en algún momento hemos experimentado la idea de Ser. Basta que en un momento de relajación y tranquilidad, dejemos que nuestros pensamientos vuelen hacia el universo como un todo, para que nos sobrecoja el asombroso hecho de que algo exista en vez de nada. Pero la persona corriente rápidamente aleja estos pensamientos para volver a sumergirse en las necesidades de la vida y su preocupación por las cosas concretas que la rodean. No hay tiempo para dejar que estas ideas se cohesionen y se profundicen dentro de ella. Esa es la tarea de los filósofos: ¡que sean ellos, los adictos al enigma, los que se sacrifican! Si dilapidan inútilmente todos sus poderes en su servicio, por lo menos habrán cumplido con su deber profesional hacia todos nosotros al recordarnos la existencia de ese misterio que empequeñece nuestra arrogancia humana. Pero los filósofos modernos ya no entregan al resto de la humanidad esta lección de modestia: la mayoría ha eliminado la idea del Ser de su pensamiento. Más aún: han levantado barreras de lenguaje contra ella que no permiten que nos ocupemos de ella. Por supuesto que el obstáculo que aquí se presenta es comprensible debido a que los lenguajes humanos se han desarrollado siguiendo nuestras preocupaciones con las cosas y objetos relacionados con nuestra supervivencia. Pero estos filósofos se concentran en estos obstáculos naturales desarrollando sus propias formas aún más restrictivas de análisis lingüístico, erigiendo barreras cada vez más altas. Si ya es tremendamente difícil hablar del Ser. Si el asunto,

---

* A primera vista, el título de este capítulo es muy extraño (más adelante se explica), pero sigue siendo un problema de traducción. En inglés, el capítulo se titula "The Cash Value of Being", que literalmente significa "El Valor Monetario de Ser". Ya que en español la metáfora de William James pierde algo de la connotación que tiene en inglés y suena mucho más abrupta, la hemos colocado entre comillas, cosa que Barrett no hace (N. de los T.).

tal como está, dificulta hablar sobre el Ser, estos filósofos lo harían imposible.

En todo esto, el lenguaje parece haberse transformado en el enemigo particular del Ser. ¿Pero qué pasa si al voltear el tablero, resulta que es el propio lenguaje el que no es comprensible fuera del Ser? ¿Y si se descubre que toda la filosofía del lenguaje es incompleta hasta que no lo capte?

Fue en otras circunstancias que William James introdujo en la filosofía el término "valor monetario" (*"cash value"*). Cuando a fines del siglo pasado el pragmatismo atrajo la atención de los europeos, fue la primera voz original en filosofía proveniente del Nuevo Mundo. Era predecible cuál iba a ser la respuesta del Viejo frente al Nuevo Mundo. Oxford y Cambridge alzaron sus venerables narices en un gesto de desdén. ¿Qué más podría esperarse de la filosofía cuando finalmente llegaba a producirse en un país tan tosco y ebullecente como América? Era natural que esa filosofía reflejara la mezquina practibilidad de la vida en la frontera o la practibilidad filistina del hombre de negocios americano, o de ambas. James hizo frente a este desafío sin poner la otra mejilla. En vez de disfrazar el producto que quería vender, eligió hacer ostentación de su estilo americano frente a sus críticos. Ellos consideraban que su filosofía era demasiado americana, muy bien, entonces él los enrostraría en la jerga americana. Y fue así que empezó a hablar del "valor monetario" de una idea como una medida de su significado: el requisito era que esta idea eventualmente lograra establecer una diferencia dentro de nuestra experiencia actual.

Sería absurdo tratar de imitar el brío y jactancia de la actuación de James. Pero su ejemplo sirve para sugerir que, en la controversia filosófica, a veces es preferible enfrentar al adversario en su propio campo que presentar la otra mejilla. En la actualidad el rechazo de la idea de Ser nace de las filosofías que revolotean en torno al análisis del lenguaje. Muy bien, defenderemos esta idea demostrando que tiene un claro "valor monetario", que de hecho la idea del Ser es indispensable para la comprensión del lenguaje como un fenómeno humano.

A pesar de su manera democrática y franca de hablar, William tenía una mente tan cosmopolita y sutil como su hermano Henry James, el novelista, y, por supuesto, que no quería confinar el valor monetario de una idea a cualquier mezquina utilidad que nos podría procurar en el mercado. Las ideas establecen una diferencia en la experiencia en diferentes niveles y en diferentes contextos. Una idea nos puede servir no tanto como un instrumento que usamos, sino más bien como algo que nos llama a su servicio. De hecho, las ideas que más le importan a la mayoría de las personas son las que hacen más diferencia en la experiencia, aquellas que dan sentido y razón de ser a la propia experiencia. Por ejemplo, la idea de "Dios" tuvo alguna vez una tremenda resonancia en la voluntad de la humanidad y, en consecuencia, un incomparable valor monetario en la experiencia humana. Y, en último término, es en este nivel de temas más amplios que se debe explorar y evaluar la idea de Ser. Sin embargo, aquí hemos aceptado restringirnos sólo a su utilidad para su comprensión, y especialmente para la comprensión del fenómeno particular del lenguaje.

Pero aun en este nivel no es tan fácil decidir la cuestión del valor monetario. ¿Cuándo es realmente útil una idea para nuestra comprensión? Eso nos lleva a la pregunta más fundamental: ¿cuándo puede juzgarse si es satisfactoria o no nuestra percepción intelectual de cualquier asunto? James se enfrentó a esta pregunta en uno de sus más grandes ensayos, "The Sentiment of Rationality", cuyas conclusiones generales me parecen sorprendentemente más aplicables hoy en día que cuando fue escrito. Me parece que ahora, con razones mucho más apremiantes, debido a los nuevos desarrollos de la lógica y de los fundamentos de las matemáticas, tenemos que aceptar con James que no existe un criterio fijo, puro y formal para decidir si alguna de nuestras explicaciones es racionalmente satisfactoria o no lo es. Nos formulamos una pregunta cuando tenemos una sensación de malestar o incompletidad ante las cosas que nos confrontan y la búsqueda termina en forma satisfactoria al cesar la frustración inicial. En lo que concierne a cualquier exposición filosófica de nuestra experiencia, es importante tener al menos la sensación de que no se han omitido los hechos más relevantes de nuestro conocimiento. Y lo que urgiremos en el caso del Ser es precisamente eso: que nuestro cuadro filosófico del lenguaje es incompleto sin él. Una filosofía puede entregar el más copioso y detallado análisis de los hechos en el primer plano, pero en la medida que se desecha o se pasa por encima del Ser, sentimos un gran vacío en el trasfondo, y las palabras del filósofo suenan sin profundidad ni resonancia. Hay el persistente e indesechable sentido de que falta algo, y lo que falta es justamente el sentido que dio en primer lugar origen a nuestros deseos de explicación. Una filosofía que no tiene alguna idea sobre el Ser nos parece tener deficiencias ella misma del ser.

Pero estas generalizaciones deben establecerse en forma concreta tomando el caso de un filósofo en particular. El ejemplo de Wittgenstein ya está a nuestro alcance en este libro, y en línea con nuestro objetivo actual podríamos ahora tratar de unir su pensamiento con el de Heidegger para establecer una especie de diálogo. El lector puede encontrar que en el curso de este diálogo el significado de ambos filósofos se hará más claro. Por lo menos puede interesar la novedad de este esfuerzo. Generalmente cuando los filósofos angloamericanos de la escuela "analítica" echan una mirada a la filosofía del Ser, lo hacen sometiendo a este último a las restricciones de su propio lenguaje y frecuentemente el objetivo no es asegurar el diálogo sino expresar desdén y rechazo. Hemos invertido esas prioridades lingüísticas. Vamos a tratar de engastar el lenguaje de Wittgenstein dentro del de Heidegger, como dentro de un contexto más profundo y amplio, y nos proponemos no rechazar al primero (Wittgenstein), sino tratar que sus presuposiciones sean más inteligibles. El caballero burgués de Molière habló toda su vida en prosa sin saberlo. Así el filósofo del lenguaje corriente tiene un compromiso con el Ser del cual no está consciente.

I.

Wittgenstein reconoce sólo una vez la presencia del Ser en forma explícita, o casi explícita. Lo hace en el celebrado pasaje al final del *Tractatus*, cuando se aproxima a lo "Místico" que está más allá de los límites del lenguaje. Nos dice: "Lo Místico es *que* el mundo sea". (Hubiera estado más cerca de la idea si también hubiera puesto en cursiva el "sea", pero no vale la pena pelear por cualquier hueso que el filósofo moderno nos arroje). Aquí Wittgenstein pasa al silencio: "Debemos permanecer silenciosos de lo que no podemos hablar". Hemos llegado a la presencia del Ser, donde nos fallan los nombres y descripciones, porque éstos tienen que ser siempre respecto a cosas específicas.

Pero el Ser, después de este contacto momentáneo, parece desaparecer de la visión de Wittgenstein. Resuena el estallido de un trueno, que luego se aleja en forma súbita. O, para parafrasear a Robert Frost: "El Ser tomó el velo y se alejó". Pero tal vez no es así, tal vez no es tan fácil suprimirlo. De hecho, no se desvanece por completo, sólo se hace subterráneo. Circula de comienzo a fin en su obra posterior *Investigaciones Filosóficas*, está presente aunque no se anuncia, ni siquiera a través de una atronadora declaración de silencio, como en su obra inicial. Es evidente que este es otro aspecto del Ser que el cósmico que expresamos al decir que el mundo es. Este es el aspecto del Ser que Heidegger trata de poner en descubierto (de traer a lo abierto) en su doctrina de la verdad como *Aletheia*: Ser como la presencia abierta e iluminada dentro de la cual se puede hablar. Esta presencia se desliza por *Investigaciones* entre líneas en forma persistente; se alcanza pero nunca se capta en forma explícita, como si Wittgenstein estuviera siempre girando a su alrededor tratando de alcanzar su espalda para agarrar su propia cola. Y sólo cuando nosotros mismos comprendemos esta presencia, el libro se nos hace plenamente inteligible.

Para Wittgenstein, el lenguaje es el datum central de la filosofía. Sin embargo, el filósofo no explica la naturaleza del lenguaje debido a que el lenguaje es en sí el mismo medio en el cual se llevan a cabo las explicaciones. Sin embargo, deja que el lenguaje se muestre a sí mismo tal como es en la medida que lleva a cabo su tarea de clarificar otras cosas dentro de él mismo. Y justo aquí, en el comienzo, se olfatea algo peculiar con respecto al lenguaje; se diferencia de otras cosas específicas cuyas naturalezas se pueden disectar y, sin embargo, constituye el medio dentro del cual otras cosas se llevan a lo abierto y se hacen claras y evidentes. Y es aquí también que por primera vez vislumbramos el peculiar parentesco que tiene el lenguaje con el Ser, que nunca constituye una cosa o entidad determinada. ¿Capta Wittgenstein este peculiar fenómeno del lenguaje, advirtió en toda su amplitud y profundidad su carácter simultáneamente oculto y abierto? Esta seguirá siendo nuestra pregunta.

El salto hacia el lenguaje corriente fue el paso que llevó a Wittgenstein a su madurez filosófica; no proviene de ninguna pasión filológica por los modismos o locuciones de nuestro lenguaje de todos los días. No es de ninguna manera una debilidad hacia un "culto del lenguaje natural", como han sostenido algunos críticos; esta acusación sí puede venir al caso en cuanto a algunos de los seguidores de Wittgenstein. El lenguaje corriente no es de ninguna manera un vehículo inmaculado. Para el lógico estricto es una confusión desordenada. Para el filólogo histórico, que se coloca fuera de él y lo disecta, este vernacular corriente es como un vasto basural arqueológico de cuyos trozos y fragmentos se reconstruye toda la vida de un pueblo. Pero el filósofo que escoge al lenguaje ordinario como su medio filosófico no se coloca fuera de él; al contrario, penetra en él, no a causa de una curiosidad filológica frente a sus frases de curiosa conformación, sino más bien porque demarca la región donde en último término tienen que darse todas las explicaciones. ("¡Si no me lo puede explicar en inglés corriente, no creo que usted mismo lo entienda!"). Es allí en el ámbito de este lenguaje que las cosas y nuestras explicaciones respecto a ellas se hacen, o no, evidentes y claras. Por eso la justificación de esta primera elección de nuestro medio filosófico debe ser fenomenológica: está relacionada con el asunto de la evidencia. Wittgenstein no nos da esta justificación fenomenológica, lo deja implícito a lo largo de su procedimiento.

La elección de este vehículo filosófico trae consigo otras consecuencias. Con la doctrina de los dos mundos de Descartes, la existencia de un mundo externo y de otras mentes se transformó en un problema filosófico. La entrada de Wittgenstein al lenguaje corriente tiene como objetivo evitar estos problemas. Estos se hacen artificiales y se desvanecen. En la medida que usemos el lenguaje corriente (y un lenguaje no es nada fuera de su uso), cualquier cosa como una prueba de un mundo externo y de otras mentes pasa a ser innecesaria ya que probablemente termine por ser circular.

En este momento debe entrar brevemente en nuestro cuadro la figura de G.E. Moore. El da un famoso argumento para la existencia del mundo externo y, porque su argumento es lineal y trabajoso (muy diferente de los rápidos vuelos y dardos de la visión de Wittgenstein), podemos aislar en él más claramente los puntos que perseguimos. Wittgenstein y Moore fueron colegas en Cambridge, y su influencia conjunta fue tal que cambiaron la dirección de la filosofía británica, alejándola del dominio de Russell. Como buen cartesiano, Russell comienza desde una mente privada, con su información privada, a partir de la cual tenemos que construir un mundo público que contiene objetos y personas. Naturalmente que esta situación requería una prueba del mundo exterior y Russell osciló de un lado a otro respecto a la posibilidad de entregar esa prueba.

En marzo de 1912, Russell le escribió a un amigo respecto a este asunto. Ya que esto ocurrió más o menos al mismo tiempo que Wittgenstein se enroló en Cambridge, nos entrega una impresión vívida de la atmósfera filosófica que este encontró allí. Lo expresó así en una parte de la carta:

> Ayer, en la mitad de mi conferencia cambié de opinión. Intentaba probar que probablemente hay un mundo externo, pero cuando comencé a presentar el argumento me pareció falaz, así que le probé a la clase que no había razones para pensar que existía algo fuera de mí mismo, por lo menos ninguna *buena* razón, ninguna razón que pudiera influir, por ejemplo, para que un hombre invirtiera dinero. Fue algo bien triste, pero no parece tener mucha importancia. La conferencia resultó mejor que si la hubiese preparado.

Aquí la filosofía se ha convertido en un ejercicio juguetón. Es alta frivolidad ejecutada con el *panache* aristocrático. ¡*Lord* Russell, mal que mal! Tal vez sólo un noble puede jugar con la filosofía tan desenvueltamente como pasatiempo de mandarín. Moore y Wittgenstein iban a jugar el juego más seriamente y así cambiar las reglas. En 1939, en respuesta a Russell, Moore presentó frente a la Academia Británica su celebrada conferencia "Prueba del Mundo Externo", una ocasión pública y mundana como correspondía al tema. Se puede considerar que estas dos fechas, 1912 y 1919, marcan un cambio completo del punto de vista dominante de la filosofía británica.

La "prueba" de Moore es curiosamente circular, aunque, en mi opinión, eso no disminuye su valor. Por lo demás, cualquier persona que haya estudiado matemáticas sabe que en filosofía no existen pruebas. Los argumentos filosóficos son una cosa diferente. Ellos exhiben las ramificaciones, las condiciones y los códigos de una visión y, si cambian nuestra opinión, como suelen hacerlo, es porque nos hacen ver algo con una nueva perspectiva. Moore pudo haberse sentado después de haberle dicho a la Academia reunida: "Aquí estoy, leyéndoles un trabajo, lo que es prueba suficiente de la existencia de un mundo externo, y ¿qué más se puede pedir?". De hecho, eso es exactamente lo que dice, aunque en forma más extensa y con más complejidad: "Aquí hay una mano", dijo mostrándola, "y aquí hay otra", dijo mostrando la otra, y por lo tanto, "hay por lo menos dos objetos externos a nuestra mente, lo saben ustedes y yo también". Y si hay por lo menos esas dos, es suficiente para establecer un mundo exterior: uno puede repetir el argumento donde y cuando le plazca con cualquier objeto a nuestro alcance.

Heidegger discute el problema del mundo externo en *Ser y Tiempo*, y en un punto, pero sólo en uno, hay un interesante paralelo entre él y Moore: ambos comienzan citando a Kant: "El que aún no haya una prueba satisfactoria de un mundo externo continúa siendo un escándalo para la filosofía". Pero inmediatamente después, ambos, Moore y Heidegger, divergen en la forma más tajante posible. Moore propone su prueba como un remedio satisfactorio para esta situación. Heidegger, por otro lado, declara que el verdadero escándalo no es la ausencia de una prueba, ¡sino el hecho que los filósofos la exijan! La prueba o su rechazo tiene lugar dentro del mundo. Probar la existencia de cualquier objeto (Moore levanta su mano) consiste en mostrarlo dentro del mundo. No se llega al hecho de un mundo en forma aditiva, apilando objeto sobre objeto, hasta formar un agregado. "Aquí hay una mano, aquí hay otra, etc.". Cada objeto a su vez se exhibe sólo como un ítem dentro del mundo, y tenemos que estar en el mundo de antemano para concretar la suma. Nuestro Ser-en-el-mundo es un fenómeno unitario y no el total de componentes separados. El enfoque de Moore es ingenuamente reduccionista; como realista tiene una ontología sólo de las cosas, hay manos, mesas, sillas, tazas de té, platos, etc. ¿Pero qué ocurre con la *copresencia* de él mismo como el que habla y de los oyentes en torno a los cuales gira todo el argumento ("Aquí hay una mano, y yo lo sé y ustedes también"), pero que son cosas semejantes a una mano?

¿Y qué sucede con el lenguaje mismo como testigo de esta copresencia? Imaginemos a alguien que mira por la ventana en el momento en que Moore levanta su mano pero no oye lo que se dice. A veces Moore hace gestos muy enfáticos. El observador podría haber pensado: "El profesor amenaza al público". En ausencia de lenguaje, la conducta pierde su significado. Moore muestra su mano físicamente, pero su lenguaje hace claro el significado de la *presencia* de esa mano en esa ocasión particular. Tampoco tendrían sus palabras el significado que tienen si no estuviera presente en ellas el contexto histórico particular que va desde Descartes a Kant y más allá. Esta presencia histórica también es parte de nuestro mundo, pero no es una cosa como una mano.

En los últimos fragmentos que nos dejó, Wittgenstein luchaba con esta pregunta y la respuesta de Moore no le satisfizo. La creencia en un mundo externo, piensa, no es como la creencia en una cosa de hecho particular dentro de la armazón de la experiencia, es una parte de la armazón misma, sin la cual nuestra "forma de vida" particular no sería lo que es. Aquí Wittgenstein se va acercando hacia el Ser-en-el-mundo de Heidegger, pero Wittgenstein todavía está demasiado encadenado a una ontología de las cosas, al igual que todos los filósofos analíticos.

II.

El cambio que hizo Wittgenstein desde el cálculo formal al lenguaje corriente significa un cambio en la típica situación en que uno se enfrenta con el lenguaje en acción. Si se considera al lenguaje como cálculo formal, se lo puede ver como marcas en papel que manipulamos de acuerdo a ciertas reglas. La situación más frecuente, sin embargo, donde el lenguaje corriente está vivo y en acción, es una conversación humana. La totalidad de las *Investigaciones Filosóficas* es una serie de conversaciones, o, para ser más preciso, una sola conversación que se interrumpe, se recomienza y se ramifica en varios temas correlacionados. El interlocutor principal es Wittgenstein, pero en la forma que Wittgenstein formula sus preguntas, siempre está presente la voz del que responde. Wittgenstein además contesta, o inventa preguntas que debieran haber sido formuladas por el interlocutor. Esta técnica conversacional no ha sido analizada lo suficiente. Si el lenguaje es una forma de vida, como nos dice Wittgenstein, entonces este estilo conversacional es su esencia, y si no advertimos su presencia perdemos algo fundamental. Los filósofos preguntan: "¿Qué compromisos ontológicos están implicados en el uso del lenguaje corriente?". Esta pregunta debe plantearse en forma más concreta: ¿qué comprensión del Ser debe estar presente para que se pueda conducir una conversación?

A habla con B. Nada parece más trasparente y simple para nuestro entendimiento habitual, y sin embargo, algunas teorías filosóficas transforman esta situación en algo casi imposible de captar. Para el dualismo tradicional, por ejemplo, existe la mente de A y el cuerpo de A, y la mente de B y el cuerpo de B; y la conversación entre A y B se lleva a cabo como sigue: el cuerpo de A recibe señales físicas que provienen del cuerpo de B, y en alguna forma la mente de A transforma estas señales en pensamientos, luego comienza a producir pensamientos propios que a su vez inician movimientos corporales que van a ser recibidos por los receptores corporales de B y enviados a su mente y así sigue de ida y vuelta. Esto no corresponde a lo que consideramos una conversación. Tal vez podría ser aceptable como la imagen de una comunicación intergaláctica donde se reciben señales físicas de alguna fuente en el espacio exterior, luego tratamos de inferir las mentes y las intenciones de los transmisores, para después enviar nuestras señales de respuesta. Los que comparten una conversación corriente pueden ser distantes entre sí, pero nunca tan remotos.

¿Lo hace mejor el conductismo? Aquí las dos mentes siguen las reglas; sólo existe el cuerpo de A y sus manifestaciones de conducta (incluyendo la actividad del hablar), y en la misma forma, el cuerpo de B y su comportamiento. Pero el conductista no puede evitar agregar por lo menos este poco de mente: A observa el comportamiento de B y en forma similar B observa el de A. Esto, más que una conversación, es un experimento en psicología conductual donde el sujeto experimental y el experimentador están constantemente alternando los papeles.

Esta situación se complica más si tratamos de conducir una verdadera conversación. No se trata sólo de A observando el comportamiento de B, sino que además está observando a B observándolo a él. Lo mismo vale para B. Empezamos a sentir todas las perversas complicaciones que implica la posible "mala fe" que describe Sartre con un vocabulario muy diferente: la conversación se transforma en un interminable intercambio dialéctico entre el observador que está observando al observado, y el otro, que, al ser observado, también está observando a su observador. Además, ¡tanto A como B interpretan estos papeles en forma simultánea! Esto podría describir un diálogo entre un diplomático soviético y otro americano durante la détente, cada uno moviéndose cautelosamente alrededor del otro, pero está muy lejos de describir una conversación corriente.

Lo que entendemos como una conversación es la situación en que dos personas están genuinamente interesadas en un tema, en el que se absorben explorándolo y se mantienen juntas dentro de la unidad de su conversación. En resumen, la conversación es *entre* A y B y *dentro del* lenguaje. Nótese que hemos enfatizado las preposiciones. Si vamos a tomar en serio el lenguaje, debemos darle importancia merecida a las preposiciones, porque de hecho son indispensables. Sin ellas no se pueden unir en una conversación los ingredientes aislados de la mente y del cuerpo. Por esto, ni el dualismo ni el conductismo permiten que hablemos como lo hacemos en la vida. Una conversación no se lleva a cabo en forma alternada dentro de la cabeza de cada uno de los personajes, tampoco se lleva a cabo en la superficie de los cuerpos a través de sus manifestaciones conductuales; es realmente en la región entre los que conversan que se lleva a cabo una conversación.

Pero alguien podría objetar que estamos tomando demasiado en serio estas preposiciones. Evidentemente, la conversación se lleva a cabo en lenguaje, pero este "en" es aquí una simple metáfora. ¿Pero estamos tan seguros de lo que es o lo que no es metafórico en el lenguaje corriente? ¿Es incorrecto usar la palabra "en" salvo cuando queremos denotar la existencia de una mesa en una habitación o de un objeto en una caja? Consideremos la pregunta habitual: ¿pensamos en lenguaje? Es evidente que Wittgenstein lo piensa, todo en su texto apunta en esa dirección. No buscamos pensamientos a tientas fuera del lenguaje, para después, luego de darles forma, tratar de convertirlos en lenguaje. Esto sería tan ridículo como decir que el compositor primero compone su idea musical y luego la pone en notas. Nuestra búsqueda a tientas de pensamientos es una búsqueda que se lleva a cabo dentro del lenguaje tratando de encontrar el lenguaje apropiado que vamos a querer usar para lograr nuestro objetivo.

Pero, entonces, ¿qué clase de cosa tan peculiar es el lenguaje que no sólo permite que pensemos dentro de él, sino que, además, dentro de él podamos compartir el mismo pensamiento con otro?

III.

Primero consideremos el lenguaje en la categoría de herramienta o instrumento.

"Piense en las herramientas en una caja de herramientas; hay un martillo, un alicate, un serrucho, un desatornillador, una regla, un tarro de cola, goma para pegar, clavos y tornillos". Así nos invita Wittgenstein a pensar en las palabras del lenguaje en toda su materialidad concreta. Nos quiere alejar de la tentación de la mente cartesiana y de sus ideas subjetivas, y por otro lado, de los universales platónicos, que era la filosofía que enseñaba Russell cuando Wittgenstein empezó a ser su estudiante. Muy bien. Pero si consideramos las palabras como herramientas, ¿cuál es el *ser* de una herramienta? Una herramienta apunta más allá de sí misma, a las situaciones de su uso, a la interacción con otras herramientas, a un mundo al cual entra y tiene su lugar. Las herramientas son lo que construimos con ellas. Si se le da una caja de herramientas a un hombre que no sabe usar las manos, terminará en el ático o en el sótano como un montón de objetos materiales. En cambio, si se la da a un carpintero, a éste se le abrirá un mundo de posibilidades.

El lenguaje se abre al mundo en forma más abrupta y extensiva que cualquier conjunto de herramientas. Una herramienta tiene cierta opacidad; cualquier palabra del lenguaje es inmediatamente transparente para el mundo más allá de ella. Y sus significados siempre se abren más allá de la estrecha zona de su aplicación inmediata. Esta apertura se mantiene aun en lenguajes más bien limitados. Considere el juego de ajedrez y la notación que usamos para él. La notación es un lenguaje que nos permite describir un juego. Pero en la novela *La Defensa* de Vladimir Nabokov aparece otra descripción de un juego de ajedrez:

Luzhin se acomodó para jugar con particular cuidado. El comienzo fue suave, suave, como violines con sordina. Los jugadores ocuparon sus posiciones cautelosamente, moviendo una u otra pieza, pero haciéndolo educadamente, sin el menor signo de amenaza y, si hubiese alguna amenaza, era enteramente convencional, más bien como una insinuación indicándole al oponente que sería bueno que se defendiera de esa situación, el oponente se sonreiría, como si todo esto fuera un chiste insignificante... Entonces, sin la menor advertencia, un acorde sonó tiernamente. Era una de las fuerzas de Turati ocupando una línea diagonal. Pero de inmediato también se manifestó muy suavemente una melodía en el lado de Luzhin...

Sería un error considerar estas palabras simplemente periféricas y "poéticas". El mismo jugador, al oír la descripción de Nabokov, podría haber dicho: "Sí, así fue como se desarrolló el juego". La notación del ajedrez y su descripción literaria describen el mismo juego y no se pueden separar. Freud habla de ciertos símbolos en la vida psíquica que él llama "sobredeterminados": tienen varios significados diferentes al mismo tiempo y éstos deben tomarse en conjunto. En forma análoga, el lenguaje siempre implica la densidad de sus múltiples referencias. El músico profesional que lee una partitura, al ver ciertas marcas oye como una cuerda suena tiernamente. Asimismo, un ajedrecista ve la notación R-R5 y frunce el ceño frente a la posible amenaza que puede significar. Ni la notación del ajedrez, ni la descripción literaria son *la* expresión del juego; ambas se traducen de una a la otra porque ambas expresan el mismo juego.

Es decir, el lenguaje no sólo se abre a un mundo interconectado, sino que va y viene dentro del mundo desde una posible región a la otra. Robert Frost nos recuerda que una metáfora es tomar una cosa por otra. En este sentido, todo el lenguaje es metafórico, porque en forma insistente conecta una cosa con otra. Una palabra, cualquier palabra, perpetuamente envía tentáculos de conexión hacia todos lados. (¿Quién hubiera pensado que el simple artículo "*the*" [el, la, lo, las, los], aparentemente el más sencillo y modesto sirviente del lenguaje inglés, pudiese alguna vez alcanzar la armonía que alcanzó como la última palabra, el último suspiro de la vasta sinfonía de lenguaje que es *Finnegans Wake* de James Joyce?). Los lenguajes rudimentarios resultan ser más difíciles de construir que lo que creemos. Usémoslos y no permanecerán rudimentarios por mucho tiempo. Limite a la gente a las aproximadamente ochocientas palabras del inglés básico y no pasará mucho tiempo antes que el vocabulario comience a expandirse con inflexiones, compuestos y entonaciones.

Wittgenstein da el ejemplo de un lenguaje rudimentario donde un capataz grita: "¡Losa!" y el obrero le trae una losa de piedra. ¿Pero es tan rudimentaria esta situación? ¿Son tan elementales los compromisos dentro de este mundo, del hombre con el hombre, del hombre con las cosas, del hombre con las palabras, que el significado de esta orden no se extiende más allá de coger una losa de piedra? ¿Es el obrero simplemente un robot que responde a una señal? De día a día la voz del capataz puede sonar diferentemente a sus oídos. El obrero no oye un sonido sino una voz, y en ella, el tono de autoridad que la rodea. Y es contra ese fondo que se comienza a definir gradualmente otra región del Ser, una región ocupada por él mismo y sus compañeros. ¿Es ese obrero miembro del sindicato? Algún día podría oír el grito: "¡Losa!" no sólo como un sonido sino también como una posibilidad, como un llamado para definirse él mismo y sus compañeros dentro de una asociación.

Ya indicamos las formas en que el lenguaje se abre al mundo; ahora me gustaría señalar la forma en que se cierra la situación donde usamos el lenguaje. En cada caso llegaremos al mismo resultado: es decir, que el lenguaje y nuestro Ser-en-el-mundo caminan de la mano, que ninguno es explicable sin el otro.

Un punto cardinal de Wittgenstein en el análisis que hace del lenguaje es la identificación, o al menos, la estrecha unión que tiene el significado con el uso. Nos dice que si queremos saber el significado de una palabra, debemos buscar su uso. Bueno, quiero saber el significado de una palabra y encuentro sus usos en el diccionario. Pero, para que éstos me sirvan, debo entender esos usos, es decir, debo entender lo que *significan*. Por supuesto que, a su vez, podría ser posible explicar ese significado por su uso y podría seguir así en un contexto que continúa siempre ensanchándose. ¿Dónde nos detenemos? Wittgenstein comenta que "la explicación debe detenerse en algún momento", una afirmación que es tanto baladí como profunda, nos entrega la clave del asunto si le seguimos la pista. Donde se detienen las explicaciones puede ser algo enteramente práctico, puede aburrirnos la conversación, o el asunto por el momento está suficientemente aclarado, o puede ser que hayamos agotado ya nuestros poderes de análisis. Pero donde nos detengamos, por mucho que hayamos explicado los significados que usamos, terminamos dentro de un contexto de significados. Es decir, terminamos en un mundo donde algunas cosas son evidentes y otras están ocultas; algunas cosas a la luz, otras a media luz, otras en la oscuridad (la situación de la verdad, o *Aletheia*, que tratamos de bosquejar en el capítulo anterior). Pero también es el mundo donde comienza el lenguaje. Por lejos que caminemos durante el día y por mucho que cambie el paisaje y el ángulo de la luz, al llegar el atardecer seguimos rodeados por el horizonte. El lenguaje siempre habla dentro de esta finitud de la condición humana, pero sólo puede hablar gracias a la generosidad de lo que le otorga nuestro Ser-en-el mundo. Por ejemplo:

A fines de la Segunda Guerra Mundial, conocí a un joven soldado yugoslavo que había luchado contra los alemanes hasta que se rindieron y ahora huía de Tito. No teníamos un lenguaje en común y sin embargo era necesario comunicarnos, más necesario para él ya que escapaba para salvar su vida y buscaba mi ayuda. Tendríamos que inventar un lenguaje mutuamente. Ya en ese entonces me cruzó por la mente y, aun más después en reflexiones futuras, que nos enfrentábamos con un problema por cuya solución, de acuerdo al filólogo Jespersen, las sabias academias del siglo XVIII daban premios: *¿cómo fue que el hombre en su condición primitiva llegó a inventar un lenguaje?* Bueno, resultó que este yugoslavo y yo nos las arreglamos de alguna manera; después de todo, teníamos un mundo de lenguaje entre ambos. Me imagino que eso pudo haber sido lo que ocurrió con esos primitivos que se juntaron para hablar por primera vez, y que comenzaron a formar los matices de las vocales, consonantes y diptongos a partir de sus gruñidos y chillidos. Comenzaron a hablarse porque ya estaban dentro del lenguaje. Los significados están, antes que nada, no en la mente sino en el mundo, en las uniones e interconexiones de las cosas que allí encontramos.

De vez en cuando me pregunto qué habrá ocurrido con ese yugoslavo. Dos días después de haberlo conocido, lo dirigí a uno de los campamentos que estaban formando los aliados para los refugiados (donde probablemente tenían intérpretes con los cuales él podría hablar en una forma menos primordial que conmigo). Era un joven inteligente y lleno de vida y me gusta pensar que le fue bien. "*Wir sind ein Gespräch*" (Somos una conversación), declara el poeta Hölderlin; y Heidegger lo cita como una de las principales claves para comprender la naturaleza del lenguaje y de la existencia humana. Bueno, ese partisano yugoslavo y yo fuimos sólo una conversación, pero tal como fue, se destaca como uno de mis recuerdos más humanos contra la confusión de aquella guerra.

IV.

Espero que de las insinuaciones que ya he hecho empiece a emerger la peculiar relación que existe entre el lenguaje y el Ser; ayudaría si para terminar las juntamos en una unidad más sistemática. Ayudaría más aún bajar nuestra discusión desde lo abstracto a lo concreto, si en lugar de hablar del lenguaje en general, descendemos a lo específico y nos referimos a un lenguaje en particular, esta lengua inglesa que compartimos. Este es un lenguaje que realmente no discuten los filósofos lingüísticos. El "lenguaje corriente" del que hablan me parece algo remoto, una abstracción peculiar que no ha adquirido carne y hueso. Por otro lado, el lenguaje inglés constituye una entidad histórica definida cuyo destino es una parte y porción de mi vida real.

¿Qué es el lenguaje inglés? La pregunta podría parecer inútil, la típica tontería que preguntaría un filósofo, ya que todos sabemos muy bien lo que es este lenguaje en el cual nos comunicamos y con el cual luchamos por pensar. Pero aquí debemos recordar el caso de San Agustín con respecto al tiempo. Él pregunta: "¿Qué es el tiempo?", y responde que si no se lo preguntamos, él sabe lo que es, pero tan pronto como se lo preguntamos, no lo sabe. Si nos planteamos la misma pregunta con respecto al lenguaje, encontraríamos que la pregunta no es inútil. Podríamos descubrir, como San Agustín con el asunto del tiempo, que la respuesta es mucho más difícil de lo que habíamos imaginado. Ninguna de las actuales filosofías "lingüísticas" logra responder esta pregunta. ¿Cómo podrían hacerlo si nunca la han planteado? Ni siquiera tienen las categorías con las que nos podrían indicar la dirección donde podríamos buscar una respuesta.

Para indicar la dificultad que se nos presenta, debemos señalar que pareciera haber dos tipos fundamentales de entidades de las que disponemos para explicar lo que es la lengua inglesa. Por un lado, tenemos las cosas físicas que parecen constituir el lenguaje: los sonidos hablados y las marcas fonéticas en el papel que indican esos sonidos. Por otro lado, están los pensamientos que tienen las personas en conexión con esas marcas físicas y sonidos. Cosas físicas e ideas mentales —parecemos estar eternamente atrapados en este esquema dualista. Pero el lenguaje parece eludirnos en ambas categorías. Vive su vida entre estos polos opuestos, el sujeto y el objeto; es de hecho el medio entre ambos. Y nuestra dificultad en captarlo es exactamente del mismo orden que nuestra dificultad para captar al Ser, el que, como el lenguaje, elude y abraza a ambas categorías al mismo tiempo.

Siguiendo a Wittgenstein y a otros filósofos analíticos, evitemos resucitar al fantasma en la máquina de Descartes, al evitar las entidades mentales si nos es posible. Además, como ya señalamos, si el lenguaje es algo mental en la mente de A y lo es también en la de B, sería difícil hacerlos entablar una conversación. Pues bien, tenemos entonces que construir el lenguaje inglés en términos de cosas. Para hablar en forma estrictamente objetiva, ¿constituye la lengua inglesa el agregado de todos los sonidos que producen las personas que en el mundo y en este momento particular de la historia hablan inglés? Pero resulta imposible construir este lenguaje en forma inteligible como un agregado o conjunto, lo inimaginable de esta idea confunde la mente. Es evidente que esto no es lo que ocurre con quien trate de hablar o escribir en inglés.

El lenguaje inglés es histórico. Como todas las cosas humanas, se desenvuelve en el tiempo, cambia y evoluciona. En cierto punto del pasado, marcamos su curso y decimos inglés medieval; en otro punto hacia el futuro podría haber cambiado a lo que George Orwell llamó "*Newspeak*" (Nuevo hablar). Mientras tanto, en el largo interregno, las personas han hablado, escrito y tratado de pensar en inglés. Si consideramos a este lenguaje en términos exclusivamente físicos, tendría que ser el agregado de todos los sonidos y las marcas fonéticas en papel que los acompañan, producto de todos los que lo han hablado en el curso de los siglos. Nuestro torpe agregado se hace aún más amorfo e imposible de considerar seriamente como el inglés que usamos.

Pero alguien —tal vez un conductista— podría objetar que complicamos demasiado el asunto. ¿No se podría considerar que el idioma inglés es una clase seleccionada dentro de ese inmenso agregado? Lo que llamamos inglés correcto o apropiado se ha establecido en ciertos libros, se ha trasmitido a través de la agencia física de maestros, y ha dejado su depósito en mi organismo en forma de ciertas normas o inhibiciones en mi comportamiento verbal. A primera vista, esta descripción puede parecer una interpretación estrictamente física del lenguaje que uso, pero de hecho está lejos de serlo. En innumerables puntos dentro de esta larga cadena de causalidad que me ha condicionado, se han producido actos conscientes de creación, selección y eliminación[1]. A pesar de eso, aceptemos lo anterior como la aproximación más cercana a una interpretación física del lenguaje inglés. He aquí nuestras objeciones a ella:

Como tantos de los análisis conductistas, que a primera vista parecen rigurosos y faciales, este resulta remoto y esquemático cuando se lo enfrenta a los fenómenos concretos que se supone presenta. La pregunta es de qué manera experimento yo el lenguaje inglés, como algo presente y que opera en mí. ¿Cuál es mi relación vital con el lenguaje? Gran parte de mí podría estar respondiendo como robot a las normas del hablar y del escribir que se me han inscrito. Pero también este lenguaje me empuja hacia adelante, siento en mí el empuje de sus posibles recursos mientras lucho pasando de una frase a otra. La actualidad de este lenguaje es la presencia de sus posibilidades de expresión. En alguna parte este lenguaje inglés me puede otorgar el don de encontrar una frase iluminadora mientras chapuceo hacia adelante. Aquí en el lenguaje encontramos la peculiar interconexión entre lo actual y lo posible que es la marca del ser humano a diferencia del ser de las cosas.

De hecho, este punto ya estaba implícito en nuestro ejemplo previo del ajedrez. Para el maestro de ajedrez, el juego no es las piezas físicas ni las reglas para manipularlas, sino que las posibilidades de juego que éstas le abren. El movimiento de una pieza en el tablero no es sólo el traslado de un cuerpo físico de un lugar a otro, sino la brusca aparición, que es lo que capta la descripción de Nabokov, de la completa red de amenazantes posibilidades tanto inmediatas como remotas. Pero el mundo del lenguaje inglés me es infinitamente más amplio y cercano que el del ajedrez. Despierto cada día a las palabras que me esperan, yo existo, soy lo que soy, dentro del mundo que me abre el lenguaje. Mi lenguaje es una región del Ser que habito. Y aquí la comparación del lenguaje con una herramienta no es válida. *No uso el inglés en la misma*

---

[1] Un filósofo como Hegel diría que el lenguaje inglés es una forma histórica concreta de la vida espiritual de una parte de la humanidad, con lo que estaría más cercano a la verdad, pero hemos llegado al acuerdo de eliminar las referencias a la mente o al espíritu.

forma que uso una máquina de escribir. Con esta simple oración se desploma todo el elaborado modelo del lenguaje como instrumento, y sólo como instrumento. Aunque mi máquina de escribir me es tan familiar, aunque conozca íntimamente la consistencia y sensación de sus teclas, permanece externa a mi vida, lo que no ocurre con el lenguaje inglés. Reemplazaré muy luego esta máquina de escribir —las teclas comienzan a pegarse— y será olvidada. Mis últimos pensamientos al morir, suponiendo que siga consciente, serán en inglés.

La presencia del idioma inglés resuena a través de su pasado. Esto es algo que nos enseñan los poetas. Es a través de la voz de los poetas que el lenguaje cobra nueva vida como el lenguaje de un Shakespeare o un Wordsworth y al mismo tiempo nos abre los oídos para escuchar cosas nuevas. En la poesía, la copresencia del pasado, presente y futuro, único a la existencia humana, se nos hace avasalladoramente presente. No se debe dejar de lado este hecho, desplazándolo hacia algún melindroso ámbito de lo "poético", especialmente si se considera un filósofo del lenguaje corriente. De hecho, la poesía es donde el lenguaje corriente adquiere vida, es en ella, adaptando una frase de Wittgenstein, que nuestro lenguaje común es menos ocioso.

De hecho, esta conexión del lenguaje con el tiempo es una estricta y literal consecuencia del nominalismo de Wittgenstein, aunque creo que este punto apenas se ha señalado. El nominalista sostiene que las únicas cosas que existen son los individuos; no hay universales platónicos para proveer el hilo que conecta nuestro discurso; por lo tanto, para que nuestro hablar no se desplome en una cháchara inconexa y sin sentido, la memoria humana debe servir de soporte. No se hace en general el énfasis que me parece debe hacerse en el papel central que desempeña la memoria, para el nominalista, el mismo Wittgenstein sólo lo señala en un pasaje muy breve. Argumenta con un platónico que cree que los significados tienen un ser independiente de las cosas individuales o de las mentes individuales. El platónico dice:

> Se puede destruir algo rojo, pero no el color rojo, y por eso el significado de la palabra "rojo" es independiente de la existencia de una cosa roja.

Y Wittgenstein responde:

> No se aferre a la idea de que siempre, aun cuando ya no haya nada rojo, va a poder traer a su ojo mental el color rojo... Suponga que ya no recuerda ese color [I, 57].

Supongamos que ya no hay cosas rojas que mirar y que usted ha olvidado cómo es el color rojo, con ello la palabra "rojo" habría perdido el significado. (En forma análoga, para volver al tema de un capítulo anterior: si la raza humana se olvidara de enumerar, esas sagradas entidades platónicas, los números, dejarían de existir). La memoria es una condición esencial para que existan significados. *Cada palabra de nuestro lenguaje es la memoria trabajando para nosotros.*

Ahora ponga este asunto junto a lo que Wittgenstein dice sobre la memoria (II, xiii). Recordar no es experimentar un estado mental subjetivo, un contenido de memoria, del cual se infiere el pasado. (*Erinnern hat keimen Erlebnisinhalt*). Una afirmación sobre el ayer es una afirmación sobre el ayer, no acerca de mi contenido mental de hoy. El pasado, como referente directo, se preserva en mi lenguaje del presente. El lenguaje permite la copresencia del pasado y del presente.

¿Y qué hay del tercero de los tres tiempos, el futuro? Según el énfasis generalmente pragmático de Wittgenstein, el lenguaje debe considerarse como una actividad, una "forma de vida", y por lo tanto, algo esencialmente abierto hacia el futuro.

El lenguaje, por ende —para juntar a los tres—, es la memoria abriendo un camino a través del presente hacia el futuro, pero en forma tal, que en él se unen los tres.

¿Pero qué clase de ser es este que puede englobar de esta manera al tiempo? Este es el tipo de pregunta que Wittgenstein no se formula, y para una respuesta debemos volvernos a un filósofo como Heidegger. Por ello, lo que hemos ensayado sugerir respecto al parecido entre el Ser y el lenguaje se puede resumir en tres puntos de la doctrina de Heidegger:

1. Según Heidegger, la temporalidad constituye el carácter único y radical de la existencia humana. Esto no se debe al hecho que con el tiempo desaparecen nuestros días y nosotros mismos, eso también ocurre con los animales. Lo que es único tiene que ver con la manera como el hombre *ek-sists*, se ubica dentro del tiempo y con relación al tiempo. A menudo se dice que el hombre es el animal ligado al tiempo. Pero sólo podemos unir las partes del tiempo —pasado, presente y futuro— porque estamos situados dentro de una región del Ser que de antemano ha englobado a nuestra disyunción. Puedo unir la rama del rosal al enrejado porque ambos están a mi alcance. Se podría decir que sólo tenemos lenguaje gracias a esta temporalidad única que tiene nuestra existencia. Pero también podríamos decir que el tiempo es lo que es para nosotros porque hemos retenido esta posibi-

lidad dentro del lenguaje. Por lo tanto, el lenguaje y el ser humano son coordinados.

2. Esta característica nuestra de la temporalidad hace que desviemos nuestro pensamiento con respecto a los términos tradicionales de actualidad y posibilidad. Lo posible no es simplemente un acontecimiento aislado que se esconde en el futuro y, por lo tanto, externo a nuestra actual existencia. La posibilidad penetra lo actual y lo transforma en lo que es: somos lo que somos a través de los horizontes que se abren ante nosotros. Así también la actualidad de nuestro lenguaje se da como las posibilidades de expresión que éste nos abre.

3. Los dos puntos anteriores nos llevan a pensar en forma opuesta a nuestras costumbres habituales, que se desenvuelven sin rumbo alrededor de la dicotomía que existe entre las cosas y los pensamientos. Pero esa es sólo nuestra dificultad habitual al pensar sobre el Ser, que, por un lado, no es una cosa concreta ni, por otro, un concepto de la mente. Es el tercero que yace entre ellos y los sobrepasa. El énfasis de Wittgenstein es alejarnos de lo subjetivo y lo mentalista, pero no tiene el aparato filosófico —ni la ontología— que le permita captar la dimensión de lo que no es ni cosa ni entidad mental, y dentro de la cual circula y vive nuestro lenguaje. Y, sin embargo, desde el momento que dejo de ser un técnico de la lógica para abrazar al lenguaje corriente, Wittgenstein se lanzó a ese medio, porque el lenguaje corriente, como una "forma concreta de vida", es algo que vive y se mueve dentro de la región abierta que existe entre sujeto y sujeto, sujeto y objeto, cosa e idea. Y es allí también que Wittgenstein presenta sus ideas, no dentro de su cabeza ni la de quienes lo escuchan. Wittgenstein debe traerlo a lo abierto, explicar lo que quiere decir a través del incansable ingenio de sus ejemplos, contraejemplos y paradigmas. Para usar el término de Heidegger, las *Investigaciones* son una danza maravillosa en el claro abierto de *Aletheia*.

Todo lo que hemos dicho probablemente tiene poco "valor monetario" para el técnico del lenguaje. El mira a través del Ser —es tan transparente— y no lo ve; y porque no puede utilizarlo, resuelve ignorarlo. Al fin el Ser es lo que el hombre técnico no puede conquistar, tal vez la civilización sólo lo logre comprender a través de una catástrofe. Pero tal vez en la propia falta de utilidad yace el verdadero "valor monetario" de la Idea del Ser: al revelarnos lo absolutamente opuesto al hombre técnico y sus intereses, nos señala el camino a través del cual podríamos llegar a comprender la naturaleza de la tecnología como un todo. Este es el esfuerzo al que nos dedicaremos en el próximo capítulo.

Capítulo 10

La Tecnología como Destino Humano

La idea de la historia universal aparece en la mente europea al extender Europa su poder a todo el planeta. Nosotros estamos acostumbrados a la idea y olvidamos cuán novedosa fue y cuánto demoró en aparecer. Los viajes del siglo XV, y las continuas exploraciones y colonizaciones que siguieron, abrieron el mundo entero para la civilización europea. Hasta entonces la historia había sido local, o tribal, limitada a pueblos en particular o a imperios. Pero a partir del siglo XVIII con la idea de la edad de la ilustración ya era posible imaginar a toda la humanidad como tema de una sola historia y a todo el planeta como el teatro de un mismo drama.

Era natural que, en ese momento de poder expansivo y autoconfianza en su misión, Europa produjera la idea de una historia universal que reflejara su propia imagen y que se viese representando el centro del proceso histórico; también era natural que leyera el significado de esta historia en términos que enorgullecían a su propia civilización.

Este estado de ánimo exuberante y positivo de la Ilustración* se sobrepasó en los comienzos del siglo XIX. Se puede considerar al joven Hegel como un representante típico de la época; fue el primer filósofo importante que adoptó a la historia mundial como su tema explícito y escribió con la vigorosa convicción de que la modernidad era un gran paso adelante más allá del pasado. La edad moderna, de acuerdo a él, era el florecimiento de la iluminación frente a la estrecha visión de otro-mundo de la Edad Media. Tres grandes acontecimientos se combinaron para iniciar este período: el Renacimiento, la Reforma y

---

* La palabra inglesa para denominar esta época es *"Enlightenment"*, que debería traducirse como "Iluminación", una palabra que calza mejor con el contexto de este libro. Pero como la tradición castellana ha consagrado la denominación "Edad de la Ilustración", hemos respetado la tradición (N. de los T.).

el desarrollo de la ciencia. Cada uno representa un ensanchamiento y liberalización de la mente. Parecía que esta nueva era de la humanidad estaba destinada a producir en todas partes una confiada expansión de la libertad y una elevación de la autoconciencia humana. Es natural que Hegel haya tomado a estos dos como sus temas centrales y, de hecho, como el verdadero significado de la historia misma.

Pero también en ese momento, cuando Europa repartía su poder a través del mundo, sin que fuera consciente de ello, ya surgía el proceso de autodispersión y autodesintegración. Hoy día Europa ya no está en el centro del poder mundial. No puede ya recetar con la misma confianza sus propias formas como un modelo para la historia. De hecho, aún más, ha perdido de vista su propio centro y está insegura respecto a cuáles serían las formas centrales. Actualmente la tarea de encontrar unidad en la historia se hace más difícil y atormentada que en tiempos de Hegel, para quien el diseño del tapiz estaba tan claramente dibujado en el reflejo contemporáneo de sus propios ideales.

Es difícil imaginar, por ejemplo, cómo la Reforma Protestante podría ser un hecho fundamental en la historia de China. Europa hace ya tiempo que dejó de ser la cristiandad. Ya no tiene esperanzas de convertir a Asia o Africa, y de hecho, parece no sólo ser incapaz sino que también no tener la voluntad para reconvertirse a la primitiva fe cristiana. Desde el punto de vista de una civilización postcristiana, la Reforma Protestante sólo parece ser central para la historia europea como un acontecimiento que marca el comienzo de la decadencia del dominio de la fe cristiana sobre las vidas de las naciones occidentales y, para la historia del mundo, es memorable sólo como un paso más en la secularización de la naturaleza preparando el camino para nuestro dominio técnico del planeta.

Las glorias del arte renacentista siguen ahí para nuestro encanto. Pero este arte ha dejado de proveer el estándar para juzgar todo el arte del mundo. Ni siquiera sigue siendo el canon dentro del que operan nuestros artistas contemporáneos occidentales. El nuestro es el período donde las artes de toda la humanidad, tanto occidental como oriental, primitivas o civilizado, se han hecho accesibles y tienen la misma validez para el público moderno. En lo que respecta a los artistas contemporáneos, las formas de las artes están en una especie de crisis. Se dice (y con bastante plausibilidad) que en la vida moderna el arte se ha hecho algo periférico, por lo cual el futuro del arte se ha hecho problemático. El ideal de humanismo que inspiró al arte renacentista es algo a lo que ya no podemos aspirar y que no nos atrevemos a imaginar para nosotros. Por un sobrecogedor y luminoso momento, los humanistas florentinos tuvieron una visión de una humanidad ideal —de la naturaleza humana redimida e intacta, radiante, fuerte y sin embargo tierna—, pero la visión resultó ser sólo un sueño fugaz de la mente europea. Un hombre del Renacimiento sería un inadaptado en nuestra sociedad especializada y fragmentada, donde, como comenta Heidegger, el hombre que no lleva el uniforme de alguna ideología en particular, parece fuera de lugar.

En todo caso, en contraste con la Reforma y el Renacimiento, la silenciosa emergencia de la ciencia y de la tecnología moderna parece constituir un elemento mucho más decisivo para la historia mundial. La ciencia llega a cada área de nuestra existencia contemporánea. La tecnología abarca los océanos y une los continentes. No sólo conquista el espacio, sino que también salta a través del tiempo para unir los diversos estratos de la evolución humana. Los evanescentes restos del hombre de la Edad de Piedra en Nueva Guinea miran el cielo, ven aviones y llegan a aceptarlos como parte de la vida; los *fellahidin* musulmanes aprenden a manejar los pozos de petróleo y armas modernas; las tribus de la Micronesia son desplazadas de sus islas paradisiacas para dar lugar a una explosión atómica. La tecnología ha transformado al planeta en un solo mundo por primera vez desde la aparición del ser humano. Al hacer esto transforma la historia del mundo misma, de una idea atrevida y abstracta en la mente de los filósofos e historiadores de hace dos siglos, en una realidad actual y urgente, llena de promesas pero también cargada de catastróficas posibilidades.

En consecuencia, nos vemos forzados a buscar una llave diferente para la historia de la que nos entregaban los filósofos anteriores como Hegel. El hecho de la ciencia-tecnología, por lo masivo y por su gran peso, se coloca delante de los conceptos más ideales de las instituciones liberales y de la cultura humanística que atrajeron a la Ilustración. Si observamos los estados comunistas, encontramos que no confirman la idea de Hegel que la dirección de la historia es hacia una mayor libertad. En las democracias occidentales, la libertad se ha extendido en la dirección de igualdad en formas que Hegel no imaginó y de la que no hubiese aprobado. Pero si observamos la cultura popular de esas sociedades, que constantemente extiende e impone sus estándares en todas partes, cuesta pensar que la historia se mueve hacia una más elevada y profunda autoconciencia cuando consideramos la pasividad, la emoción y la conocibilidad (*knowledgeability*) superficial de la mente de la masa. Mientras tanto, la tecnología y la ciencia continúan en su incesante marcha. Si buscamos el tema central de nuestra historia, tal vez debiéramos mirar en esa dirección.

Para comenzar. ¿Cuál es este fenómeno que llamamos ciencia moderna?

I.

Aunque la ciencia moderna ya lleva tres siglos en escena, aún no hemos captado completamente su naturaleza. La ciencia moderna se construyó sobre los cimientos de la ciencia griega, eso lo sabemos con certeza. Newton hubiera sido imposible sin Euclides, Arquímedes y Pappus. No obstante, nuestra ciencia es de algún modo diferente de la ciencia de los griegos. Si no fuera así, ¿por qué habríamos de llamarla tan persistentemente ciencia "moderna"? Pero también estamos más propensos a unirla a la tecnología, a menudo separada por un guión "ciencia-tecnología", como si nos estuviéramos refiriendo a un fenómeno unitario. ¿Cuál es la fuerza de ese guión? ¿Se trata sólo de una unión accidental, o significa una unión más esencial entre los dos términos que une?

Whitehead nos entrega un brillante análisis sobre el tema en *Science and the Modern World,* uno de los clásicos asegurados de nuestro siglo, una obra copiosa y deliciosamente genial, repleta de percepciones agudas y elegantes y estimulante por sus esquemas teóricos arrebatadores y comprehensivos. Sin embargo, no soluciona enteramente nuestras inquietudes. Es iluminador hacer una comparación entre Whitehead y Heidegger sobre este asunto de la ciencia moderna.

Whitehead comienza haciendo tambalear uno de los lugares comunes de la historia convencional. Ya en la escuela se nos enseña que el período moderno comienza cuando los hombres se volvieron desde la fe de la Edad Media a la confianza en la razón. En realidad, en lo que concierne al origen de la ciencia, las cosas son completamente diferentes. La vida teórica de la Edad Media se caracterizaba por un "racionalismo desenfrenado" y arrasador. El período moderno comenzó como una revuelta contra ese racionalismo, volviéndose en cambio hacia los "hechos porfiados e irreducibles" de la experiencia. Según Whitehead, la sed por los "hechos porfiados e irreducibles" fue lo que impulsó a la ciencia moderna a emprender el camino que emprendió.

Aquí hay una considerable pizca de verdad, pero no toda. Por ejemplo, consideremos las teorías de Copérnico y Kepler. Son tan revolucionarias como cualquier teoría, pues cambian toda la visión del universo en que vive el hombre. La tierra deja de ser el centro del cosmos, y los cuerpos celestes no se mueven en la forma que nuestra percepción inmediata presenta. Lector, si usted es un persistente observador de las estrellas, sabe que el sentido natural y congenial del movimiento de los cuerpos celestes, del sol, la luna y las estrellas, es girar describiendo círculos alrededor de usted como centro. Caminando en una noche de verano, guiado por estos cuerpos celestes, uno se acostumbra a ese movimiento como si fueran una extensión de su propio cuerpo. La ciencia griega mantuvo esta unión inmediata entre nosotros y la naturaleza. El lema de esta ciencia —*Sozein ta Phainomena* (Preservar las cosas tal como se nos muestran)— significaba que el cientista griego conservaría la congruencia entre los objetos naturales y nuestra percepción directa de ellos.

Entonces, ¿qué hacen Copérnico y Kepler? Ellos no alteran las cosas presentando nuevos e irreducibles hechos, desconocidos hasta el momento. Construyen modelos intelectuales que se oponen a los hechos tales como se presentan a la experiencia inmediata. Al hacerlo rompen la congruencia fenomenológica que existe entre nosotros y las cosas de la naturaleza. Estas teorías arrancan a los hombres del mundo con su simple y aparente inmediatez.

El ejemplo de Galileo es más simple e impresionante. La parte teórica principal de la nueva ciencia sería la mecánica —de hecho, la mecánica siguió siendo la parte central de la física hasta fines del siglo XIX—, y para establecer matemáticamente a la mecánica era necesario tener un concepto decisivo y bien definido de la inercia como una característica fundamental de los cuerpos en movimiento. ¿Qué hace Galileo? No recurre a los hechos "porfiados e irreducibles"; más bien propone un concepto que no se puede demostrar experimentalmente. Nos pide imaginar un plano con una superficie perfectamente lisa y libre de fricción, luego nos pide echar a rodar una bola en ese plano; en estas condiciones, la bola rodará hasta el infinito a menos que otro cuerpo o fuerza se interponga y la detenga. Bueno, la experiencia nunca nos presenta un plano con una superficie perfectamente libre de fricción y tampoco con un plano infinito. No importa, estas condiciones nos entregan un concepto de inercia más fructífero para la teoría que cualquiera proveniente de los hechos "porfiados e irreducibles".

Aquí el racionalismo no se rinde a los crudos hechos. Más bien se coloca sobre los hechos con sus secuencias al azar, dando el audaz paso de plantear condiciones contrarias a los hechos y procede a medirlos a la luz de estas condiciones antifácticas. La razón se hace "legislativa de la experiencia" —el genio de Kant percibió este punto decisivo como la verdadera revolución de la nueva ciencia y que consecuentemente llevaría a una revolución dentro de la futura filosofía. Francis Bacon ya había declarado que el avance del conocimiento requería no continuar pasivamente siguiendo a la naturaleza, sino que más bien, en vez, "ponerla en el potro de tormento para obligarla a responder nuestras preguntas". Bacon fue un relacionador público del nuevo movimiento, pero tenía genio y aquí tuvo un afortunado acierto. Kant, sin embargo, escribió después del hecho; ya tenía más de un siglo de nueva ciencia sobre la cual reflexionar y fue el primer filósofo que entendió lo que había sucedido. La *Crítica de la Razón Pura* no es fundamentalmente un intento para establecer un sistema de filosofía idealista, sino el esfuerzo, testarudo y profundo, para captar el significado de la nueva ciencia y sus consecuencias para el entendimiento humano en general. Leído así, no resulta ser simplemente un libro temático, más bien gana en profundidad y significación.

Lo que ha surgido aquí —en el pensamiento de Copérnico, Kepler y Galileo— no son sólo algunas ideas novedosas, si bien brillantes, en la larga sucesión de ideas que los estudiosos llaman la historia de las ideas. Lo que ha ocurrido es nada menos que una transformación de la razón humana misma, un hecho cuya consecuencia fue transformar toda la historia futura. La razón toma una nueva postura y se plantea nuevas metas que abarcan todo lo que es. El cambio alcanza a cada resquicio de la existencia humana. Tanto la religión como el arte y la cultura adquieren un nuevo significado y valor en la época que sigue. Aun las ideologías políticas que dominan el mundo moderno son diferentes a las que existieron en la antigüedad, porque consideran al hombre como el amo activo de la naturaleza que se propone transformar la totalidad de su existencia social. Ahora se evidencia el vínculo esencial entre ciencia y tecnología en los tiempos modernos, que Whitehead no logra explicar. El guión en la frase "ciencia-tecnología" indica una unión esencial. La tecnología implica físicamente lo que la ciencia ya ha logrado en pensamiento al plantear sus condiciones como una medida de la naturaleza. En esencia, la nueva ciencia es tecnológica.

II.

Los cambios que produjo la revolución en la ciencia son tan completos que no se pueden describir como solamente una transformación en la razón humana. La razón no es una facultad aislada, sino más bien la posición desde la cual el hombre se abre a las cosas del mundo. La transformación de la razón, el cambio en sus perspectivas y en sus poderes, es nada menos que un cambio en el propio ser del hombre. Ahora éste se sitúa en una forma muy diferente dentro del Ser y también en una relación diferente con los seres que lo circundan. La auténtica historia de nuestra época debe captarse más a nivel del Ser que a nivel de las ideas.

Aquí Heidegger aparece con su propia y particular filosofía de la historia, la única filosofía contemporánea de la historia que por su radical originalidad y alcance se puede comparar con las de Hegel y Marx. *Prima facie* podría parecer que Heidegger tiene una ventaja inicial sobre los dos puntos de vista anteriores. Heidegger es más simple y abarca más. Además es más evidente fenomenológicamente: permite que los fenómenos históricos se muestren como son, sin construir ninguna hipótesis especulativa sobre si la mente es más básica que la materia (Hegel), o si la materia es más básica que la mente (Marx). Como vimos, Heidegger concuerda mucho más con el avance técnico-científico de la historia que ocurre después de la muerte de los otros dos pensadores. Capta así el carácter fundamental de la civilización técnica en el momento en que la técnica establece su dominio sobre la vida de las sociedades modernas, llámense socialistas o capitalistas.

Pero a pesar de estas recomendaciones, es poco probable que la visión de la historia de Heidegger capture la imaginación del público en general. Va demasiado contra el grano de nuestros inveterados prejuicios antropocéntricos. Invierte el orden acostumbrado de pensar al desplazar al hombre del centro del escenario para reemplazarlo por el Ser. Tenemos que cambiar totalmente nuestro punto de vista para poder seguirlo aquí.

Sin embargo, su intento es tan simple como audaz. El Ser es el protagonista del drama histórico. Por supuesto, el Ser no es un individuo y no puede considerarse un agente en ningún sentido físico o humano. El Ser nunca hace ni sufre nada. El Ser simplemente *es*. En un momento de irritación, Heidegger comentó: ¿qué espera usted haga el Ser? Sin embargo, en la medida que su luz aparece y se desvanece, el Ser energiza las acciones de los hombres y demarca las líneas dentro de las cuales se desarrolla el destino de una época en particular, por lo tanto, en este sentido el Ser es más activo que lo que jamás sería cualquier agente mortal. Por cierto, es un extraño protagonista ya que casi siempre se presenta disfrazado. No aparece tal como es, sino caracterizando a otra cosa. Para la mayoría de los hombres, hace mucho que el Ser ha desaparecido dentro del disfraz. No obstante, aunque escondido, es siempre la presencia que permite que se pueda descubrir el disfraz. Sólo gracias a esa luz, el coro de los seres humanos se puede sentar al fin del drama buscando obtener alguna sabiduría de la época que se ha desvanecido.

Desde luego, todo esto suena como simples mitos y metáforas. Y de hecho es metafórico, pero sólo porque la expresión esquemática de cualquier idea abarcadora siempre es metafórica. Hegel sonaba igualmente mítico al presentar sus ideas al mundo. Cuando nos enfrentamos por primera vez con las ideas de Hegel, comprimidas en la fórmula de que la historia es la jornada y la lucha de la Idea a través del tiempo, la idea nos puede parecer fantástica y metafórica. La práctica de los historiadores que lo siguieron ha dado sustancia a esta metáfora deshilvanando su estado tan compacto. Un gran número de historiadores, tal vez sin saberlo, han escrito sus historias a la sombra de Hegel y corroborando su tesis. La realidad histórica no se puede presentar como algunos pensadores en particular, en forma separada y aislada, albergando sus pensamientos privados para luego entregarlos como quien agrega granos a un cerro de arena. Una idea es algo que toma posesión de todo un período, que atrapa a los hombres en sus garras, que sirve y es servida por ellos, a medida que, para bien o para mal, corre el curso que le dicta su destino. Hemos llegado a sentirnos cómodos con esta manera hegeliana de ver las cosas. La historia de las ideas es ahora un campo respetable de la investigación histórica, y cuando nos dedicamos a ella, nos sorprendemos al descubrir que las ideas en realidad tienen una vida propia bastante dramática. Ya no nos estremecemos frente a la supuesta violencia de la metáfora que dice que una idea tiene una carrera y destino histórico.

Pero si Hegel ya no nos suena como una fantasía, y si aceptamos que la historia de las ideas es verdadera, sólo nos faltaría dar un corto paso hacia adelante para llegar a Heidegger. Sólo cabe formularse una simple y radical pregunta: ¿qué es una idea si la sometemos al escrutinio fenomenológico? ¿Qué otra cosa puede ser si no la forma en que se ilumina el mundo para los hombres y sus proyectos? ¿Qué es esa forma o formas en particular, cómo el Ser emerge, nos atrapa y nos reclama a su servicio? En último término, la historia de las ideas debe entenderse como la historia del Ser. Con esto, Heidegger comienza a parecernos un poco más plausible.

En todo caso, la prueba de la efectividad de una idea general es en cuanto la luz que arroja sobre los hechos reales. En consecuencia, procederemos a diseñar un "escenario" —si se nos permite esta palabra tan popular entre los sociólogos y futurólogos— de la historia de Occidente, vista por Heidegger. Iniciamos este capítulo sosteniendo que el hecho que domina al mundo moderno es la revolución técnico-científica que se dio en el siglo XVII. Es hora de retroceder un paso en nuestro pequeño escenario. Para poder captar el advenimiento de la civilización técnica hay que situar el comienzo de la nueva ciencia dentro del trasfondo más global de la historia de Occidente. Debemos empezar con la historia de los antiguos griegos que fue cuando empezó el pensamien-

to. Si nuestra visión parece restringida a Occidente, y por ello de naturaleza un tanto provinciana, debemos recordar que ha sido la civilización técnica de Occidente que en la época moderna ha dominado y
arrastrado a su paso al resto del mundo.

III.

El bosquejo del escenario es muy sencillo. Lo podríamos imaginar como
un programa para la televisión. El trabajo de cámara preliminar se nos
sugiere inmediatamente. La primera escena es el amanecer en alguna
parte del mundo griego, tal vez Elea, el lugar de nacimiento de
Parménides. El lugar mismo no tiene importancia; la cámara debe con-
centrarse en el amanecer y su luz; los detalles de habitación humana o
paisaje son relativamente borrosos. El tema de la cámara es la propia
luz. Detenerse: la visión de la luz extendiéndose y aumentando. Esfuma-
do de la luz a un enceguecedor destello y aparece el hongo de una
explosión atómica. La pantalla se oscurece. Detenerse. Ahora empieza
la voz del narrador.

Usted dice, demasiado obvio. ¿Demasiado melodramáticamente simple como para que sea el hilo que unifica a la historia humana? No
obstante, el razonamiento que hay detrás de estas imágenes es claro. Sin
ciencia no habría bombas atómicas. Pero la ciencia misma se desarrolló
a partir de la filosofía. (Hasta fines del siglo XIX era corriente llamar a
la física y la química "filosofía natural"). Por lo tanto, si no hubiesen
existido esos primeros pensadores griegos que crearon la filosofía, no
habría existido la bomba atómica. Evidentemente que entre el punto
inicial y el término de esta línea hay grandes brechas: el tumulto, cata-
clismo y convulsiones de la humanidad; edades de oscuridad y edades
de renovada creación —pero, no obstante, sin ese comienzo no se hubiese dado esta culminación.

En el antiguo Oriente no se produjo esta erupción de pensamiento.
China es el caso particular sobre el que los filósofos de la historia deben
reflexionar. Los chinos eran un pueblo muy inteligente y hábil. No hay
por qué pensar que su capacidad intelectual haya sido inferior a la de
los griegos. La civilización china fue extraordinariamente estable, y sus
habitantes eran numerosos. Considerando la cifra de personas educa-
das y dedicadas a objetivos civilizados y el largo período de tiempo
durante el cual lo hicieron, en la frase de Whitehead, el "volumen de
civilización" fue más grande en China que en ningún otro lugar del
mundo. Pero, a pesar de esto, China no produjo ciencia, ni siquiera el
comienzo de una ciencia. Tampoco hay ninguna indicación de que sin

influencia externa lo hubieran hecho, aun después del advenimiento del siglo XX. De hecho, las exquisitas y equilibradas normas de esta civilización colocan barreras contra las audaces aventuras de la mente que los occidentales han llegado a llamar razón.

¿Por qué se produjo esta erupción de pensamiento entre los antiguos griegos? ¿Por qué sucedió? Nos hemos acostumbrado tanto a un determinismo inconsciente que automáticamente tendemos a caer en el perezoso hábito de pensar que los acontecimientos de la historia tenían que ocurrir inevitablemente y, en efecto, tenían que ocurrir tal como ocurrieron. Enfrentados con el hecho de la creación humana, esta débil suposición no se sostiene. El razonamiento causal se produce siguiendo este esquema: *siempre que ocurre* A, es seguido por B. El acto de creación, como algo nuevo e impredecible, no concuerda con este esquema tan uniforme. Es posible que en el caso de los inventos menores, donde ya se ha producido un marco completo de partes interrelacionadas, se pueda sostener que el descubrimiento tenía que ocurrir. Dada la mayoría de los rudimentos del motor de combustión interna, alguien estaba destinado a llegar a la idea del carburador. Pero ni siquiera esta débil necesidad se sostiene cuando la creación es una nueva visión que excede cualquier marco previo. El estallido de luz en la antigua Grecia que llevó a la filosofía y de la filosofía a la ciencia, no tenía por qué haberle ocurrido a la humanidad. Esta podría haber continuado, de una u otra manera, como lo había hecho durante los milenios anteriores.

El nacimiento de la filosofía no se puede considerar como el efecto de una causa. *Ocurrió.* La palabra alemana para acontecimiento o evento es *Ereignis.* Tiene la raíz *Eigen* (lo *de uno*, lo que pertenece o es apropiado a uno). Y existe el verbo análogo (cognado) *eignen* (ajustarse y juntarse en forma apropiada). El conjunto de asociaciones, directa y claramente presente en alemán, sin ser forzado ni atrabiliario, se ajusta enteramente al uso que de ellas hace Heidegger. Luego, el nacimiento de la filosofía entre los antiguos griegos es un *acontecimiento* (*happening*) donde el Ser se transforma en sí mismo y reclama como suyas a las mentes mortales. Aquí no hay una división entre sujeto y objeto. "El pensamiento y el Ser pertenecen juntos en su unidad", declaró el sabio Parménides.

Parménides puede ser considerado la figura principal dentro de este grupo de pensadores. Comienza desde una radiante visión del Ser como un todo, el Todo, que llama a pensar. No sólo hay asombro intelectual a medida que la mente se alza pensando en todo lo que es, en el universo, el *eón*, también nos vemos arrastrados por la maravilla del solo hecho de que *sea, esti.* Y los dos —lo-que-es y el *es* de todo lo que es, el *eón* y el *esti*— deben mantenerse inseparables en el pensamiento. Parménides nos dice que mantener a estos dos juntos es seguir el camino de la luz y la verdad —*Aletheia* (lo no-oculto). Dejar que los dos se separen es pasar a las tinieblas intelectuales de lo mucho sin sentido y sin relaciones.

Más de un siglo separa a Parménides de Aristóteles, quien completa y termina la gran edad de los filósofos griegos. En nuestros días nos quejamos de la vertiginosa velocidad de los cambios históricos, comparada con la cual todas las edades del pasado parecen moverse a un paso relativamente lento. Pero esta velocidad puede ser engañosa. Si ocurre en las formas evidentemente visibles en nuestra vida corriente, los vehículos en que nos movilizamos y la ropa que vestimos, es más probable que esta velocidad atraiga nuestra atención. Además, cuando ciertas áreas del conocimiento, como las ciencias, se ponen en movimiento, es más fácil que se aceleren y que la curva de crecimiento se eleve más abruptamente. Pero es incomparablemente más difícil y revolucionario poner en marcha este motor por primera vez. Visto así, los 150 años que recorre el pensamiento griego desde Parménides hasta Aristóteles son tal vez el período de mayor aceleración y más revolucionario de toda la historia.

Consideremos: el período se abre con la visión de Parménides del Ser como un todo inteligible dentro del cual el pensamiento humano encontrará su elemento. Se cierra con la muerte de Aristóteles, con sus ámbitos tan variados y separados de seres delineados en los territorios de las diferentes disciplinas, muy similar a las que tenemos hoy. Aristóteles creó la lógica, dio el esquema que llevaría a las matemáticas a convertirse en un sistema estrictamente deductivo; marcó las regiones separadas pero interrelacionadas de la física o la ciencia natural, la biología y la psicología; y en las ciencias del hombre, produjo la ética, la política y la economía. En algunas de estas áreas, su contribución ha sido masiva, en otras más rudimentaria, pero de todas maneras señaló el terreno y entregó los cimientos para el futuro. Recién ahora, después de un largo tiempo, la ciencia ha alcanzado la madurez de una investigación especializada, aunque todavía debe aferrarse a los lazos maternales que la unen a la filosofía, sin la cual la ciencia no sería inteligible para sí misma.

El Ser único de Parménides se ha desvanecido en los muchos tipos de seres individuales que constituyen el mundo de Aristóteles. En el proceso, ha cambiado el significado de Ser que ahora atrae la atención de los filósofos. Ante la pregunta "¿Qué es Ser?", Aristóteles da la simple y directa respuesta de la mente empírica. Para él, ser es simplemente ser una entidad individual de un tipo definido; existir es ser una instancia individual de una especie. Esta concepción del Ser ha determinado todo el futuro de la filosofía occidental hasta nuestros días. Por ejemplo, cuando Bertrand Russell afirma que el significado de la existencia es ser miembro de una clase, o el valor de una función proposicional, sólo nos está dando una variante lógica de la concepción de Aristóteles.

Recordemos nuestra imagen previa de la luz y el amanecer. Lector, si usted se levanta a observar el amanecer, en realidad está mirando la luz. Los objetos en la naturaleza aún yacen indiferenciados en la oscuridad, por lo que no se han posesionado de su visión. Lo que ve es la luz misma, el drama de su aparición, en la medida que se intensifica de momento a momento, y luego desaparece porque está en todas partes. En el resplandor del mediodía usted se mueve entre las cosas de su mundo y ya no es consciente de la luz como tal. Así los griegos, al crear la filosofía, dejaron de ser conscientes de la luz misma que les permitía ver. La historia del Ser, para el pensamiento occidental, comienza con el olvido del Ser.

Sin embargo, el esquemático mundo de Aristóteles todavía está impregnado de la unidad interna que nosotros, los modernos, hemos perdido. La física y la biología aún no se colocan la una contra otra porque todavía no se ha producido un dualismo entre mecanismo y organismo que las separe. La psicología está unida a la biología, no porque Aristóteles haya adoptado una psicología conductista, sino porque la psiquis humana es inseparable en sus funciones de un cuerpo vivo orgánico. Lo que ahora llamamos ciencias de la conducta no pueden separarse de las cuestiones de ética y valores, porque son parte natural de la vida de los hombres y mujeres en sociedad. La unidad que pervade el mundo aristotélico es el sentido griego de *Physis*, que nosotros traducimos equivocadamente como "naturaleza". Si leemos con la arrogancia moderna los escritos de Aristóteles sobre la naturaleza, podríamos sonreír en forma displicente frente a sus muchos lapsos y errores científicos. Sin embargo, si los leemos un poco más inteligentemente, si dejamos que nuestra imaginación se detenga ante ellos, es inevitable maravillarse frente al coherente cuadro del mundo de nuestra percepción que se nos presenta. Piedras, plantas, animales, estrellas y planetas, todos pertenecen a un cosmos en que también el hombre respira como ser natural. La alienación cósmica, de la cual sufrimos los modernos, no había penetrado en el espíritu griego.

IV.

La inmensa labor de la Edad Media en sus comienzos fue extender la fe cristiana y civilizar Europa. Una vez que la fe quedó asegurada, se dispusieron a darle lo merecido a la naturaleza. El logro intelectual del último período de la Edad Media fue elaborar la relativa autonomía de la razón y de la naturaleza frente a la fe y lo sobrenatural. Con esto, ambas quedaron libres para poder desarrollar sus formas independientes para entender la naturaleza. Esta comprensión iba a llegarles, en primer lugar, a través de las obras de Aristóteles una vez que fueron traducidas al latín; pero, desgraciadamente, en el proceso de asimilación se perdió el sentido griego original de *Physis* o naturaleza. Aunque los seguidores medievales de Aristóteles escribieron diligentes y copiosos comentarios sobre sus escritos respecto a la naturaleza, el vínculo orgánico e íntimo que tenían los griegos con el cosmos se había perdido. Ellos lo ven, por decirlo así, a través del vidrio empañado de su latín filosófico, que carecía de las resonantes asociaciones del griego.

En el esquema cristiano de las cosas, toda la naturaleza podía aglutinarse como *ens creatum* (ser creado). Este ámbito de los seres naturales se podía dejar correr con el momentum de sus propias leyes, excepto por las ocasiones cuando Dios decidió insertar Sus milagros. Los medievales no fueron tan lejos como para dejarlos que corrieran según las leyes puramente mecánicas; Descartes se haría cargo de eso. Sin embargo, esta imagen del mundo no habría perturbado su fe, siempre que estuviera asegurado el gobierno por Dios, la procedencia de milagros y lo operativo de la gracia.

El hombre mismo era la gran excepción entre todos los seres de la naturaleza. El destino del cristiano no descansaba dentro de la naturaleza sino en el mundo de más allá, y las muestras de este destino se encuentran en la propia naturaleza humana. Con considerable esfuerzo e ingenio, los aristotélicos cristianos tuvieron que sobreponer la psiquis naturalista que habían heredado de Aristóteles sobre la noción de su alma cristiana sobrenatural. Así prepararon el camino para Descartes en el siglo XVII y su visión de la mente en una peculiar y precaria relación con el cuerpo. La noción de un alma sobrenatural anticipa la conciencia "sin mundo" de la filosofía cartesiana, una conciencia esencialmente fuera de este mundo, pero lo suficientemente tangencial a él como para asegurar su propio poder.

V.

Descartes separa mente y cuerpo, sujeto y objeto. Esta es la fórmula habitual para describir la filosofía cartesiana y, hasta cierto punto, es una descripción perfectamente correcta. Pero la fórmula no nos ilumina respecto al motivo o meta de esta separación; y en consecuencia, deja en la oscuridad la premisa en que se basa esta separación: el acto de la mente que se requiere para establecer la separación de estos dos items en primer lugar.

¿Qué queremos decir, por ejemplo, cuando hablamos de separar la mente de los objetos externos a ella?

Consideremos las uvas y cerezas en la frutera que hay en la mesa. Son de distinto color y lo suficientemente diferentes de forma, para poder separarlas fácilmente. Sólo tengo que ordenarlas, porque ya se nos dan como entidades separadas y diferentes. Pero la separación dualista entre la mente y los objetos exteriores no es simplemente un asunto de escoger las entidades que ya se nos han dado como separadas y diferentes, como las uvas y las fresas del canasto. El factor primario en cuanto a nuestra "conciencia natural", para usar el adecuado término de Husserl, es lo inseparablemente engastados que están en el mismo flujo de nuestra vida que los objetos que nos rodean. Mi pensamiento, en la vida diaria, está constantemente comprometido con las cosas que existen a mi alrededor y sólo es inteligible en la medida que se desplaza dentro del mismo ambiente que ellas. Para que la mente se separe de las cosas, el pensamiento primero debe establecerse como una entidad separada. Se requiere una elaborada cadena de razonamiento para que el dualista llegue a ese resultado. Descartes suda y se esfuerza para alcanzarlo. Al hacerlo, el pensamiento establece una separación entre él y las cosas exteriores.

Las cosas familiares de mi experiencia no aparecen como objetos que se disponen en mi contra. Como entidades familiares, son parte y extensiones de mi propia vida. Estas cosas no son objetos, en el sentido filosófico de la palabra. Ob-jeto, del latín, significa lo que se opone, lo que está en oposición a uno. Aun cuando una cosa particular llegue a frustrarme o a oponer resistencia a mi manejo, no se revela a sí misma como diferente metafísicamente de la mente. Su "otra-cosa" ("otherness") consiste en el hecho que ahora se destaca llamativamente dentro del contexto de las otras entidades. No es ajena a la mente, pero, por el momento, parece ajena al lugar donde normalmente funciona entre las otras cosas.

Entonces, ¿cómo y por qué Descartes separa el sujeto del objeto en la forma que lo hace? ¿Por qué, en un momento dado de la historia, este gran pensador habrá decidido que es de crucial importancia arrancar a la humanidad de la sencillez de su "conciencia natural"?

La respuesta, por supuesto, está en la gran aventura de la nueva ciencia. Descartes transfiere a la filosofía los procedimientos en que ya se había embarcado la ciencia y propone que estos métodos se extiendan a todos los dominios de la búsqueda humana. Cuando Galileo postuló su concepto de inercia, no reprodujo pasivamente un hecho de la naturaleza exterior. Propone un concepto artificial, uno que la mente no encuentra en la naturaleza sino en sí misma, y la coloca en contra de la naturaleza como una medida de ella. La mente, a través de sus propios poderes, produce sus propios estándares de exactitud.

Pero en la pareja sujeto-objeto del dualismo cartesiano, estos dos términos no están al mismo nivel; la prioridad la tiene o, mejor dicho, la impone, el primer término, el sujeto. La búsqueda de la certeza lleva a Descartes a afirmar la existencia del Ego consciente (*ego cogitans*) como la certidumbre principal. El Ego consciente luego extenderá esta certeza inicial sobre el objeto, que entonces reduce a una mera cosa extendida en el espacio. Empobrece el objeto de todas las cualidades, excepto aquellas relevantes para sus propios objetivos. Lo único que considera en el objeto es lo medible, enumerable y calculable. Así garantiza la certeza y exactitud de su propio pensamiento. El sujeto se separa del objeto para asegurar su propio dominio sobre él. El dualismo es la autoafirmación del hombre frente a la naturaleza.

Este es un bosquejo de la metafísica que yace tras la era tecnológica. No es la filosofía que la crítica popular generalmente atribuye a la sociedad "materialista". No se debe caracterizar al espíritu de la tecnología como un materialismo crudo y simplón, una avidez desmesurada por utensilios y cachivaches de todo tipo y forma. El diseño filosófico que resultó en nuestra época pertenece a otro orden en la mente. Comparándolo con nuestro indolente e inflado "consumismo", el diseño original tenía por lo menos una cierta grandeza en su desolación.

Sin embargo, grandioso o no, este modelo cobra un alto precio. Debido a él se desvaneció nuestro vínculo humano con el cosmos. Pero no se desvaneció solo; nosotros fuimos quienes lo expulsamos. Ahora la mente se confronta con una naturaleza que se ha hecho ajena a ella debido a sus propias concepciones: un ámbito de objetos cuya objetividad consiste precisamente en aquellos aspectos cuantificables que calzan dentro de nuestros cálculos y control. La naturaleza se rebaja al nivel de un simple material para la explotación, y el hombre se alza sobre ella como un amo.

Todo esto está en germen en Descartes, lo que se necesita para que se haga explícito es sólo una filosofía de la voluntad, que le fue otorgada por los alemanes.

VI.
LA FILOSOFÍA DE LA VOLUNTAD

Es probable que en este momento seamos incapaces de juzgar con justicia la filosofía alemana. Después de dos guerras mundiales, el carácter alemán ha adquirido una mala reputación ante el mundo y nos inclina-

mos a ver ese carácter en su cultura anterior. El hecho de que la filosofía de la voluntad sea un producto casi exclusivamente alemán es algo
que tiende a confirmar estos prejuicios. ¿Qué más se podría esperar de
los alemanes cuando, en el momento cúspide de la edad moderna,
desarrollaron su propia filosofía? Era natural que ese pueblo, cuyo
héroe legendario era Fausto, celebrador de lo titánico y de la voluntad
luchadora, necesariamente produciría una doctrina que sirviera para
glorificar las tendencias que llevan al imperialismo y la conquista. Después del horror de los nazis, nosotros mismos tendemos a hacernos
racistas contra los racistas.

Nuestros propios filósofos, americanos e ingleses, nos han instado a
adoptar este juicio adverso a los alemanes. Santayana y Dewey condena-
ron el idealismo como una expresión del egotismo alemán, una
autoinflada mezcla de romanticismo y de una extravagante construcción de sistemas. En Inglaterra, el ataque de Bertrand Russell y G.E.
Moore, aunque en un tono más moderado, no tuvo una intención menos destructiva. Es aún más devastador en la controversia intelectual
enfatizar el hecho de que el oponente dice tonterías, que el castigar sus
inmoralidades. Russell y Moore lanzan la filosofía del siglo XX, al menos para los angloparlantes, como una refutación del idealismo —como
lo demuestra el título de uno de los primeros ensayos de Moore. Y esto,
en gran medida, ha seguido siendo así. La historia de casi todas las
áreas de la filosofía en la primera parte de este siglo podría escribirse
en términos de sucesivos abandonos de posiciones que antes había ocupado la filosofía idealista. El futuro decidirá si esto representa un avance de la verdad. Pero por mucho que se altere el lenguaje, en algunos
puntos importantes ya hemos tenido que retroceder hacia posiciones
similares a las de los idealistas. Y podría ser que el último cuarto de este
siglo sea un período donde sea preciso repensar los problemas en los
cuales la filosofía alemana prodigó sus energías especulativas.

En todo caso, los hechos históricos parecen bastante diferentes a lo
que sostiene este prejuicio convencional. La doctrina de la voluntad no
es una expresión de una edad de imperialismo y conquista, sino que se
origina mucho más en la sobriedad moral de los alemanes del período
anterior. En esa época, un pueblo con una conciencia luterana se lanzó
a la filosofía moderna en la cumbre de la Ilustración. La seriedad moral
que había expresado en el fervor religioso, se convirtió en una pasión
por el conocimiento y la reflexión. La razón y la iluminación no podían
abandonarse a la ingeniosa cháchara baladí de los *philosophes* franceses,
debía exhibirse como el resultado del trabajo y el logro de esforzados
sujetos con impulsos morales. Aprender se convertiría en su pasión, y

los alemanes se lanzaron a las bibliotecas con un fervor moral. Sin embargo, la seriedad moral, como cualquier cualidad humana, puede ser un don ambiguo. Cuando Alemania se unificó y cayó contaminada con los problemas de la civilización industrial y de la nación-estado, para luego pasar a ser parte del mundo tecnológico moderno, esta seriedad se convirtió en alimento para el frenesí nacionalista por la dominación y el imperialismo. Pero todo esto fue un fenómeno posterior, un movimiento casi opuesto a la filosofía anterior, parte del período descrito como "el colapso del idealismo". Y no olvidemos que el último en la línea de los grandes filósofos de la voluntad, Friedrich Nietzsche, no logró encontrar palabras adecuadas para expresar su desprecio por el furor nacionalista.

Dejando de lado estos prejuicios, la filosofía alemana en su desarrollo desde Kant hasta Nietzsche, a pesar de lo especulativo y remoto que nos parece su lenguaje, emerge como lo que realmente fue: uno de los capítulos verdaderamente grandes del pensamiento humano. No sólo engloba los temas más profundos de la edad moderna, sino que también es profética con respecto a los problemas que ahora vivimos. En pensamiento, aunque con Nietzsche es más que en pensamiento, vive la muerte del Dios cristiano. Su desenvolvimiento acumulativo y masivo tiene las dimensiones de un gran drama. En este drama, la voluntad es la heroína. Seguimos a esta heroína a través de sus variadas aventuras y radicales transformaciones, hasta que se eleva a las alturas desde donde cae al vacío. La voluntad comienza con Kant como un personaje cristiano, luego se hace progresivamente más secular y naturalista, hasta que termina en el demoníaco anticristo de Nietzsche.

Tal vez sea más apropiado comparar lo que ocurrió con la voluntad con la composición musical, ya que el desarrollo paralelo de la música tonal durante esa época en Alemania ha sido uno de los mayores logros artísticos de la humanidad. El desarrollo de la filosofía paso a paso desde Kant, a través de Fichte, Schelling, Hegel y Schopenhauer hasta Nietzsche, se puede comparar al desarrollo de una gran sinfonía. Pero, desgraciadamente, no termina en las inspiradoras armonías de un Beethoven, sino en cacofonía y discordia, como el colapso nervioso que quiebra el *La Consagración de la Primavera* de Stravinsky, o los extraños sonidos de algunas de las más fragmentadas músicas atonales. Que el colapso de Nietzsche sugiera el tipo de música que tenemos hoy día es un signo de cómo sus preguntas aún siguen vigentes para nosotros y de como aún no han tenido respuesta.

Comencemos con Kant, el último gran filósofo del teísmo cristiano. Con él, la filosofía de la voluntad empieza su ominosa aventura como voluntad estrictamente *moral*. Es más sumisa que autoafirmativa. Se arrodilla ante su imperativo moral como frente a un altar interior. Además, esta voluntad es el centro de nuestra realidad estrictamente humana y personal. Nuestro intelecto conoce fenómenos, los aspectos de las cosas vistas desde afuera, pero no capta las cosas en sí mismas, los Noumena. Pero en nuestra vida moral estamos en contacto con lo real desde lo interior, en la medida que nosotros mismos experimentamos los tirones de la vida en esta u otra decisión urgente. Nótese que Kant no habla de la voluntad como un asunto metafísico que constituye el meollo interno de las cosas. Esa es una grosera transformación de su doctrina que se produciría más adelante. No obstante, en sus actos y ejercicio, esta voluntad moral nos obliga a creer ciertas cosas sobre el esquema final de las cosas. El hombre justo actúa como si hubiese un Dios y como si existiera la inmortalidad. Aunque el cielo se desmorone, debe seguir haciendo lo que es justo aunque signifique su destrucción; como Lutero al rechazar el edicto papal, exclama: "No puedo actuar de otra manera". Y esta voluntad hacia lo correcto, aunque válida en sí misma, no sería racional en último término si no hubiese un orden moral y providencial en el universo que premia el bien y castiga el mal. Luego, la sola existencia de la voluntad moral nos conduce hacia lo que nunca podremos probar, a lo que sólo podemos creer con fe: en un Dios teísta y la inmortalidad humana. Como individuos finitos, el centro de nuestra existencia es ético-religioso. Aunque Kant entregó dinamita contra la teología tradicional y sus pruebas de la existencia de Dios, su voluntad moral sigue portando heroicamente la bandera de la cristiandad. De aquí en adelante, este contenido cristiano será diluido progresivamente por sus seguidores.

Fichte predica a Kant con fervor oratorio, llamando a la nación y a su pueblo a plegarse a la causa del idealismo moral. Pero en cualquier doctrina, el agregado de la oratoria no la deja nunca completamente idéntica. El imperativo moral que, con Kant, habla como una voz pequeña y suave *in foro interno* (en el compartimento interno de la conciencia), ahora se lanza frente al mundo y predica a todo pulmón a las multitudes. En el proceso, la voluntad se torna más agresiva, luchadora y dinámica. Aplaudimos el espíritu que sale al mundo y trata de hacer el trabajo del mundo, en lugar de permanecer como una virtud enclaustrada. Pero el idealismo moral que corre demasiado vociferante y ansiosamente al mercado puede estar compensando la pérdida de su fe. Nos recuerda aquellas iglesias que, inseguras de su contenido doctrinario, tratan de buscar justificación a través de cruzadas sociales y seculares. La religión se transforma sólo en una forma de iluminada e idealista actividad dentro de la comunidad.

Schelling da el gran paso de transformar la voluntad moral en una entidad metafísica. "La voluntad es el ser primordial (*Ur-Sein*)". Lo que para Kant había sido un órgano ético-religioso, aquí se transforma en un hecho natural —en efecto, en el hecho básico que subyace a todos los hechos de la naturaleza. Aún no hemos llegado a la concepción de la voluntad completamente naturalista de Schopenhauer, donde la voluntad pasa a ser una fuerza que funciona en toda la naturaleza, como un ímpetu para persistir y reproducirse, pero llegaremos a esa concepción. En Schopenhauer, la voluntad se aleja en tal forma del papel moral original que le había dado Kant, y ahora opera en forma amoral y aun antimoral, manejando a los seres humanos como peones y víctimas inermes. El pesimismo de Schopenhauer es la primera voz de alarma con que la Edad Moderna comienza a dudar de sí misma y de su gran misión histórica.

Hegel, el incansable sintetizador, trata de unir todos los hilos del idealismo en un último esfuerzo moderno hacia un completo sistema filosófico. El esfuerzo fracasó. Como señala correctamente Heidegger, después de Hegel el siglo XIX se transforma en una serie de movimientos y contramovimientos aislados, incluyendo el supremo contramovimiento de Nietzsche.

Las dificultades del texto de Hegel son legendarias. Sin embargo, ayuda un poco tener presente algunas de las connotaciones corrientes de las palabras alemanas que usa —en particular, aquellas que nosotros traducimos como "autoconscientes" ("*self-conscious*") y "autoconciencia" ("*self-consciousness*"). Cuando en el inglés corriente se habla de una persona autoconsciente, generalmente hablamos de alguien tímido, inseguro de sí mismo, vergonzoso y apocado frente al público. La correspondiente palabra alemana, *Selbstbewusst*, denota una persona segura de sí misma y confiada frente al mundo. Hegel procede a darle una dimensión filosófica a esta acepción corriente de la palabra. Para autorrealizarse, el espíritu humano debe salir al mundo y adueñarse de él. Pero aún no hemos llegado al estado de descarnada autoafirmación de Nietzsche, porque, al tratar de apropiarse del mundo, el espíritu debe someterse al tribunal de la razón universal. Ya que busca lo Absoluto, el espíritu humano voliciona (desea, tiene la voluntad de, aspira a [*wills*])** que

---

** La palabra inglesa *will* (una de cuyas acepciones es "voluntad") nos ha dado bastantes problemas. Este término tiene tantos aspectos y acepciones, que ocupa casi media columna del *Nuevo Diccionario Cuyas de Appleton*. Esto nos ha llevado a inventar sustantivos y formas verbales que no existen en castellano y que por desgracia son poco elegantes. Hemos dejado entre paréntesis el uso inglés (N. de los T.).

sus diferentes expresiones contemporáneas en su cultura —sean formas sociales y políticas, su arte, sus sistemas de pensamiento— aspiren a ser totales y a englobarlo todo, pero que a su vez deben desaparecer por ser unilaterales e incompletas. A la larga, y con una mejor perspectiva, lo que desaparece merece desaparecer. La presencia redentora de la providencia cristiana ha desaparecido del universo de Hegel y ha sido reemplazada por una severa justicia moral, una especie de *Themis* griego, que preside los asuntos del mundo. La historia es al mismo tiempo una tragedia griega y una tragedia shakespereana. El héroe, el espíritu humano en su deseo de autoafirmación, transgrede los límites que le han impuesto los dioses y debe perecer para confirmar la norma eterna, el equilibrio dialéctico de las cosas. O, como en la tragedia shakespereana, los buenos son corrompidos y perecen junto a los malos que también se destruyen, pero siempre con el propósito de llegar a un mayor bien. Entra en escena el nuevo actor, como Fortinbras que llega en el último acto del desastre de Elsinore, para restituir algún orden al caos de la destrucción; la nueva época histórica se adjudica la carga espiritual en su infinita tarea de autoafirmación. La historia es una tragedia con un final feliz, que a su vez se transforma en su propia tragedia y sigue así en un mundo sin fin. Si este punto de vista debe considerarse optimista o pesimista depende del sitio desde donde se miran las vueltas que da la rueda de la fortuna y la rueda de la historia.

Nietzsche lleva todo este capítulo a un final explosivo. Salta atrás por encima del movimiento volviendo a su origen; Nietzsche es más verdaderamente kantiano que otros seguidores de Kant —pero un kantiano al revés. Aquí la conciencia protestante se vuelve contra sí misma. Nietzsche admiraba a los moralistas clásicos de la literatura francesa, pero su propia austera seriedad lo incapacitaba para adaptarse a la vida cínica y católica de estos moralistas. La conciencia kantiana había tomado su propia existencia como un signo que conducía hacia la existencia de Dios. Al negar la existencia de Dios, también se niega esta conciencia moral, que si es moralmente auténtica sobre sí misma, debe confesar que sin Dios no tiene fundamentos. Sólo una intransigente honestidad puede decir la verdad sobre la voluntad de establecer la verdad, es decir, aceptar que ésta no tiene fundamentos absolutos y que, en ciertas circunstancias, una bella ilusión o mentira tendría mayor valor para la vida. Para probar que es serio, Nietzsche debe mofarse de la seriedad de la moral y asumir el abigarrado disfraz de un bufón y truhán.

Con Descartes, la unión entre mente y naturaleza se había atenuado, pero en el trasfondo estaba Dios para garantizar una unión residual entre ellas. Al eliminar a Dios, se quiebra el último eslabón. La famosa frase de Nietzsche, "Dios ha muerto", no sólo va dirigida contra el Dios antropomórfico del culto religioso, también intenta eliminar la noción de un "mundo superior", un "mundo verdadero", la "cosa en sí misma" o cualquier otra idea a la que se aferraban los filósofos para basar el mundo de las apariencias. Existe sólo este mundo y *flota* —sin base de sustentación. La alienación, que entró en la filosofía moderna con Descartes, aquí llega a su cima. De ahora en adelante, la humanidad, sin Dios ni dioses, se alza ante un universo que le es ajeno y sin sentido y debe enfrentar este vacío cósmico afirmándose sólo en sí misma. Sin embargo, esta autoafirmación no puede transformarse sólo en la arrastrada y cansada conformidad de la voluntad de vivir que propuso Schopenhauer, esa perezosa y estúpida persistencia en su propia superfetación, de lo contrario nos moriríamos de aburrimiento; debe transformarse en la triunfante y energética voluntad de poder, una voluntad para extender y aumentar la vitalidad propia y la de la raza. Cada afirmación de un valor es la afirmación de esta voluntad.

¿Pero qué es esta voluntad de poder? Sería un error pensar en ella como el empuje para asegurar un estado de poder estable donde podríamos acomodarnos contentos. En este universo de flujo y de eterno rehacerse no hay nada estático. Estar en una posición de poder es ejercer el poder en forma continua. El poder mismo es la descarga de poder. ¿Y con qué fin? Para obtener más poder. Por lo tanto, el poder es la voluntad de poder en acción, voluntariándose (*willing itself*) hacia más poder, siguiendo así eternamente. La voluntad de poder es la voluntad de voluntariar (*to will*). La voluntad se voluntariza (*it wills itself*) en forma interminable, en un vacío desde el cual se le niega la noción misma de "el mundo verdadero" con la que soñaban los filósofos anteriores, y que, a su vez, ella niega en forma desafiante.

Este cuadro no nos alegra y sería un error creer que Nietzsche se refocila en ello, por muy cargado y excitable que suene su lenguaje. Aun en el asunto de la religión, que él tanto ataca y ridiculiza, tiene el doloroso sentido del vacío que dejará su alejamiento. A través de las páginas de Nietzsche resuena el sobrecogedor lamento de que la vida moderna puede transformarse en algo sin sentido, trivial y desesperado. Hacia el final, el problema del nihilismo lo obsesiona cada vez más, y presiente cómo afligirá al siglo que viene. Por eso la última oración de su *Genealogía de la Moral* debe leerse como una sombría advertencia para nosotros hoy en día: "La humanidad va a voluntariar (*will will*) el vacío, más que el vacío de voluntariar (*void of will*)". Para no arrastrarse en un vacío sin objetivos, la humanidad perseguirá la destrucción por la destrucción misma. Esta no es una mala profecía de lo mucho que ya ha pasado en nuestro siglo y en la absurda violencia a nuestro alrededor. Incluso podría ser profético del *Götterdämmerung* final cuando uno de los poderes del mundo, a causa de la frustración y el vacío, grite con la voluntad de destrucción: "¿Qué diferencia puede hacer? Perezcamos todos juntos, ¡nosotros y el enemigo!" —y oprima el botón que suelta las bombas.

VII.

Este escenario es breve y austero. Sin embargo, innumerables detalles lo confirman ampliamente en el curso del largo trozo de historia que abarca. Pero aquí lo importante es dejar que los árboles dejen ver el bosque, que mantengamos claro el plan principal, hasta aquí, para saber por lo menos la forma de la cosa que nos envuelve. La preparación para la era tecnológica ha sido larga, muy larga, pero ahora ha irrumpido durante el curso de nuestra vida con tal vertiginosa aceleración que es fácil empantanarse en sus detalles. En la medida que no somos conscientes de la plenitud de este pasado, no podemos apreciar la magnitud de la fuerza con que tiene en sus manos nuestro destino el fenómeno de la tecnología.

La historia de la metafísica occidental se cierra con Nietzsche. Hemos llegado al fin de la filosofía. Esta conclusión de Heidegger podría parecer a primera vista demasiado drástica para ser enteramente plausible. También el lenguaje de Nietzsche, tan poderoso y personal, nos puede desalentar, haciéndonos creer que nos enfrentamos sólo con una expresión de temperamento personal. Pero si dejamos de lado al inmoralista satánico para ver a Nietzsche sólo como un metafísico decidido, nos encontramos con que lo que ha hecho es simplemente seguir las opciones que nos legó el pensamiento occidental. La inmensa labor de la filosofía fue permitir el nacimiento de la ciencia; establecer el mundo de los objetos sobre el cual, el sujeto, la humanidad, ahora tiene que afirmar su poder. Nosotros ya existimos *de facto* en el marco nietzscheano. Hemos perdido el "mundo superior"; y como ciudadanos, nos unimos para organizar sociedades modernas para controlar este mundo.

La filosofía por supuesto ha continuado y aún continúa en manos de practicantes académicos. Pero se trata sólo de la elaboración de detalles dentro de la armazón, más allá de la cual no ofrece opciones nuevas para nuestro pensamiento. Y esto es verdad aun cuando las filosofías en cuestión hayan ejercido su fuerza fuera de la academia. Los dos más importantes movimientos modernos, por ejemplo, el marxismo y el positivismo, siguen existiendo dentro de la premisa de la era técnica, aunque estas premisas permanecen ocultas para ellos.

El marxismo usa las consignas populistas e igualitarias más avasalladoras como instrumento de su voluntad de *llegar* al poder. Pero una vez alcanzado y estabilizado el poder, el sistema marxista establece los más estrictos niveles de rango en la administración del aparato estatal. Toda la población se ordena dentro de una economía planificada para llegar a dominar la naturaleza y para extraer de ella los recursos necesarios para el sustento humano. El desafío de Marx —"Hasta ahora los filósofos han reflexionado sobre el mundo; la tarea de hoy es buscar cómo cambiarlo"— expresa la misma metafísica del poder expresado por Nietzsche. La naturaleza se transforma sólo en un ámbito explotable para satisfacer objetivos humanos; en una sociedad técnicamente organizada el dominio sobre la naturaleza requiere también el dominio del hombre por el hombre. En forma irónica Nietzsche se refiere al cristianismo como el platonismo del pueblo. Podríamos decir, en forma aún más exacta, que el marxismo es la metafísica de Nietzsche para las masas —y, por supuesto, disfrazada, pues evade las eventuales preguntas que él formula. Sin embargo, al final, quizás no pueda escaparse. Uno imagina un escenario futuro donde el estado marxista ha logrado sus metas económicas y la gente está materialmente satisfecha y es aquí donde reaparece el fantasma de Nietzsche con la pregunta nihilista no formulada ni respondida: ¿por qué?, ¿para qué?, ¿con qué sentido?

En cuanto al positivismo, intenta alargar la agonía de la muerte de la filosofía con una serie de anotaciones sobre la ciencia. El positivista está tan completamente inmerso en la era de la tecnología que debe hacer esfuerzos para justificarse imitando al técnico. El positivista se abandona en una especie de tecnología filosófica que es tan vacía como innecesaria. La ciencia, gestada por la filosofía, ya no necesita a ésta —ciertamente no este tipo de filosofía— para explicar sus propias técnicas. La lógica matemática, para tomar un ejemplo pertinente, ha pasado a ser una disciplina particular dentro de las matemáticas, y está mejor manejada por matemáticos que por filósofos.

"La filosofía se acabó". Esta afirmación no es una salida petulante contra la trivialidad de nuestras revistas filosóficas o contra las actas de nuestros congresos filosóficos, por mucho que éstas a veces parezcan esforzarse para merecer este juicio. Las palabras de Heidegger tienen más bien el tono solemne y consumatorio de un *Ite, missa est* (Váyase, ya cumplió con su misión). Para captar este juicio en su verdadera

perspectiva, basta tener presente estos simples y masivos bosquejos históricos: que la gran edad de la filosofía griega creó el plan general de
la ciencia; y que, aún más, el gran período del siglo XVII dio a este plan
la forma definitiva que conocemos como ciencia moderna; pero ahora
las ciencias se han establecido sólidamente y caminan en forma independiente de la filosofía, de modo que esta última, habiendo ya cumplido su importante misión histórica, comienza a tambalearse sin dirección. Mientras tanto, la ciencia y la tecnología no sólo han llegado al
papel, también funcionan en el mundo, y su presencia dominante ha
llevado a la humanidad a un nuevo y único nivel de su existencia histórica y la imaginación de la mayoría de los filósofos ha quedado atrás.
¿Cuál sería el tipo de pensamiento adecuado para esta época trascendental del mundo que estamos viviendo? No lo sabemos, pero sentimos
que debería ser tan diferente de lo que actualmente se está pensando
como diferente fue el pensamiento de los antiguos griegos del conocimiento que lo precedió, o como diferente fue el siglo XVII con respecto a los comienzos de la Edad Media —dice Heidegger que, de hecho,
debiera ser tan diferente que tal vez ni podría llamarse "filosofía". Pero
mientras los filósofos permanezcan dentro del modelo actual de pensamiento, sólo podrán adornar la vieja armazón con los detalles de la
técnica, algo que, en último término, es trivial y sin asunto.

Pero lo que parece ser un callejón sin salida tal vez ofrezca la oportunidad de un nuevo rumbo. Ha llegado a su fin un gran capítulo de la
historia humana, que se extendió por dos mil quinientos años, desde el
comienzo del pensamiento racional entre los griegos hasta el presente.
Pero el fin de un capítulo no es el fin del libro. Luego la afirmación de
que se acabó la filosofía no es un cierre pesimista del futuro humano,
sino un llamado hacia otra dimensión del pensamiento del cual a veces
percibimos algunos destellos.

Precisamente aquí se presenta, a otro nivel y con una nueva virulen-
cia, el asunto de la libertad. Quizás hayamos perdido la libertad para el
tipo de pensamiento que nos podría redimir del mundo que nosotros
mismos nos hemos creado. Quizás nos hayamos vuelto incapaces de ese
tipo de pensamiento.

El peligro ya se anuncia en la superficialidad de nuestras quejas contra el mundo técnico. Protestamos contra la tecnología cuando ésta se
vuelve demasiado ruidosa, cuando contamina nuestro aire o cuando se
dispone a construir una nueva súper autopista a través de mi sala de
estar. Por lo demás, no tenemos objeciones para seguir consumiendo
sus productos. Siempre que podamos negociar en forma exitosa el triunfo de la tecnología, no nos preocupamos de preguntarnos cuáles son las

presuposiciones que implica este mundo técnico y cómo nos amarran a su armazón. Estas presuposiciones ya son parte tan importante del medio ambiente de nuestra vida que nos hemos hecho inconscientes de ellas. Finalmente podemos estar tan encerrados en ellas que ni siquiera podemos imaginar otra forma de pensamiento que no sea el pensamiento técnico. Ese sería el punto en el cual ya habríamos entregado todas nuestras preguntas a los tanques de inteligencia como asuntos de ingeniería humana. Pareciera que ya vamos encaminados hacia allá.

Capítulo 11

"Utopía u Olvido"

¿**L**a historia de nuestra época es realmente la actualización de una metafísica? El impulso inmediato es responder que no. Se nos ha enseñado, o hemos aprendido, que los factores decisivos de la historia se encuentran en otro lado: en determinadas fuerzas sociales y materiales, en comparación con las cuales, el asunto de la metafísica pasa a ser una búsqueda extraña que llevan a cabo unas pocas personas excéntricas. Nos decimos que esa historia es más "científica", pero olvidamos que este concepto de ciencia, así como la forma de historia que preferimos, es consecuencia de una distinta posición metafísica. Y si las creencias metafísicas fueran históricamente tan triviales, resulta extraño que en este momento de la historia, el marxismo, que es una metafísica bien dogmática, parezca a punto de adueñarse del mundo.

Más allá de lo que se pueda pensar de Heidegger, hay que admirar su gran pasión por la historia de la filosofía, y su capacidad de comunicarnos una vívida imagen de esa vida histórica. Nos dice que verdaderamente la filosofía constituye uno de los mayores logros de la humanidad. Por lo tanto, la historia de la filosofía, lejos de ser una colección de opiniones curiosas, es parte integral de toda la vida de la humanidad; en realidad es esa vida alcanzando su más plena expresión intelectual. Por lo tanto, sería extraño que no impactara profundamente en la vida misma de la humanidad y que no revelara los problemas alrededor de los cuales, a veces sin darnos cuenta, gira nuestra historia. Es bastante sorprendente que sea la edad moderna, a pesar de nuestras inclinaciones positivistas, la época donde la filosofía ha desempeñado su papel más poderoso. La metafísica de Aristóteles expresaba un esquema general de ideas sobre el mundo; en esa época, estas ideas fueron compartidas sólo por un reducido grupo de mentes. Estas ideas no volvieron a entrar en la historia hasta la Edad Media, donde pasaron a ser parte central de la teología cristiana. Por otro lado, la filosofía elaborada durante el siglo XVII se codificó en un cuerpo de ciencia, alrededor del cual gira nuestra civilización moderna. Por ello, la nuestra en un sentido muy claro es una edad de la metafísica. Lejos de ser una doctrina remota, esta metafísica es la expresión de las más importantes presuposiciones de nuestra época.

Sin embargo, parece existir una brecha entre la generalidad filosófica de nuestro capítulo anterior y las realidades sociales concretas que la encarnarían. El esquema de Heidegger tiene un perfil sencillo. Al esquema penetrante del pensamiento cartesiano se le ha anexado la filosofía de la voluntad de poder. Ahora debemos indicar cómo se puede trasladar este esquema general a los detalles de los hechos sociales.

I.

A veces este traslado debe mirar más allá de la superficie. Por ejemplo, si tomamos al hombre de negocios americano como una figura representativa de nuestra época, difícilmente podríamos ver en este personaje una encarnación de la voluntad de poder nietzscheana. Nos costaría imaginarlo como el audaz superhombre come-fuego que suele invocar la excitada retórica de Nietzsche. Al contrario, todo en este hombre de negocios parece indicar un temperamento cauteloso y conservador. Es bueno para los negocios que este hombre nos impresione así; se espera que sea tranquilo y digno de confianza. Hegel adoptó la imagen de Napoleón montado en su caballo como la encarnación histórica de su *Weltgeist* o espíritu-del-Mundo. Napoleón realmente calzaba en ese papel; era el indicado para el reparto. Pero el hombre de negocios de nuestro tiempo —al menos a primera vista— no parece calzar con el papel que tendría que desempeñar en nuestro esquema metafísico.

Para empezar, si lo consideramos bajo el punto de vista de las probabilidades estadísticas, es más probable que sea un ejecutivo de una empresa que un bucanero solitario o uno de los legendarios barones ladrones. Por lo tanto, exhibirá aquellas cualidades que son las que representan las aspiraciones de la clase media americana, que son probablemente las que aseguran su ascenso dentro de la jerarquía empresarial. Lo más probable es que asista regularmente a la iglesia. Una afiliación religiosa constituye más bien una ayuda en la larga y ardua cadena de sus diferentes ascensos. (Sin embargo, nótese que es bastante característico de nuestra época que la fe de un hombre se convierta en un asunto de "afiliación religiosa", que se puede archivar entre los antecedentes, pasando a ser un ítem más en la colección de hechos objetivos que nos permiten clasificarlo). Puede que este ejecutivo no tenga conciencia de tener alguna filosofía personal más allá de las creencias que vienen con su clase y su rango. Si alguna vez reflexiona sobre el objetivo final de su trabajo, probablemente se considera un servidor público y, por lo tanto, a su modo, un benefactor de la humanidad. Probablemente nunca se le ha cruzado por la mente la idea de ser un sujeto que en forma consciente busca establecer su dominio sobre el objeto, la naturaleza. ¿Cómo es posible que nosotros, malagradecidos, pretendamos que encarne la voluntad de poder de Nietzsche?

Pero tal vez esta voluntad opera en formas más oblicuas y tortuosas, y para verla en acción tenemos que observar a nuestro ejecutivo en medio de sus tareas.

Imaginemos que su tarea es construir una nueva fábrica en la cadena de fábricas de la compañía. Nada que se pueda considerar como mínimamente filosófico entra en sus pensamientos, que se enfocan estrictamente en los asuntos prácticos del momento. Sin embargo, esta limitación sólo a las características simplemente "prácticas", u objetivas, del problema del momento, representa un nivel de abstracción al que no podrían haber aspirado hombres de una cultura anterior o diferente. Cada civilización opera en un nivel de abstracción que llega a considerar una segunda naturaleza y al hacerlo, olvida el prodigioso ancestro intelectual que fue necesario para establecer ese nivel de abstracción. Luego, en este caso, cuando nuestro hombre de negocios calcula los hombres y materiales como unidades que se deben sumar y equilibrar entre sí, no hay nada en él del diabólico o maquiavélico conspirador. Simplemente está siguiendo la forma "natural" y objetiva de abordar un problema. La naturaleza entra en sus planes sólo como un lugar que fue elegido por su cercanía a las materias primas, a los medios de transporte y a los mercados. Tal vez haya que introducir cambios en el terreno natural: aparecen bulldozers y la tierra se aplana, excava y desplaza. El lugar cambia para siempre, y ahora los caminos cubren lo que antes fue una boscosa colina. Una vez lanzado el momentum de la tecnología, no se detiene allí. Tendrán que haber "unidades habitacionales" (el poeta Rilke consideró que el portento más doloroso de nuestro tiempo es que la palabra "hogar" se hubiese transformado en "unidad habitacional"); hará falta un centro comercial y por lo tanto más caminos para llegar a él. Tampoco el momentum se detiene localmente: los productos de la nueva planta entraron a un mercado que a su vez tiene que calcularse con relación a otros productos de otras regiones y países. La red de la tecnología, a medida que extiende y compromete a nuestro hombre de negocios, se vuelve total y global.

Aunque esta cadena de sucesos interconectados sea un lugar común en nuestra vida industrial, nuestro pensamiento aún no logra captarlo como un todo. Caemos en vez en consignas y arengas contra los males del capitalismo y de las empresas anónimas. De hecho, no es el capitalismo el que impone su voluntad sobre nosotros. El capitalismo obedece a nuestra voluntad tanto como a la propia, porque nosotros somos quienes consumimos sus productos y reclamamos más. Nuevamente tenemos que insistir, para que no haya malentendidos, cuán decididamente nos disociamos de ciertos círculos en los cuales es habitual cierto rechazo sentimental y fácil de la tecnología. El ser humano es un animal problemático y es de esperar que también sea problemática una parte tan esencial de su existencia como tecnología, a pesar de todas las ventajas que trae. La tarea filosófica es examinar este aspecto problemático con perspectiva y profundidad, el rechazo sentimental sólo sirve para complicar la tarea. Necesitamos todos los recursos de la organización técnica para mantener a la población que habita nuestro planeta. Y cuando reclamamos contra la tecnología, no debemos olvidar que ha sido gracias a la organización capitalista que este país, en menos de un siglo, ha sido capaz de elevar al 50 por ciento de nuestro pueblo al estándar de vida que sólo tenía un 1 por ciento anteriormente.

Esta red tecnológica ha atrapado a los planificadores marxistas tanto como a sus opositores capitalistas. De hecho, los planificadores marxistas pueden imponer su voluntad sobre el pueblo en una forma más directa y brutal haciendo caso omiso de la opinión pública adversa. Las diferencias humanas entre los dos regímenes son inmensas; y en asuntos de derechos humanos y libertad individual, el balance está incomparablemente en favor de la sociedad capitalista. Estos aspectos políticos y civiles no entran en el escenario de la historia de Heidegger. No están necesariamente excluidos de él, ni nos prohibe que los valoremos, aunque la visión de Heidegger simplemente los pasa por alto. Su punto de vista es teóricamente tan indiferente como las capacidades técnicas son indiferentes a las cualidades humanas que pueden promover. Si esta indiferencia constituye una grave deficiencia de su teoría, es un tema al que volveremos en un capítulo posterior. Por el momento sólo quisiéramos insistir en que el marxismo, tan claramente como el capitalismo, es el fruto de la era tecnológica y que ésta debe entenderse dentro de ese contexto.

¿Quién ejerce la voluntad de poder en la armazón técnica? ¿Quién es el amo? ¿Quién el servidor? Estas preguntas se hacen cada vez más difíciles de contestar a medida que la estructura se hace más compleja e interconectada. Heidegger usa la palabra alemana *Gestell* para caracterizar esta armazón, una palabra que implica un enjambre de asociaciones significativas para Heidegger. El verbo *stellen* significa establecer o afirmar algo, declararlo como real; y desde Kant, este verbo ha tenido una resonancia especial en la filosofía alemana. Según Kant, no existe una diferencia intrínseca entre nuestra idea de una cosa como algo posible y nuestra idea de la misma cosa como algo que existe realmente. Cien dólares posibles es la misma cantidad de dinero que cien dólares reales. La diferencia no radica en el concepto mismo, sino en el juicio de existencia con que se afirma el segundo. En cuanto a nuestro juicio, la realidad de la cosa se origina en el acto de voluntad que la establece como real. Así, en esta simple palabra *Gestell* se une toda la filosofía de la voluntad.

Pero la modesta primera sílaba también despierta algunas asociaciones interesantes. La palabra alemana para montaña es *Berg*, y para una cadena de montañas, *Gebirge*. Luego, debemos pensar en la armazón técnica, la *Gestell*, como una cadena de voluntades que se captan como una entidad única. Dependiendo del lugar desde donde las observamos, en las cadenas de montañas las cumbres separadas pueden fusionarse y combinarse entre ellas; así también en la armazón técnica, las voluntades separadas interconectadas en la cadena cambian y se confunden entre sí. Y, nuevamente, tal como no siempre es posible determinar en las cadenas de montañas dónde termina un cerro y dónde comienza otro, así también es difícil establecer en el ámbito del poder ejercido por una voluntad de la cadena técnica cuál es el siervo y cuál el amo. En la escala de poder social, un basurero puede aparecer en un lugar bastante bajo, pero si los basureros van a una huelga, pueden paralizar a toda una metrópolis.

Este aparato, como un todo, ¿tiene una voluntad propia? Si consideramos el significado de Heidegger, tal vez debemos hablar de la *armazón*, porque la palabra "aparato" puede estar demasiado ligada a la masa misma de la maquinaria física. La armazón es más que eso —aún más que la organización colectiva de los humanos que usan esas máquinas. Para aplicar la terminología inicial de *Ser y Tiempo*, la armazón no pertenece al mundo de los hechos "ónticos" sino de las posibilidades "ontológicas". Es un proyecto en el cual la humanidad se ha visto envuelta progresivamente y con el que ahora está comprometida. Es un diseño y una posibilidad para lograr el dominio del mundo y de sus recursos hacia el cual se ve arrastrada la humanidad estrictamente como un asunto de supervivencia. La verdadera configuración de los pueblos, de los poderes y de la organización económica se elabora cada vez más contra el trasfondo de esta armazón. Por lo tanto, nadie estrictamente

la controla. Por ende, parece tener voluntad propia. Y aquí nos empezamos a encontrar con algo extrañísimo: la armazón es históricamente
la expresión suprema de la voluntad de poder del hombre para hacer
frente a la naturaleza; y, sin embargo, es algo que comienza a escapar
de su voluntad. Parece tener vida propia y, sin embargo, por otro lado
no es más que nosotros en nuestra vida colectiva.

Claramente es una necedad anunciar que se está "contra" la tecnología, sea lo que sea que signifique eso. Tendríamos que estar contra
nosotros mismos en nuestra existencia histórica actual. Nos hemos hecho dependientes de la cada vez más compleja e interconectada red de
producción de nuestras necesidades más básicas. Aún más, como nuestros medios de comunicación y expresión se llevan a cabo dentro de la
armazón, cada vez nos modelamos más a través de ella. La armazón
provee el marco dentro del cual el futuro humano se debe planificar.
En esta época histórica, la armazón se ha transformado casi invisible-
mente en nuestro modo de Ser. Surge la pregunta de si es que en el
futuro cercano será posible ver más allá o a través de ella para vislumbrar otra forma de Ser. En esta situación, la tarea de la filosofía no es la
negación sin sentido, ni el apoyo igualmente sin sentido, de la tecnología, sino intentar ver a dónde nos conduce el pensamiento técnico y
tecnológico, sin más principio que el propio, y determinar si no es
posible buscar otro modo de pensar que lo contrapese.

II.

Buckminster Fuller parece la persona menos apropiada para buscar esta
visión de contrapeso. El exuberante y alegre tecnócrata *par excellence*,
quien nunca parece dudar que nuestra salvación está en la tecnología.
Parte de su optimismo cósmico puede llegarle como herencia de su tía
abuela Margaret Fuller, la trascendentalista de Nueva Inglaterra. También es posible que derive de ella algo de la vena mística que hay en
Fuller, aunque su misticismo principalmente toma la forma de una visión de tetraedros brotando en la naturaleza por doquier. En la conversación privada, su entusiasmo es tan contagioso y cautivante que es el
único hablador sin parar que no irrita que he conocido. Sólo cuando
uno se aleja de este hechizo, se comienza a dudar del destino que con-
cibe para nosotros. Mientras que algunos de nuestros planificadores
más ardientes parecen dispuestos a aplastarnos bajo el pavimento, Fuller
parece aspirar a otra dimensión, a ponernos bajo techo, por supuesto
que con cúpulas de Fuller, que se extenderían desde un brillante mar
al otro.

También tiene sus momentos sombríos, aunque sólo al pasar; algunos se encuentran en su libro *Utopia or Oblivion*, que se publicó algunos años atrás sin que atrajera la atención que merecía. La tesis general de Fuller es bastante simple, aunque tiende a perderse, como generalmente ocurre con él, en una gran masa de detalles incidentales. La esencia de su tesis es: la tecnología en sus etapas imperfectas e incompletas causa problemas, a veces muy graves, que no existían antes y que ahora habría que resolver; en consecuencia, nos vemos forzados a aumentar y perfeccionar nuestra tecnología. Cada paso que se da crea un nuevo desequilibrio y nos vemos obligados a avanzar hacia una tecnología más completa para poder rectificar ese desequilibrio. Por lo tanto, en la tecnología hay una tendencia inherente hacia la totalidad. Estamos obligados a tratar de lograr una utopía —en el sentido de completar y perfeccionar el aparato técnico—, de lo contrario la civilización llegaría a un colapso frente a los problemas tecnológicos que no habría resuelto.

¡Utopía u olvido! Fuller nos enfrenta con este terrible dilema mientras él mismo, intrépido, vuela airoso hacia la utopía. Lo que más quisiéramos, como mortales bien pedestres, es que la tecnología no fuera tan total y que no estuviésemos forzados a enfrentar estas lamentables alternativas. Por supuesto que queremos sobrevivir, pero el olvido que deseamos evitar es algo más que la mera supervivencia. Quisiéramos que hubiera algún significado que persistiera en nuestras vidas y que a su vez pudiéramos trasmitir a las generaciones venideras. Si la vida se torna vacía y estéril, aunque sea mecánicamente perfecta, podríamos concluir que la utopía y el olvido son lo mismo.

Verdaderamente la idea de utopía en cualquiera de sus versiones ya no nos inspira. El prospecto de una vida sin fricciones o imperfecciones que deben ser sobrepasadas o valientemente toleradas, nos parece un ideal vacío e insípido. Sin la lucha contra el mal, nos vemos privados del estímulo de la batalla y la satisfacción de nuestras victorias parciales. La utopía traería tal ruptura con todo el pasado humano que perderíamos la herencia de la historia, particularmente en las artes. Al comienzo de *Anna Karenina*, Tolstoi señala que las familias felices son todas iguales, pero que cada familia infeliz es infeliz a su propio modo. El roce de la imperfección trae consigo lo singular y lo individual. ¿Cómo se podría escribir la historia de dos personas cuya vida en común fuera una felicidad ininterrumpida? Fueron felices, felices, felices... Su utopía privada sería de hecho la vacía monotonía del olvido. Condenada a la utopía, la humanidad tendría que sufrir la agonía espiritual de recrear una religión para darse su propio significado.

Pero quizás la utopía sea sólo un florecimiento retórico de Fuller que no debemos tomar demasiado en serio. Lo que parece significar en términos prácticos es que una civilización técnica debe llegar a cierto estado de equilibrio homeostático con respecto a sus fuentes de energía, para no estar amenazados por la catástrofe de los combustibles perecibles. En medio de la actual crisis de energía que nos amenaza, esta catástrofe es un desafío muy serio. Sea cual sea la solución para este problema *en particular*, todavía enfrentamos el asunto más *general* de la rígida alternativa de Fuller: ¿el impulso hacia la totalidad está amarrado a la tecnología moderna en sí? Si cada paso nos compromete con el que sigue, ¿dónde nos vamos a detener? ¿Podemos detenernos? *Suponiendo —y ésta es una gran suposición— que nuestra civilización no se destruya a sí misma, esto implicaría que nuestra tecnología está sólo en sus comienzos.* Debemos aferrarnos a esta premisa para que nuestro pensamiento sea el adecuado para enfrentar el fenómeno que se cierne sobre nosotros. Las almas sensibles del siglo XIX se quejaban de su nueva tecnología, que ahora nos parece tan primitiva; y la nuestra a su vez parecerá primitiva en el futuro —si es que llega a haber un futuro. Nuestro pensar tendrá que enfrentarse con la posible totalidad de estas condiciones técnicas.

A fines de los años 40, que ya comienzan a parecernos técnicamente arcaicos, Norbert Wiener, quien había hecho mucho para desarrollar el uso de los computadores, hizo una simple y clara afirmación que aún se cierne sobre nuestras cabezas:

> Hemos modificado tan radicalmente nuestro medio ambiente que ahora debemos modificarnos a nosotros mismos para poder existir en este nuevo ambiente.

Debe otorgárseles el crédito que merecen a conductistas como Skinner por haber tratado de hacer algo por lo menos con respecto a esta situación. ¿Cuál es el objeto de construir una Nueva Jerusalén, en cuanto al medio ambiente material, si la humanidad que arrastramos a ella todavía acarrea con el mismo Adán? Si hay que hacer ingeniería en todo lo demás, ¿por qué no en el ser humano? Pero esta tecnología de la conducta lleva a la exigencia de una ingeniería cada vez más drástica de los humanos. Si la gente que se le entrega a los conductistas para ser condicionada, tiene genes dañinos, ¿por qué no atacar el problema en su raíz? El paso lógico y final sería la ingeniería genética que transformaría la reserva biológica de la humanidad misma.

Y respecto al asunto de la ingeniería genética, ya no estamos en una etapa puramente especulativa, como lo evidencian las recientes controversias sobre los experimentos en ADN recombinante. Los propios genetistas se han dividido respecto al riesgo que significan estos intentos de manipular los materiales genéticos. Aquí la sed de conocimiento parece utilizar las debilidades y pasiones humanas: algunos de los científicos más viejos, los que ya han obtenido sus premios Nobel, son contrarios a estos experimentos, mientras que los más jóvenes, los que están ansiosos por el proyecto, parecen estar clamando por las posibilidades de lograr sus laureles. En este tipo de controversia yo debo tomar partido por los jóvenes. La búsqueda del conocimiento debe traer siempre consigo cierto elemento de peligro o riesgo, del cual sólo se apartan los débiles o timoratos. Una vez, según se dice, hubo un comentario general: "Si Dios hubiese querido que voláramos, nos habría dado alas". Bueno, Dios nos dio cerebro y manos con los cuales pudimos construir aeroplanos, de manera que el hecho de que vuelen los humanos parece haber sido parte de Su diseño providencial. Asimismo, nos podríamos preguntar con qué fin la vida ha transcurrido a través de eones de laboriosa evolución para producir la inteligencia si ésta no fuera para intervenir en los procesos de la vida. La pregunta es —y este es el verdadero peligro— si intervendrá en forma inteligente.

"La esencia de la tecnología es el peligro", dice Heidegger. El peligro que él tiene en mente no es que los tubos de ensayo en un laboratorio de Harvard comiencen bruscamente a echar espuma, como en un incidente de ciencia ficción, y que la espuma salga a las calles de Cambridge comenzando una plaga. Este es el tipo de peligro que los experimentadores responsables debieran ser técnicamente competentes para impedir. El peligro real está dentro del ámbito del pensamiento técnico. Heidegger tiene en mente otro tipo de peligro: la tecnología, cuando se hace total, lleva a la humanidad a un nivel donde enfrenta problemas que el pensamiento técnico no puede solucionar. Supongamos que los experimentos se realizaran en forma exitosa y se hubiera llegado sin problemas al punto donde tendríamos en nuestras manos los poderes de la manipulación genética. Entonces, ¿qué hacemos con ellos? ¿Qué tipo de vida vamos a posibilitar? ¿Qué características humanas vamos a tratar de engendrar? La primera sección de este libro sugirió que la técnica por sí misma no puede determinar una filosofía; por lo tanto, el tener a nuestra disposición los poderes de la manipulación genética no nos daría necesariamente la sabiduría para usarlos. Esta sabiduría debe venir de un tipo de pensamiento, para el cual una civilización técnica puede haberse hecho incompetente por falta de práctica.

III.

Pero aquí alguien podría objetar: "Muy bien, usted ha señalado las tendencias objetivantes de la era moderna. La organización técnica de la vida reduce a las personas a tantas unidades de hechos que deben ser calculadas dentro de sus planes. Esto es bien sabido y en realidad anticuado. Pero si nos muestra este proceso relacionándolo con la metafísica de Descartes, que comienza separando al sujeto del objeto, sólo nos muestra la mitad del cuadro. ¿Dónde está el sujeto que Descartes colocó en oposición al objeto? Si nuestra época consiste en la puesta en práctica de esa metafísica, entonces también encontraríamos un subjetivismo desenfrenado entre las formas de nuestra vida cultural actual".

Esta es una buena objeción. Un dualismo que separa los dos aspectos de la experiencia debe terminar por acentuar a ambos en forma exagerada. El énfasis puesto en uno de los lados opuestos termina por destacar al otro para compensar. Es una ley en la vida psíquica el que cuando un extremo se empuja demasiado hacia un punto, su opuesto se galvaniza también en una extraordinaria y a veces exagerada forma propia. La filosofía alemana fue ese tipo de respuesta de la subjetividad frente a las tendencias objetivantes que desencadenó Descartes y la ciencia moderna. ¿Pero dónde encontramos esta subjetividad compensatoria en las formas de vida contemporánea?

Si se mira superficialmente, podría parecer que la subjetividad humana se ha hecho tan poco conspicua que prácticamente ha llegado a desaparecer. Nuestros estilos de vida —un término horrible, que de por sí es parte del fenómeno de objetivación general— se dirigen a la extroversión más insensata y sin objeto. El *talk show* ha reemplazado a la conversación; el boletín informativo ha suplantado al periodismo serio y detallado; y el resumen noticioso semanal ha desplazado al periódico más reflexivo. Se podría seguir para siempre con los medios de comunicación prevalentes que tienden a aferrarnos más y más a lo rápido, lo superficial y lo eficiente, en instantáneas absolutamente externas a la realidad. La subjetividad de cualquier tipo parece haberse convertido en algo fugitivo y ajeno.

¡Fugitivo y ajeno! Estas palabras señalan dónde se fue el sujeto de la pareja sujeto-objeto. No se ha desvanecido, está presente en su abrumadora alienación. Y aquí tenemos que captar el fenómeno de la alienación en sus manifestaciones más difusas y burdas. La subjetividad humana no es un absoluto; difiere en sus matices, grados y tipos. El subjetivismo que pena a la edad de la máquina no tiene nada que ver con la difícil y altamente consciente subjetividad de una persona individual, con el *yo* que lucha por su apasionada interioridad en los escritos de Kierkegaard. Es más bien el subjetivismo del "nosotros", de todos nosotros juntos en nuestra soledad como "la multitud solitaria". Esta frase de David Riesman estuvo muy en boga hace algunos años porque la gente podía reconocer el hecho omnipresente al que aludía. Sin sacarla de sus aplicaciones sociológicas, propongo que la apropiemos para la filosofía. Entonces, "la multitud solitaria" denota el tipo de subjetivismo que pena a la masa en la época técnica y, por extensión, un modo de ser que pena, que nos pena a cada uno de nosotros en nuestras existencias separadas. Piense en las multitudes rápidamente menguantes en Times Square en la madrugada después del Año Nuevo, cuando ya han terminado las celebraciones, cuando ya se han silenciado los altoparlantes y las canciones, cómo estos grupos humanos derivan separándose en pequeñas islas de vacío. O piense en el metro (*subway*), no en las horas de mayor tráfico, cuando la gente se empuja ferozmente, sino que en un tranquilo medio día cuando todo el mundo se sienta: nos contemplamos con mirada vacía con los que nos devuelven esta mirada vacía, sin notarnos, ninguno de nosotros está ahí, cada uno está perdido en su propia ausencia.

Metafísicamente hablando, la humanidad se ha convertido en "la multitud solitaria" a la deriva en un cosmos que ha cortado sus amarras tradicionales. Este es el fantasma que pena en toda la ciencia-ficción. Ojee las páginas de ese frío género y le costará encontrar una imagen que dé confianza en el futuro humano. Y no me estoy refiriendo particularmente a grandes escritores como E.M. Foster, Aldous Huxley o George Orwell, que trataron de destruir deliberadamente la tecnología y el futuro. El escritor de libros de ciencia ficción, que trata de acentuar lo positivo y dar una imagen optimista del milenio, termina siendo igualmente deprimente. Esta humanidad del futuro, que ha resuelto sus problemas materiales y que vive entre la casi inimaginable magia de sus artefactos, es sólo "la multitud solitaria" perdida en el universo. Los astronautas en sus *star treks*[*] han cambiado su vestimenta, pero siguen siendo los jóvenes que visten chaquetas de cuero y que recorren la ciudad de noche en busca de aventuras. Es la noche del sábado en la lejana Alfa Centauro. ¿Y qué hacemos para pasarlo fabuloso? El espacio cósmico se ha transformado en la plaza de la ciudad vacía en la que estamos a la deriva.

---

[*] Se refiere a la nave espacial que aparece en la serie de televisión que lleva ese nombre (N. de los T.).

A la propia metrópolis moderna, de por sí un producto único de la época técnica, le pena este sujeto solitario. Baudelaire, que a menudo se celebra como el primer poeta verdaderamente "moderno", es también el fundador de un nuevo género de poesía "urbana". El enjambre de la ciudad —*fourmillante cité*— empuja a sus seres enajenados a rincones extraños de callejuelas y *faubourgs*; y el poeta mismo en su buhardilla, como una conciencia observadora pura, está más enajenado y fuera de ella que cualquiera de los espectros que encuentra en las calles. La ciudad de Baudelaire tiene los toques grotescos pero aún muy humanos del París del siglo XIX. Pero en un poema, *Rêve Parisien*, él sueña con una Babel futurista que lo acerca a nosotros: imagina una ciudad de la cual se han eliminado los árboles, matorrales y todo lo vegetal hasta que sólo queda la "monotonía del metal y el mármol". Bueno, actualmente hay menos mármol; pero el concreto, el acero, el vidrio y el aluminio también sirven para producir aquel efecto inhumano con que soñó Baudelaire. Uno mira en la noche las enormes fachadas de los edificios de departamentos, brillantes de luz, cada uno un faro de una celda propia, sellada y confortable, y pensando en las vidas separadas que habitan allí, uno recuerda las últimas líneas de *Tierra Yerma* de T.S. Eliot:

> He oído la llave
> Dar vuelta en el cerrojo una vez y sólo una vez
> Pensamos en la llave, cada uno en su prisión
> Pensando en la llave, cada uno confirma una prisión...[**].

De hecho, Eliot es el continuador de Baudelaire, y el poema *Tierra Yerma* de Eliot es el máximo monumento de la poesía "urbana". Este poema se nos ha hecho tan familiar que tendemos a olvidar cuán chocantes e hipermodernas fueron sus técnicas. El rápido pasaje de las imágenes es paralelo al montaje del cine, el arte *par excellence* de nuestra época técnica. Las voces que flotan dentro y fuera del poema son como una banda de sonido de la metrópolis moderna, la que siempre está allí, en el trasfondo. ¿Y cuál es la nota final? A través de todas las centelleantes imágenes y voces, el poema es un canto de fragmentada y desesperada alienación, que termina con el grito del sujeto aislado que ya hemos citado.

[**] *I have heard the key*
Turn in the door once and turn once only
We think of the key, each in his prison
Thinking of the key, each confirms a prison...

La nota con que Eliot acompaña este pasaje se aproxima aún más literalmente a mi objetivo. Es simplemente una cita —que el poeta transcribe sin comentarios— del filósofo F.H. Bradley, a quien Eliot había estudiado en Harvard:

> Mis sensaciones externas no son menos privadas para mí que mis pensamientos o sentimientos. En ambos casos, mi experiencia se limita al interior de mi propio círculo, un círculo cerrado para el exterior y que con todos sus elementos semejantes, cada esfera es impenetrable para los que la rodean... En resumen, considerándolo como una existencia que aparece en un alma, todo el mundo es especial y privado para esa alma.

Esta no es más que una bella y elegante condensación de Descartes. La conciencia se ha vuelto tan intrínsecamente privada y subjetiva que es como una esfera sellada herméticamente al mundo exterior. Los fantasmas metropolitanos de Eliot llevan consigo este yo cartesiano al vagar por las calles de la ciudad moderna.

Hegel, que en estas materias era un historiador muy astuto, celebra el arte de la edad moderna como un triunfo de la subjetividad. Hablaba de una etapa anterior y más heroica donde la interioridad de un Shakespeare o un Rembrandt se abría completamente para el mundo. Pero Hegel también tuvo tiempo para ver un desarrollo menos favorable de esta subjetividad. Notó en el arte de su época una mayor libertad de la imaginación, la persecución del arte por el arte y la consiguiente proliferación de estilos nuevos y variados. Pero toda esta espléndida variedad y libertad se pagó con una separación que tuvo el artista de la vida real de la humanidad. El arte se transformó en algo más periférico y marginal a las preocupaciones de la sociedad. Por supuesto que desde que Hegel describió este aislamiento del artista la situación no sólo persiste sino que ha seguido aumentando. Ahora es un tema habitual de los críticos y en este momento estamos más o menos aburridos del tema de la alienación, sin embargo es dudoso que la crítica haya llegado al fondo de este asunto. Los críticos con inclinaciones políticas tienden a ver esta alienación como una forma de protesta social. Baudelaire y Flaubert, con su odio por el mundo burgués, son casos típicos. Sin embargo, lo que ambos odiaban de la burguesía era que les parecía la encarnación del lado racional, calculador y técnico de la sociedad moderna; ninguno de ellos hubiera tranquilizado su espíritu con un socialismo planificado que exhibiera las mismas características. El malestar de estos escritores era una aspiración espiritual que no podía satisfacerse dentro de su tiempo y lugar.

Los grandes novelistas rusos del siglo XIX se destacan en claro contraste con Flaubert. Donde este tiende a ser negativo, destructor y casi inhumano en su desprendimiento, ellos respiran un espíritu de afirmación y fe. Los rusos tenían lo que es una gran ventaja para un escritor, de venir de un país técnicamente "atrasado". (Es una ventaja que han gozado los escritores irlandeses en este siglo). Rusia atravesaba eso sí por un período de profundos cambios sociales y a menudo los escritores se sentían incómodos en medio de estos trastornos. Sin embargo, era un país donde la gran masa campesina sólo estaba en un contacto vivo con la tierra y en posesión de su prístina fe cristiana. Y aquellos escritores rusos que eran capaces de identificarse con el pueblo podían encontrar allí sustento espiritual. En Occidente, el espíritu de la ciencia y la tecnología se había extendido demasiado, y Flaubert estaba aguda y amargamente consciente de vivir con la herencia del racionalismo que legó la Revolución Francesa. En el fondo, el fenómeno de la alienación es religioso.

Flaubert en sí es casi el epítome de toda la historia de la novela en su tensión entre sus pretensiones objetivas y subjetivas. Se autoflagela tratando de ser despiadadamente objetivo en su arte y odia *Madame Bovary*, su obra maestra que resultó de ello. Mientras tanto, su espíritu aspira a la fe de la Edad Media y la de San Julián el Hospitalario.

La novela, tal como la conocemos, no se encuentra en la antigüedad ni en la Edad Media; es una forma literaria característica de la edad moderna. Por eso muestra las más profundas características de la época cartesiana: su historia es una larga competencia entre los polos subjetivo y objetivo de la experiencia. Comienza como una simple narración, un poema épico cómico que entretiene por los episodios que describe. Por lo tanto, tiene la objetividad directa y no programada que un narrador tiene hacia su historia y su público. Sin embargo, rápidamente comenzó a adoptar el programa de describir las costumbres y la sociedad y así —en manos de un Balzac, por ejemplo— busca la objetividad de la ciencia. Por otro lado, como la forma literaria más flexible, la novela le permite al autor el máximo de comentarios exploratorios sobre sus personajes. Tiene más capacidad que todos los otros géneros para analizar la psicología humana. Así se vuelve a lo interno; y tenemos novelas que nos muestran el mundo exterior sólo como se refleja en la mente de los personajes. El carácter se disuelve en sus complejos, el héroe se convierte en un antihéroe, el yo se desintegra en los fragmentos de un yo incapturable. Pero el péndulo siempre está listo para oscilar. Después de los extremos de Proust y de la novela psicoanalítica, los escritores franceses en los años 40 se dispusieron a buscar la renovación en la simple y brutal objetividad de la novela americana.

Si el espacio lo permitiera, podríamos ilustrar abundantemente nuestro tema a partir de las otras artes, donde ha desempeñado un papel esta misma tensión entre los opuestos. La pintura es un caso particularmente llamativo, ya que la visión es el sentido que más nos une al mundo exterior, y sin embargo, los pintores modernos han separado sistemáticamente la imagen visual de la representación objetiva. Sin embargo, cada cierto tiempo se producen contramovimientos, "El Nuevo Realismo" o *Die Neue Sachlichkeit*, que generalmente propone algún programa muy *autoconsciente* para restaurar el mundo objetivo a la pintura. Es como si, al igual que Descartes, uno se acercara al mundo externo sólo desde un programa subjetivo. Este carácter intensamente programático de los movimientos dentro del arte moderno es de hecho una de sus características más significativas para el historiador filosófico. Es un síntoma de la autoconciencia que infecta a toda nuestra actitud hacia el arte, y el goce del arte, dentro de la época moderna. La apreciación del arte se ha transformado en una parte autoconsciente de la "cultura" humana. Fue sólo después de entrado el siglo XVIII, bien ya dentro de nuestro período cartesiano, que apareció la "experiencia estética" como una forma especial de conciencia subjetiva. Nadie tenía experiencias estéticas antes de ese tiempo, y a pesar de eso, el arte de algún modo se las arregló para sobrevivir y florecer.

Este carácter programático del arte moderno, con su constante juego de movimientos y contramovimientos, ha alcanzado su pináculo en este país. A fines de los años 40 y en los 50, emergió el expresionismo abstracto como un estilo importante, que se ejerció con la suficiente profundidad y originalidad dentro de los recursos tradicionales de la pintura como para permitir que tuviera bastante desarrollo por un tiempo. En general, un estilo significativo dentro de la historia del arte es uno en el cual los artistas pueden descansar y producir "más de lo mismo" en una forma que nos parece fresca y gratificante. Pero aquí no se produjo este período de consolidación, ya que, sea por nuestra intranquilidad americana, por la presión del mercado comercial o por ambas cosas, se produjo en vez una rápida sucesión de arte op, pop, minimalista y otros cuasimovimientos. Parecía que cada artista luchaba para producir un nuevo truco para establecer sus credenciales de genuina originalidad. Esta es la situación detrás del libro *Tradition of the New* de Harold Rosenberg, cuyo título debemos analizar cuidadosamente —tal vez un poco más cuidadosamente que el propio autor. Si los estilos de arte cambian tan incesantemente, éste deja de ser una tradición viable que transmite el autor. Más bien se establece una tradición de perpetuas novedades. El arte se convierte en una continua fabricación de modelos nuevos. Vamos a las galerías cada temporada tal como vamos a los salones de venta de las automotoras, para ver cuáles son las nuevas líneas que se han desarrollado. Los estilos de arte se hacen obsoletos tal como los modelos más antiguos de autos. El arte y el artista se asimilan a las líneas de producción del orden técnico.

IV.

En resumen: en el dualismo sujeto-objeto que ha dado forma a nuestra época moderna se esconde el sujeto humano, pero no ha desaparecido. Los requerimientos técnicos nos han llevado a cuantificar y calcular muchas más partes de la vida; pero por preocupados que estemos con los objetos y los datos, el sujeto humano sigue allí, agitado y sin apaciguar, penando en los límites del mundo técnico. En sus manifestaciones más bajas, este subjetivismo es el malestar de la masa, "la multitud solitaria" de la ciudad moderna —un malestar difuso y mal definido, pero que a veces está desesperadamente inquieto en su aburrimiento. En sus manifestaciones más elevadas es la subjetividad que captura el arte moderno, complejo y sutil, pero también tenso y alienado.

Por supuesto que cualquier esquema de la cultura moderna tan breve como el anterior podría dar la impresión de menosprecio. Nos apresuramos a agregar, aunque no debiera ser necesario, que de ninguna manera intentamos menospreciar la grandeza de las excelentes obras de arte que se han producido en este período. Estas obras nos formaron en nuestra juventud y no las olvidaremos en la vejez. Sin embargo, empezamos a sentirnos algo incómodos en su presencia. Se ha hecho pública la sospecha de que el gran período del arte moderno está llegando a su fin, si es que no lo ha hecho ya. Las preguntas sobre la peculiar condición marginal del arte se hacen más persistentes. En períodos anteriores tal vez se cuestionó de tiempo en tiempo cuáles podrían ser las posibles conexiones entre genio y locura, o por qué los poetas solían tener un temperamento irritable; pero en nuestro tiempo el tema de "arte y neurosis" se hace más clínico e insistente —demasiado insistente como para dejarnos tranquilos. Walter Pater señaló proféticamente refiriéndose a Coleridge que se deja oír en él: "Ese inagotable descontento, languidez y nostalgia, cuyas cuerdas resuenan en toda nuestra literatura moderna". Pater se refería a cierta condición que había encontrado su primera expresión en los poetas románticos, pero que ya en su tiempo se había extendido a través del siglo XIX y, por lo tanto, su lenguaje tiene algo de esa resonancia romántica. Hoy podemos usar un lenguaje diferente, pero se describe el mismo fenómeno. Para cualquiera expuesto a la literatura y arte modernos, la "pérdida del Ser" no parecerá un término vacío y remoto apropiado de un filósofo como Heidegger. Se trata de una condición contra la cual el poeta o el artista debe luchar, más allá de la lucha con su arte para encontrar un punto de apoyo en alguna parte, para poder tomar aliento y ubicarse en cierta relación con la vida y la naturaleza que le permita ser lo que es.

La civilización moderna ha mejorado el nivel material de millones de personas más allá de las expectativas del pasado. ¿Pero ha logrado hacer más feliz al ser humano? A juzgar por el grueso de la literatura moderna, tendríamos que contestar "No"; y en algunos aspectos, incluso tendríamos que decir que hemos logrado lo contrario. Por supuesto, toda la literatura —aun la comedia— aborda los problemas de la humanidad. Si un personaje no tiene algún tipo de problema, no hay situación que resolver, no hay argumento que desarrollar y, por lo tanto, no hay historia que contar. Pero una vez que aceptamos este hecho universal, en la literatura moderna sigue habiendo una tristeza muy especial y penetrante que no podemos dejar de ver.

Ciertamente, no la podemos ignorar cuando nos dedicamos a construir nuestras utopías tecnológicas. Los utopistas generalmente llegan a sus imágenes del futuro a través de simples proyecciones: extienda hacia adelante y arriba la curva del poder y la beneficencia técnicos y automáticamente disminuyen los males de la condición humana. Pero si vamos a seguir con estas simples extrapolaciones, también podríamos extender la curva de nuestro malestar y angustia actuales en una curva que va continuamente hacia abajo. Ninguno de los dos métodos me parecen correctos; el futuro es un asunto demasiado complejo y difícil para calcularlo de manera tan simple; y al final, tendremos que dejar que él mismo se transforme en lo que va a ser. Mientras tanto, podemos llegar a una prosaica y razonable conclusión: el avance tecnológico por sí mismo no basta para garantizar la felicidad de la humanidad. Las fuentes de esa felicidad parecen estar en otra parte.

Conclusión de la Parte II

El cuadro que hemos trazado en los dos capítulos previos puede ser sombrío, pero no pretende ser pesimista. El pesimismo radical siempre debe ser determinista; enuncia una curva de decadencia y caída de la cual no hay escape. Si no cierra las puertas de la esperanza para la humanidad, su pesimismo es incompleto. Pero el escenario que nosotros hemos diseñado, siguiendo a Heidegger, nos deja con una salida de libertad; de hecho, nos desafía para que la busquemos. No estaríamos tratando sobre historia si no estuviera comprometida la libertad. La historia emergió de la prehistoria para ampliar las posibilidades de nuestra libertad; y si la libertad desapareciera con el avance de la civilización, la humanidad se hundiría en un nivel de rutina más penoso que el anonimato del hombre prehistórico. La armazón tecnológica, la *Gestell*, es en sí misma una creación de la libertad —la forma en que la libertad humana adquiere su expresión global en esta época. Nuestro cuadro es sombrío sólo porque nos advierte que el propio poder y éxito de la estructura tecnológica nos podría atontar con respecto a otros modos más básicos de libertad.

Así, la línea del argumento en este libro se ha desplazado en dos direcciones complementarias. En la Parte I tratamos de señalar algunas de las limitaciones de la técnica en sus propios términos. La creatividad humana excede a los mecanismos que ella inventa, e incluso se necesita para dirigir estos mecanismos inteligentemente. Bastante literal y simplemente, *la significación de la técnica presupone libertad*. Ahí vimos los aspectos formales e internos del asunto técnico; la Parte II aborda cómo la técnica se ha incorporado factual y concretamente a nuestra tecnología actual. Y esta última parece violar toda la cautela formal que habíamos sugerido. El orden técnico, en la euforia de su éxito y en su infiltración de cada vericueto de nuestra vida, parece no tolerar ninguna limitación para la técnica. El peligro consiguiente no es que nos convirtamos en esclavos de la máquina, como una anterior y más simple imaginación nos representaba el futuro. Al contrario, podemos imaginar el orden técnico operando con máxima eficiencia humanitaria, en forma tal que todos dispondríamos de abundantes y agradables posibilidades de esparcimiento, pero el peligro seguiría acechando. El sistema nos encerraría en su interior demasiado cómodamente y, por desgracia, en forma demasiado completa. Escasearían los espacios abiertos para tomar aliento y mirar más allá de la armazón que nos encierra. Se encogerían las posibilidades de cierta dimensión poética de la vida. No caminamos por la tierra mirando las estrellas; preferimos verlas en placas fotográficas. Y con respecto a la libertad misma, tendemos a confundirla con la voluntad de poder y nuestra frenética manipulación de los objetos.

Esto último no es una premonición fantástica ni remota; los detalles del fenómeno ya son reconocibles en todo lo que nos rodea. El psicoanalista Leslie Farber los ha presentado y analizado en forma brillante, y después de observar pacientes por treinta años, concluye que nuestra época se ha transformado en la edad de "la voluntad desbarajustada". Farber señala que vivimos en medio de un constante bombardeo de tentaciones que nos conducen a esa obstinación:

Día a día, cada ciudadano recibe instrucciones a través de los medios de comunicación públicos diciéndole que no existe ninguna porción de su vida que no esté totalmente bajo su control... o completamente sujeta a su voluntad. Si la vida es difícil para usted, una tarde frente al televisor le enseñará a eliminar sus penas a través de aspirinas, desodorantes, enjuagues bucales, clases de danza, laxantes, vitaminas, lociones capilares y edificantes programas de mesas redondas[1].

Farber rastrea correctamente el fenómeno hasta su origen en la omnipresencia de la tecnología, para lo cual cita a un joven estudiante:

Todo en este mundo se prende y se apaga: luces, televisores, refrigeradores, cocinas, ventiladores, fonógrafos, aspiradoras, etc. —por lo tanto, ¿por qué no podríamos querer que también nos encendamos[*] nosotros?[2].

---

[1] Leslie H. Farber, *Lying, Despair, etc.* (Nueva York: Basic Books, 1976), p. 7.

[*] *To be turned on* (encenderse) tiene la connotación de "estimularse" (sexualmente, por drogas, etc.) (N. de los T.).

[2] Ibid., p. 9.

Pero si los detalles ya se han hecho reconocibles, los contornos de nuestro cuadro pueden resultar demasiado simples. Por supuesto, todo pensamiento trata de simplificar la experiencia en alguna forma, pero siempre debe dar el próximo paso de cuestionar sus propias simplificaciones. Hasta aquí hemos seguido a Heidegger, pero, cuando parecía necesario, hemos improvisado libremente para completar un significado demasiado esquemático, hemos permanecido dentro de los confines de su pensamiento en forma bastante rigurosa. Ahora tendríamos que preguntar qué falta en las grandes simplificaciones de su esquema general.

La sencillez en cualquier modo de pensar no es una objeción en sí misma. Los grandes filósofos siempre nos dejan con algún residuo simple de modelo de visión. Pero una cosa es buscar una norma dentro del flujo de experiencias recurrentes y otra cosa es buscarlo en ese trozo único e irrepetible de transformación que es la historia humana. La filosofía de la historia es el único campo donde el cabal elemento humano —las irregularidades y contingencias de la naturaleza humana— se presenta plenamente. La "marcha de la historia" puede aparecer así cuando se la proyecta a gran escala; pero observada de cerca, es realmente el continuo flujo de sucesos que van y vienen entre los arrecifes de las contingencias humanas. Las tendencias históricas no empujan en línea recta hacia una consolidación final; sólo avanzan hasta cierto punto, para luego retroceder, debido a conflictos internos o por un impulso contrario que los arrastra hacia atrás o los desvía hacia un lado. Los imperios no duran para siempre; se colapsan y se disminuyen en fragmentos de sí mismos. Eso le puede ocurrir al imperio de la tecnología. En sus momentos más lúgubres, Heidegger describe la armazón técnica, la *Gestell*, como si fuera un proceso que se expande inexorable, lógica y devoradoramente. Hoy en día, todos estamos demasiado conscientes que hay accidentes que podrían detener el proceso. La desaparición de las fuentes de energía fácilmente disponibles podría llevar al pánico a toda la estructura técnica. Podría producirse en una u otra forma una descentralización y podríamos aceptar estabilizarnos en una tecnología menos opulenta pero más elástica. Y la más tremenda de todas las posibilidades: una guerra termonuclear entre los superpoderes que dejaría a la civilización en ruinas. La humanidad sobreviviente se arrastraría en un primitivo nivel tecnológico.

De hecho, esta última posibilidad sirve para demostrar que en el fondo la cuestión de la tecnología es un asunto político. Si se calmara la confusión política del mundo, si se instaurara un régimen general de libertad e iluminación, entonces todo este asunto de la tecnología no parecería tan amenazante. De hecho, la cuestión más urgente en este período de la historia no es el asunto de la técnica en sí misma, sino que la supervivencia de la libertad humana. En general, un buen número de los Jeremías populares y sentimentales en contra de la tecnología tratan de evadir este punto. En algunos casos pueden resultar ser incluso un subterfugio para privar a Estados Unidos de su principal ventaja en su actual lucha por la supervivencia. Pero al final este asunto no se puede oscurecer: la cuestión para nuestra generación, o para la que recién comienza, es si la humanidad se va a decidir por la libertad o si se va a hundir en alguna tiranía de corte moderno. Y en último término, esta decisión es un asunto moral y, para algunos individuos, en la forma como se están desarrollando los hechos, podría tratarse de un asunto de sacrificio y heroísmo morales. Pero Heidegger no dice nada sobre esta dimensión moral de la historia: el individuo moral, como tal, no está en el centro de su pensamiento.

Yo creo que hay cierto parentesco espiritual entre el Heidegger tardío y Hegel, su coterráneo suavo. Ciertamente, no hay acuerdo en todos los puntos de sus doctrinas, y los sentimientos que evocan sus filosofías son muy diferentes. A pesar de la visión aguda de Hegel para los aspectos "negativos" de la condición humana, su pensamiento era parte de la Ilustración y estaba saturado de su optimismo. Es evidente que Heidegger pertenece a la post-Ilustración. No sería de nuestro tiempo si no fuera así, porque el logro de la cultura del siglo XX es haber absorbido a la contra-Ilustración en su cultura, de modo que Heidegger mira con escepticismo y sospecha el supuesto del progreso. La similitud radica en la preocupación del pensamiento de ambos pensadores por el arrastre de la historia. De hecho, esta visión se hace tan avasalladora que nos da la impresión que el análisis del individuo real y concreto termina por perderse. Es así que Kierkegaard, el rebelde, se alzó contra Hegel y su panorama de la historia mundial para defender las exigencias del individuo existente. Es posible que Heidegger necesite un correctivo similar. Empieza por ser el analista de la existencia humana, pero en su pensamiento posterior nuestro ser individual parece ser absorbido en las etapas de la historia del Ser. Hay que volver a la búsqueda del individuo.

En este Heidegger tardío hay dos temas dominantes: la poesía y la tecnología. El poeta y el técnico se enfrentan como figuras antitéticas, y el pensamiento del filósofo gira en torno a esta confrontación. No se debe subestimar la profundidad o la seriedad de esta oposición. Aquí no tratamos la poesía como un simple adorno de la cultura. No es una elegante elaboración de palabras para otorgarnos una "experiencia

estética", esta construcción posterior de los esteticistas filosóficos que
desplaza al arte a la periferia de la vida corriente. Heidegger lucha para
que la poesía vuelva a ocupar su sitial primario entre nosotros en esta
tierra y bajo este cielo. Si la poesía no toca las contingencias cotidianas
de alguna forma, quedamos desamparados en esta tierra. Así, la figura
del poeta representa una dimensión de nuestro ser humano, cuya pérdida convertiría al hombre civilizado en un inválido emocional. ¿Cuál
es la diferencia entre el poeta y el técnico? El poeta caminando por los
bosques se pierde transportado por el éxtasis de su presencia; el técnico
calcula los bulldozers que se van a necesitar para arrasarlo. En algún
punto de nuestra vida debemos seguir al poeta en su "sabia pasividad",
para aprender a dejar ser, de lo contrario quedamos para siempre atrapados en las nerviosas garras de nuestra voluntad.

Pero esta antítesis entre poeta y técnico no es la única que enfrentamos en una civilización técnica. Porque, ¿no existe otro ámbito de la
vida, entre la pasividad hacia el Ser y la aspiración al poder, donde
debemos ejercer nuestra voluntad y su libertad? ¿No se trata de la voluntad de poder, sino de la voluntad moral, que es algo muy diferente?
Este es el asunto que abordaremos ahora. La libertad es el tema real y
positivo de nuestra búsqueda. Y si hemos dedicado tanto tiempo a la
técnica y la tecnología, es porque ellas se destacan hoy como la cara
negativa y opuesta de la libertad. El haber argumentado al señalar sus
límites, aun cuando lo hubiésemos logrado, no bastaría para establecer
una concepción positiva de la libertad. Y sin este sentido positivo de la
libertad, no estaríamos respondiendo la pregunta inicial que nos puso
en marcha.

Parte III

La Libertad

Capítulo 12

La Voluntad Moral

En 1927, poco después de la publicación de *Ser y Tiempo*, un joven amigo le preguntó a Heidegger: "¿Cuándo va a escribir una ética?". El propio Heidegger recuerda este incidente veinte años después. La pregunta debe haber tocado una cuerda sensible, hecha sensible por los críticos, tanto que quedó grabada en su memoria. Al pensador se le debe permitir juzgarse aunque sea indirectamente. Porque aquí hay un cierto juicio implícito ya que toca el asunto que toda la filosofía aún no ha contestado. Heidegger no llegó a escribir esa ética. Este hecho de por sí tiene poca significación; los filósofos cuyo pensamiento está saturado de moral desde comienzo a fin, como en el caso de William James, nunca se abocaron a producir un tratado de ética, lo cual no nos molesta. Pero su ausencia en Heidegger nos parece más seria: no nos perturba el hecho incidental de que no haya escrito una ética, sino la duda de si cabía en su pensamiento el escribirla.

Esta podría parecer una acusación extraña contra un pensador cuyo esfuerzo, ahora que podemos verlo desde una perspectiva global, fue nada menos que la preparación para entrar nuevamente en la esfera de la existencia religiosa. Pero toda la preparación, tan escrupulosa y pacientemente llevada a cabo durante años, no alcanzó su meta: no puede entrar en lo religioso porque no llega a lo ético. Para alcanzar lo ético se necesitaría un salto hacia otro nivel, un *metabasis eis allo genos* (un paso hacia otro ámbito de la existencia).

Esta crítica podría ser fatal para otro filósofo, pero no demuele a Heidegger, y tampoco lo intenta. Más bien indica los límites dentro de los que debemos medir su valor para nosotros. Y en este momento es particularmente importante, pues en algunos círculos el nombre de Heidegger amenaza hacerse la contraseña de un culto, y sus obras el objeto de un piadoso escolasticismo. Hasta el momento esto ha sido bueno porque ha ayudado a diseminar su doctrina y ha servido para contrarrestar algunas de las estrechas tendencias filosóficas del momento. El riesgo es que las piedades escolásticas, hipersensibles a cualquier crítica, eventualmente nos lleven a creer que la filosofía ha logrado más de lo que ha hecho. El propio Heidegger insistió que los grandes filósofos del pasado se consumieron siempre en una visión única. Nos dice que tenían un solo pensamiento que luchaban por expresar y que, sin embargo, ha quedado sin decir o, mal dicho, a través de todo lo que han escrito. Podemos solicitarle a Heidegger que aplique sus bellas palabras: "Pensar es confinarse a un solo pensamiento que un día se detiene como una estrella en el cielo del mundo". Él es un pensador de una sola idea, Ser, pero su estrella brilla con un inusitado resplandor. Leemos la historia de la filosofía, y la historia misma, en forma diferente gracias a su luz. Su pensamiento socava las construcciones subjetivistas de la estética moderna y así nos permite pensar en un poema u obra de arte en una forma a la vez nueva y antigua. Pero a pesar de la riqueza de su pensamiento en otros campos, en el asunto de la ética, Heidegger se quedó corto.

Esto no implica que su pensamiento sea de alguna manera poco ético o nihilista, como sugirieron sus primeros críticos basándose en el hecho de que sus temas a menudo parecían austeros y fríos. Este era un filósofo que tomaba en serio la nada y que escribió abiertamente sobre ella y por cierto esto denotaba que en Heidegger había una veta extraña y mórbida. Una respuesta como esta es un reflejo de un nihilismo superficial y socialmente aceptable que retrocede ante cualquier aspecto negativo de nuestra existencia. Heidegger seguramente tiene la razón cuando sostiene que hasta que no pensemos a través del "nihil" (nada) del nihilismo, continuaremos a la deriva de una "afirmación" espúrea a otra. No, el motivo por el cual lo ético no aparece dentro del pensamiento de Heidegger no se debe buscar en los nudos imaginarios de su temperamento; fundamentalmente el motivo está más en el propio asunto de la ética y en los obstáculos que el sujeto parece colocar frente a él.

Desde el comienzo, en manos de Aristóteles, la ética ha considerado a la voluntad como su hecho central. La voluntad es "deseo deliberante", el lugar en nuestro panorama psíquico donde se encuentran la razón y el apetito; donde nuestros deseos y emociones se someten a la razón, y ésta es activada por el deseo; de allí que sea el eje central del ser humano como agente práctico. Desde entonces, esta tradición se ha mantenido virtualmente ininterrumpida. Kant, el moralista más sistemático después de Aristóteles, internaliza pero permanece completamente dentro de la tradición cuando considera la voluntad moral como el centro de la persona humana.

Pero en el ominoso curso del pensamiento moderno (como vimos en el Capítulo 10), esta voluntad esencialmente moral se transformaría en otra cosa: la voluntad de autoafirmación y dominio; la voluntad de poder. Bajo su impulso, la razón se pronuncia como la legisladora de los fenómenos y finalmente se convierte en la razón técnica. Nietzsche, ya que aceptó el hecho y lo deseó como su propia voluntad, fue capaz de explorar las dimensiones trágicas y demoníacas de esta voluntad. En el mercado moderno, esta voluntad nos rodea por todas partes, en una forma mucho menos consciente pero con manifestaciones mucho más vocingleras. Los nazis habían proclamado a la voluntad como la voz del resurgimiento nacional en una vulgarización propia de la filosofía alemana. El documental de Leni Riefenstahl sobre el surgimiento del movimiento nazi, aún aclamado por *cineastas* como un modelo en su tipo, se titulaba *El Triunfo de la Voluntad*. Si el asunto de la ética está envuelto inseparablemente con la voluntad, y si la voluntad se ha comprometido y se encuentra contaminada en su origen, ¿cómo es posible escribir sobre ética?

Pero en el pensamiento de Heidegger, la libertad tiene un papel central y eso parece tener algo que ver con la voluntad. Tradicionalmente, los filósofos han discutido el tema de la libertad como la libertad de la voluntad. Sin duda, la concepción de Heidegger de la libertad está separada de la voluntad para la acción. La libertad es la condición de la verdad misma, porque a menos que seamos libres para dejar ser, para dejar que las cosas se muestren como son, solamente forzaremos en ellas nuestras distorsionadas voluntades. ¿Pero no es este distanciamiento del mero desear (*willfulness*) una condición de la voluntad misma? ¿Y no es este un estado moral, por tener el distanciamiento y culpamos a otros por carecer de él? Tal vez en las páginas de Heidegger se oculta otro sentido de la voluntad, que va más allá del sentido de la voluntad disonante y autoafirmativa que él trata de evitar, un sentido que tenemos que sacar al claro, como dice Heidegger. Tal vez tenemos que retroceder más allá de la filosofía alemana postkantiana, hacia un sentido más antiguo de la voluntad: al significado que tenía *voluntas* para algunos filósofos medievales, proveniente de San Agustín y aún más atrás, al *Eros* de Platón. Quizás la voluntad, en lo más profundo, no connota autoafirmación y dominación, sino amor y conformidad; no la voluntad de poder, sino la voluntad de rezar.

Por supuesto que al plantear este asunto miramos más allá de Heidegger hacia la totalidad de la cultura moderna. El tratar de restaurar el papel central y primario de la voluntad moral en la personalidad humana puede parecer un esfuerzo contra la corriente general de esta cultura. Después de todo, el modernismo empezó como una re-

vuelta contra el victorianismo, especialmente contra el apretado código
moral de los victorianos; y desde entonces el modernismo ha continuado tras su meta de autoliberación. La gran literatura del movimiento
moderno, dentro de la cual nos formamos, toma partido por el instinto
dionisíaco contra el moralista. Lionel Trilling lo expresa certeramente:
"Nada es más característico de la literatura moderna que su descubrimiento y canonización de las energías no-éticas primarias". Freud y el
psicoanálisis fueron otra poderosa corriente fluyendo hacia el mismo
río. Tal vez sin quererlo, pero el movimiento psicoanalista no ha reforzado la fuerza de la moralidad tradicional. Al destronar la soberanía de
la conciencia y al mostrar sus debilidades frente al inconsciente, dejó a
las personas menos capacitadas para creer en su libertad moral. Cuando la mente consciente pierde su potencia, la voluntad deja de ser una
entidad central gobernante. Nuestro vocabulario moral fue suplantado
por un vocabulario psicoanalítico. En vez de hablar de virtudes y vicios,
la gente encontró más profundo y "científico" hablar de neurosis y complejos. En el mejor de los casos, el componente moral de la experiencia,
ya no considerado primario e irreducible, fue relegado al status periférico como policía moral. Al tratar de reafirmar las exigencias de una
voluntad moral contra influencias tan formidables, uno comienza en un
tono de disculpa para no ser considerado beato o hipócrita.

Sin embargo, en todo este menosprecio de la voluntad moral persiste una llamativa discrepancia entre nuestra cultura y nuestra vida real o,
para ponerlo más puntualmente, entre nosotros como participantes de
esta cultura y nosotros mismos en el curso habitual de nuestras vidas
privadas. Aún funcionamos en nuestros asuntos cotidianos guiados por
esa voluntad moral y aún discriminamos con ese criterio. Distinguimos
a las personas que conocemos de acuerdo a sus virtudes y vicios, y las
tratamos según eso. Perdonamos a una vieja amiga que suele ser rara y
aburrida diciendo que, después de todo, es una "persona muy querida"
y un "alma buena". Por otro lado, con un amigo brillante y neurótico
que hemos disculpado por años con excusas psicoanalíticas, cuando la
amistad llega al punto de quiebre, abandonamos en general toda la
jerga de las neurosis y simplemente declaramos que se ha convertido en
un ser tan perverso, desconsiderado y egoísta que preferimos no volver
a verlo. En algunas ocasiones se aclara el ambiente al decir que alguien
es un bribón y punto, como si bajando de las nubes psicológicas tocára-
mos al fin tierra firme. En resumen, sin estar conscientes de ello, seguimos el punto de vista de Kant en el sentido de que la voluntad moral es
el centro de la personalidad. Sin embargo, sorprendentemente, los filósofos modernos aún no han aceptado este hecho.

I.

Al tratar de desenganchar estos temas tanto desde el interior como en contra de Heidegger, estoy consciente de que en el trasfondo ronda mucha experiencia personal y tal vez ahora contribuya a aclarar esta materia el reconocer este aspecto de mi empresa. Una vez el fallecido W.H. Auden señaló que un libro es importante cuando éste nos lee a nosotros y no a la inversa. En este sentido, yo llevo muchos años siendo leído por Heidegger y su respuesta a mis necesidades ha variado. Su alemán era sencillo y comprensible, por lo que para mí fue una barrera fácil de vencer. Los puntos donde fui rechazado eran obstáculos particulares dependientes de mi propio trasfondo filosófico, más allá del cual tenía que encontrar mi camino gradualmente. Siguieron varios años de creciente aceptación, acercamiento y unión. Y este acercamiento se estimuló aún más con la experiencia de enseñar a Heidegger, de hacerlo traspasar la resistencia de los estudiantes, al tener que recrearles sus significados cuando no existía traducción inglesa, lo que tal vez fue un hecho afortunado. Nada nos acerca más a un pensador que compartir sus significados con otros.

Fue más que nada esta experiencia docente la que agregó una nota vital y aventurera a nuestra relación. En el curso de los años encontré alumnos comprensivos y al hacer las veces de un texto de filosofía, tenía un trabajo singularmente aventurero que compartir con ellos. *Ser y Tiempo* contenía una historia dramática y un héroe, Dasein, que atravesaba algunas experiencias muy poderosas y conmovedoras. "Dasein" es la palabra que usó Heidegger para ser humano —el ser que cada uno de nosotros es en su propia forma separada. Como esta palabra tiene connotaciones tan poderosas en alemán, no la tradujimos, y con el tiempo llegamos a usarla tan fácilmente como si estuviéramos hablando de un conocido personaje de novela. Esta es la historia de Dasein: es arrojado al mundo, donde se pierde en sus variadas trivialidades externas; pero gracias a su encuentro con la muerte y ante la luz de su propia extrema posibilidad que le revela la muerte, puede elevarse hasta alcanzar el nivel de la auténtica existencia. Con ello puede hacerse consciente del sentido histórico, único y auténtico, de su existencia, con el que puede desempeñar un papel libre y auténtico en la misión histórica de su tiempo. Como el curso era sobre filosofía, no bastaba el hecho de seguir con este relato; se requería también imaginar y explorar situaciones que no estaban en el texto. "¿Qué hubiera hecho Dasein en tal y tal caso?". "¿Qué siente Dasein respecto a esto o aquello?". Por supuesto que se intentaron y se hicieron bromas, pero nuestro objetivo no era la ligereza; hablábamos en forma fácil y familiar sobre alguien que parecía haberse convertido en un amigo mutuo, al menos en nuestra imaginación. Y así continué por varios años en este feliz estado de camaradería con el autor y su personaje.

Y una mañana desperté con la incómoda sensación de que después de todo había algo extrañamente vacío en este Dasein. Al comienzo no traté de luchar intelectualmente contra esta sensación, pero las palabras que lo expresaban aparecieron espontáneamente en mí: "Dasein no tiene alma". Para algunos filosóficamente sofisticados, esta frase puede parecer una reacción debida a simpleza mental, o tal vez a simpleza de corazón, pero aun ahora no encuentro ninguna forma más concisa y clara para expresar mi juicio. Tampoco se disipaba esta sensación por el hecho de que conocía, y había conocido desde hace bastante tiempo, las razones formales contra esta duda: el análisis de Heidegger no intenta presentarnos una persona real sino sólo una estructura de posibilidades dentro de la cual cada uno de nosotros debe actuar su propio drama de iluminación finito y mortal. Aun aceptando esta limitación autoimpuesta, parecía que seguía contemplándome la misma sensación de vacío final desde el texto de Heidegger. Tampoco me ayudó guardarme esta sensación de duda frente a los alumnos. Ellos se habrían confundido y sentía que en ese momento no podía presentarles con la claridad necesaria el origen de mi intranquilidad. Después de todo, mi tarea era alistar su comprensión del filósofo para que pudieran extraer del texto alguna percepción. Si les hubiera planteado esta grave pero incipiente duda, habría eliminado inmediatamente todas las suspensiones voluntarias de su incredibilidad y socavado seriamente el resto de mi esfuerzo pedagógico. Por lo tanto, decidí no compartir con ellos mi secreto culpable.

Aquí, por primera vez, me saco este peso de encima con la duda premonitoria de que probablemente no produciré ninguna afirmación más clara que esas palabras instintivas con las que originalmente se forzó la duda en mí. Personalmente habría preferido dejarlo —que Dasein no tiene alma—, confiando que todavía quedan algunos lectores incorruptos que encontrarían este juicio perfectamente comprensible. Pero los filósofos desconfían de estas respuestas instintivas; se nos enseña a desconfiar de ellas y a veces se logra tan bien que desgraciadamente perdemos la capacidad para expresarlas. Es por ello que en esta capacidad profesional, el resto de este capítulo luchará para encontrarle razones a esta respuesta que llegó en forma espontánea y que probablemente persistirá espontáneamente sean cuales sean las razones que yo busque.

II.

Tal vez podríamos empezar por el tema de la muerte, porque ya hemos aludido a él y además porque Heidegger dedicó a este tema algunas de sus páginas más audaces y poderosas.

Filosóficamente, las ideas claves aquí son las de actualidad y potencialidad. Desde un punto de vista impersonal y público, la muerte es un hecho puntual que ocurre todos los días en el mundo. Lo leemos en los obituarios: es algo que le ocurre a otra gente. Por cierto, en el curso de las cosas, también me ocurrirá a mí, pero no todavía. Como un hecho real, o un hecho que será actual en algún momento del futuro, es externo a mi existencia ahora. Pero todo esto cambia si miramos desde la actualidad a la potencialidad. Mi muerte nunca será un hecho puntual dentro de mi mundo; no estaré allí para leer mi propio obituario. Esta muerte, *mi* muerte, la muerte que me pena es la posibilidad de que perderé ese mundo. Y como tal posibilidad interna, invade mi existencia ahora y en cada momento. Sin duda, es la posibilidad más extrema y absoluta, porque pone fin a todas las otras posibilidades. Sin embargo, si no huimos en pánico, esta visión de nuestra finitud radical trae consigo una liberación. Libres para nuestra muerte, nos liberamos de la tiranía de mezquinas preocupaciones y desviaciones y así nos abrimos al ser auténtico que nos llama.

El pensamiento es claro, poderoso y convincente; sin embargo, tenemos la sensación de que se ha dejado fuera algo esencial. ¿Qué es? No es raro que esta parte de Heidegger se enseñe lado a lado con la gran novela corta de Tolstoi, *La Muerte de Iván Illich*. El mismo Heidegger había aprendido de Tolstoi, y apoyaba su descripción de las estructuras impersonales con que la sociedad como nosotros, nos escondemos ante la verdad de la muerte propia. Colocados estos dos textos lado a lado, la novela corta de Tolstoi y la disección de Heidegger, forman un paralelo poderoso y corroborativo, pero sólo hasta cierto punto, porque al fin hay un mundo de diferencia entre ellos. Esta diferencia no es simplemente la mayor inmediatez del lenguaje del artista, porque el análisis existencial de Heidegger posee una potente expresividad propia. La diferencia radica en la ausencia de la dimensión moral en el relato de Heidegger. Después de todo, ¿qué otra cosa es la experiencia transformadora de la muerte para Iván Illich fuera de la reacción moral que lo agobia por la vida que ha llevado? Esa vida, que parecía tan "normal" y aceptable para él y sus pares sociales, ahora se muestra egoísta, vacía, vanidosa y por lo tanto sin sentido. Con esto también viene la visión de otra y diferente forma de vida que los hombres deberían vivir. Esta es la verdad, la revelación, la *Aletheia*, que la inminencia de la muerte trae consigo. El análisis existencial de Heidegger hace explícita una estructura ontológica implícita en la novela de Tolstoi, pero deja afuera el mensaje moral que está en su centro. Lo que obtenemos es el esqueleto anatómico de un organismo, sin el corazón latiendo.

¡Estar libres respecto a nuestra muerte! Esto es más fácil de decir que de hacer. Para el hombre que ama la vida, la muerte amenaza como la injusticia suprema. Someterse a esta injusticia a través de un resentido y testarudo estoicismo es una cosa tal vez admirable, pero no una reconciliación. Para la reconciliación genuina, para aceptar la muerte no como una injusticia, habría que adelantarse infinitamente. Esto requiere un salto tan grande como la aceptación medieval de la inscripción del Dante en las puertas del infierno: "El Amor Divino me creó". Estar libre con respecto a nuestra propia muerte requiere una conversión total de la persona, una transformación del corazón y de la voluntad. Esto difícilmente podría lograrse a través del cambio intelectual de ver a la muerte más como una posibilidad interna que una actualidad externa.

El caso de Tolstoi es el de una mente apasionadamente religiosa luchando por darle sentido a la realidad de la muerte. Pero aun para el apasionado irreligioso, donde la confrontación con la muerte es desafiante, la voluntad moral desempeña un papel central. En el caso del nihilista o del criminal, que considera que su vida no tiene valor, la única razón que le permite ser capaz de conservar su orgullo y valor hasta el fin es haber adoptado una postura ante la vida. Ha establecido su estilo y está moralmente ligado a sus gestos. Actuará su papel hasta el final. Maldiciendo a sus verdugos, va desafiante a la guillotina, como el antihéroe de Camus en *El Extranjero*. El encuentro con la muerte sigue siendo la suprema aventura para poner a prueba la voluntad moral. Ningún hombre muere libremente salvo en afirmación de los valores que él le otorga a la vida.

III.

Si es que la muerte nos libera, lo hace en virtud de la luz que arroja sobre nuestra situación humana. Como ya dijimos, a lo largo de toda la obra de Heidegger se encuentra este drama de verdad y falsedad, donde el patetismo de nuestro destino humano sólo suministra la ocasión. De hecho, su doctrina de la verdad —de la conexión intrínseca de la verdad con el Ser, en el sentido de una presencia evidente— es su mayor contribución original a la filosofía. Sin embargo, aun en este caso, en el fenómeno mismo de la verdad, ¿existe una ausencia total de la voluntad? Veamos.

Heidegger nos dice que la libertad es la esencia de la verdad. Desde luego, esto no significa que nuestra voluntad sea libre de legislar en forma arbitraria lo que es verdadero o falso. Aquí "esencia" significa el terreno —la condición que hace posible un fenómeno en particular. Tenemos que ser libres para dejar que las cosas se muestren tal como son. Pero, por supuesto, afirmamos, todo el mundo sabe esto; de modo que esta tesis, que al principio nos pareció paradójica, podría parecer una afirmación sin importancia.

Pero desde el punto de vista histórico, la idea de Heidegger, lejos de ser un inocuo lugar común, es en realidad una ambiciosa acusación contra la época moderna y su doctrina de la verdad a través de la conquista y la violación. Francis Bacon proclamó un futuro donde la humanidad pondría a la naturaleza en el potro de tortura para obligarla a responder nuestras preguntas. Sin embargo, por mucho que la retorzamos, siempre tendríamos que ser libres para poder oír las respuestas que nos proporciona la pobre y torturada naturaleza. Según Kant, quien dice lo mismo que Bacon pero con palabras más suaves y razonables, ese conocimiento debe organizar nuestra experiencia dentro del marco de ciertas categorías y conceptos y, aun así, debemos dejar que la experiencia, organizada de esta manera, aparezca como es. Aún más: debemos dar un paso atrás para dejar que la armazón se vea tal como es.

Este último paso es una de las cosas más difíciles de hacer; y en este sentido, los científicos son tan humanamente imperfectos como el resto de nosotros. La historia de la ciencia abunda en ejemplos de científicos aferrados tenazmente a su teoría favorita y rehusando separarse de ella, torciendo los hechos para hacerlos caber en ella, o que permanecen totalmente ciegos frente a los hechos que no puedan retorcerse. La teoría favorita ha pasado a ser una parte tan integral de su visión de las cosas que ya no son capaces de verla tal como es porque todo lo ven a través de ella.

Sufrimos de la misma obstinación en nuestra vida cotidiana. Nuestro intercambio con otros seres humanos es una interminable historia de obstáculos que colocamos para no ver las cosas como son. Todos somos capaces de una perversidad de voluntad bastante devastadora con la que distorsionamos las situaciones cotidianas. Un hombre puede pasar toda su vida lado a lado con gente a la que nunca ve en forma verdadera y cuya relación real con él permanece oculta. Cree que ama cuando en realidad odia, y que odia cuando en realidad ama y alternativamente hace demasiado o demasiado poco de ambas situaciones. Así nos movemos en nuestra ceguera, retorciendo, distorsionando y oscureciendo lo que tan palpablemente estaría allí si sólo pudiéramos dejar de entrometernos histéricamente.

Aquí comenzamos a pisar el terreno familiar del psicoanalista, al que le podemos dejar su manera propia de curar el cáncer. Sin inmiscuirnos en los detalles clínicos, sólo queremos señalar al pasar que cualquier cura que se logre con el psicoanálisis —aunque sería mejor decir mejora, ya que nuestra condición de seres mortales nunca nos permitirá curarnos totalmente de la falsedad—, ella no se obtiene haciendo que el paciente se interiorice de la teoría psicoanalítica. El resultado podría haber sido el mismo si el paciente se hubiese quedado en casa, leyendo libros, y se hubiera ahorrado el considerable gasto del psicoanálisis. No, los cambios significativos llegan desde algo más profundo, aunque nuestra visión intelectual puede cambiar en consecuencia. El paciente llega a tener otros sentimientos con respecto al mundo, a sí mismo y otras personas, y por eso verá las cosas en forma diferente.

Sin duda, nuestro vocabulario titubea cuando tratamos de acercarnos a esta región central del sí mismo que es donde se producen las grandes transformaciones; y hemos aprendido poco de Heidegger si sólo nos refugiamos en una burda antítesis de la voluntad y el intelecto. La voluntad, esta parte volicional de nosotros, no debe entenderse como un mero órgano de tendencias y ciegos deseos. Al contrario, según sea el caso, la voluntad posee su propia iluminación u oscuridad; y nos movemos dentro de esta luz y oscuridad en los quehaceres más corrientes de la vida cotidiana. No se debe buscar la libertad como una propiedad localizada dentro de la voluntad, en la forma en que la fuerza habita en los músculos. Esta no se muestra como con un salto singular y violento, en un extraordinario hecho de fuerza. Nuestra libertad es la forma en que podemos permitir que el mundo se nos abra y que nosotros estemos abiertos dentro de él. De una u otra manera, nuestros amores y odios descubren o esconden al mundo. Lejos de ser "afectos" ciegos, a los cuales sólo el intelecto agrega la luz, ellos transportan dentro su propia luz. Pero esta voluntad también es una voluntad moral; y no en el sentido de que se liga a "valores" e "imperativos" ajenos a ella; es una voluntad moral desde su misma fuente de origen, lo es dentro y en sí misma, porque es en su luz que podemos asumir una posición u otra dentro del mundo.

Es evidente que lo más importante para nosotros en este momento de la historia, según el evangelio de Heidegger, es aprender a no interferir. Su palabra para esta condición es *Gelassenheit*, que también usa como título de un breve pero bellamente evocativo diálogo que dedica a este tema. ¿Cómo traducir *Gelassenheit*? ¿Desprendimiento, liberación, autorrenuncia, la paz que sobrepasa la comprensión? Tal vez debiéramos recordar la línea de Eliot,

Enséñame a querer y a no querer (*Teach me to care and not to care*)*,

para expresar la consumación del sí mismo en el desprendimiento que intenta comunicar la palabra de Heidegger. Pero como sea que se traduzca, *Gelassenheit* es central a todo el Heidegger tardío, y nuestra tendencia humana natural es preguntar cómo alcanzar dicha condición. Tendríamos que lograr el "no-tener-voluntad" (*will-less*), pero no podemos tener la voluntad de "no-tener-voluntad". Y Heidegger deja el asunto ahí.

Pero nosotros no podemos dejarlo ahí. Porque quedaríamos en la paradójica posición de que la voluntad humana, como volición (*willfulness*), nos lleva a la falsedad; sin embargo, no podemos decir que la voluntad, en su sentido positivo y abierto, sea en forma alguna una fuente de verdad. Si no podemos tener el deseo de no-tener-deseos, al menos debiera haber algo que pudiéramos *hacer* respecto a nuestra condición volitiva (*willfull*). De otro modo, pasaríamos a ser prisioneros desamparados de nuestra propia y perversa voluntad de poder.

Estamos atrapados en el antiguo rompecabezas teológico de la gracia y la libertad. No se puede tener la voluntad de lograr el advenimiento de la gracia, porque hay que renunciar a la voluntad para alcanzar la gracia; ¿pero cómo podemos renunciar a la obstinada y perversa voluntad sino es por intermedio de la gracia? Tal vez no podamos penetrar más profundamente en este misterio que los antiguos teólogos, pero por lo menos lograr el mismo nivel —no deberíamos bajar a un nivel inferior. Las religiones tradicionales vienen en nuestra ayuda con sus practicas de rituales o sus códigos de comportamiento que podrían tal vez preparar a la voluntad para su liberación. Porque, contrario a muchos filósofos, incluyendo a Wittgenstein, nosotros podemos tratar de cambiar nuestra voluntad y ocasionalmente lograrlo a través de un curso de acción indirecto. En todo caso, ninguna religión plausible nos puede alejar con las manos vacías; siempre hay algo, usando términos humanos, que podemos hacer, aunque el éxito (la gracia) no se pueda asegurar. Pero a Heidegger no le interesa este ámbito de lo pragmático;

---

* Esta frase también podría traducirse así: "Enséñame a que me importe y que no me importe" (N. de los T.).

para él, la conexión entre Ser y hacer no es una preocupación central y sólo atrae su atención en aquellas situaciones donde nuestro frenético hacer significa una pérdida de Ser. La autorrenuncia, la *Gelassenheit*, que le interesa no es la paz que podríamos alcanzar al realizar un trabajo moral corriente —a veces resulta en la apariencia de una liberación de amor. Heidegger se ve más atraído por el éxtasis exaltado que nos puede sobrevenir en una caminata por los bosques o por un sendero en el campo y que, si fuéramos poetas, podríamos convertir en un poema lírico.

Aquí aparece la diferencia entre nuestra existencia ética y nuestra existencia estética, y en el trasfondo se oye la voz de Kierkegaard advirtiéndonos contra el esteta. No quiero insistir en esta distinción como la hizo Kierkegaard —no estoy seguro que es totalmente satisfactorio como la expresa—, pero me parece que su punto no debe evadirse. En último término, estos dos, Kierkegaard y Heidegger, son los grandes antagonistas[1].

IV.

Sin duda, la preocupación por la poesía no es un lujo "estético" para Heidegger, sino un paso necesario y realizador en su pensamiento filosófico. En la era técnica, cuando todo se convierte en un instrumento al servicio de la voluntad, el lenguaje se manipula como un cálculo. La poesía se resiste ante esta voluntad, revelándonos así una dimensión más fundamental del lenguaje. Frente al poema, uno debe deponer su autoafirmación, rendirse y entrar al mismo círculo de Ser donde habitan el poema y el poeta. Por eso se ha considerado que la fecha 1936, cuando Heidegger publicó su primer ensayo sobre el poeta Hölderlin, marca el celebrado "vuelco" en el pensamiento de Heidegger, aunque no haya sido un vuelco sino más bien el alcanzar una plenitud, un paso directo hacia lo que yace tras sus análisis anteriores sobre la existencia humana.

Ahora podemos comprender por qué la poesía fue un tema tan central para Heidegger. ¿Pero por qué escogió a Hölderlin como su poeta? El propio Heidegger se plantea la pregunta. ¿Por qué, para explorar la naturaleza de la poesía, no escogió a otros poetas más famosos, como Homero o Sófocles, Virgilio o Dante, Shakespeare o Goethe? La respuesta inmediata de Heidegger es que Hölderlin escribe sobre la propia vocación poética —poetiza sobre la naturaleza de la poesía—, y

---

[1] Ver notas al final de este capítulo.

por lo tanto, nos permite llegar más directamente a esta naturaleza. Pero la verdadera y más profunda razón aparece un poco después: Hölderlin fue un profeta de nuestro tiempo, el "tiempo de necesidad", cuando los antiguos dioses han huido y el nuevo dios no ha llegado. De pie entre estos dos mundos, es el poeta que nos habla de ese vacío, y por ello Heidegger encuentra en él un pariente espiritual.

De todas maneras, esta es una afinidad extraña, Hölderlin, uno de los poetas más grandes y más solitarios. Nacido en 1770 —la misma fecha del nacimiento de Beethoven y Hegel—, Hölderlin formó parte de la más brillante y productiva generación de alemanes, pero su destino fue más triste que el de cualquiera de sus contemporáneos. Aproximadamente en 1802, cuando sólo tenía treinta y dos años, comenzó a exhibir signos de alteración mental, y a fines de 1804 estaba incurablemente psicopático. Los últimos treinta y seis años de su vida los pasó como un amigable e inofensivo lunático, al cuidado de la familia de un carpintero y haciendo pequeños trabajos como jardinero. Hasta que no sepamos más sobre la esquizofrenia para responder estas preguntas, también debemos seguir reflexionando sobre si en estos casos de genios trastornados, como en el caso de Nietzsche, la causa de la locura fue la visión o si la visión fue una consecuencia de la locura. En todo caso, en Hölderlin, la enfermedad y la visión parecen ir de la mano. A medida que la sombra sobre el poeta se oscurece, los poemas mismos se vuelven más atrevidos, desconectados, esquizoides —más "modernos" en su forma, como señaló acertadamente un crítico. Los grandes himnos son como magníficos y refulgentes bloques de hielo que se desprenden de un continente y se van flotando hacia un mar vacío.

Pero nuestra pregunta persiste: ¿qué hubiera ocurrido si Heidegger hubiese escogido a otra figura, un Dante o un Shakespeare, como el poeta paradigmático para explicar la naturaleza de la poesía? En ese caso, ¿no nos hubiera parecido diferente la poesía y no hubiese emergido la voluntad como uno de sus temas? Lo primero que leí de Heidegger, hace más de treinta años, fue "Hölderlin y la Esencia de la Poesía" y desde entonces esta pregunta no ha abandonado nunca mi mente. Realmente, ¿por qué no Shakespeare o Dante? En ellos la persona humana no se desvanece en una presencia vacía. Aquí hay agentes humanos reales, personificaciones de la voluntad en sus formas tanto sublimes como atroces —por supuesto, no la voluntad técnica, sino la voluntad moral para el bien y el mal. Desde luego, el Dante es la antítesis de Hölderlin; *La Divina Comedia* se puede leer como el gran poema sobre la voluntad en sus diferentes etapas: la voluntad congelada, fijada en la perversidad del *Infierno*; la afanada y esperanzada voluntad del *Purgatorio*, y en el *Paraíso*, la consumación de la voluntad en la oración. En Hölderlin, la voz de la oración suena de principio a fin, pero es un rezo que, al no lograr una relación efectiva con la voluntad, queda a la deriva como una nube que se adelgaza hacia el vacío. En mi caso, yo encuentro el Infierno de Dante menos aterrador que el aire alpino de algunos de los poemas de Hölderlin. Al menos los condenados están intensamente vivos en su voluntad pervertida, mientras que el mundo de Hölderlin se rarifica en el pavoroso y tenue aire de la sagrada esquizofrenia.

Pero Heidegger es capaz de ver más allá de estos aspectos humanos de Hölderlin y de sus poemas que nos intranquilizan. ¿Es Heidegger humanamente insensible en este asunto? En todo caso, Heidegger está protegido por el desapego de su vocación filosófica. Dirigido hacia el tema único del Ser, tiene que mirar más allá de nuestra patología humana. Está cuidado y protegido por el pensamiento que construye pacientemente. Heidegger nos dice que "el poeta y el pensador son parientes cercanos"; y tal vez lo sean, en los temas que les preocupan, pero en este caso particular, son individuos muy diferentes y con necesidades espirituales muy distintas. Uno compara al filósofo entrando en su séptima y octava década, elaborando serenamente su meditación, con el joven poeta que sucumbió poco después de los treinta. Cuando Heidegger escribe sobre la nada es un fenomenólogo lúcido y desapegado que analiza la evidencia. Hölderlin hace resonar otra nota cuando se lamenta sobre el destino de la humanidad que ha perdido sus dioses y es capturado

En las garras de esa Nada que nos rige, absolutamente conscientes
de haber nacido para Nada, creyendo en Nada, trabajando hasta los
huesos para Nada, hasta disolvernos gradualmente en la Nada...

Esta es la voz del verdadero hombre, no sólo observando sino también viviendo a través de la angustia para la cual tiene que encontrar un remedio más poderoso que la meditación filosófica.

¿Es suficiente el Ser? Evidentemente, Hölderlin no lo creía. Aunque fue cogido en sus garras y expresa su englobadora presencia en forma más suave y pura que ningún otro poeta, el Ser no lo podría sostener. En busca de lo sagrado, se puso a seguir las huellas del dios fugitivo. Como el dios cristiano ya no le acomodaba, trata de revivir a los dioses antiguos —una tarea imposible, como le podrían haber dicho los propios griegos. Después de su primer quiebre, que se desencadenó después de exponerse exageradamente al sol en un viaje por el sur de Francia, le escribió a un amigo que había sido alcanzado por los dardos de Apolo. Fue la ausencia de Apolo lo que realmente lo afectó.

El encantamiento con Hellas ha sido, desde el siglo XVIII, una de las más profundas y dudosas características del espíritu alemán. Entre los intérpretes alemanes de los griegos se cuentan algunas de sus más grandes personalidades: Winckelmann, Goethe, Lessing, Schiller, Hölderlin, Nietzsche; y ahora hay que aceptar la entrada de Heidegger a ese augusto círculo. No dudamos de la grandeza de estos intérpretes; lo que cuestionamos es el motivo de esta infatuación con Hellas, mucho puede atribuirse a nostalgias románticas por una etapa más simple y vital del espíritu humano; y, en consecuencia, tiende a "estetizar" a los griegos. Su realidad se pierde frente a la deslumbrante imagen que ellos tratan de erigir. El más grande de todos estos intérpretes de los griegos según Heidegger ha sido Hölderlin. ¿Por qué? Porque sólo él trató de tomar en serio a los dioses de los griegos. Pero, entonces, ¿qué es tomar en serio a un dios?

Una vez, estando en Atenas, me senté en uno de los asientos de piedra del teatro de Dionisio, arriba tenía el intenso azul del cielo y más allá el cerro sagrado de la ciudad e intenté imaginarme sentado allí hace dos milenios como un espectador frente a un drama de Esquilo o Sófocles. ¿Cuál era la respuesta del ciudadano corriente de Atenas frente a estas obras? Mientras estaba sentado allí, comencé a tener una sensación de identidad con ese desconocido cuyo asiento ahora ocupaba. Es el hombre olvidado frente a todas las interpretaciones que nosotros los modernos hemos elaborado sobre el drama griego, por brillantes y variadas que ellas hayan sido. Hemos tenido al joven Nietzsche presentándolas en términos de la metafísica de Schopenhauer; interpretaciones freudianas bajo la idea directriz del complejo de Edipo; y más tarde las lecturas heideggerianas de las obras de teatro griegas como el drama de la revelación (*Aletheia*) y el ocultamiento. Por muy estimulantes que hayan sido para nosotros, estas interpretaciones inevitablemente dejan al margen al espectador corriente. Como modernos, consideramos el drama como literatura y, por lo tanto, como parte de nuestra cultura intelectual y estética. Pero la ciudad que condenó a muerte a Sócrates por sospechar que enseñaba ideas contra los dioses, no hubiese hurgado en los fondos públicos para patrocinar una presentación que explorara los temas intelectuales que *nos* interesan a *nosotros*. Estos dramas son "obras de teatro moral", tan directa y completamente como las obras de teatro moral de la Edad Media, aunque evidentemente la moralidad que enseñaban es muy diferente a la cristiana. Sófocles y Esquilo son devotos de los dioses, advirtiendo permanentemente al público que nunca se deben mirar en menos el poder y la prescencia del dios, aun cuando en el curso de la obra teatral los eventos parecieran eludir su profecía. A primera vista, el largo debate "teológico" que redondea el ciclo de la *Orestíada* de Esquilo nos resulta prosaico, tedioso y completamente "no dramático", y este aspecto sólo cobra vida cuando adquirimos un interés académico en la religión griega. Para el contemporáneo ateniense, sin embargo, estos debates teológicos eran supremamente dramáticos, ya que la preservación de la ciudad y sus leyes, y en consecuencia el bienestar de los propios ciudadanos, dependían de la resolución exitosa de estos debates.

La moralidad religiosa de los griegos los unía al cosmos en su presencia real y local, a su ciudad y región (*Polis* y *Chora*) en una forma que terminaría bajo la influencia de las religiones judía y cristiana. Si suspiramos por esos dioses griegos, es el sueño de hombres alienados queriendo volver al hogar. Esto nos lleva a fantasear pensando que para los griegos su religión era sólo un asunto estético de bellas imágenes diseñadas por escultores y poetas. Cuando estos dioses vivían, creaban *obligaciones*. Amarraban la voluntad moral del adorador a su servicio.

Heidegger se hace un triste eco de Hölderlin cuando dice que nuestra época es la noche del mundo, cuando han huido los dioses sin que haya llegado otro dios para reemplazarlos. Tal vez. ¿Pero qué se supone que debemos hacer durante este torvo interregno? En la entrevista con la revista *Der Spiegel*, publicada después de su fallecimiento, Heidegger se pronunció contra nosotros y nuestra civilización: "Sólo un Dios puede salvarlos". Parece que al fin él también había llegado a la conclusión de que el Ser no es suficiente. ¿Pero debemos solamente esperar hasta que este dios desconocido se descargue sobre nosotros como un rayo? Esto es entregarse demasiado a una especie de historicismo, tipo Hegel, como si el clima prevalente en la opinión pública fuera quien iba a decidir nuestra posible salvación. El individuo que necesita a Dios, Lo buscará —sea cual sea la moda en su tiempo.

Heidegger es una mente demasiado grande y agitada como para encadenarse a la retórica mecánica de "la muerte de Dios". Refunfuña contra los críticos de su falta de dios: tal vez su "pensamiento carente de dios" sea más cercano al Dios divino que el teísmo filosófico, y critica la aridez y lo abstracto de la deidad filosófica:

> El hombre no puede ni rezar ni sacrificar a este dios. Frente a la *causa sui*, el hombre no puede ni caer de rodillas, ni tocar música, ni danzar.

Pascal dijo algo similar tres siglos antes: "No al Dios de los filósofos, sí al Dios de Abraham, Isaac y Jacob". Pero aquí hay un mundo de diferencia con Heidegger, porque este Dios de los judíos no nos llega a través de "pensar" —ni siquiera esa "piedad de pensamiento" que Heidegger, mezclando los vocabularios religioso e intelectual, nos recomienda. Llegamos a Él gracias a la fe, a través de una renunciación de la voluntad. Y este Dios tal vez se aferra a la vida más de lo imaginado en el esquema histórico de Heidegger. Como la deidad de un pueblo nómade, Él no está confinado a altares locales ni a sitios naturales, como los dioses de los griegos, pero aún nos puede seguir persiguiendo en nuestro desamparo moderno. Todavía hay quienes rezan usando los Salmos de David; no conozco a nadie que rece utilizando una oda coral de Sófocles o Esquilo. Si yo rezo usando un salmo, esto es para mí mucho menos y mucho más que leer un poema. El Dios viviente me une moralmente en carne y espíritu. La oda de Esquilo sigue viva para mí, a través de la apropiación estética, sólo como un gran poema. Hölderlin supo que había llegado muy tarde para esos dioses de la antigüedad y expiró en medio del vacío de su visión.

V.

Volvemos a la voluntad moral como el centro de la persona humana. Pero en la historia del pensamiento, como en la vida, nunca volvemos exactamente al mismo punto donde estábamos, sin encontrarnos cambiados. Somos diferentes al volver, y parte de esa diferencia se debe a Heidegger.

¡La voluntad moral como nuestro centro humano! ¡Qué desilusionante debe sonar este mensaje a nuestros oídos modernos! ¡Qué raro y simplón parece frente a todas las complejas y sofisticadas corrientes de la modernidad que han ido en dirección contraria! Pero, sobre todo, ¡qué causa más anodina para defender es esta, tan prosaica y pesada, tan positivamente trillada y pasada de moda! Nuestra época ha sido de descubrimientos sensacionales, y si alguien nos trae un mensaje, esperamos que sea revolucionario y espectacular, algo que despierte la atención de nuestro mundo anterior. Parecemos haber desarrollado un miedo intelectual a todo lo que sea un lugar común y de la verdad que puede residir allí. Tal vez la sola modestia del mensaje que buscamos podría indicar la importancia que tiene para nosotros. Y debemos insistir en esa modestia si es que queremos mantener esta voluntad moral libre de la seducción de la voluntad de poder en cualquiera de sus numerosos disfraces. Lo pervasivo de esta voluntad de poder a lo largo del pensamiento y la vida modernos es una de las grandes lecciones de Heidegger; es así que, aunque haya evitado el asunto de la ética, Heidegger resulta un guía moral después de todo. Sea cual sea el dominio que logremos sobre otros seres, en último término tenemos que inclinarnos frente al misterio del Ser. En este punto al menos tenemos que aprender a dejar ser o de lo contrario la voluntad tirana se transforma en su propia esclava. Este grano de conformidad salvador es necesario para preservar la voluntad moral frente al demonio de su propio fervor, para evitar que se haga demasiado dogmática en sus demandas, de manera que no sucumba a la tentación de la hipocresía o beatería. En su modestia tendrá suficiente que hacer en los días que vienen para mantener simplemente viva la decencia elemental, sin la cual la civilización volvería a caer en la jungla y los seres humanos volverían a perder su significado.

Es posible que, precisamente por la resistencia al poder que existe en el mundo actual, la voluntad moral aporte un mensaje fundamental para nuestro tiempo. ¿Qué otra cosa puede ser el grueso de los escritos y de la vida de Solzhenitsyn? Podemos leer sus libros como reportajes políticos sobre la Unión Soviética, o para satisfacer una curiosidad sociológica respecto a las extrañas jerarquías de supervivencia que se dan en los campos de prisioneros. Pero su historia más profunda es otra cosa. Estos escritos son esencialmente documentos morales: la historia de todo un pueblo luchando contra la corrupción forzada sobre él por un sistema político. Para poder sobrevivir bajo ese régimen es necesario practicar una continua duplicidad, traicionar a los vecinos y desarrollar una brutal insensibilidad hacia la vida en general. Lo milagroso es que en esas condiciones sobrevive aún la voluntad moral en su pueblo y que haya individuos que continúan luchando sin otra razón heroica que la de seguir siendo decentes —sobre todo, para "no transformarse en truhanes". Si la dictadura resulta ser lo que nos espera, la doctrina de la voluntad moral podría no ser algo tan dócil y, de hecho, podría llegar a tener un verdadero contenido revolucionario.

Sin embargo, nuestro retorno a la voluntad moral no es un retorno automático a la doctrina de Kant. Tenemos que excavar en los fundamentos que Kant, ignorándolo, daba por sentados. Él pensó hacer de la esfera de la moral un asunto autónomo y puramente racional. Los principios de la ética debían verificarse sólo a través de sus bases formales intrínsecas. ¿Pero son realmente autónomos? Aquí Kant responde haciendo un malabarismo del tipo más legalista: sí y no. Las leyes de la ética son formalmente completas en sí mismas, pero de algún modo él debe añadirle las suposiciones de Dios y de la inmortalidad.

Nos dice que para que la razón práctica sea completamente racional, debe incluir los postulados de Dios y de la inmortalidad. En resumen, sería absurdo practicar la moral kantiana si al mismo tiempo no se tiene fe en Dios o en la inmortalidad. Para Nietzsche fue muy fácil dar vuelta esta idea y señalar, en forma muy lógica, que si no se cree en Dios y en la inmortalidad del alma, la moralidad puramente racional sería algo completamente diferente. No, la voluntad moral no es una función autónoma reinando soberana en un espléndido aislamiento. Si recordamos nuestro Heidegger, el hombre es un ser en el mundo; y cada parte de nuestro ser está atrapada en nuestros otros múltiples compromisos con el mundo. Para Kant, éstos eran el teísmo de su tiempo y lugar. La voluntad cristiana, y su fe, habían estado desde el principio en el pensamiento de Kant. Al contrario de lo que frecuentemente se dice, el sistema kantiano no sostiene que la "razón tiene que dejar espacio para la fe", como si hubiese un lugar determinado hacia el cual la fe tendría que deslizarse en forma independiente. La fe está presente y es operante a través de todo el edificio moral que Kant construye. Por ser un hijo de la Edad de la Razón, no se dio cuenta que él era un ejemplo tan claro de *fides quaerens intellectum* (fe tratando de autoelaborarse intelectualmente), como San Anselmo en la Edad Media, que formuló el dicho. Y detrás de Anselmo está Agustín, quien también subyace a Kant, aunque más lejano y en forma menos reconocible. La voluntad del bien de Kant, que pretende someterse a la ley moral, es descendiente directa de la *voluntas*, la voluntad de San Agustín, que no logra la paz hasta que por fin descansa en Dios.

Entonces, ¿nuestra vida moral descansa en algún tipo de fe? O, más exactamente, ¿si no tuviéramos algún tipo de fe, podríamos tener la fuerza y el valor necesarios para persistir en nuestros esfuerzos morales? ¿Y cuál sería el tipo mínimo de fe necesaria? Estas son las preguntas fundamentales a las que nos conduce el problema de la libertad; para analizarlas, tenemos que dirigirnos a otro filósofo moderno de un estilo y modo de ser muy diferente tanto a Wittgenstein como a Heidegger.

NOTAS DEL CAPÍTULO 12

1. Kierkegaard hace la distinción entre las etapas estética y ética basadas en las nociones claves de actualidad y posibilidad y los papeles relativos que ellas desempeñan en nuestra vida.

El esteta es un esclavo de las tentaciones de lo posible. La persona real o la situación con las que se enfrenta sólo le interesan en la medida que su imaginación puede investirla de posibilidades poéticas. Y si se ve empujado a moverse sin descanso de una mujer a otra, como don Juan, es porque busca la imagen de la Mujer Ideal, una posibilidad que jamás puede alcanzarse en forma real. En una forma menos grosera, el esteta emerge como el desapegado intelectual que busca contemplar la existencia real como un espectáculo puramente estético. Para esta mente puramente contemplativa, los verdaderos casos individuales sólo son interesantes como posibles ejemplos de algún universal o ley.

El hombre ético, por el contrario, se ve atraído hacia lo individual y lo actual. Ha escogido para vivir y, si es posible, para redimir, la realidad esforzada y monótona de la vida corriente. Y si encuentra su redención, ésta es en la forma de este individuo actual, de este cuerpo, esta carne y sangre, y este espíritu, que es lo que es él.

Superficialmente, el análisis que hace Heidegger de la existencia humana podría parecer profundamente ético. Sus términos claves son aquellos que normalmente tienen connotaciones éticas: cuidado, solicitud, conciencia, culpa, resolución, autenticidad y falta de autenticidad. Sin embargo, el propio Heidegger nos advierte que no debemos considerarlos en algún sentido moral explícito. Su advertencia parece haber caído en oídos sordos para algunos de sus ávidos pero ingenuos seguidores que persisten en tratar de leer *Ser y Tiempo* como si fuera un tratado de moral. Parecería que después de la contracultura de los años 60, debiera ser suficientemente claro para casi todo el mundo que los términos "auténtico" y "no auténtico" carecen de contenido moral.

Si tratamos de leer *Ser y Tiempo* como una obra ética, sólo obtenemos una parodia de lo ético —es más, una parodia transparentemente estética, en el sentido peyorativo que le da Kierkegaard a la palabra.

Consideremos, por ejemplo, el asunto de la conciencia:

Heidegger analiza este tema sólo en la medida que éste ilustra la forma en que el Ser y el No-Ser se entrelazan inseparablemente en la tela de nuestra realidad humana. Heidegger nos presenta el caso del ser humano perdido en el anonimato de sus funciones públicas y externas, pero para quien, en alguna forma, resuena la voz de la conciencia en el medio de este derivar en la impersonalidad. ¿Quién habla en este llamado de conciencia, y a quién le habla? Un yo que *aún no* es, un yo más auténtico que será, llama a un yo que, en su difusa y anónima pureza, realmente no existe. Una negatividad llama a una negatividad. Sin embargo, aquí ocurre algo significativo, porque nuestro ser ha cambiado en el sentido que ahora se nos abre una nueva y diferente *posibilidad* de ser.

Como una disección estrictamente ontológica del peculiar entrelazamiento de la posibilidad y la actualidad, del no-ser y el ser, que es lo que somos, el análisis de Heidegger es tan poderoso como agudo. Pero consideremos un caso vivo en su aspecto específicamente *moral*:

He hecho algo malo: sin pensar he herido a una persona querida. (De hecho, estoy pensando en un incidente real que me sigue penando aun ahora, veinte años después). Lo que en este asunto me abruma es lo precisa que es la particularidad de la situación misma y de mi conducta: que fui *yo*, y nadie más, quien hizo *esa* cosa en particular a *ese* individuo en particular; y que la pena y el dolor en el rostro de ese ser querido al que he herido se transforme en mi propio dolor. Por supuesto, decidí no volver a hacer jamás algo semejante; y en ese sentido, ya tengo una orientación diferente hacia el futuro. Pero si me precipito en esa generalización y si uso mis malabarismos con los conceptos, como una manera de describir la esencia de lo que me ha ocurrido, quiere decir que no lo he sentido muy profundamente. A menos que me sienta traspasado, como por una lanza, por la particularidad del acto, por la magnitud del mal particular que he causado a ese individuo en particular, seguiré siendo tan moralmente insensible y malvado como lo era, sin saberlo, antes de ese acto de traición.

Ahora imaginemos a un joven que, atosigado con Heidegger, ha pasado por la experiencia y trata de analizarla en los términos del maestro. (Sí, ese joven era casi yo, pero, afortunadamente, sólo casi). Está afligido por la conciencia, ¿pero qué le dice esa voz de la conciencia? Le habla del ser auténtico que puede emerger de este desgraciado incidente. ¿Pero qué significado tiene esa autenticidad si no ha sido aguijoneada por la clara maldad de su acto? El dolor y el sufrimiento de la otra persona se desvanecen frente a esta autoabsorción narcisista del yo en que se puede transformar. Creo que estaríamos de acuerdo en que la postura de este joven es tan ofensiva como absurda —la postura del esteta que se coloca a cierta distancia de la experiencia actual y que la contempla simplemente como una etapa de su autodesarrollo. Creo que también podríamos decir que en lo que respecta a su sentimiento moral, su conciencia realmente no ha sido tocada.

Heidegger no trata estos asuntos de sensibilidad moral ni la conciencia como un fenómeno estrictamente moral. Su análisis se mueve en otra dimensión completamente diferente; y tratar de leer *Ser y Tiempo* como una fenomenología de la conciencia moral es producir algo grotesco y monstruoso.

2. *Ser y Tiempo* comienza con una audaz y deliberada inversión de toda la tradición occidental respecto a la relación entre lo actual y lo posible: "*La posibilidad está más arriba que la actualidad*". Es importante determinar por qué y cuán lejos nos puede llevar esta inversión.

Desde el principio, la tradición occidental captó al Ser en términos de actualidad y realidad. Después de todo, lo que es, es lo que es el caso: lo que es real y actual. La palabra alemana para actualidad, *Wirklichkeit*, también connota lo que es eficaz y apremiante. Así, el Ser significa lo que es real, actual y urgente, en contraste con lo que es ficticio, meramente posible o de poca eficacia. Pero "real" viene del latín *res*, que significa "cosa"; por lo tanto, esta comprensión occidental del Ser se había confinado demasiado exclusivamente al ser de las cosas.

Y si bien las cosas en cuestión se consideraban como objetos o sujetos, dependiendo de si uno era materialista o idealista, el Ser se seguía entendiendo como cosa-ser: el ser de una cosa.

Heidegger inició su recorrido filosófico enfrentándose contra esta noción exclusiva del Ser. Nuestro ser humano, nuestra existencia concreta corriente, no puede ser considerada como el simple ser de una cosa. El axioma de la metafísica tradicional había sido: la actualidad es anterior a la potencialidad. Para usar el ejemplo de Aristóteles, el cuchillo tiene la potencialidad de cortar, debido a sus características reales de dureza y filo. La cosa es lo que es; sus propiedades actuales son las que son, y de allí derivan sus potencialidades. Pero ese ser tan peculiar, el ser humano, no es un simple utensilio o cosa como un cuchillo. La posibilidad y la actualidad se entretejen mucho más íntimamente dentro de la red de nuestro ser humano. Somos lo que somos dentro del horizonte de posibilidades que se abre ante nosotros. Heidegger siguió utilizando en forma brillante esta idea para iluminar la condición humana con la luz de ciertas regiones del ser en las que habitamos o de las cuales estamos excluidos.

Pero el pensador que desafía a la tradición está destinado a perder. Sin embargo, si tiene la suficiente grandeza, su victoria consistirá en haber modificado la tradición antes de que ésta se vuelva sobre él, con lo que logra corregir su propio énfasis unilateral y determinar un nuevo equilibrio. Después de Heidegger, no se pueden invocar las nociones de lo actual y lo posible en la misma forma simple y universal como se hacía con cosas tales como utensilios y herramientas. Pero su propia fórmula "La posibilidad está más arriba que la actualidad" pertenece a su modo de pensar inicial al que no vuelve en sus temas más tardíos. Y ahora, después de haber aprendido con Heidegger el cómo reconocer al "silencioso poder de lo posible", hemos vuelto a devolverle a la actualidad su merecida prioridad.

En un capítulo anterior recorrimos en compañía de Heidegger un día de Lo Cotidiano. Señalamos que la presencia de ese día, en el cual usted y yo estamos ahora, no se puede reducir a las cosas y objetos que encontramos dentro de él. Si es efectivo que este día se nos abre como un campo de posibilidades, también es cierto que nos encierra dentro de los límites de su horizonte. Es *este* día y no otro, un día que me exige algunas decisiones o acciones que no puedo posponer. Y si lo pierdo, he perdido parte de mi vida para siempre. James Joyce hace el juego de palabras: "*Temps le pressant*", "*Time the pressing*" ("Tiempo la presión")**. Y tiene razón: el presente también es lo que nos presiona.

Finalmente, es con la interrogante del Ser cósmico que el asunto de la actualidad se torna más crucial. La existencia del universo mismo es la última actualidad con la que tiene que vérselas el pensamiento. El hecho de que el mundo sea, el hecho de que haya algo en vez de nada, es el supremo milagro y misterio y también la suprema actualidad dentro de la cual se juega nuestra propia existencia. Aquí nos enfrentamos al hecho del Todo, del Uno, el exis-

---

** Por desgracia, el juego de palabras se pierde en inglés y en castellano, donde "*pressing*" y "presión" o "apremio" no suenan como "presente" (N. de los T.).

tente único y singular, tal como fue confrontado en la antigüedad por
Parménides; con esto, la cuestión de Ser se ve forzada a abarcar lo cosmológico.
Heidegger sólo nos conduce hasta el umbral de este asunto, pero no se intro-
duce en la interrogante cósmica del Ser.

Como ciertas formas del pensamiento de Heidegger se mueven deliberada
y paralelamente a Kant, es particularmente relevante comparar a estos dos
filósofos. Heidegger escribió dos libros sobre Kant, como si estuviera volviéndose a su maestro para poner a prueba cada etapa de su propio progreso; y
cada libro, a su vez, refleja sus propias preocupaciones durante esa etapa de su
desarrollo. Pero estos dos libros sólo nos llevan hasta las dos primeras partes de
La Crítica de la Razón Pura de Kant: la Estética trascendental y la Analítica. No
hay un tercer libro sobre la tercera parte, la Dialéctica Trascendental, que es
donde se consuma la obra de Kant, donde Kant analiza los enigmas originados
por el Ser cósmico: preguntas sobre el universo como un todo y sobre la existencia de Dios. Heidegger no aborda estas preguntas explícitamente; a lo más,
hay dos o tres páginas en su ensayo tardío *Identity and Difference*, donde se toca
la cuestión del Uno, y tal vez por eso consideró que esta pequeña obra fue el
paso más importante que dio su pensamiento después de *Ser y Tiempo*. Pero
estas pocas páginas son sólo un débil comienzo. Por eso la falta del tercer libro
sobre Kant constituye una verdadera brecha en el pensamiento de Heidegger.

En consecuencia, esta brecha también se encuentra en su descripción de la
existencia humana, y especialmente el aspecto moral de nuestra condición
humana. Porque, como insiste Kant correctamente, estas interrogantes fundamentales sobre el cosmos y Dios son parte de nuestra naturaleza humana de la
cual no podemos escapar. Existimos dentro de estas preguntas que la razón no
puede contestar; de hecho, allí está comprometida la parte más profunda de
nuestra existencia. El hombre que dice: "Me voy a morir, ¿entonces qué significado tiene mi vida?", también está preguntando: "¿Qué significado tiene este
mundo, este cosmos, donde me ha tocado ser?".

En resumen, en Heidegger, la cuestión de Dios no se pregunta, aunque *nos*
puede preparar para que la formulemos de nuevo. Y para aquellos que, como
Kant, creen que nuestra existencia moral es inseparable de esta pregunta, esta
ausencia en Heidegger es otra razón más para concluir que su pensamiento
nunca logró alcanzar lo ético.

Trece

La Voluntad para Creer

Lo que más nos llama la atención cuando leemos a William James en el presente es cuán próximo y cuán distante está de nosotros. Algunos de sus ensayos más famosos, particularmente aquellos sobre el determinismo y la libertad de la voluntad, fueron escritos hace casi un siglo. El idioma filosófico no es el actual y proviene de un ambiente histórico y humano muy diferente al nuestro. Cronológicamente, James apenas cabe en la primera década de nuestro siglo, aunque fue en estos últimos años donde produjo algunas de sus más decisivas afirmaciones filosóficas. A pesar de eso, por razones más profundas que lo que muestra una estrecha y literal visión cronológica, James pertenece a nuestra época, es nuestro contemporáneo del siglo XX. Es más, creo que nos habla con más fuerza hoy día que en cualquier otro momento desde su muerte en 1910.

Incluso las grandes diferencias en el ambiente intelectual y espiritual desde el cual escribió, y que con la distancia se distinguen más claramente, tienen hoy para nosotros un significado y una utilidad más inmediatos. Por contraste, nos ayudan a revelar qué es lo que hace que nuestra situación sea tan diferente. Dios estaba muy lejos de la muerte en las postrimerías del siglo XIX en América y más aún en Nueva Inglaterra. Por supuesto que se sentía la intranquilidad de los nuevos remezones del agnosticismo, que se extendían como las ondas de un temblor. En ese momento el materialismo científico aprecia haberse incorporado al cuerpo de la física, y el shock de la teoría de la evolución no sólo había alterado nuestra imagen del origen de la humanidad, sino que también había modificado nuestra perspectiva sobre su posible destino. Pero estos asuntos preocupaban especialmente a los intelectuales. Los fieles, si es que se inquietaban, tenían rápidas e ingeniosas respuestas dictadas por su voluntad para creer. Nueva Inglaterra, y en especial Boston, hervían con sus variados círculos de espiritualidad y de espiritualismo.

Algo del trasfondo desde el cual filosofaba William James se perfila en la novela de su hermano Henry, *Los Bostonianos*. Aquí también se muestra una imagen vívida de las diferencias entre los dos hermanos. Henry es el europeo adoptivo, el artista y el aristócrata; en consecuencia, toma muy negativamente el bullicio espiritual que existía dentro y en los alrededores de Boston. Encontraba que las personas que se dedicaban a esas actividades eran, en su mayoría, descuidadas y zarrapastrosas —"El gran ejército irregular de traficantes en pócimas, que habita la humanitaria Bohemia". La novela *Los Bostonianos* fue la que le ocasionó a James mayores problemas con el público, y es significativo que haya llegado a ser una de las favoritas entre las que escribió. Nos parece que en espíritu es una de las más proféticas y "modernistas". Esta novela también le produjo a Henry James problemas en otro sentido, fuera de los derivados de su recepción por el público, y por esta razón no la reescribió para incluirla en una edición que apareció más tarde en Nueva York. Para nosotros, esta circunstancia añade un atractivo más a la novela; el viejo estilo la hace aparecer más mordaz y, por lo tanto, más moderna en su espíritu disidente.

William se inclinaba a ser más democráticamente tolerante frente a todas estas extrañas manifestaciones del espíritu humano. Pensaba que habría que apreciar la presencia de un fervor moral interno sin importar las formas peculiares de expresión que pudieran asumir. Además, todas las actividades dirigidas hacia lo oculto despertaban su curiosidad como psicólogo. El esfuerzo dedicado a ese estudio no fue tiempo perdido, pues despertó en él una sensibilidad hacia las fuentes ocultas y subliminales de la mente humana que lo acompañó toda su vida dándole un rango y profundidad que no se encuentra en filósofos más cerebrales. Pero más que nada había en el ambiente una voluntad general para creer que William James sabía en qué estimular y movilizar. En esa época, la religión liberal estaba totalmente en boga. Confiada en sí misma y en sus virtudes, gozaba de lo mejor de ambos mundos. Había asimilado la Ilustración, apartado la superstición y al mismo tiempo apreciaba conservar los valores religiosos valiosos. En contraste, cuán diferente se ve nuestra época. Ahora la fe o la falta de fe parecen haber dejado de ser una opción viva —por lo menos entre los intelectuales. En ciertos círculos, el tocar la cuestión religiosa parece una embarazosa *gaucherie*. Y en lo que respecta al público en general, prevalece una alternancia entre una flacidez y un frenesí de la voluntad; apatía y violencia; cinismo o un desenfrenado fanatismo por ideologías del momento. El nihilismo se ha convertido en el estado mental corriente de nuestro período. Y como ocurre cuando un estado mental se hace tan prevalente, termina por tornarse inconsciente de sí mismo.

Lo que James nos dice se sitúa por sobre todas estas diferencias en el tiempo y en las circunstancias, lo que constituye una evidencia de su genio y excepcional poder intelectual. Ya que actualmente se ha producido lo que podríamos llamar una resurrección del interés por James, es importante no caer en las distorsiones que se hicieron antes con respecto a cuál es la cualidad mental que está detrás de su poder.

Parte de su genio —reconocido incluso por sus detractores— fue su admirable sensibilidad frente a las ocurrencias de la vida. Se requería un ojo bien extraordinario para detectar en los periódicos de la época los casos extraños y sensacionales que usaba a veces para demostrar algún punto importante. Era capaz de rastrillar a través de algunas de las más banales literaturas sobre conversiones religiosas para obtener una inolvidable, aunque no pulida, gema del alma humana hablando *in extremis*. Whitehead, teniendo en mente este sentido cautivante y vivo de lo actual que hay en James, y en especial su capacidad de percibir que los sentimientos constituyen el núcleo central para la vida humana, dice de él: "Ese adorable genio, William James". Whitehead tomó de James la frase: "lo concreto y lo adecuado", para expresar la meta hacia la que debía aspirar el pensamiento filosófico. Pero una vez que se reconoce este don para percibir lo actual —esta capacidad para establecer lo concreto y lo adecuado—, es probable que en algunos críticos surjan detracciones, aunque Whitehead enfáticamente no está entre ellos. Se considera que James es vago, intelectualmente impresionista, demasiado subjetivo y emocional en su forma de abordar los problemas como para calificarlo como un pensador realmente riguroso.

Esta fue la actitud prevalente durante las décadas donde Bertrand Russell y la lógica russelliana predominaban en la filosofía. El mismo Russell, uno de los críticos más acervos del pragmatismo, ayudó a propagar un desdén general por lo que parecía ser un pensamiento descuidado. En retrospectiva, es muy irónico que Russell haya manifestado este menosprecio, porque en un punto de su carrera, cuando buscaba desesperadamente avanzar más allá del impasse cartesiano con su separación entre la mente y la materia, debió volverse hacia algunas sugerencias sobre la naturaleza de la conciencia que James había propuesto veinte años antes. Aquí se dio el caso de que el pensador supuestamente proporcionaba al lógico su capital intelectual.

En las últimas décadas se han producido dos cambios en el ambiente filosófico que se combinaron para modificar este menosprecio para juzgar a James. El primero fue la difundida influencia que tuvo el pensamiento tardío de Ludwig Wittgenstein, que socavaba considerablemente las exigencias imperiales de la lógica russelliana. De hecho, el análisis del lenguaje de Wittgenstein es fundamentalmente pragmático y llega mucho más allá de lo planteado por cualquiera de los pragmatistas. La lógica deja de ser el marco preexistente y procustiano dentro del cual tenían que caber todas las actividades del discurso. Las formas de la lógica son eventuales, dependen de cómo usamos el lenguaje y de las decisiones que se toman en el curso de ese uso. Tanto el lógico como el matemático deben estar siempre abiertos a la posibilidad de que pueden llegar a un punto donde se tendrían que preguntar: ¿qué decisión debo tomar ahora para que el uso de mis símbolos no se vea interferido por una determinada situación indeseada? La precisión no es nunca perfecta cuando el lenguaje tiene cosas interesantes que decir. El segundo cambio en el clima intelectual ha sido el advenimiento del existencialismo como un movimiento importante en el pensamiento contemporáneo. Después de los pensadores existencialistas existe una menor disposición para encontrar equivocado a James por el solo hecho de haber filosofado en una forma personal y emocional. Si la filosofía nos dice algo importante, tiene que hacerlo tocando el núcleo de la experiencia personal, porque ésta, después de todo, constituye el centro del ser de todos nosotros. Y si en algo ha contribuido el existencialismo, creo que ha tenido éxito en determinar una importante reevaluación de nuestros juicios sobre las reputaciones de algunos filósofos del pasado: por ejemplo, de Kierkegaard y Nietzsche, que a pesar de haber filosofado de la manera más personal y apasionada, se destacan ahora como dos de las más poderosas mentes del siglo XIX. Por eso ahora estamos menos inclinados a condenar sin más ni más a William James por su espíritu personal.

El hecho es que no hay nada más lejano a James que imputarle vaguedad mental. No es un relatador de casos, ni un artista o novelista fracasado, sino un pensador de gran fuerza. Escribió en un estilo animado y muchas veces coloquial, y a veces en un esfuerzo para comunicarse con el grueso público afectaba una vistosa expresión popular. Sólo un pedante o un presumido se desilusionaría por estas cualidades. Lo que importa es el poder intelectual que yace detrás o esta apropiación directa y vigorosa de lo vernacular. James tiene el gran poder de ir hasta la médula de cualquier asunto. Rara vez, o nunca, se pierde en las encrucijadas que a menudo enredan a otros filósofos. En primer lugar, la mitad del asunto de pensar consiste en saber qué es lo que se busca*. Algo nos puede fascinar como un rompecabezas intelectual con el que jugamos para entretenernos, pero cuando el asunto se transforma en un verdadero problema nos empuja a tomar una decisión. Y lo que le pedimos a un pensador es que tamice la gran masa de lo incidental y de los detalles que oscurecen, hasta llegar a la estructura principal dentro de la cual tomaremos nuestra decisión.

En ninguna parte se muestra más claramente este poder de James que cuando trata el problema de la libertad.

I.

Recuerdo mi desilusión, cuando años atrás, como un joven alumno leí por primera vez el ensayo clásico "El Dilema del Determinismo". El título me indujo a esperar una refutación objetiva y lógica que terminaría de una vez por todas con el determinismo dándole tal golpe en las fauces que quedaría retorciéndose allí para siempre. Creo que esperaba algún hecho nuevo y sorprendente proveniente de una nueva relación lógica de los hechos que terminarían por resolver el asunto en favor de la libertad. En vez, me dio la impresión que James sólo daba una ojeada rápida al asunto objetivo para llegar a los hechos morales que estaban involucrados; en ese entonces me desilusionó el verificar que la mayor parte del ensayo era un llamado moral para el lector. Porque el dilema del determinismo, tal como lo presenta James, es esencialmente un problema moral y no metafísico. La pregunta objetiva entre libertad y determinismo quedaba como había estado siempre, abierta y sin conclusión, y mi joven mente seguía terriblemente turbada.

Pero, desde luego, la pregunta debe quedar aquí y James tiene toda la razón en seguir trabajando otra línea. Aquí se guía por la posición que tomó Kant un siglo antes. Los que respiran con el fuego del determinismo, como B.F. Skinner, entran en la contienda dialéctica creyendo que tienen la prueba del determinismo gracias a los resultados obtenidos la semana pasada en el laboratorio, pero están muy equivocados. El caso a favor y en contra del libre albedrío sigue vigente

---

* Esto nos induce a recordar este diálogo de *Alicia en el País de las Maravillas*. Alicia se ha perdido en el bosque y se encuentra con el gato Cheshire, entablando el siguiente diálogo (N. de los T.):
"Por favor, ¿podría decirme qué camino debo seguir desde aquí?", preguntó Alicia.
"Eso depende en buena medida de adónde usted quiere ir", contestó el gato.
"No me importa mucho...", dijo Alicia.
"Entonces no importa qué camino tome", dijo el gato.

donde Kant lo dejó. Hemos introducido toda clase de cambios y refina-
mientos en la terminología, pero los méritos objetivos del caso siguen
inalterables. No existe nada que parezca una prueba para apoyar o
negar el libre albedrío o el determinismo. Cuando en un asunto no hay
una conclusión lógica, entran en consideración preocupaciones prácticas. Hablando en forma práctica, el creer en la libertad establece una
gran diferencia. Es más probable que mejoremos nuestro carácter si
creemos que el poder para hacerlo se logra ejercitando nuestra voluntad. En cambio, en la práctica, cuando se acepta el determinismo, la
voluntad se cierra frente a ese esfuerzo. Por ello el creer que somos
seres libres y que nuestras decisiones subjetivas sobre un asunto tienen
una consecuencia objetiva sobre nuestra vida, nos otorga una ventaja
práctica. La fe en la libertad produce hechos futuros que tienden a
confirmarla —por lo menos en su eficacia práctica, aunque no necesariamente en su verdad metafísica final.

La libertad enunciada en estos términos parecería una simple
transacción práctica, un frío *quid pro quo*. Pero esa forma de ver el problema abarca sólo la mitad o menos de la mitad de la posición
jamesiana. Pero si la creencia en la libertad es una elección moral, para
James es en último término un acto religioso. A la larga, nuestra vida
moral sólo tiene sentido como una afirmación de una actitud religiosa
hacia el universo. Muchos de sus seguidores pragmáticos han tratado de
diluir esta posición de James, pero sin embargo representa el pensamiento que mantuvo en forma persistente, aunque a veces vacilante, a
través de la totalidad de sus escritos. El objetivo principal de este capítulo es intentar desenredar esta visión para verla más claramente.

Pero todavía tenemos que atender algunos resabios que aún persisten de la vieja controversia sobre el determinismo. El lector puede preguntarse si han aparecido nuevos hechos que tengan implicancia en
este asunto y que nos indujeran a reexaminar los méritos objetivos en
favor o en contra del determinismo. La ciencia, tan cambiante en nuestra época, ¿ha producido algo nuevo que nos lleve a una conclusión en
uno u otro sentido? El problema es que las voces de los cientistas, cuando hablan fuera de sus campos específicos, suelen ser parte del
desunificado clamor de nuestra época. Los pronunciamientos públicos
de algunos de nuestros físicos suenan a veces como ditirambos que
conducen hacia un universo donde reina la indeterminación y un caos
completo, tanto que después de leerlos, nos preguntamos cómo es posible que el mundo siga funcionando tan uniformemente. Por otro lado,
los psicólogos recién salidos de algún nuevo experimento sobre
condicionamiento, ansían decirnos que tienen las técnicas para incrus-

tar y encadenar una necesidad en nuestra conducta. Claramente no adquirimos una iluminación unánime a partir de la ciencia. En vista de la permanente y cambiante área de debate entre la filosofía y la ciencia, convendría preguntarse por qué no se ha llegado a una conclusión definitiva en este asunto en particular. Para responder tendremos que hacer una pausa y dar un vistazo a la estructura lógica de esta vieja controversia.

¿Qué es lo que realmente sostiene el determinista? De cualquier manera que lo exponga, su propuesta debe ser total. El filósofo británico C.D. Broad lo define en forma sucinta y exacta:

> Lo que afirma el determinismo es que dadas todas las condiciones antecedentes del universo que determinan el momento presente donde ahora debemos escoger y actuar (donde ahora tenemos que escoger o actuar), hay un solo futuro a seguir.

La distinción entre determinismo blando y determinismo duro, ya conocida por James, no mitiga el hecho de que ambas propuestas implican la necesidad de que sean totales. El determinista blando parece endulzar la amarga píldora del fatalismo diciéndonos que nuestros deseos y elecciones son condiciones de nuestro acto, y por lo tanto, nosotros jugamos un papel al dar forma a nuestro destino. Por eso no es necesaria la existencia de una estricta antítesis entre libertad y determinismo. El que seamos individuos autónomos y libres es totalmente consistente con un estricto determinismo causal.

Pero esta promesa de un respiro es sólo una ilusión. El determinista blando merecería ser llamado más bien el determinista con suerte. Si tenemos suerte, nuestros deseos y elecciones van a coincidir en forma fluida y suave con la red de nuestras vidas, lo que permitiría actuar con todos los armoniosos atributos de la libertad. Hacemos lo que queremos y estamos satisfechos con el tipo de cosas que queremos. Pero no hay descanso para aquel ser desafortunado que está condenado a experimentar deseos odiosos y autodestructivos. Aunque se le diga que su propia voluntad es parte de las condiciones de su acto, seguirá su queja atormentada. Sus propios deseos pueden constituir el obstáculo más monstruoso y contra los cuales lucha sin resultados. ¿Qué dio lugar a estos deseos? Las condiciones previas en la cadena de acontecimientos. Para entenderlos, tenemos que volver a la juventud que arruinó su edad madura, a la infancia que frustró su juventud; al papel que jugaron los padres, la sociedad, la situación histórica en que nació. Aquí comienzan a configurarse los postulados totales del determinismo. Si la voluntad de un hombre está arruinada desde un comienzo, y si esto se ha visto confirmado por las circunstancias que van penetrando en sus monstruosas obsesiones, no gana ninguna libertad por el hecho de saber que esa voluntad está incluida entre las condiciones que tejieron su destino. A menos que se produzca un quiebre en alguna parte de la cadena determinista, esa explicación no lo transforma en dueño de su destino, sino que simplemente lo etiqueta como el inerme instrumento de su propia sentencia. Desde el punto de vista estrictamente lógico, sólo hay un determinismo, el cual se expresa en la posición del determinismo duro.

Así volvemos a la simple y avasalladora tesis en que el determinista debe insistir estrictamente: debido a la totalidad de las condiciones que constituyen el estado actual del mundo, sólo existe la posibilidad de un solo futuro.

Es verdad que esta proposición es bastante extraordinaria, por lo tanto, haríamos bien en hacer una pausa para contemplarla. ¿Es una afirmación analítica, como las proposiciones de la lógica, o una hipótesis empírica sobre situaciones de hecho?

Claramente, no es analítica. Es posible imaginar el universo siguiendo exactamente la misma ruta que ha recorrido hasta el presente y teniendo no sólo dos, sino que de hecho muchos futuros diferentes derivados de este pasado. Al menos no hay ninguna contradicción en concebir futuros alternativos. En el caso de una proposición verdaderamente analítica, su negación nos lleva inmediatamente a una autocontradicción.

Por lo tanto, la tesis del determinismo debe corresponder a una proposición empírica. De hecho, parece hablar de eventos, de actos humanos y de la condición del mundo en general. Pero si se trata de una afirmación empírica sobre situaciones de hecho, se trata en realidad de una extraña. Nunca se ha planteado una hipótesis científica de manera tan avasalladora. Una hipótesis legítima de la ciencia es una forma restringida que nos permite especificar las condiciones u observaciones definidas bajo las cuales se podría demostrar su falsedad[**]. Pero la tesis determinista —y creo que esta es su peculiaridad más significativa— es una proposición imposible de falsificar. Ante cualquier argumento que se presente en su contra, el determinista siempre puede responder que no es válido porque no conocemos la totalidad de las

---

[**] Lo que, en la terminología de K.R. Popper, quiere decir: "que se podrían probar como falsas" (N. de los T.).

circunstancias que la antecedieron. Yo le digo al determinista: "Mire, he escogido levantar mi brazo y ahora procederé a hacerlo". Luego levanto mi brazo y pregunto: "¿Por qué no es este un acto libre?". Lo único que obtengo del determinista es una sonrisa de tolerancia, pues he actuado como un tonto: si realmente conociera todas las condiciones —absolutamente todas— que determinaron mis palabras y actos, quedaría claro que ese era el momento justo y particular de la evolución del cosmos en el que yo estaba destinado a decir y hacer exactamente lo que hice.

Por supuesto que ni él ni yo jamás podremos llegar a conocer todas estas condiciones. El determinista se ha asegurado una posición inexpugnable a expensas de hacerla vacía. Digo que creo en la libertad y que esta creencia hace una diferencia en mi experiencia; gracias a ella tengo más fe en que se puede hacer el esfuerzo, lo que me lleva a luchar más arduamente de lo que lo hubiera hecho si no tuviese esa creencia. El determinista sonríe de nuevo mientras señala que lo que me conducía a creer en la libertad era el curso de las cosas. Cualquier cosa que tratemos de destacar, en el primer plano de la experiencia, el determinista eludirá usando el recurso por lo que está, o debe estar, detrás del escenario.

Así se puede jugar el juego dialéctico de adelante para atrás en forma tan interminable como poco concluyente.

Sin embargo, es evidente que la disputa entre el libre albedrío y el determinismo debe tener más sustancia que esto. Una controversia que ha atraído las energías y angustia de tantos grandes intelectos en el curso de los siglos, no puede ser reducida a un simple e inútil torneo dialéctico. Tampoco puede ser asignada al pasado, porque sigue vigorosamente vigente y perturbadora hasta hoy. Está detrás de los programas más recientes y audaces de los conductistas que pretenden dar una nueva forma a la naturaleza humana. Y este mismo viejo asunto de la libertad y la necesidad, aún no solucionado, se vive día a día a través de las tortuosas transacciones entre los psicoanalistas y sus pacientes. Es evidente que no es una pregunta exclusivamente académica, sino algo que también toca la vida real. Es precisamente cuando vemos el punto donde toca a la vida misma que adquirimos el verdadero sentido del problema, así como su posible solución.

II.

Para empezar, debemos señalar el peculiar tipo de irrealidad que pervade a la forma como se enseña el problema del libre albedrío en nuestras aulas filosóficas. Lo presentamos como un acertijo para inducir al alumno a pensar. Sirve para este propósito más o menos en la misma forma como las antinomias de la lógica; en ambos casos, es imposible obtener soluciones sin agregarle antes más especificaciones. Con el objeto de ser lógicos y objetivos presentamos el problema con cierto desapego. De aquí surge la fuente de irrealidad que pervade al problema: *realmente hablamos de un agente que de hecho es un espectador de su propia vida.*

Los estudiosos medievales, en parte por su sentido de alegre desapego, inventaron el famoso ejemplo del asno de Buridan. Imaginen a un pobre burro tan hambriento como sediento que se coloca en un sitio equidistante de la avena y del agua. ¿Qué hará la pobre bestia? ¿No permanecerá suspendido entre estos dos deseos idénticos e indiferenciados hasta morir simultáneamente de hambre y de sed?

Ningún filósofo contemporáneo ha tomado en serio el caso del asno de Buridan. Lo ven a lo sumo como una caricatura. Hemos creado un burro totalmente artificial e irreal, una bestia que está suspendida y que duda en forma indiferenciada sobre su pobre existencia animal. Pero al discutir la libertad, ¿los filósofos no están creando un agente humano igualmente irreal? Y no me refiero sólo a aquellos filósofos objetivos que rumian interminablemente el contenido lógico hasta extraerle todo el jugo. No logro leer a Sartre, cuando discute la libertad, sin sentir que me ronda, batiendo sus alas, el fantasma del burro de Buridan. Por cierto que, en la superficie, todo esto se ve diferente: el agente sartreano está poseído por una conciencia compleja —tal vez demasiado compleja— y una libertad tan absoluta que Descartes —como dice el propio Sartre— reservaba sólo para Dios. Pero esta libertad "total" de la que nos habla Sartre, ¿no nos presenta un ser humano suspendido sobre su propia existencia? Desde allí puede saltar a cualquier camino indiferenciado y absurdo que lo saca de su ruta normal y prosaica. Es verdad, esta libertad marea, y nos pena la angustia de estar expuestos a ella. La *angoisse* da un colorido existencial a todo el asunto, pero de hecho el agente sartreano está tan desapegado de la existencia real como el burro imaginario de Buridan.

Para nosotros, la libertad se transforma en una realidad en situaciones mucho más mundanas y humillantes. La conocemos en su dureza como una ausencia y una lucha más que como poderes superfluos. El alcohólico luchando contra su cuerpo tiritando por el próximo trago sabe lo que significa la libertad. La libertad se nos hace totalmente real cuando se trata de un asunto de vida o muerte. Estamos *in extremis*; hemos caído en un pozo negro y estamos jadeando por aire mientras luchamos por arrastramos hacia adelante. La libertad deja de ser un debate académico o el lujoso vértigo por tener que elegir entre alternativas indiferenciadas. La cuestión de la libertad se ha convertido en un llamado de auxilio.

James conoció esta necesidad en la única forma en que es posible conocerla: a través de la experiencia personal. En 1870, cuando tenía veintiocho años, experimentó una grave crisis que lo llevó a un estado de aguda y paralizante melancolía. No conocemos las circunstancias exactas que precipitaron esta crisis. La personalidad de James, a pesar de su modo abierto y expansivo, está envuelta en mucho más misterio que lo que generalmente se piensa. Nos ha dejado un caso anónimo en *Las Variedades de Experiencia Religiosa*, que hoy se considera en gran parte una descripción de su propia experiencia. ¿Por qué se refugió en el anonimato? ¿Le habrá parecido demasiado repugnante y poco masculino, demasiado desvergonzadamente personal, confesar públicamente algo tan íntimo? En todo caso, el párrafo describe el tipo de experiencia alrededor del cual gira gran parte de su filosofía; aunque la cita es larga, tenemos que entregarla completa.

Estando en este estado de pesimismo filosófico y en general de depresión espiritual con respecto a mis prospectos, una tarde entré a una habitación a media luz para buscar algún artículo que tenía allí; de pronto, y sin aviso previo, sentí sobre mí, tal como si viniese de la oscuridad, un miedo horrible frente a mi propia existencia. En forma simultánea surgió en mi mente la imagen de un paciente epiléptico que había visto en el asilo, era un joven de pelo negro con piel verdosa, enteramente idiotizado y que solía sentarse todo el día en uno de los bancos, o más bien en una tabla contra la pared, con las rodillas encogidas contra el mentón, y el crudo camisón gris, que era la única vestimenta que lo envolvía, tapando casi toda su figura. Se sentaba allí como una especie de escultura de gato egipcio o de momia peruana, moviendo sólo sus ojos negros, su apariencia era absolutamente no-humana. Esta imagen y mi terror se combinaron. Sentí que potencialmente *esa forma era yo.* Nada de lo que poseo podría defenderme de correr esa suerte si me llegara la hora de convertirme en eso, tal como le llegó a él. Era tal mi horror ante él, que era como si algo sólido dentro de mi pecho hubiese cedido por completo y yo me hubiese convertido en una masa de terror palpitante. Después de esto, el universo cambió totalmente para mí. Desperté mañana tras mañana con el horrible temor en la boca de mi estómago, y con un sentimiento de inseguridad como nunca había conocido y que no he vuelto a sentir desde entonces. Fue como una revelación; y aunque la sensación inmediata desapareció, desde entonces esa experiencia me ha llevado a comprender los sentimientos mórbidos de los demás. El malestar se desvaneció gradualmente, pero por meses fui incapaz de estar solo en la oscuridad.

Aquí somos testigos de tan inmensa convulsión proveniente del inconsciente, que, en comparación, la conciencia y sus ideas parecen ejercer solamente una fuerza débil y periférica. No obstante, al mirarlo con más atención, observamos que en esta crisis las ideas juegan un papel más importante de lo que parece. Hoy en día es difícil recapturar con la imaginación el desnudo y aterrador poder que tenía para la imaginación del siglo XIX el determinismo que se había incrustado en la física. "Las moléculas corren en forma ciega", cantó acongojado el poeta, y esas moléculas moviéndose ciegamente podrían hacer girar nuestro destino sin importar cuáles fueran nuestros deseos. El idiota seré yo y nada puedo hacer si las partículas ya están girando irreversiblemente en esa dirección. La imaginación se doblaba frente a este prospecto, tal como un calvinista se estremece frente a la convicción de la condena eterna. Y si esta idea filosófica no produce por sí misma la crisis de depresión aguda, de todas maneras intensifica la depresión porque nos cierra cualquier forma de escape. Las ideas, como vemos, pueden tener una fuerte conexión con la voluntad, en este caso una conexión negativa y frustrante.

James iba a encontrar una idea más positiva para ayudar a que saliera su voluntad de este impasse. En la primavera de 1870 parece que sufrió una transformación que anotó en su diario:

> Creo que ayer se produjo una crisis en mi vida. Terminé la primera parte del segundo *Essais* de Renouvier, y no veo ninguna razón para considerar que su definición de libre albedrío —"sostener un pensamiento *porque se ha escogido sostenerlo* en circunstancias que podría haber escogido cualquier otro pensamiento"— sea una ilusión. En todo caso, por el momento —hasta el próximo año—, voy a suponer que no es una ilusión. Mi primer acto de libre albedrío será creer en el libre albedrío.

En comparación con la tenebrosa y subterránea atmósfera del párrafo que la precede, ahora nos encontramos en un mundo iluminado por la luz de la mente y sus ideas. Tal vez haya demasiada luz; tal vez el tono del párrafo sea demasiado selectivamente intelectual y tal vez hayan existido otras fuerzas subliminales y más oscuras en este bloqueo de James. Sin embargo, debemos seguirlo textualmente: es una idea —en este caso, la idea del libre albedrío— lo que abre la puerta para salir de la oscuridad. Pero James sabía —aunque todavía no había escrito los grandes capítulos sobre el hábito en la *Psicología*— que no bastaba con la sola idea; que además debía establecer rápida y firmemente una unión entre idea y voluntad y entre voluntad y acción. Por eso procedió de inmediato a poner en acción esta idea:

> Durante el resto del año, voy a abstenerme de caer en la simple especulación y contemplativo *Grublei* que tanto deleita a mi naturaleza; cultivaré en forma voluntaria la sensación de gozar la libertad moral, tanto leyendo libros que sean favorables a esa idea como en mi actuar. Después del 1 de enero, cuando en cierta medida haya superado mi inexperiencia inicial, tal vez podría volver al estudio de la metafísica y del escepticismo sin que con esto ponga en peligro mis poderes para la acción. Entonces, tengo que recordar que por el momento: voy a prestar poca atención a la especulación y mucha a mi forma de acción, recordar también que sólo cuando se han establecido los hábitos de orden se puede avanzar dentro de los campos de acción realmente interesantes, para acumular así, como un verdadero avaro, grano por grano, las decisiones, frutos de la voluntad, no olvidando nunca que si se omite un eslabón en la cadena se interrumpe un número indefinido...
>
> Hasta aquí me he sentido como si hubiese asumido libremente una iniciativa, como si me hubiese atrevido a actuar en forma original, sin tener que contemplar primero al mundo externo para que él me señale cuál opción debo seguir; aprecia que la forma más viril de poner mi osadía en acción era el suicidio, pero ahora avanzaré un paso más allá con mi voluntad, no sólo actuaré con ella, sino que también voy a creer, voy a creer en mi realidad individual y poder creativo. Por supuesto, mi creencia *no puede* ser optimista —pero le daré vida (la real, la buena) a la *resistencia* autogobernada del ego con respecto al mundo. La vida se va a construir en hacer, sufrir y crear.

Nos hemos detenido en esta crisis de 1870 porque nos entrega el centro humano y filosófico en torno al cual giró la vida de James. En vista que este quiebre fue seguido por una carrera extraordinariamente productiva y vigorosa, se podría considerar que lo ocurrido con James constituye uno de los primeros casos de triunfo sobre una neurosis. La neurosis no se vence a menos que se aprenda de ella y que se preserve el mensaje que ella contenía. Durante el resto de su vida, James siguió siendo susceptible a la desesperación que siempre está al acecho aun en las vidas más reguladas. Siempre pudo entender al "alma enferma" y su temperamento enfermo porque él mismo padecía esa enfermedad. Quien haya experimentado alguna vez una visión aterradora, nunca más tendrá dudas con respecto a que en nuestro universo existe el mal. James nos dice que, mirados en forma objetiva, los tormentos del alma enferma son sólo una respuesta inadecuada a las cosas abominables y odiosas que ocurren en este mundo. Por eso James nunca aceptó ninguna filosofía idealista que, usando alguna triquiñuela dialéctica, elimina al mal. Todo esto le da a James un sentido de actualidad que lo aproxima a nosotros.

Más que esto. Estas breves notas que hemos citado de su diario de 1870, nos entregan la pauta de lo que iba a ser toda la filosofía de James. Un solo párrafo del diario define la filosofía que se expresa en *La Voluntad para Creer*, que apareció veintisiete años más tarde. Todo lo que iba a escribir de alguna manera se basaba en los datos que había captado durante su travesía por aquel valle de las sombras. Esencialmente iba a terminar por ser un filósofo moral, pero un moralista preocupado del rango, del poder y, sobre todo, del origen de nuestra voluntad moral. Aun una obra tan importante como su *Psicología* se ajusta a este gran diseño. Porque lo que vio James a partir de sus estudios de la fisiología de los impulsos nerviosos fue que la conciencia está conectada en forma primaria con la acción a través de descargas de energía; y que, por lo tanto, la motivación debe ser un factor fundamental en la conducta humana. Dichoso el pensador que descubre tan temprano su camino.

"Mi primer acto de libertad será creer en la libertad". Cuán alegre y valiente suena esta nota después de la discordia y estrés de su crisis. Esta simple exclamación del momento es la esencia de la posición que asumirá más tarde en *La Voluntad para Creer*. Como la libertad de voluntad no se rige por términos estrictamente lógicos, uno es libre de creer en ella. Pero aunque en forma estricta esta creencia no se basa en la lógica, tiene sin embargo claras consecuencias en la acción. El creer en nuestra libertad tiene la ventaja de liberar a la voluntad y estimular la acción. La fe en la libertad crea sus propios hechos futuros, y así se confirma en la acción.

Aunque el argumento continuó siendo exactamente el mismo, después de su crisis James dio otro ejemplo que esta vez se sitúa en un ámbito mucho más extrovertido y heroico del esfuerzo humano. Nos pide que imaginemos un escalador de montañas que se encuentra en una situación donde tiene que saltar sobre un abismo para salvarse. El camino hacia atrás está bloqueado; debe avanzar o perecerá donde está. Aunque el ancho del abismo no hace que el salto sea imposible, es lo suficientemente grande como para que exista el riesgo de no lograrlo. ¿A quién le creerá? ¿A la creencia que le dice que puede saltar esa distancia o a la que le dice que el salto está más allá de sus posibilidades? James argumenta que si cree que puede hacerlo, esta misma fe va a estimular sus energías, con lo que aumentarán las probabilidades de tener éxito en el salto. Y después, cuando ya esté seguro al otro lado, su creencia le habrá confirmado esa verdad.

Este ejemplo, que sugiere una aventurera y arriesgada vida al aire libre, parece muy lejano a la situación de James, que un cuarto de siglo antes se había sentado paralizado y deprimido en casa de su padre en Cambridge. Pero tal vez estas dos situaciones no sean tan diferentes como podría parecer a primera vista. Para superar la depresión, el melancólico debe dar a su manera un salto tan heroico y total como el salto del montañista de un lado al otro del abismo. Sólo que en el caso del deprimido, el salto no se da de una sola vez, sino que día a día. Esto lo dificulta más y ¿tal vez no se podría decir también que es más heroico? Debe haber una lenta y pesada acumulación de lo que James llama "elecciones a voluntad" para que el sufriente por fin salga al aire libre. En ambos casos, la elección es forzada: es un asunto de vida o muerte, de salvación individual.

Es bien irónico que al hacerse real el asunto del libre albedrío, cambia su naturaleza. Mientras más apremiante es la situación, más evidente se nos hace y se torna totalmente urgente cuando se transforma en una situación de vida o muerte. El asunto no nos deja dudando entre varias alternativas que pueden ser igualmente factibles de seguir. Hemos dejado de ser espectadores de nuestra propia vida, mareados por las posibilidades gratuitas que ofrece. Ahora estamos sumergidos en ella hasta el cuello y la elección que tenemos que hacer para sobrevivir no deja lugar a dudas; la única duda es si somos capaces de llevar a cabo esa elección para así poder continuar viviendo. Ya no se trata de la elección entre A y B. A es la vida y B la muerte, o su equivalente moral. Todo en nosotros grita desesperadamente por la elección A, ¿pero tenemos la voluntad para llevarla a cabo? *Por lo tanto, el problema del libre albedrío se transforma más fundamentalmente en el problema de la voluntad misma.* Y así nos lanza a la pregunta final: ¿por qué?

Consideren el caso de un enfermo a quien su médico le dice: "El alcohol representa un gran riesgo para su salud, tiene que encontrar la

forma de suprimirlo". Si este hombre, contemplando los largos años
que le esperan sin el consuelo del alcohol, encuentra que esa perspectiva es sin sentido y demasiado triste, podría muy bien preguntarse:
"¿Por qué hacer el esfuerzo? ¿Qué sentido tendría entonces la vida que
me aguarda?". Y, por supuesto, será incapaz de librarse del hábito. Su
libertad depende de la fuerza de su motivación. Con demasiada frecuencia tendemos a pensar que la motivación es un *vis a tergo*, una
fuerza ciega que nos empuja; pero, de hecho, la motivación y el significado van juntos. Si no estamos motivados para enfrentar algún proyecto en la vida, éste nos parecerá sin significado, y viceversa. Si, por otro
lado, el deseo de vivir es lo suficientemente fuerte, si la vida tiene significado y vale la pena en cualquier sentido, estará libre para encontrar o
construir su propio camino para dejar el hábito. Por supuesto, esos
casos de libertad son un hecho: la gente debe cambiar y a veces lo logra.
La verdad es que no le corresponde al filósofo probar que existe la
libertad; él simplemente anota, describe y analiza las formas en que
sucede. En todo caso, lo importante que hay que señalar aquí es que
toda situación grave que requiere una elección trae consigo la pregunta
crucial: ¿cuál es al fin la razón para vivir?

Ahora imaginemos el caso algo diferente de un paciente deprimido
a quien su psicoanalista le dice: "Usted ha perdido su motivación, debe
encontrar alguna forma de reencontrarla". Por cierto que si el hombre
hubiese perdido toda motivación, tampoco tendría razones para tratar
de volver a encontrarla. Ni siquiera tendría la motivación para molestarse en acudir a un psiquiatra. El analista se refiere a algo más restringido:
"Su motivación está en un nivel mucho más bajo que lo habitual; o
usted ha perdido la motivación por las cosas que alguna vez lo motivaron". Y la terapia consistirá en tratar el residuo de motivación que queda en el paciente para que vuelva a fluir la energía por los canales
normales de la vida. Pero "motivación" es el tipo de palabra imponente
que parece científica y que puede oscurecer el hecho que se pretende
señalar. Perder la motivación es dejar de encontrarle sentido a la vida
que se está llevando. No se encuentran motivos para continuar como se
ha hecho. El sentido de significado es el hecho más importante de la
motivación.

Pero no necesitamos recurrir a estos casos patológicos, ni invocar las
situaciones extremas que invocó James —como el heroico escalador de
montañas de sus escritos o la desesperada melancolía de su propia
vida—, para entender que la voluntad siempre está angustiada por esta
pregunta crucial: ¿por qué? Sólo tenemos que volvernos hacia la rutina
de la vida diaria y a la pesada carga que debemos llevar a cuestas cada

día. En un momento de relajación y reflexión, un hombre —un hombre normal, digamos, sin las alteraciones específicas del alcoholismo o la depresión— puede vislumbrar la vida que le aguarda, el espacio limitado que se le asigna a sus ambiciones, lo limitado de sus satisfacciones y el peso con que tiene que cargar para que ellas se realicen, para que todo termine con la muerte. Y él empieza a cuestionarse. Parece haber llegado el momento de tomar ciertas decisiones dolorosas, pero ahora flaquea. ¿Por qué molestarse? ¿Qué razón hay para todo esto? Pero rápidamente se borra el asunto de su mente y la rutina vuelve a tomar el control y de nuevo levanta su carga. La voz sin nombre en Samuel Beckett entona: "Debes seguir, yo no puedo seguir, yo seguiré". Si usted presta atención, siempre puede oírla como su propia voz, profundamente adentro, detrás de la aceptable fachada que usted presenta al mundo. Y también en esos momentos, si la rutina nos abandona completamente, la voluntad debe reunir todas las razones para seguir viviendo. Así, el problema de la voluntad se transforma en el problema del nihilismo. Y aquí nos formulamos las preguntas que para la mayoría de nosotros son las fundamentales y las que yacen bajo todos los artificios formales de la filosofía: ¿por qué vivir?, ¿por qué seguir haciéndolo?, ¿qué significado tiene todo esto?

James falleció antes que el virus del nihilismo se hubiese trasmitido desde unos pocos intelectuales hacia la masa democrática en general para así transformarse en la epidemia de nuestro tiempo; y para James la más poderosa afirmación del asunto, la de Nietzsche, es de mal gusto y la mantuvo a la distancia. Sin embargo, su sensibilidad era tal que la pregunta siempre se mantuvo en su trasfondo y esta es otra de las razones del porqué nos habla en este momento.

La cuestión del nihilismo nos coloca inmediatamente dentro del terreno religioso, sin importar si pensamos a favor o en contra de la religión. El naturalista filosófico, que rechaza la religión, sin embargo debe enfrentar las interrogantes que plantean tanto el nihilista como el religioso. Creamos o no en la filosofía del naturalista, no es probable que este nos convenza como ser humano a menos que también haya experimentado las angustiosas profundidades de las cuales surgió la religión. Desde luego que algunos temperamentos siempre van a sentir que, por esta razón, la actitud naturalista los deja insatisfechos. Frente a toda nuestra experiencia actual, les parecerá tristemente inadecuado tratar de darle significado a la vida en términos de un balance positivo donde las satisfacciones predominan sobre los dolores. Whitehead, que en general era una persona muy alegre, dijo: "Fuera de la visión religiosa, la vida humana es un fogonazo de agrados ocasionales que ilumina una masa de dolor y miseria, una bagatela de experiencia fugaz". Las respuestas de los utilitarios y del naturalista parecen débiles y pálidas frente a las experiencias que en primera instancia provocaron nuestro cuestionar. Pareciera que la respuesta y la pregunta se cruzan sin verse. Nuestra voluntad clama por una contestación más profunda cuando nuestra nostalgia por la libertad es en realidad una *oración*, que puede o no expresarse en palabras. El asunto de la moralidad se transforma en uno religioso, y la voluntad moral en una voluntad religiosa, o por lo menos una que debe buscar en la religión la forma de completarse. Así James, cuando temprano en su vida decidió destinar sus energías intelectuales a lo que él llamó "el impulso moral", estaba en realidad comprometiéndose a transformarse en un pensador religioso.

Catorce

La Fe para Desear*

Para no caer en la pasividad de la derrota, la vida debe ser una lucha moral; y esta lucha a su vez, para poder mantenerse, debe aspirar a la religión o a la fe. Esta fue la posición que asumió James; por lo tanto, debe ser considerado un pensador religioso. Para él, el interés por la religión no es una curiosidad advenediza agregada a su pragmatismo; es un hecho central en su visión de las cosas, tal como creía que la preocupación religiosa era central para la vida misma. Para intentar un juicio crítico global de James, habría que analizar cómo enfrenta el fenómeno de la religión.

Hay una paradoja bastante especial en cualquier expresión de la actitud religiosa. Intenta expresar algo perenne; sin embargo, su modo de expresión siempre debe partir desde su tiempo y lugar. De hecho, mientras más poderosa sea su forma de expresión, lo más probable es que haya tomado mucho su coloración de su tiempo y lugar. Sin esas características, nos resultan vacías. Cada nueva lectura de *Las Variedades de Experiencia Religiosa* la acercan más a un clásico. Se ha dicho que un clásico es un libro capaz de renacer con cada generación. El renacimiento es no menos vital si también provoca rechazo. En el caso de la experiencia religiosa, hay otra peculiaridad: la de enfrentarnos con el hecho que en último término no se puede expresar con el lenguaje. Por lo tanto, cualquier expresión religiosa sólo estará viva en la medida que nos induzca a efectuar un balbuceante e ineficaz esfuerzo para reiterar lo que no se puede expresar. Las *Variedades* nos acompañan en esta forma atractiva y provocadora. Al mismo tiempo, cuando se toma una

---

* En inglés, el nombre de este capítulo es "The Faith to *Will*". Se traduce a veces como querer, otras veces como desear y otras veces como deseo, para preservar la fluidez de la lectura en castellano. (N. de los T.).

actitud de rechazo frente a este libro, es difícil no sufrir un sentido de ingratitud culpable, porque nuestro rechazo se ha nutrido de la fuente que ataca.

Un viejo proverbio dice: "Es mejor ser ahorcado por oveja que por cordero". Los pragmatistas de mente secular han criticado a James por haberse inclinado demasiado en la dirección de la religión. El intentar que la religión se haga intelectualmente posible, o plausible, es algo destinado a incurrir la desaprobación de algunas mentes filosóficas. Entonces, ¿para qué hacer el esfuerzo? La época de James podía creer en esa persuasión porque el público en general funcionaba dentro de una atmósfera religiosa. América continuaba en un estado de inocencia a vuelta de siglo. Entre ese tiempo y el nuestro, todo lo que conocemos como cultura moderna ha estallado como un maremoto de negación. Por todas partes, sus trabajos y triunfos nos han ido despojando de todas nuestras ilusiones. No podemos seguir hablando como si aún si- guiéramos al abrigo del liberalismo religioso —esa extraña mezcla de Ilustración e idealismo moral— que parecía ofrecer una promesa para el futuro. Hemos atravesado por negaciones mayores y hemos requeri- do mayores afirmaciones. Sólo si nos damos cuenta que estamos abor- dando el tema de la religión como hombres desesperados podemos pretender ser convincentes. Pero es seguro que por pequeño que sea el cordero que tratemos de apropiarnos del rebaño de la religión, parece- rá una oveja gigante y monstruosa para aquellos que encuentran que la religión es intragable en todas sus formas y aspectos.

I.

Para empezar, tendremos que insistir en una proposición que, para algunos, puede parecer sorprendente y escandalosa, que sin embargo aparece en todos los escritos de James. Esta es la proposición: entre todas las cosas que James dice sobre la religión, nunca nos habla a partir de la fe. Con esto no quiero decir que no habla de algún dogma o iglesia en particular al cual suscribe. Quiero decir que él no habla, ni profesa estar hablando, desde la actitud de la fe. Claro está, a menudo es el predicador laico que nos exhorta a la vida moral y hacia la posibilidad y eficacia de la creencia religiosa. Pero el predicador laico —o, en este caso, el profesor dispuesto favorablemente— habla *sobre* la fe religiosa y no lucha para comunicarse con nosotros desde el *interior* de la fe.

Por ende, la diferencia entre James y su archienemigo, el agnóstico W.K. Clifford, no nos parece tan grande como a sus contemporáneos. Clifford es el intelectual puritano entre los agnósticos: insiste que bajo

ninguna condición prestará su apoyo a cualquier creencia cuya evidencia no sea absolutamente innegable. De hecho, sería un pecado mortal
contra nuestra razón. James argumenta que la actitud de Clifford es
innecesariamente rígida y, de hecho, poco razonable, y que en las
exigencias corrientes de la vida que asumimos obligadamente todos
los días, debemos adoptar estándares de credibilidad más flexibles y
menos absolutos. Desde el punto de vista de la filosofía en general, y
de la epistemología en particular, hay una gran diferencia entre
Clifford y James; y hoy en día nos inclinaríamos a pensar que James
está seguramente en lo cierto cuando nos habla contra las nociones
de certeza y creencia tan estrechas. Pero desde el punto de vista del
creyente, la diferencia entre ellos podría parecer menos notoria que
su similitud.

Nuevamente, esta afirmación podría parecer paradójica, y es necesario aclararla con un ejemplo simple: hay dos hombres fuera de un
edificio. Digamos al edificio la fe religiosa. Los dos hombres, James y
Clifford, discuten los méritos del edificio y la posibilidad de entrar en
él. Uno, Clifford, dice que jamás y bajo ningún punto de vista lo hará,
que si la evidencia no es absolutamente inobjetable, sería moralmente
errado entrar, y que eso constituiría un pecado contra la probidad de
nuestra razón. El otro hombre, James, dice: "No sé; el edificio no es
tan malo; tiene sus méritos; y bajo ciertas circunstancias, podría ser
perfectamente aceptable entrar". Pero nótese, y es lo importante:
ambos están situados fuera del edificio; ninguno de los dos habla
desde su interior.

James sabía esto de sí mismo, y en este sentido no podemos dejar de considerar lo que escribió en una de sus cartas: "Aunque la
religión es el gran interés de mi vida, no tengo ninguna esperanza de
ser evangélico y considero todo este asunto en forma demasiado impersonal".

De hecho, desde el punto de vista del creyente, es más probable que
desde una posición como la de Clifford se llegue a una conversión. El
shock de los hechos puede hacer girar su estado de un extremo a otro.
El filósofo que se inclina en forma favorable hacia la religión vista como
un *fenómeno* humano, tiene más probabilidades de habitar en esa zona
de media luz por el resto de sus días.

El riesgo que enfrenta un filósofo que intenta demostrar que la
creencia religiosa no es tan implausible como podría parecer, es que en
el proceso puede verse obligado a diluir su contenido. Al final de las
Variedades, James reduce todos los múltiples y caprichosos principios de
las creencias religiosas a tres proposiciones cruciales:

1. El mundo visible es parte de un universo más espiritual que es el que le otorga su más importante significado.

2. Nuestra verdadera meta es una unión o una relación armoniosa con ese universo más elevado.

3. Entonces, la comunión con el espíritu es el proceso dentro del cual se lleva a cabo todo trabajo; la energía espiritual fluye y produce efectos en el mundo de los fenómenos.

Considerando el amplio espectro que abarca *Variedades*, la enorme cantidad de materias diferentes que cubre, es imposible no estar de acuerdo en que este compendio es un esfuerzo admirable hacia una recapitulación global del tema. Pero, hablando en forma pragmática, ¿funciona esta recapitulación? ¿Nos proporciona realmente una ayuda religiosa?

Aquí nos puede ayudar una historia que solía contar el ya fallecido cardenal Cushing de Boston. La historia ganaba algo de su atractivo por el áspero aunque simpático carraspear con que hablaba ese admirable clérigo. Un hombre es atropellado por un auto y yace en la calle, aparentemente moribundo. De entre los espectadores sale un sacerdote y, habiéndose asegurado que el hombre es católico, procede a oír su última confesión antes que sea tarde. "¿Cree en Dios Padre, en Jesucristo el Hijo, y el Espíritu Santo?". Al oír esto, la víctima abre los ojos y exclama: "¡Padre, me estoy muriendo y usted me viene con adivinanzas!".

La Trinidad es la aventura más exuberante que ha emprendido la cristiandad por lo inverosímil. De por sí el misterio de Dios es indescifrable y abismante para la comprensión humana. El complicar este misterio adornándolo con las intrincadas imágenes de tres personas-en-una fue una hazaña barroca de la imaginación occidental. El plantearle este enigma dentro de un enigma a un moribundo sólo sirve para ilustrar el abismo que se puede producir entre lo concreto de la vida y lo abstracto de la creencia. El diluir el misterio podría ofrecer algo más fácil de creer y menos problemático para nuestra capacidad de aceptar creencias. ¿Pero ayudaría realmente si la substituyéramos por los tres artículos de fe más plausibles que nos entrega James?

Le preguntamos al moribundo: ¿cree usted que el mundo visible es parte de un universo más espiritual?, etc. Lo imagino abriendo los ojos y exclamando: "¡William James, me estoy muriendo y usted me viene con adivinanzas!".

No pretendo enfrentar aquí una teología dogmática en contraposición contra la religión liberal. Los asuntos teológicos pueden tener gran importancia si establecen una conexión viva con nuestra voluntad. Pero dudo que esta generación esté preparada para tales preguntas; apenas tiene la fe suficiente como para buscar su articulación en un dogma; si es que volvemos a la religión, habría que hacerlo por la puerta del sótano. Lo que pienso en contra del intento liberal para hacer más plausible a la religión, es que tiende a transformar el asunto de la creencia en el fenómeno central de la religión. Nos preguntamos si las hipótesis que ofrece la religión (nótese que la palabra "hipótesis" es un término especulativo y ajeno) pueden en alguna forma llegar a ser probables o plausibles y en qué grado. Nos enredamos en las preguntas sobre el status cognitivo de las creencias y muy pronto nos encontraríamos en el resbaladizo terreno de la epistemología. Caemos prisioneros de nuestras propias ideas y y les entregamos el hecho vivo de la religión. Como profesor de filosofía, James tenía que ser fiel al lenguaje filosófico y debía mantenerse dentro de las corrientes filosóficas de su tiempo. Pero como pragmatista se debió haber aferrado al hecho de que el hacer es más básico que el creer, y que en el ámbito de la religión el hacer fundamental es el acto de rezar. Después de todo, es lo que está involucrado en nuestro descubrimiento de la libertad como un grito de auxilio, una invocación, una oración. El orar se puede llevar a cabo sin creencias articuladas, o aun esquivando en forma deliberada los asuntos de creencia.

II.

Abetissez-vous, dijo Pascal, dirigiéndose a las exigencias del que duda. "Atúrdase; tome agua bendita". A nosotros nos suena ominoso y tosco y lo mismo le ocurrió a James. Los sentimientos profundamente protestantes de James se ofenden frente a la actitud que recurre a toda la maquinaria eclesiástica para apoyar nuestras devociones, como si bombeara la gracia desde una parte del aparato a otra. Es poco probable que Pascal, una de las mentes más sutiles de la historia, hubiese sido tan tosco respecto a algo tan importante como su pensamiento religioso. Si su lenguaje suena aquí tajante y cínico, es porque está tratando en forma deliberada de producirnos un estado de shock para que así reflexionemos. Detrás de esta cínica retórica, se esconde su agudo análisis de la relación que existe entre el hacer y el creer y sobre la primacía del uno sobre el otro.

Sin duda, el agua bendita nos parece demasiado como un ítem institucional preempaquetado; y además, puede que no siempre esté a la mano. En cambio, considere un simple gesto como hacer la señal de la cruz, que siempre está a nuestra disposición. Perdónenme por traer a colación algo que pudiera parecer como un trozo de ritual sectario. En esta discusión trato de evitar cualquier sectarismo. El gesto no me viene por el lado de la iglesia sino que del recuerdo de los días más truhanescos de mi juventud y particularmente de mis compañeros de aventuras, donde este gesto se hacía en el último momento antes de lanzarse a las aguas del East River desde uno de los muelles más altos. Mis amigos eran mayores, más grandes y más criminalmente audaces que yo, y algunos de ellos pueden haber seguido el camino que lleva a la Mafia. Dudo que su gesto haya sido precedido o seguido de cualquier reflexión sobre el status de creencia que podría o no haberlo acompañado. Se producía simplemente como un reflejo en una situación extrema. Ahora, más viejo, lo recuerdo con tal fuerza porque he llegado a considerar que cada situación podría ser extrema. ¿Cómo sabemos si no tendremos que lanzarnos a las aguas que fluyen allá abajo? Por eso necesitamos de un gesto como este o cualquier otro que prefiera. La ventaja del gesto es que puede ser sin palabras. No estamos atrapados dentro del laberinto de las palabras y de todas las ideas heredadas que allí pululan. No necesitamos torturarnos con las dudas de la epistemología. El gesto es una pura invocación, pura oración. En este ámbito religioso, ¿no es el propio acto de creer una forma de hacer? ¿No es el gesto de rezar?

"Yo creo X" es la forma proposicional que centra la atención del filósofo y que él tiende a presentar como el centro mismo del fenómeno religioso. No puede evitarlo, ya que su interés profesional es el status de las creencias. X constituirá alguna afirmación o afirmaciones sobre la evidencia que él procederá a analizar. En el caso de James, la X consiste en las tres afirmaciones ya citadas. La evidencia para ellas no es concluyente; por otro lado, no hay evidencias en contra que las hagan imposibles de creer racionalmente. Como en el caso del libre albedrío, tenemos la libertad para creer, si nos decidimos a hacerlo. De acuerdo a la forma de expresión de ese tiempo, se llamaron sobrecreencias (*overbeliefs*), un término que le debería haber sugerido inmediatamente a James que aquí no nos confrontamos con una creencia en el sentido corriente de la palabra.

De hecho, este concepto de "sobrecreencias" de inmediato sugiere el tipo de imagen que James tenía en mente. Debemos imaginar nuestras creencias extendiéndose en un espectro que va desde las más cercanas y evidentes hasta las más remotas y problemáticas. Para lo cercano, la evidencia es accesible y a nuestro alcance. En lo más alejado creo en cosas como: "El sol está a noventa y tres millones de millas de distancia". Aquí la evidencia no está a la mano, aunque conozco las formas como fue calculada y confío en el grupo de científicos que han sostenido esta creencia. Más lejos aún, la propia ciencia se hace menos segura con respecto a lo que ocurre en la frontera de las galaxias. Algunos pasos más allá, o tal vez uno solo, nos encontramos con algo como la creencia en Dios. Hemos traspasado la frontera y nos encontramos en la parte invisible del espectro. Hemos llegado a las "sobrecreencias".

Para dar otra imagen: estiramos cada vez más el elástico de las creencias; se adelgaza más y más, las creencias se atenúan más; y finalmente el elástico se corta. Entonces llegamos a las "sobrecreencias", como la creencia en Dios. Pero si el elástico se ha cortado, ¿en qué sentido nos enfrentamos con creencias?

Estas imágenes se desvanecen en cuanto nos detenemos a pensar que el asunto de la religión no es el más distante sino el más cercano a nosotros.

Un ejemplo tomado de Wittgenstein, aunque fuera de contexto aquí, podría ayudarnos. Hacia el fin de su vida, aún preocupado con la vieja idea de la certeza en nuestras creencias corrientes, plantea la pregunta sobre la creencia en nuestro propio nombre: "¿Estoy seguro que mi nombre es L.W.?". (Lector, sustitúyalo por su propio nombre). Es una situación extraña para invocar la idea de creencia. Si estuviese aturdido por un golpe, o hubiese tomado una droga alucinógena, y alguien me preguntara: "¿Cree que su nombre es...?", la pregunta sería apropiada porque pide información sobre una cosa bien definida: se quiere saber si he recobrado el sentido y si estoy consciente de quién soy. Pero si se nos formula esa pregunta en el curso corriente de las cosas, lo encontraríamos raro y poco natural. Mi relación con mi nombre no es la de una creencia. No tiene la objetividad ni la distancia de mí que poseen los tipos de cosas en que normalmente digo creer. Yo vivo esta relación, vivo dentro de ella; la renuevo y recreo constantemente. Usted me pide que me aleje de esa relación para mirarla en forma diferente de lo que es.

Ahora imaginen a un hombre de fe, algún campesino de Tolstoi o Unamuno, que se ve bruscamente acosado por la pregunta: "¿Cree en Dios?". (O, para aclarar más este punto, podríamos plantear la pregunta en una forma aún más artificial: "¿Cree que la hipótesis religiosa es plausible?"). El campesino podría contemplarlo sin comprender. La pregunta le podría parecer tan rara como si le estuviesen preguntando si creía en su propio nombre. Su relación con la fe en la cual vive no es una relación epistemológica con una proposición. La pregunta que usted le está formulando pertenece al discurso de los filósofos, pero no a la actualidad de su propia vida. Usted le está pidiendo que se salga de su propia vida para mirarla desde una distancia que la destruiría; que vea algo que él vive como un hecho objetivo entre otros en una clase de creencias. Su relación con Dios no es en absoluto así: él vive y recrea y es recreado diariamente por esta relación. Así, cuando James habla, como a menudo lo hace, de "la hipótesis religiosa", está jugando con un lenguaje que no corresponde.

Lo que estoy tratando de resaltar aquí no es sólo nuestra inseguridad con respecto a la X de la fórmula "Yo creo X", sino también la inseguridad que tenemos frente a las dos primeras palabras, "Yo creo". El existencialista católico Gabriel Marcel ha señalado: "*Je ne sais pas ce que je crois*" (No sé lo que creo); quisiera llevar sus palabras un poco más allá y más literalmente que lo que él parece hacer. No sólo no sé lo que creo, sino que tampoco puedo estar seguro de saber lo que creo. ¿Cómo puedo definir en forma precisa cuál es mi actitud frente a algo que es inconcebible que capte? ¿Se podría sostener que estoy en la relación con el "creer", en algún sentido corriente de este término, en algo que reconozco, alegre y fácilmente, que me es absolutamente incomprensible?

Toda la tradición religiosa confirma la inseguridad de este "Yo creo". Y aparte de cualquier cuestión de la doctrina teológica, la percepción psicológica de esta tradición, con su larga experiencia en la capacidad humana de autoengañarse, debería convencernos. Se nos dice que ningún hombre puede asegurar que está en la fe; y nosotros no podemos afirmar con certeza que ningún hombre tenga o no tenga fe. Los Evangelios definitivamente afirmaron este punto en el grito del que duda: "Señor, yo creo, ayúdame en mi falta de fe". Para el racionalista de mente literal, esta declaración es una contradicción lógica: si el hombre cree, como él mismo lo dice, ¿cómo puede tener falta de fe? Pero el Evangelio resalta aquí, con exactitud canónica, la naturaleza esencialmente dialéctica de la fe. No sólo lleva dentro una falta de seguridad en el sentido opuesto, sino que esta fe tampoco es una condición estática que se *tiene*, sino que es un movimiento hacia... ¿Y hacia qué? De acuerdo a la naturaleza de este asunto, este "qué" es inexpresable. No podemos enunciar una afirmación clara respecto a nuestra fe como la simple afirmación de que tenemos ojos azules o que medimos seis pies de alto. Más aún, la afirmación de nuestra fe nunca puede hacerse usando la simple forma indicativa. La afirmación "Yo creo" sólo puede proferirse como una oración. Al comienzo fue la oración.

Pero al poner tanto énfasis en la *práctica*, al sobrepragmatizar el pragmatismo de James, ¿no se cae en ese maquiavelismo ritual del cual él acusó a Pascal? Alguien me pregunta: usted hace el gesto ritual, ¿pero cree en él? Aquí levanta su cabeza el demonio de la sinceridad. Toda la literatura francesa desde Montaigne hasta Proust sería un testimonio contra las exigencias de ese demonio. En ese sistema dentro de un sistema, en esa inseparable mezcla de lo que es mío y no es mío que yo llamo "yo", ¿cómo saber cuáles son los verdaderos motivos que hay detrás? Si uno se tortura con las exigencias de este demonio, lo devorará como un cáncer, y al final uno termina siendo... menos sincero. Los que insisten bulliciosamente en su sinceridad son siempre los menos sinceros. Entonces, ¿usted duda del gesto ritual que hizo? ¿Qué recurso le queda fuera de repetirlo? Yo me persigno. Usted me pregunta si creo en lo que he hecho. Sólo puedo persignarme de nuevo, y de nuevo... Establezco mi convicción en la única forma posible: multiplicando las ocasiones de la vida cuando la pongo en práctica.

A la larga, uno confía más en este gesto que en cualquiera de sus ideas[1].

En todo caso, el ritual le dará una disciplina, un régimen, para que su vida deje de parecer sin sentido. La vida tiene sentido para nosotros sólo en la medida que nos comprometamos con alguna forma como el *askesis*. El corredor no duda de la carrera, aunque vaya muy atrás, siempre que no deje de forzar cada nervio y músculo en el esfuerzo. Si por un momento se deja estar, es probable que vea todo el asunto tal como es: un despliegue absurdo e inútil, que no vale el esfuerzo. Años atrás, cuando asistía a estos eventos, en las carreras de distancia solía encontrar ridículos a esos pobres sujetos que a pesar de estar una cancha más atrás de los demás, continuaban corriendo a pesar de todo, torturándose para seguir agotados hasta llegar al fin para alcanzar la meta mucho tiempo después que la multitud había terminado de aplaudir al ganador. He cambiado de opinión: ahora los encuentro más admirables que al vencedor que coronamos. Consideren el extraordinario número de corredores que hay cada año en la Maratón de Boston. La lista de los que llegaron a la meta que aparece en los periódicos siempre está muy lejos de ser completa. Generalmente se detiene cuando se llega sólo al comienzo de aquellos que forman el grueso de los corredores. Pero mi imaginación va hacia aquellos que distan de correr con el grueso, hacia aquellos que se sitúan detrás de él. Y no me refiero a aquellos próximos al fin, sino a ese individuo aislado, solitario y único que corre en el último lugar. Piénsenlo: cada año entre los muchos cientos que empiezan la carrera tiene que haber uno que termina último. Mi imaginación

---

[1] Debemos recalcar, nuevamente, que aquí no hay ningún llamado sectario. El lector es libre de encontrar su propio gesto ritual.

y mi corazón están con él. Lo veo tambaleándose, jadeando, pero sin renunciar. Cuando llegue a la meta, estará oscuro —quizás hace mucho rato. La gente, las cámaras, los jueces se habrán ido a casa. Tal vez haya oscurecido demasiado como para que pueda distinguir la meta. No sabrá si la ha cruzado. Tal vez ya no esté la meta. Tenemos ya la situación de una historia de Kafka. Si ya no hay una meta, tampoco hubo una carrera. Los encargados de organizarla son invisibles e ilusorios. Tal vez en la oscuridad ha extraviado su curso. A pesar de eso, sigue corriendo. Simplemente "no es posible concebir" dejar de correr. Es la imagen de un hombre de fe.

En ese simple "no es posible concebir", dice Kafka, se encuentra el insensato poder de la fe.

Alguien podría objetar: "Pero esta figura religiosa que usted construye —este individuo poco seguro de cuáles son los objetos de su creencia, poco seguro de la creencia misma— evidentemente es un ser humano paupérrimo y desguarnecido al que usted de antemano le asignó el último lugar en la carrera". De acuerdo. Pero ese es precisamente el punto que existe en mí y en otros —ese punto que el lenguaje popular, en su sabiduría inconsciente, describe como "sin [tener] nada más que una oración"—, que yo busco como el punto de apoyo o punto decisivo. Podríamos señalar que la tarea religiosa de nuestro tiempo es lograr que la oración entre de nuevo en el mundo de Samuel Beckett (que es el lugar a donde finalmente nos conduce la modernidad).

En una temprana y rara aparición pública, antes de haber escrito la obra que lo hizo famoso, Samuel Beckett describió la situación de cierto tipo de artista, el artista que a él le interesaba: "Sin tener nada que expresar, nada con que poder expresarlo, junto con la necesidad de expresarlo".

Podríamos trasponer estas palabras a la situación de la fe en esta forma: "No teniendo a nadie a quien rezar, nada con que rezar, junto con una insaciable necesidad de rezar".

Y en el estilo de Beckett, podríamos imaginar el siguiente diálogo. Dos hombres, A y B. A le pregunta a B: "¿Usted cree?", y B responde con un bufido de indignación: "Deje de molestarme con estas preguntas sobre creencias. ¿No ve que estoy ocupado rezando?".

Y esta necesidad no es un desteñido asunto de refinada piedad, tiene la ferocidad del hambre. Aun cuando mi vida consista en el monótono jugar que acompaña al fin del partido, cuando el jaque mate ya es seguro, sabiendo que mi posición está perdida y mientras más imposible se hace con cada jugada, más reclama en mí esa voz. Estoy obligado a orar, nunca guardaré silencio. Jamás.

Dostoievski dijo: "Aunque Dios no existiera, Jesús siempre sería divino". Además de Jesús, uno podría agregar las otras grandes figuras religiosas. Si el materialismo fuese verdad, y si todas las esperanzas religiosas fueran absurdas, estas figuras humanas serían las únicas que le darían significado y resonancia a la larga y tortuosa historia de la humanidad. Aun cuando nadie las oyera fuera del vacío, nuestras oraciones serían lo único que santificaría nuestra existencia. El que ha logrado llegar a este punto, ha dejado hace tiempo de hacerse la pregunta sobre la credibilidad de las creencias que están al centro de la religión.

Habiendo reconocido la pobreza de nuestra condición, podríamos dejar de posar —especialmente no asumir la pose de valentía superior que simula el no creyente. El joven Camus, aún en su fase absurdista, declaró su resolución de "vivir con lo que sé, y sólo con lo que sé". Las palabras surgen noblemente de sus labios. Camus tenía la gracia, rara entre los modernos, de moverse con una sencilla nobleza como si hubiese surgido de alguna civilización mediterránea más antigua. Sin embargo, esta actitud tiene algo parecido a una posición estética. Camus vivirá con lucidez y confianza en sí mismo; no será embaucado ni por una ideología ni por una persona. Hay en él algo del noble romano que arremanga su toga. Pero si uno examina sus palabras, ellas no se sostienen. ¡Vivir sólo con lo que sabemos! Si uno ensayara hacer eso, se colapsaría al instante. En cada instante de cada día de nuestras vidas, estamos comprometidos en una continua y viva transacción con lo desconocido. Siendo así, ¿cuál sería nuestra estrategia? Es esta: multiplicar mis puntos de contacto con lo desconocido cada vez que esos contactos funcionen en ventaja mía; no negarme ninguno de los privilegios que sus ilimitados recursos me pueden ofrecer. Necesitamos toda la ayuda que podamos y no propongo dejar de usar nada de ella en aras de adoptar una pose estatuesca pero autocastrante que sólo servirá para alimentar la ilusión de poseer una valentía superior.

En resumen, tengamos de una vez por todas la audacia de admitir que somos cobardes. En este sentido, me agrada la declaración de fe que hizo el escritor judío Isaac Bashevis Singer: "Cada vez que estoy en problemas, rezo. Y como siempre estoy en problemas, rezo mucho. Aun cuando me ven comiendo y bebiendo, mientras lo hago, rezo".

Pese al gran espectro de cosas que abarca *Variedades*, es sorprendente que James no haya analizado el tema del judaísmo ortodoxo. Es aún más sorprendente cuando se trata de un pragmatista, ya que ésta es una de las religiones más exitosas que han existido en la humanidad. Los dioses de Grecia y Roma reinaron sobre sus pequeñísimas y testarudas naciones. Esos dioses, otrora bellas y brillantes presencias, se han desvanecido por

completo junto con las antigüedades muertas de la humanidad. El judaísmo sobrevive. Si el pragmatismo significa algo, es ciertamente un intento
de llamar nuestra atención sobre el elemento de práctica que constituye
nuestra experiencia en forma mucho más común de lo que nos damos
cuenta. Y he aquí una religión cuyo mayor énfasis es sobre una *práctica*
fiel, porfiada e inflexible. ¿Cómo sería el mundo sin esa perseverancia? A
veces les tomo el pelo a mis amigos judíos diciéndoles que si el judaísmo
ortodoxo desapareciera, todos los judíos del mundo se colapsarían. ¿Y el
resto de nosotros? ¿Podríamos siquiera comenzar a imaginar cuánto nos
remecería esto también a nosotros?

III.

Si analizamos con cuidado la famosa frase "La Voluntad de Creer",
descubriremos que tiene algunas implicaciones que confunden. Aparece demasiado como una cristiandad muscular tipo YMCA. James nos
exhorta para que hagamos un esfuerzo, que generalmente es un consejo admirable; pero en este caso, la sola fuerza de voluntad no nos basta
para alcanzar la meta del esfuerzo. Ya criticamos a Heidegger por no
dejar espacio para la voluntad, pero ahora tenemos que decir que James,
en cambio, le da demasiado lugar. Aparentemente, los dos puntos de
vista no pueden ser más opuestos, pero ambos están de acuerdo en lo
siguiente: ninguno toma en cuenta el territorio que existe entre ambos,
la autoentrega en el gesto ritual de la oración y de eso justamente hablamos. En Heidegger, la idea de *Gelassenheit* sigue siendo poética y
estética: no existe noción de nuestra autoentrega en el *hacer*. Por otro
lado, James no tiene ninguna idea de la autoentrega. Entregarse en un
gesto ritual no es una forma deliberada hacia un fin externo al hacer:
hacia el "creer", por ejemplo, como un estado mental especial que co-
ronaría con éxito nuestros esfuerzos. Al detener el gesto en un punto
cualquiera para preguntarnos si está promoviendo algo llamado "creencia", se produce la muerte al instante. Entregarse en el acto ritual es un
gesto de su humildad e ignorancia, de su indefensión y desesperanza,
de lo cual es incapaz el intelecto epistemológico. James a veces conjura
la imagen de esfuerzo y tensión muscular para sacar de uno mismo algo
que no está allí desde un comienzo. Uno piensa ridículamente en un
niño pujando y pujando para finalmente gemir: "Mami, no puedo *hacer*
nada". En esos momentos cuando estamos al fin de nuestras fuerzas, tal
vez no seamos capaces de recurrir a ninguna voluntad —mucho menos
en un asunto tan difícil e intangible como la creencia, con todos sus
desvíos autoanalíticos y autoacusatorios.

En resumen, la frase sugiere la siguiente poco elaborada imagen: estamos en un lado de un abismo que tenemos que cruzar, al otro lado está la creencia y todo lo positivo que se desprende de ella. A un lado, la creencia; al otro, nuestra voluntad, desnuda de toda creencia. Tenemos que poner tensos todos los músculos y saltar. ¿Pero de dónde sacará fuerza la voluntad para dar ese salto? ¿Una voluntad desnuda de creencias es capaz de tener la voluntad para lograr algo?

La dificultad se hace más evidente si sustituimos "fe" por "creencia" en la famosa frase de James. Así se transforma en "la voluntad para la fe". ¡La voluntad de fe! ¿Podemos pedirle en forma razonable a alguien que produzca fe como si estuviéramos frente a un objeto al que se puede ordenar a voluntad? Pascal tiene razón: sólo se le puede pedir a la gente en forma razonable que ejecute actos que están clara y abiertamente dentro del dominio público. En la visitación de la fe, somos más bien los recibidores de un regalo que ejecutantes de una acción.

James, por supuesto, sabía esto tan bien como cualquier otra persona. Gran parte de las *Variedades* se refiere a los tipos de experiencias religiosas en que el individuo es, por decirlo así, pasivo; aquellas ocasiones cuando la voluntad no es un agente que ordena, sino el recipiente que se inunda misteriosamente por energías y poderes que el sujeto no sabía que existían. James ha analizado todos estos distintos fenómenos de conversión tan copiosa y sensiblemente como cualquier otro autor. Sin embargo, esta parte de su pensamiento se opone a la idea dominante de *La Voluntad para Creer*. O, al menos, no ha juntado estas dos partes de su pensamiento. ¿Podemos ensayar ahora hacerlo por él?

Para empezar, no podemos separar la situación de la voluntad y la creencia como si fueran dos cosas aisladas: la voluntad por un lado y la creencia por otro. La voluntad en sí misma, desnuda de fe, no es voluntad. Por lo tanto, sería más correcto no hablar de "la voluntad para creer" sino de "la fe para la voluntad" ("*the faith to will*", como "la fe para desear"), porque una fe es lo que nos permite que "queramos" cualquier cosa (*a faith that enables us to will anything at all*). Repito que no es como si la fe se opusiera a los deseos para luego juntarse con ellos. La fe no es la afirmación de una proposición independiente de los deseos; es el acto del desear en su suplica.

IV.

En 1895, en una conferencia en Harvard para la Asociación de Jóvenes Cristianos, James presentó su ensayo "¿Vale la Pena Vivir la Vida?". El asunto se ilumina al imaginar la ocasión misma —el tiempo, lugar y público— para poder apreciar la fuerza de la pregunta. Muchas antologías de las obras de James no incluyen este ensayo, tal vez porque su tono parece demasiado "popular". Sin embargo, es una de sus actuaciones más elocuentes, y aborda un problema que no sólo es central para su propio pensamiento, sino también para la filosofía misma. Y su tono "popular", bastante típico en James, de hecho representa una ventaja teórica, pues él parece estar tan cerca de su público que comparte con ellos no sólo la pregunta que se está haciendo, sino también el tipo de respuesta que desean.

Wittgenstein observó que la intención de una pregunta se basa en las expectativas del tipo de respuesta que nos dejaría satisfechos. No tenemos información especial sobre ese público, pero es fácil imaginarlo dentro de la vestimenta y el clima de ese período. Ciertamente que la YMCA de Harvard en 1895 pertenece a un mundo muy diferente al actual. El público tal vez tendría las dudas típicas del siglo XIX, pero por mucho que compartieran el "libre pensamiento" de su época, probablemente persistían dentro de la seriedad moral de su cristianismo. Ni ellos ni James sabían nada de Kierkegaard y su devastadora pregunta: "¿Quién es entonces realmente cristiano?". Aún pensaban que vivían en una era cristiana, que era además un período de progreso sin precedentes que constituía sólo el preámbulo para un futuro aún más progresista, pero que seguiría preservando los beneficios de la religión, aunque en una forma más iluminada y pura. Mirando hacia atrás, los vemos más bien en medio de algo que se estaba acabando y que nos dejaría a nosotros, que hemos tenido más progreso que lo que ellos jamás imaginaron, avanzando por el sombrío corredor más secular y sombrío de nuestro tiempo.

Por lo tanto, el público que asistió a la conferencia de James tenía algún tipo de idea previa sobre cuál sería su respuesta a esta pregunta. No esperaban que el conferencista les diera razones para cambiar su opinión de un No a un Sí. Pero si asistieron para confirmar lo que ya creían, no por eso el esfuerzo del conferencista dejó de ser útil. Por mucho que tengamos una actitud afirmativa ante la vida, es útil tener un poco más de seguridad. Un cínico como Schopenhauer sostendría que esta necesidad es una prueba más que nuestra afirmación misma es hipócrita. Pero, de hecho, es parte de las condiciones que impone la lógica tan peculiar de esta pregunta.

James no frustró sus expectativas. Proclama una vibrante oda al valor de la vida como una lucha moral, y sobre la excitación y el estímulo que es el batallar por una buena causa, sobre la emoción que significan las victorias parciales, la valentía para aceptar la derrota con la confian-

za del creer que otros levantarán el estandarte caído. Y concluye, como
lo hace habitualmente, sugiriendo que todos nuestros esfuerzos tratando de alcanzar lo religioso, pueden en último término, encontrar ahí su
consumación.

Sin embargo, ahora supongamos que entre el público hay alguien
que realmente duda. No nos referimos a un alma preocupada que, junto con dudar de esta u otra proposición ética o religiosa, sigue
férreamente situada dentro de este marco. El personaje con dudas que
tenemos en mente está tan compenetrado de su duda que está siempre
al borde del suicidio, en el filo de la navaja entre la vida o la muerte.
Sería más exacto llamarlo nihilista, ya que la duda implica sólo una
actitud intelectual hacia ciertas proposiciones; y este nihilista, por el
contrario, vive dentro de su propia convicción negativa. En cualquier
momento podría apretar el gatillo; sabe que a la larga sería un asunto
indiferente para el mundo. Si no lo hace, sólo se debe a cierta lasitud
o inercia, o tal vez un resto de curiosidad para darle más vueltas al
asunto en su mente. Como lo que más busca es lucidez mental, sabe
que lo que realmente le permite seguir apegado a la vida es el mismo
instinto ciego que hace que la rata siga luchando una vez en la trampa,
y que también es este instinto lo que realmente mantiene viva al resto
de la raza humana por mucho que lo oculten. La diferencia entre él y
la rata es que él *sabe* lo que lo mantiene vivo y también sabe que se trata
de algo que no se puede justificar intelectualmente.

Enfrentados a una persona con este tipo de duda, ¿podríamos darle
razones convincentes para que siga viviendo? Tan pronto como se coloca en este contexto la pregunta original de si vale la pena vivir la vida
asume una fisonomía bien diferente. Nos hemos ido más allá del marco
del discurso donde se espera que prevalezcan los argumentos racionales.

En este punto, es probable que el filósofo naturalista, un tipo muy
diferente de no creyente, se impaciente; y lo podemos imaginar interrum-
piendo: "¿Qué es toda esta tontería de que no se puede expresar el
significado de la vida? Suponga que goza de buena salud y que sus
relaciones personales son felices y plenas. ¿No hacen estas cosas que la
vida tenga significado y valga la pena vivirla? ¿Qué mejores razones
podría tener?".

Fue el temperamento naturalista que predominó entre los pragmáticos americanos que siguieron a James. Y si esos nuevos pragmáticos
todavía honran su nombre, es como se respeta a un abuelo viejo e ideá-
tico al que se le puede permitir su brillo, pero al que, al mismo tiempo,
hay que perdonarle ciertas excentricidades en algunas materias. El na-

turalista nunca ha tenido dudas sobre el tema de la religión; la ha rechazado como una ilusión que su energética y feliz personalidad no ha necesitado. En cuanto a una razón para vivir, un utilitarismo racional basta para presentarla como un exitoso equilibrio del placer sobre el dolor. La postura tanto del naturalista como del nihilista es clara; pero cuando tratamos de situar a James con relación a ambas, vemos cuán ricamente ambigua es realmente su posición.

El argumento que parece tan convincente para el naturalista no funciona para el nihilista. El ha pasado por todo, ha superado esas razones. De hecho, la humanidad misma, que ha pasado por todo, también las ha superado. Las grandes religiones —budismo, judaísmo, cristianismo— sólo registran la experiencia de la raza al encontrar que la condición humana es insatisfactoria y vacía. El nihilista acepta su veredicto, pero no da, o no puede dar, el paso hacia la fe o hacia la disciplina religiosa.

El naturalista puede sostener impacientemente que el nihilista está enfermo; y que si afirmara, podría mejorar y llegar a encontrar que, después de todo, la vida, con toda su variedad de intereses, vale la pena vivirla. El nihilista sólo puede sonreír; si quieren llamar enfermedad a lo que lo hace sufrir, significa que se está jugando al juego de las etiquetas y lo que llamamos enfermedad no es más que el hecho de que el nihilista no está de acuerdo con nosotros en que vale la pena vivir la vida. Con el mismo criterio podríamos rotular la actitud del naturalista como la enfermedad de la insensibilidad, o de la falta de imaginación, o del autoengaño con respecto a la calidad de sus propios logros y placeres. Y en cuanto a la presunta "mejoría" de la "enfermedad" del nihilista, esto querría decir que habría cambiado de parecer y llegado a estar de acuerdo con la idea que la vida vale la pena vivirla.

Es extraño que el propio James, que en otras partes nos advierte abundantemente contra ello, hubiese caído aquí en el juego de las etiquetas —más raro aún es que lo haya hecho al discutir la gran figura de Tolstoi. Por supuesto, la opinión corriente quisiera protegerse de la pregunta nihilista transformándola sólo en un síntoma de debilidad o patología. Se supone que planteamos la cuestión porque estamos frustrados o en medio de una desintegración personal, o debido a la desilusion por no haber triunfado. Es un hecho, sin embargo, que se requiere fuerza, valentía y claridad mental para plantear la pregunta nihilista hasta sus últimas consecuencias; y Tolstoi es el gran ejemplo de esta actitud. Estando en pleno vigor de su salud, con todos los poderes de su mente y con su incomparable talento como escritor, y además siendo rico y famoso, se sintió invadido por un sentimiento de que la

vida era vacía y sin sentido, y con su característica pasión, se enfrentó a
la pregunta nihilista. ¿Cómo reaccionó a esto James? Nos dice que
Tolstoi es un caso de "la anhedonía" de la edad media de la vida. Lo
que es exactamente igual que decir que el opio hace dormir porque
tiene "un poder dormitivo"; este es el tipo de conversión de una etiqueta a una explicación de la que James se mofa en otro contexto. ¿Por qué
cayó en la falacia del psicólogo que trata de colocar una etiqueta patológica a lo que es el inevitable y más normal de los autocuestionamientos
que la mente humana se puede hacer? El hecho es que James no capta
la posición nihilista tal como es; la ve sólo bajo la parafernalia del "alma
enferma". Esta es la falla que compromete todo su tratamiento de la
religión. Hay un parentesco entre el hombre religioso y el nihilista, que
los separa del naturalista. Después de todo, si el nihilista no capta la
verdad sobre la vida, ¿qué necesidad habría de religión? James vacila a
ratos, pero en general trata a la vida natural como si fuera suficiente y
a la religión como si fuera un agregado benéfico, cuyo *derecho* para
existir, pero sólo eso, James defiende en forma apasionada.

No hay salida de ese círculo donde el diálogo entre el nihilista y sus
opositores pareciera tener lugar, pero que en realidad no sucede. Y el
círculo se debe a la lógica de la pregunta misma. Cada pregunta resulta
en una línea que cruza al mundo dividiéndolo entre las respuestas Sí y
No. Con la mayoría de las preguntas, uno puede moverse intelectualmente de lado a lado de la línea, reuniendo razones para el Sí o el No,
tratando de lograr un equilibrio que permita reposar en uno u otro
lado. Pero la pregunta "¿Vale la pena vivir la vida?" —al menos cuando
se formula con seriedad— es diferente. Se contesta de un lado u otro de
la línea y sólo se encuentran razones para quienes comparten nuestro
lado. Es inútil insistir en sumar las cosas buenas de la vida para convencer a los del otro lado, mientras ellos piensan que el total de la suma no
tiene sentido. Aquí encontramos otra aplicación del principio de Kant
que dice que la parte presupone la existencia del todo: sería como
tratar de describir el tiempo como una serie de momentos cuando la
idea de momento ya presupone la idea de tiempo. Para el nihilista, el
intento de establecer el valor de la vida sumando sus agregados valiosos
es como contar el valor de las acciones de una empresa que ya está en
bancarrota. Si alguien cruza la línea que separa los No de los Sí, lo hará
por otras "razones" que los argumentos racionales que puede aducir un
naturalista.

El diálogo entre los dos lados fracasa porque el motivo para vivir
—el motivo detrás de todos los motivos— se halla en el ámbito de lo
incomunicable. Allí, en el centro de la voluntad —donde se toma la

decisión de vivir o no vivir—, estamos bajo el nivel de las razones articuladas y de la persuasión racional.

Wittgenstein llamó "lo místico" a la zona donde el lenguaje falla y el silencio se adueña. Pero el fenómeno místico que ahora encontramos no está en los límites del mundo —no en el envolvente misterio de que exista un universo—, sino en el centro de nosotros mismos. ¿Se trata de dos cosas sin relación?

Así volvemos al asunto del misterio y el misticismo, que parece entremezclarse como una hebra inevitable dentro de la tela de nuestras investigaciones.

V.
EL MISTICISMO

Sorprende enterarse que James no congeniaba con el misticismo ni con las experiencias místicas. Con su talento, sensibilidad psicológica, capacidad para proyectarse en los sentimientos internos de los demás, se esperaría que gozara con el tema místico. Pero las razones que dio para esta actitud, francas y sin ambigüedades, nos muestran claramente el límite de sus propias capacidades religiosas:

No sé si mi análisis de los estados místicos va a arrojar más luz u oscuridad, porque mi constitución me impide gozar de ellos, sólo puedo opinar de segunda mano.

Cabe señalar que no hace esta afirmación en su discusión sobre el alma enferma o sobre el ser dividido, porque de estas dos tenía experiencias de primera mano. Es más, podía abordar estas materias con la pericia profesional de un psicólogo. Estudió brevemente en las primeras clínicas psiquiátricas del Continente (donde también estudió Freud) y James nunca dejó de sentir un vivo interés en particular por esta rama de la psicología. Pero con el misticismo no tiene el sentido de algo personal, tampoco de una experiencia profesional y no encuentra la manilla con la cual asirlo. Parece que si hubiese sido posible, le habría gustado anexarlo al campo de la psicología anormal.

Pero aunque se mantiene fuera del misticismo, no dogmatiza en su contra. El místico tiene derecho a ser oído, aunque no es obligatorio creerle. James resume su postura en dos proposiciones admirables:

1. Los estados místicos, o las revelaciones que ellos producen, no tienen autoridad sobre los que se mantienen fuera de ellos.

2. Por otro lado, el racionalismo no puede descartar con ligereza la existencia de estos estados que rompen el dogmatismo de la conciencia racionalista que sólo acepta su propia y exclusiva validez como la única forma legítima de conciencia.

Nuevamente James nos deja con esa situación intelectualmente abierta favorecida por él en cuanto a los asuntos del libre albedrío y de Dios. No teniendo pruebas decisivas en favor o en contra, tenemos la libertad para creer si nos parece. El místico podría cuestionarlo, ya que James está tan amarrado en este asunto de "creencias", que no nos ofrece ninguna creencia definitiva, como en el libre albedrío, sino que simplemente nos apremia para desarrollar un sentimiento de unión con todo lo que es. Pero aunque estuviésemos de acuerdo con él en que la lógica general de su credibilidad es la misma, existe una gran diferencia en la importancia que él le da al misticismo en comparación con los asuntos del libre albedrío y de Dios. Para él, estos dos últimos son los centrales existencialmente; necesitamos invocarlos cuando luchamos en los campos de batalla morales de la vida. Pero en lo que respecta al misticismo, lo deja como un asunto bastante periférico.

Pero, en la práctica, parecería poco sabio darle un lugar tan marginal al misticismo. James había argumentado que si en la cuestión del libre albedrío uno se mantiene en un estado indefinido de suspensión lógica, de hecho se toma una decisión en su contra porque uno pierde los recursos de acción que trae consigo una creencia positiva. Se podría usar un argumento análogo en favor de la actitud mística. Esta actitud, por supuesto, no se cuestiona en las acciones particulares y urgentes, como el ejemplo de James del salto de un lado a otro de un precipicio —donde la creencia en nuestra libertad estimula las fuerzas para dar el gran salto. Pero si consideramos nuestra vida a más largo plazo, y especialmente nuestra vida en sus momentos más banales y monótonos, el misticismo puede abrir canales de percepción y energía que en otra forma no estarían disponibles. El suspender nuestro juicio aquí es de hecho contestar No y con ello negarse otro posible recurso en este penoso peregrinaje desde una tiniebla a otra que constituye nuestra vida.

La forma como James trata lo místico se origina realmente en un malentendido —un malentendido, sin embargo, que no es exclusivo de él, sino uno que ha prevalecido a lo largo de toda nuestra cultura. Pensamos en el místico como si se tratara de alguien que ha ganado acceso a una esfera especial de la realidad y que de allí nos trae boletines informativos. Los mortales corrientes no tenemos acceso a ese mundo especial, pero debido a nuestra tolerancia democrática no podemos rechazar así como así los boletines del místico: él podría estar diciendo la verdad. De todos modos, como esos boletines provienen de un mundo tan diferente, no afectan a nuestra vida aquí y podemos seguir atendiendo a nuestras preocupaciones como si el místico y el misticismo nunca hubieran existido. Pero por supuesto, hablando existencialmente, esto representa un rechazo al misticismo tan completo como el de los más dogmáticos racionalistas o positivistas.

No cabe duda que gran parte de la culpa en este malentendido proviene de los propios místicos. Ellos nos hablan desde fuera de su tiempo y lugar y desde una gran variedad de credos: han existido místicos hindúes, budistas, taoístas, judíos, cristianos y musulmanes; y como deben atenerse a los modos de expresión que les son accesibles, usan la estructura teológica o religiosa particular a su disposición. Sin embargo, siempre existe la insistencia respecto a la naturaleza provisoria y hechiza de este aparato —por lo que el místico, aun el más piadoso, despierta las sospechas de las autoridades eclesiásticas. Algunos místicos además tienen visiones en forma de imágenes extraordinarias o de fantasías proféticas que no se dan entre la gente normal. Pero hay que separar muy tajantemente este don visionario del significado del misticismo que puede estar completamente separado de estas visiones auxiliares. De hecho, aquí cabe recordar el frecuente énfasis que hace la disciplina mística sobre "el desapego de las imágenes". Y a través de la historia han existido varias sectas "místicas" que han perseguido estos estados especiales de conciencia a través de drogas, alucinógenos o algunas técnicas especiales para inducir estados de trance. Contra esta manía de alcanzar las diferentes distorsiones de la conciencia, debemos recordar las majestuosas palabras de un gran místico, el sabio Hui-neng, que llegó a ser el gran patriarca del budismo Zen: "El *Tao* [la verdad] es su propia mente corriente". La cosa más corriente de la experiencia —un grano de arena o una brizna de pasto— es suficiente para el místico.

Toda esta abigarrada historia externa se ha filtrado hacia nuestra confusión actual en este asunto. ¿Cuál es entonces el frecuente malentendido frente al misticismo? La palabra "misticismo" es una de las más vagas y más abusadas del lenguaje. Lo místico es cualquier cosa misteriosa u oculta; los fenómenos paranormales y la percepción extrasensorial; los mediums y las sesiones espiritistas; los fantasmas y la supervivencia de la conciencia después de la muerte; los trances y las percepciones demoníacas —en resumen, una especie de bolsa donde se depositan toda clase de temas de especulación y de superstición que yacen fuera de las fronteras de lo normal y que últimamente se han popularizado en el cine. Sería injusto achacarle a James esta vasta y vibrante confusión, pero también es cierto que James no separó suficientemente el significado del misticismo de esta amalgama popular. De hecho, la tendencia de su temperamento hacia lo empírico lo llevó en esa dirección popular. Si algún fenómeno le interesaba, era como un camino posible hacia una *nueva* información sobre la realidad. Siempre el empiricista, ávido de nuevos hechos, se interesaba apasionadamente en la investigación de los fenómenos psicológicos ocultos y James fue un activo promotor de la Sociedad de Investigaciones Psíquicas, luchando contra cualquier dogmatismo que en forma anticipada cerrara el acceso a estos temas. Pero es precisamente esta mentalidad del investigador la que puede no llegar a comprender para nada el misticismo. *El místico no es de ninguna manera un proveedor de nueva información.* ¿Por qué él podría querer multiplicar los items de lo Mucho para gente que ha perdido la visión del Uno? Él no aporta ninguna creencia nueva sobre cosas ocultas especiales. Es un mero testigo del Ser, y su misterio, dentro del cual aspira a estar siempre.

Pero, para el mundo en general, esto no podría ser menos interesante. Podemos interesarnos en todo tipo de fenómenos espeluznantes porque despiertan nuestra curiosidad sobre los hechos. Heidegger observó que los hombre se pierden en los seres y le vuelven la espalda al Ser. Escudriñamos cualquier agujero y rincón de los misterios para los cuales el investigador psíquico diseña sus aparatos de análisis, pero no prestamos atención al misterio evidente y apremiante que envuelve a cada hijo e hija de la humanidad. Pero ese es el misterio que atrae al místico y cuando nosotros nos hacemos conscientes de él, dejamos de considerar satisfactorias las conclusiones de James. El mensaje del místico es un llamado que nos une para que nos abramos a ese misterio.

De hecho, la tarea más importante para nuestra cultura podría ser redescubrir el sentido de lo místico. Desde hace algún tiempo se nos ha dicho que el hombre se ha separado de la naturaleza; y a veces se expresa en términos más impresionantes, se nos dice que sufrimos de la pérdida de la "conciencia cósmica". Aunque estas descripciones han pasado a ser banales, siguen siendo verdaderas. Pero la forma de salir, o de volver atrás, podría exigirnos un insospechado tipo de disciplina y paciencia. Es poco probable que el sentarse a divagar sobre grandes abstracciones, como la "conciencia cósmica", sea la forma de remediar la situación. Es más útil dirigir nuestra atención a las cosas más a mano. El establecer el tipo de relación simple y no autoconsciente con nuestro perro o gato, ya constituye una afirmación de unión con la gran vida inconsciente de la naturaleza. Ya ha dado un paso más allá de la prisión de un estrecho y excesivo humanismo. Al vivir encerrado en un departamento de la ciudad, se puede empezar a experimentar una curiosa sensación de parentesco con la planta que regamos todos los días. Después de todo, tanto ella como yo somos compañeros en el mismo peregrinaje: compartimos juntos nuestras vidas en esta tierra. Piense en esa unión y deje que su pensamiento comience allí.

El lazo que nos une a la vida fuera de nosotros es el mismo que nos sujeta a nuestra propia vida. Es sólo centrándose en este punto que se puede contestar la pregunta de James: "¿Vale la pena vivir la vida?". En última instancia nos aferramos a la vida gracias a un instinto; si sólo dependiéramos de la corrosiva razón, no podríamos vivir un día. Si apareciera una enfermedad universal que afectara al hipotálamo y a los sistemas límbicos, que regulan las emociones, podría producirse un suicidio masivo de la humanidad —para nada servirían las elucubradas y abstractas razones para vivir que nos da la filosofía. Otorguémosle al materialismo biológico una clara posesión de la mitad de la verdad. Mientras estos sistemas cerebrales funcionan en forma normal, prodiguemos nuestros amores en forma sabia. El místico reclama y redime para nosotros esta fuente instintiva de vida. Vivimos a partir del mismo instinto que hace que la rata siga luchando en la trampa. ¿Pero quién puede decir que la lucha de la rata no es sagrada? El misticismo es el instinto elevado al nivel de la fe y del amor. Lo místico representa el punto en la evolución donde la conciencia, una peligrosa consecuencia del proceso total, se reúne para afirmar el gran flujo de vida que la produjo.

Entonces, por razones enteramente prácticas, lo místico aparece como uno de los fenómenos religiosos más valiosos; y este es un hecho que nos lleva a sorprendernos aún más de que James, el pragmático, no haya estado más cerca de su espíritu.

VI.

¿Por qué el temperamento de James, como confiesa él mismo, se cerró frente a cualquier tipo de misticismo? Es tentador decir que con ello perdió lo que es el centro mismo de la religión. En una ocasión afirmó en forma bastante rotunda: "El estado de fe y el estado místico son términos prácticamente interconvertibles". Si esto fuera así —si la aceptación de la vida en la fe y la aceptación del misticismo fueran lo mismo—, es evidente que James se coloca fuera de toda esa vida religiosa que él describe en forma tan copiosa como sensible. Retomando nuestra imagen previa: habla del edificio desde afuera.

Sin embargo, si se considera con más profundidad el personaje, no es sorprendente que lo místico le sea ajeno. James es ante todo un moralista tenaz. El significado de su vida descansa en su lucha moral. Todo su trasfondo —la herencia de Nueva Inglaterra y el apremio activista de la vida americana de ese tiempo— conspira para reforzar este énfasis en el hacer más que en el Ser. A decir verdad, como filósofo, James no tiene una gran percepción del Ser.

Por supuesto, hay un punto donde nos recomienda la necesidad de tomar lo que él llama "vacaciones morales". En estas ocasiones nos insta a dejar de lado las preocupaciones del mundo para poder abandonarnos a la voluptuosidad de Ser. Nos pide que nos sumerjamos en el goce de la naturaleza o en la masa de la humanidad al estilo de Walt Whitman. Necesitamos esos intervalos para respirar fuera de la tensión producida por la voluntad con su constante seriedad y lucha.

Sin embargo, aun en la forma como se expresa, este reconocimiento de la ascendencia del Ser sobre el hacer es demasiado restringido. Nos pide que tomemos "vacaciones" —es decir, un período de alejamiento de lo que realmente es el asunto apremiante y serio de nuestra vida— para luego volver con nuevas energías para continuar la verdadera tarea que le da sentido a nuestra vida. El Ser es, en el mejor de los casos, un interludio ocasional en el quehacer que constituye el verdadero drama de nuestra vida.

El propio James era una persona demasiado impulsiva y autoforzada como para tomarse estos descansos. Hasta el final de su vida le obsesionó el problema de "las energías de los hombres" —el problema enteramente americano de cómo aprovechar el máximo de uno mismo. Su justificación simple y final de la religión es el principio pragmático: "Por sus frutos los conoceréis", pero lo más probable es que los frutos que James aprecia son los del actuar y del hacer. Para su temperamento, el misticismo podría ser algo remoto, pero esto no le impedía admirar a los místicos que, en sus vidas prácticas, eran prodigios de energía. El pragmatismo siempre enfatiza el tiempo futuro, una actitud sana en los asuntos humanos en general, pero, en el caso de la religión, James exagera este énfasis. Nos hace ver que la verdad o falsedad del asunto de la "hipótesis religiosa" no afecta para nada a los hechos que constituyen el pasado del mundo (nótese nuevamente la palabra "hipótesis", como si aquí se tratara del juego de lenguaje de las teorías explicativas). Tiene sin embargo influencia en los hechos futuros, ya que es lo que sostiene y empuja a actuar a nuestra voluntad lo que lleva al comportamiento que cambia nuestro mundo. Pero el sostener que la fe religiosa es algo que sólo entrega beneficios en el futuro es ciertamente un juicio cruel hacia todas las generaciones muertas, cuyo futuro, en este mundo por lo menos, se ha cerrado, pero cuya religión seguramente estableció una diferencia en algún momento de su vida real. El origen de esta confusión es el hecho de transformar la religión en una hipótesis explicativa. La verificación de una hipótesis siempre mira hacia el futuro, pero la religión debe otorgar algún tipo de redención en el presente y no la sensación de un futuro interminablemente progresivo, hacia adelante y hacia arriba, sino más bien la sensación de eternidad en el momento.

Si entre los filósofos modernos la lectura de Heidegger nos da nostalgia por la voz compensadora de James, es también verdad que este último nos hace retornar al pensamiento de Heidegger. Tal vez esto es como debe ser: la verdad de la vida humana siempre debe descansar en la tensión entre el Ser y el hacer. Nunca podremos resolver este asunto favoreciendo exclusivamente a uno de los lados. Todo nuestro quehacer debe tener lugar dentro del contexto de Ser, con su misterio presente y vivo para nosotros. De otro modo, estaríamos simplemente escabulléndonos sin rumbo fijo en el laberinto de nuestras propias construcciones. Por otro lado, el buscar disolverse en el Ser representa un escape de las tareas de la vida corriente que sólo pueden llevar a una reposada y aburrida repetición de lo mismo. El hombre es la criatura que debe vivir en perpetua tensión entre estas dos oposiciones. El *es* su tensión y copresencia.

Parte IV

¿La Forma del Futuro?

Quince

La Forma del Futuro:
La Versión Americana

El mejor argumento en favor de la libertad es el horror del mundo sin ella. Nuestro siglo ha avanzado en el viejo debate sobre el libre albedrío poniendo en práctica el determinismo. Antes los deterministas argumentaban a favor de una realidad metafísica que permanecía invisible detrás de la escena; en nuestro siglo esta realidad no sólo entró en escena, sino que además llegó a dominar la acción intentando modelar la sociedad a su imagen. Y no podría ser de otra manera, porque, en último término, es imposible separar en la libertad los aspectos metafísicos de los políticos. En este respecto, la libertad también es indivisible: si se cree en el determinismo, se tiene que desear una sociedad que someta a sus ciudadanos a un máximo de condiciones planificadas. La Unión Soviética ha estado haciendo esto durante los últimos cincuenta años; y ahora, China, aunque comenzó más tarde, ha avanzado con mayor rapidez en la construcción de un hormiguero humano. Los resultados ya son lo suficientemente visibles como para formarse un juicio respecto a la filosofía que los patrocinó.

Nosotros tenemos la suerte de que la versión americana de la sociedad determinista aún está en el futuro, y especialmente en la imaginación de nuestros cientistas conductuales, cuyo representante más popular y agresivo es el profesor B.F. Skinner de Harvard. Algunos de mis amigos me dicen que le doy demasiada importancia a Skinner, que sus opiniones son extremistas y no compartidas por otros científicos conductuales. Tal vez. Pero su popularidad general y sus ventas no deben pasar inadvertidas; su *Walden II* es lectura obligatoria en nuestras escuelas secundarias; y él es una persona particularmente persuasiva para la gente de mentalidad simple y poco educada, cuyo número aumenta constantemente en nuestra sociedad. Aún más importante: estaré más tranquilo en cuanto a los cientistas conductuales en general, cuando produzcan alguna doctrina positiva sobre la libertad. Hasta ese momento, seguiré creyendo que el profesor Skinner puede ser más ingenuo que algunos de sus colegas, pero ha sido más claro y franco en formular la filosofía subyacente a sus esfuerzos teóricos.

Por supuesto, hay una gran diferencia de colorido entre la utopía imaginaria del profesor Skinner, tal como aparece en *Walden II*, y la lúgubre realidad comunista. Su comunidad ideal es tan suave y agradable que el narrador a veces la compara con un "gran hotel de verano". De hecho, esta utopía, por su inocencia con respecto a los seres humanos, por su buena voluntad suave y gregaria y por su amigable amor por los artefactos, contiene una combinación casi invencible para ganarse a un gran sector del público americano. (Uno siente que el profesor Skinner podría haber tenido una gran carrera como publicista o relacionador público). Nuestro país se fundó en gran medida sobre la base de varias ideas utópicas y entusiasmos que aún subyacen profundamente en la psiquis nacional. La comunidad de *Walden II* es lo suficientemente pastoral e idílica como para satisfacer algunas de las nostalgias que llevaron a Brook Farm*. Tiene las características de descentralización y desindustrialización que nos resultan agradables a los que nos aterramos con lo estridente del ambiente urbano moderno. Pero, para ser justos con el profesor Skinner, la diferencia entre su comunidad y los regímenes comunistas no es sólo de coloración, sino también de principios. En una parte, él se distancia expresamente del experimento soviético abjurando del poder e insistiendo en la ventaja de la persuasión (del condicionamiento reforzado, como dice él) sobre la coerción. Cree que, con el burro, funciona mejor la zanahoria que el palo. Es más, basta con la zanahoria: cuando se generalice el condicionamiento positivo, todo se hará dulce y liviano. ¿Y qué puede ser más atractivo para la fibra americana que esta fe optimista en que la naturaleza humana no impondrá ningún obstáculo recalcitrante si usamos el *knowhow* adecuado?

Sin embargo, cabe hacer la comparación con los regímenes comunistas porque la sociedad de Skinner es *totalitaria*. El individuo debe ser modelado desde la cuna a la tumba. Y no sólo es totalitaria de hecho sino también por principio, pues si el condicionamiento fuera incompleto o tuviera fallas en cualquier punto, se derrumbaría toda la estructura. Cualquier eslabón en la secuencia de causalidad que se descuide

---

* La Granja Brook fue una de varias comunidades utópicas que aparecieron en ambos hemisferios durante el siglo pasado. Su inspirador fue fundamentalmente François-Marie Fourier. Está de más decir que todas sucumbieron frente al egoísmo de los seres humanos (N. de los T.).

podría determinar la ruptura de toda la cadena. En el mundo que construye el determinista no pueden haber cabos sueltos. Causas mínimas pueden determinar efectos máximos.

Así, el profesor Skinner aparece frente al público en general como un ideólogo político y social, y debe ser analizado partiendo desde esa base. Es un papel donde él aplica sus considerables dotes de propagandista. Una de sus estrategias —que para muchos lectores es una de las más efectivas— es atraer simpatías presentándose como un perdedor. Nos dice que ataca al Establecimiento; y en la actualidad cualquier crítica contra el Establecimiento despierta nuestra anticipada simpatía. Pero, la verdad es que Skinner pertenece a un Establecimiento propio. Los cientistas conductuales no constituyen una parte insignificante de nuestra sociedad y ejercen un extraordinario poder a través de su influencia en ciertas áreas claves de nuestra cultura —por ejemplo, en asuntos educacionales como exámenes, prácticas y currícula. Los opositores, si alguna vez alcanzan el estado de beligerancia que se requiere para autodenominarse así, son un puñado de humanistas dentro de la comunidad académica, los que parecen mendigos en términos de becas y financiamiento al compararlos con los conductistas. No obstante su tono lastimero, Skinner ha logrado que la idea de la dignidad y libertad individual, que constituye el objetivo central de su ataque, haya dejado de ser el ideal dominante que fue en el pasado. Desde hace algún tiempo, dentro de la opinión pública, esta idea se va batiendo en retirada.

Pero, en este caso, el propagandista también es sustancialmente un ideólogo social porque se nos presenta con un programa. Y no se trata de cualquier programa recomendando cambiar esta u otra característica en particular dentro de nuestra sociedad o ambiente social. El pensamiento de Skinner, si no totalitario, es siempre total; y su programa es total, propone que nos sometamos completamente a la "tecnología de la conducta" para así cambiar absolutamente las bases de nosotros mismos y de nuestra sociedad.

Antes de examinar en detalle esta proposición, cabe señalar que desde el comienzo mismo hay aquí una curiosa ambigüedad. Después de desechar la pasividad del fatalismo, el determinista se nos presenta como un activista que tiene un programa social. Pero ocurre que un programa, en cualquier sentido que se emplee el término, es algo que, después de una adecuada discusión, requiere el acto de escoger. Este es uno de los dilemas del determinismo que nunca exploró William James, tal vez porque en su tiempo no se había presentado el determinismo como política social. Una vez que el burro se amarra a las varas del carro no hay que manejarlo a fuerza de patadas y golpes, basta con tentarlo con una perpetua zanahoria. ¿Pero qué se hace para poner al burro entre las varas del carro? Aunque tratemos de seducirlo con otra zanahoria (y Skinner parece creer que esa zanahoria no tiene cabida en el idílico cuadro de *Walden II*), el burro humano puede rehusar someterse a esta seducción. Después de todo, nunca se puede eliminar el factor de elegir. Si no se acepta el ejercicio del poder y de la coerción, los que entran a la utopía conductista deben hacerlo por su propia voluntad, es decir, usando su libre albedrío.

I.

Estamos en completo acuerdo con el punto de partida del profesor Skinner, con su insatisfacción con el estado actual del mundo. También estamos de acuerdo con él cuando encuentra que el origen de gran parte de esa insatisfacción yace en la tecnología. Los grandes logros en las ciencias físicas, y las técnicas derivadas de estos logros, no han resuelto los problemas sociales, sino que, en forma bien preocupante, han exacerbado antiguos problemas e introducido otros nuevos. No es necesario repetir sus ilustraciones en particular; ya las tratamos en un capítulo anterior. Entonces, ¿qué se debe hacer? Algunos podrían pensar que debemos dar un paso atrás y reflexionar sobre la naturaleza fundamental de la técnica, su posible completidad (*completeness*) y suficiencia, y si no es posible que hayamos, desde la partida, puesto demasiadas esperanzas en ella. Pero a Skinner no le gustan las respuestas cualificadas; su pensamiento es siempre lineal y simple. Si la tecnología ha ocasionado problemas con ello, se debe al uso que nosotros le hemos dado; y para curar esto sólo necesitamos más tecnología, pero esta vez aplicada a los usuarios. Hasta ahora hemos aplicado nuestras habilidades técnicas a la naturaleza física; ha llegado el momento de agregar a esas habilidades la nueva "tecnología de la conducta". La solución no es sólo un pelo del perro que lo mordió, sino también comerse a todo el perro.

Sin embargo, antes de emplear esta tecnología humana, debemos deshacernos de la anticuada noción del "individuo libre y autónomo" con que nos agobia la tradición. De allí la larga diatriba de Skinner contra este ideal en *Beyond Freedom and Dignity*. Etimológicamente, "autónomo" significa un individuo que es una "ley para sí mismo" —y en este sentido, por supuesto, el término es aplastante. Nos imaginamos a un estoico increíblemente musculoso, una ley para sí mismo, flotando en un vacío libre de todo condicionamiento. Pero esto sería una caricatura absurda de lo que intenta expresar realmente el término. El individuo autónomo es simplemente la persona responsable —una que es capaz, por lo menos en ciertas áreas significativas— de dirigir y gobernar su propia conducta. Nadie, por responsable que sea, está completamente libre de la fuerza de las condiciones y circunstancias. La idea del individuo autónomo es un ideal que sólo se realiza en forma incompleta en la práctica; sin embargo, provee una norma o estándar, como ciertas concepciones ideales en las ciencias, sin el cual no podríamos funcionar en la práctica. En nuestras propias formas de funcionar sin ton ni son, sin las bendiciones del conductismo, la mayoría de nosotros trata de criar a sus hijos intentando convertirlos en personas autónomas. Al fin y al cabo, tendrán que depender de ellos mismos y tomar sus propias decisiones. Uno se pregunta: ¿y cuál puede ser el objetivo de Skinner al someter a sus sujetos humanos a todo este condicionamiento si no es transformarlos en personas responsables? Si tuvieran que volver en cada vuelta de la vida al regazo del psicólogo, el condicionamiento habría sido muy inadecuado.

No hay nada en la vida de un individuo libre y responsable que implique una falta de condicionamiento, aunque los conductistas opinan que es así. Todos somos criaturas de hábitos, y éstos son depósitos que ha dejado en nosotros el condicionamiento, incluyendo nuestro propio autocondicionamiento. El papel preponderante del hábito en el comportamiento humano no es una percepción nueva. En el siglo XVII, Pascal reconoció como principio antiguo y aceptado que el hábito constituía una segunda naturaleza. Y William James, en su celebrado capítulo sobre el tema, aprueba la frase del duque de Wellington: "¡El hábito una segunda naturaleza! ¡Es diez veces la naturaleza!". Pero hay una gran diferencia entre los humanos y los animales sometidos pasivamente a métodos de condicionamiento en los laboratorios conductistas: nosotros podemos diseñar y planear las circunstancias para nuestro propio condicionamiento. Podemos otorgarnos nuestras propias zanahorias y palos, mientras que el burro tiene que aceptar lo que le ofrece el amo. Por muy importantes que sean los hábitos en nuestro comportamiento, es posible romper los hábitos viejos reemplazándolos por nuevos y lográndolo *por iniciativa propia*.

En realidad es bastante sorprendente, cuando uno averigua en su entorno, descubrir que hay mucha gente que ha logrado abandonar hábitos como fumar o beber, o que ha podido introducir un cambio radical en su dieta. Es posible que sepamos más de los fracasos y reincidencias, y de hecho, podrían constituir la mayoría de los casos. Pero si hubiera un solo caso exitoso de cambio autoiniciado, el conductista tendría que cambiar su teoría. Una de las palancas más poderosas que podemos usar para cambiarnos es la idea misma de la autonomía de la persona individual.

El caso del escritor Dashiell Hammett es un ejemplo iluminador. Había sido un alcohólico empedernido por muchos años, incluso con episodios de delirium tremens. Su médico le advirtió que, si no dejaba de beber, moriría en un mes. Hammett le respondió que dejaría de beber, pero el médico le dijo a una buena amiga de Hammett, Lillian Hellman: "No lo puede hacer, no va a lograrlo". Pero Hammett dejó de beber y no recayó. Cinco o seis años después, cuando la señorita Hellman le contó lo que el médico le había dicho, Hammett se sorprendió y dijo: "Pero si di mi palabra en esa ocasión".

"Di mi palabra". Hammett se salvó gracias al poder que le dio el vivir con ese código de honor e integridad personal. "Di mi palabra". Así habla el individuo libre y autónomo que se decide a hacer una promesa y cumplirla. No cabe duda que la autoimagen de Hammett como un hombre de honor y un individuo autónomo en cuanto a no faltar a su palabra, era el resultado de toda una vida de condicionamiento, y por eso fue tan eficaz en esta situación en particular. Pero el punto es que el mismo Hammett participó en el condicionamiento y además tuvo un papel activo en la construcción de esta imagen. El crearse a sí mismo, aunque sea parcialmente, a imagen de un individuo autónomo amasa un gran capital, en forma de energía moral y psíquica, que se puede utilizar en tiempos de estrés. Por cierto que hace daño quitarle a las personas la noción de autonomía moral y es particularmente dañino en el clima de opinión que prevalece en este momento. En la medida que esta idea se aleja de la conciencia diaria, tanto más débil se está frente a situaciones más serias donde hay que escoger y actuar. Las consecuencias de la enseñanza conductista pueden ser moralmente debilitantes.

A la larga también podrían dañar nuestra posición como individuos frente a la ley. Para algunas personas, la idea de que el criminal no es realmente responsable de su acto representa la cumbre de la sabiduría en la jurisprudencia. Se dice que este punto de vista lleva a más indulgencia y comprensión en la forma de tratar a los criminales, pero la mayoría de nosotros prefiere equivocarse más bien por el lado de la compasión que de la severidad. Pero esta promesa de más indulgencia podría ser bastante ilusoria. Sólo tendríamos que imaginar el trato al criminal en una sociedad construida sobre la base de concepciones estrictamente deterministas y con menos simpatías liberales que la nuestra. Se supone que el criminal —la persona que exhibe un comportamiento antisocial— es producto de un condicionamiento que falló en algún lado y su castigo debe considerarse como un nuevo condicionamiento que puede cambiar su conducta. Supongamos que se considera que el criminal está más allá de la posibilidad de cambiar o que los recursos de la sociedad son demasiado limitados como para gastarlos en tratamientos prolongados de él y de otros como él. La filosofía de esa sociedad no lo ve como una persona, sino como un objeto, un crecimiento infortunado y canceroso dentro del cuerpo social; y como ocurre con los crecimientos malignos, la decisión práctica sería tomar rápidamente el bisturí y eliminarlo. Luego, en este caso, la desaparición de la idea de persona autónoma llevaría no a más indulgencia que la que ahora otorga la ley, sino que a una severidad mucho más drástica. Y es probable que la severidad se haría mayor en la medida que la gente se va insensibilizando cada vez más.

Por lo tanto, el ideal de la persona autónoma representa un medio protector y razonable entre dos extremos aberrantes: por un lado, una indulgencia descuidada administrada sin una línea ni regla administrativa que la guíe; y por otro lado, una dureza draconiana que tiene como único interés satisfacer su utilidad social, que en último término estaría determinada por una burocracia tiránica. Entonces, no interesa a nadie, mucho menos al criminal, que se pierda este ideal.

Podría haber otros motivos para tratar de cambiar nuestros hábitos, fuera de nuestra sensación de que éstos se han vuelto peligrosos para nuestra salud o destructivos para nuestra autonomía moral. Por ejemplo, la curiosidad y el sentido de aventura. Podemos estar aburridos con nosotros mismos y con nuestras formas habituales de ser y hacer, y querer ver el mundo a través de otra serie de hábitos. El poeta francés Paul Valéry observó que a veces llegamos a un punto en nuestras vidas donde "*Il n'y a qu'une chose à faire —c'est à se faire*" (Hay una sola cosa que hacer: rehacerse). El mismo Valéry estuvo tentado por su demonio de lucidez personal para pensar que la conciencia podría rehacer al yo casi de tela entera —como si la fórmula de Descartes ("Pienso, luego existo") pudiera traducirse en una afirmación de eficacia causal. No debemos tomar esta observación en sentido literal. Hay límites en lo que podemos hacer con nosotros mismos, y de hecho, son más estrictos que los que aceptaría el conductista, pero también podríamos encontrar que dentro de esos límites hay más recursos para cambiar de lo que jamás imaginamos. En todo caso, siguen vigentes el interés y la excitación de la aventura misma. Durante ella, uno puede sorprenderse al darse cuenta que la conciencia no es una varilla tan débil después de todo. Es asombrosa la riqueza de estratagemas e instrumentos que inventa para ayudarnos.

Yo mismo dejé de beber mientras escribía este libro, por varios motivos. Desde luego, estaba la razón estrictamente práctica de descubrir si aumentaría mi energía disponible al suprimir incluso la llamada "moderada ingesta alcohólica social" —que, como todo el mundo sabe, a veces dista de ser moderada. También había una especie de curiosidad experimental, ya que yo estaba analizando el asunto de la libertad, y este motivo podría haber sido estimulado por un sentido de rebelión contra Skinner y los conductistas. No podemos estar seguros sobre cuánta de nuestra libertad puede estar motivada por este sentido de rebelión. Dostoievski presenta este punto en sus *Notas del Subsuelo* en una forma tan poderosa como desagradable. Uno pensaría que si el conductista alguna vez las leyó, no las hubiese olvidado. Si nos arrojan en una comunidad determinista, donde se ha preprogramado nuestro condicionamiento, algunos de nosotros nos dedicaríamos a desobedecer leyes simplemente por un sentido de rebelión. Al poco tiempo me di cuenta que la autonegación se me hacía atrayente. El impulso ascético es mucho más fuerte de lo que creemos, y forma una parte no despreciable de nuestro sentido de disciplina, sin el cual la vida dejaría de tener mucho de su significado. Sin embargo, casi todo en nuestra cultura, tal vez con la excepción de algunos atletas, parece conspirar para desacreditar y debilitar este impulso para entregarnos una imagen como consumidores pasivos.

A veces tengo el impulso de escribir un manual para dejar de beber (*How to Give Up Drinking*), pero inmediatamente refreno la tentación de cometer tan temeraria empresa al darme cuenta que no existe ninguna técnica automáticamente válida para todo el mundo. Lo que en una persona da buenos resultados, puede no funcionar en otra. Por último, en el asunto de intentar cambiarnos, la verdad es que cada persona está sola, y es posible que este sea el atractivo de iniciar un nuevo rumbo. Nuevamente nos topamos con la vieja pregunta sobre la relación de la técnica con el individuo y con las situaciones problemáticas con las que ella nos confronta, la experiencia. Skinner y sus compañeros conductistas estarían llevando a cabo un gran engaño en aquellos que se entregan a su "tecnología de la conducta" con la esperanza de que los equipe para afrontar todas las exigencias de la vida. El pobre sujeto sale del cubículo de condicionamiento para entrar a un mundo donde se siente perdido al descubrir que a menudo debe improvisar a lo largo del camino.

Sin embargo, la falta de una técnica apropiada no es un signo de pobreza de conciencia, sino de su riqueza. Como ya señalamos, la conciencia es mucho más rica y fecunda que cualquiera de las técnicas que idea. Por cada computador que crea la mente, puede idear un problema que el computador no puede resolver. Uno debe abandonarse en los recursos de la conciencia y dejarla que invente todo tipo de asociaciones para así fortalecer la propia autonegación y hacerla más atractiva. Rápidamente la ausencia de hábitos se hace más interesante que los hábitos que ha descartado.

Me sorprendió encontrar que no estaba obligado a machacar diariamente la negación entre dientes, hasta que desapareciera el condicionamiento. Lo difícil es el comienzo y el esfuerzo de concentración necesario para cambiar toda esta actitud. Nótese que este cambio en la actitud *mental* es más importante que la repetición de fragmentos aislados de conducta. Una vez que se ha cambiado esa actitud, ya se ha torcido por el corredor y el camino se facilita más. Los conductistas conciben la vida de la mente en una forma lineal y sobresimplificada: A, luego B, luego C —condicionan a A, se obtiene respuesta B, reforzada con recompensa a C; y *da capo* una y otra vez hasta que el condicionamiento ha hecho su surco. Pero el ingenio de la conciencia para modelarnos es más complejo que lo que indica cualquier patrón lineal. Si uno compara la mente con el computador —lo que no es objetable siempre que uno se dé cuenta que se trata de una metáfora y que se mantenga dentro de sus límites metafóricos—, entonces tal vez sería mejor hacer esta comparación en una forma más productiva que reductiva. Así, la mente puede considerarse como un inmenso y sorprendente banco de memoria del cual se pueden recuperar día a día nuevos ítems, o inventar nuevas combinaciones de esos ítems, para aumentar nuestra determinación. Uno revive, por ejemplo, las ocasiones cuando, habiendo bebido demasiado, hizo más tonterías que lo habitual. La automortificación puede ser sana para el alma como también un refuerzo para abandonar el hábito. O explore imaginariamente esa mezquina sensación que lo tiene agarrado. Pruebe mentalmente un vaso de whisky, saboreándolo gota a gota. Tal como Proust exploró imaginariamente un amor difunto, puede encontrar que la exploración es más interesante que la posesión real. El whisky tiene mejor gusto en esa forma, tal como la Albertina recordada era más interesante que la de carne y hueso. Y el deseo vehemente cesa en la medida que uno pierde sus ilusiones. A propósito, pienso que la vasta novela de Proust es el manual más importante de ascetismo después de los sutras de Buda.

El ejemplo personal que acabo de dar, me parece ahora, es poco más que una insinuación para documentar una antigua y simple afirmación de Aristóteles que pienso que resume todo el asunto de la libertad. Aristóteles dice que la mente es una fuente de movimiento; la conciencia puede intervenir en el mundo y cambiarlo. En una situación determinada nos hacemos conscientes de que algo debe hacerse o que es deseable que se haga, y nos ponemos en acción para lograrlo. A veces los obstáculos, tanto internos como externos, son demasiado grandes, nos falla la voluntad y nuestros esfuerzos son insuficientes. Pero muy a menudo, y en las formas más corrientes, la gente logra hacer lo que intentaba —y así cada día se confirma a nuestro alrededor el hecho de la libertad. Entonces, ¿por qué el asunto de la libertad humana se ha enredado en tal forma que los conductistas han llegado a negar su propia existencia? Me parece que es porque ellos, contrariamente a la experiencia habitual, han aceptado en forma anticipada una concepción de la mente que niega toda influencia sobre las cosas. Pero si se le niega a la conciencia esa influencia, y en palabras de Aristóteles, ésta deja de ser una fuente de cambio, ¿cómo entendemos toda la estructura de la ciencia, que ha transformado completamente las bases de nuestra existencia social y que es el más típico producto de la mente humana?

II.

La mayoría de las infortunadas consecuencias de la tecnología aplicada a la naturaleza física, que Skinner deplora tanto como el resto de nosotros, provienen de efectos laterales imposibles de anticipar. ¿Cuáles podrían ser los incalculables efectos de la aplicación masiva de la tecnología de la conducta a los humanos? Esta pregunta no parece molestar a Skinner, a pesar de que plantea el peligro más grande y final de su programa, porque nosotros mismos seríamos las víctimas de nuestras propias técnicas mal calculadas. Por supuesto, es imposible decir cuáles serían los efectos hasta que el programa se ponga en operación, pero esto sólo acentúa el peligro, porque nos podríamos encontrar atrapados en un sistema del cual nos habríamos hecho incapaces de escapar. Se puede decir que todo eso es hipotético y pertenece al futuro. Sin embargo, dentro de la ordenada utopía del profesor Skinner, creo que podemos sospechar cuáles podrían ser esos efectos laterales, por muy ocultos que estén detrás de la idílica superficie.

Esperando algo lúgubre y deprimente, como *1984* de George Orwell, me sorprendió mi primera lectura de *Walden II*, al encontrarme inmerso en una suave y amable atmósfera de un "gran hotel de verano", como correctamente la describe el narrador. La sorpresa fue rápidamente reemplazada por un perturbador sentido de *déjà vu* —una sensación de que ya antes me había encontrado con este mismo fenómeno, si no en la vida real, por lo menos en mis lecturas, aunque en ese momento no sabía precisamente dónde. Sólo después de terminar el libro y haberlo dejado de lado, me volvió a la mente el recuerdo preciso y volví a un párrafo de William James donde relata su experiencia en una comuna anterior y similar, allí encontré la causa de mi propia intranquilidad frente al Edén conductista de Skinner.

A fines de la década del 1890, James visitó la colonia veraniega de Chautauqua, Nueva York. Entiendo que esta institución todavía existe, aunque ha desaparecido en la oscuridad. Pertenecía claramente a una América de un período anterior que ya no existe. En su idealismo e inocencia, era una expresión de las aspiraciones de nuestra clase media hacia la cultura y la buena vida, pero desde entonces esta clase media se ha sofisticado más y sus aspiraciones han adoptado otra forma. James describe los impresionantes logros de la comunidad:

> Hay una música magnífica: un coro de setecientas voces, posiblemente con el auditorio al aire libre más perfecto del mundo. Existe todo tipo de ejercicios atléticos, desde navegar a vela, remar, nadar, andar en bicicleta, y hay canchas para juegos de pelotas y también las actividades más artificiales que otorgan los gimnasios. Hay jardines infantiles y escuelas secundarias modelos... Se cuenta con la mejor compañía y sin ningún esfuerzo. No hay enfermedades zimóticas**, ni pobreza, ni alcoholismo, ni crimen, ni policía. Uno vive económicamente, tiene cultura, amabilidad, igualdad, los mejores frutos de lo que por siglos se ha luchado, sangrado y esforzado bajo el nombre de civilización. En resumen, uno tiene una imagen anticipada de lo que podría ser una sociedad humana, si es que todo estuviese a la luz, sin sufrimientos ni rincones oscuros.

Según confiesa al comienzo, este "paraíso de la clase media, sin pecados, sin víctimas, sin un borrón, sin una lágrima" hechizó completamente a James. Pero su rechazo fue rápido e inequívoco, y cuando James se expresa en un momento de pasión, es mejor dejarlo que lo diga en sus propias palabras:

> Y, sin embargo, al emerger de nuevo en el oscuro y malvado mundo, lo que más me asombró fue encontrarme diciendo en forma inesperada e involuntaria: "¡Uf! ¡Qué alivio!". Este orden es demasiado dócil, esta cultura muy de segunda clase, esta bondad demasiado poco inspiradora. Este drama humano sin un villano o una angus-

---

** Este término se aplica a las enfermedades en que un veneno se infiltra en el cuerpo como una especie de fermento (Walter W. Skeat, *Concise Dictionary of English Etymology* [Herdfordshire, Great Britain: Wordsworth Reference Editions, 1993]) (N. de los T.).

tia; esta comunidad tan refinada que lo máximo que se le puede ofrecer al animal brutal que hay en el hombre es un helado; esta atroz incapacidad para hacer daño que tienen todas las cosas, es más de lo que puedo soportar. Déjenme asumir nuevamente mis riesgos en la salvaje libertad de la naturaleza abierta, con todos sus pecados y sufrimientos. Están las alturas y profundidades, los precipicios y difíciles ideales, el vislumbrar lo horrible y lo infinito, pero hay mil veces más esperanzas y ayuda que en este nivel muerto que es la quintaesencia de la mediocridad.

Y después de esta explosión inicial, cuando James tuvo tiempo para reflexionar, pensó que lo más importante que faltaba en la comunidad idílica era

el elemento que podríamos llamar de arrojo, de fuerza y fortaleza, de intensidad y peligro... En este inexpresable Chautauqua nunca se enfrentaba la potencialidad de la muerte y ningún punto visible del compás desde donde pudiese aparecer el peligro. El ideal había ganado una victoria tan completa que ya no quedaba ninguna señal de las batallas anteriores, el lugar descansaba en sus remos[***]. Pero nuestras emociones humanas parecen requerir las señales que indican que la lucha continúa. Desde el momento en el que lo único que se hace es comer los frutos, las cosas se hacen simplemente innobles. Sudor y esfuerzo, la naturaleza humana urgida al máximo en el potro de tortura y, a pesar de todo, sobreviviendo para luego volver la espalda a su triunfo para perseguir otro ideal menos ubicuo y más difícil de obtener, este es el tipo de presencia que nos inspira y cuya realidad parece ser una función de todas las formas más elevadas de literatura y bellas artes que se nos entregan y sugieren.

Aunque las dos comunidades son bastante diferentes en sus detalles objetivos, las observaciones de James sobre Chautauqua podrían transcribirse directa y totalmente a Walden II.

El profesor Skinner podría responder, como lo hizo en el pasado frente a críticas similares, que nada de lo que James critica le molestaría a los miembros de Walden, ya que han crecido en esa comunidad y están condicionados para estar satisfechos con lo que tienen. ¡Estas per-

---

[***] "*To rest on one's oars*". Es una frase de remeros que quiere decir "tomarse un descanso o un espacio para respirar después de un trabajo duro y agotador" (N. de los T.).

sonas no conocen nada mejor y lo que no conocen no les molesta! Cuando el asunto se plantea en forma tan franca, cae el velo y la actitud del cientista conductual aparece frente a nosotros tal como realmente es, en todo su frío cinismo. Pero dejando de lado la cuestión del cinismo, tenemos que preguntar si esta comunidad imaginaria, en la forma como se presenta, podría realmente producir el nivel de cultura que Skinner asegura que ha alcanzado. Si la comunidad mantiene y goza de las actividades de la cultura, como parece hacerlo, eventualmente se confrontaría con algunas tensiones que no está preparada para absorber.

"Como usted puede imaginar, el arte florece aquí", dice el guía-líder Frazier y el visitante-narrador obedientemente observa las pinturas que hay en la pared y comenta: "Son sorprendentemente vigorosas y frescas, de muchos estilos y ejecutadas en forma competente, casi sin excepción. Yo he visto muchas exposiciones profesionales menos interesantes desde el punto de vista técnico y ciertamente mucho menos excitantes". En vista de la calidad de algunas de las muestras que hoy se exhiben en las galerías de Nueva York, esta última observación no constituye precisamente el elogio que pretende Skinner. Algunos de los waldenitas son evidentemente pintores dominicales y lo hacen bien. Pero cuando una persona pinta en forma competente, puede no ser capaz de quedarse en eso; el medio y sus posibilidades pueden capturarlo y querer explorarlas más a fondo. Consumido entonces por la pasión por pintar, encontrará extremadamente irritante dedicarle aun unas pocas horas al trabajo que le exige la colonia y que no está relacionado con la pintura.

Los visitantes, al pasar, ven a algunos colonos jugando ajedrez. ¿Qué ocurriría si Bobby Fischer emergiera súbitamente en Walden II? ¿Alguien que quiere jugar ajedrez no sólo para relajarse, sino que quiere sobresalir en él? Usted podría objetar que el condicionamiento apropiado habría eliminado este tipo de competitividad en los waldenitas. Pero podría resultar que el eliminar la vena competitiva del animal humano sea un trabajo muy difícil para la comunidad y tal vez a la larga puede ser una meta no muy deseable. Pero dejando de lado el aspecto competitivo, considere el caso de alguien que es atraído por las posibilidades combinatorias que hay en el ajedrez y que se siente impulsado a dedicar todo su tiempo a investigarlas. Aquí el asunto no es la competitividad, sino sólo la pasión de la mente por un tema en particular y por sus excitantes posibilidades.

La creatividad es inseparable de cierta inquietud mental. Si algo ya se ha hecho, no tiene objeto sólo repetirlo en forma mecánica y competente. Si un modo de expresión en particular no presenta nuevas posibilidades, se hace aburrido, como ocurre con un sistema cerrado en lógica o matemáticas. Mientras más talentoso es el artista, más se esfuerza para mantener abierto el medio de expresión. Este esfuerzo llega a ocupar una vida y no es sólo una distracción para las horas de ocio. Uno piensa en Cézanne, cuya vida consistió en pintar y sólo en pintar; que, tres días antes de morir, escribió en una carta: "Por fin comienzo a ver mi camino con claridad". El arte es una amante tiránica, pero en la suave utopía de Walden II todo parece producirse en forma fácil y sin costo, al estilo americano.

En Walden II también se puede oír música —el narrador asiste a una presentación de la Misa en Si Menor de Bach y comenta su excelencia. Esta obra de Bach se puede oír como si fuera un conjunto de sonidos sólo hasta cierto punto; tarde o temprano, en las partes vocales, el oyente preguntará qué significan todas esas palabras. La Misa es la celebración del sacrificio, del sufrimiento y de la muerte como una forma de redención humana. ¿Cuál es el posible significado de estas ideas para una comunidad que ha crecido considerando la vida como un proceso de adaptación sin tensiones, gracias a su exitoso condicionamiento?

La literatura sería un arte especialmente difícil de mantener activo en esta colonia, ¿qué se podría escribir sobre una comunidad donde nadie sufre? Si se toma la literatura en un sentido amplio —y como parte de la cultura humana, y no se puede tomar en otra forma—, no se puede excluir de ella el gran monumento de escritos históricos y de literatura que nos ha legado el pasado. Como la literatura incorpora la función crítica, tiene que presentar su relación con el pasado en forma más explícita y consciente que las otras artes. Pero, en el caso de esta comunidad, el grado de conciencia histórica, si es que la hay, no es nada claro. Hay una parte donde Frazier, el líder de la comunidad, hace una referencia desdeñosa sobre la historia, no tan franca o abrupta como la observación de Henry Ford: "La historia es una palabrería vana", aunque el significado es el mismo. Sin embargo, se supone que los waldenitas no son bárbaros y constantemente se nos recalca su considerable grado de cultura. ¿Pero cómo pueden mantener esa cultura sin que exista algún sentido vivo del pasado y de sus propios lazos con él? Es de presumir que, como seres intelectualmente cultivados, deben haber leído las grandes obras de la literatura tradicional. ¿Pero qué sentido podrían tener estos libros en personas formadas en esta utopía desde la infancia? ¿Qué podrían pensar de Edipo o Hamlet? Dos casos de condicionamiento muy fallado.

A pesar de eso, el guía no titubea cuando le asegura al visitante que *naturalmente* hay arte en esta utopía porque se dispone de tiempo libre

—como si la disponibilidad de tiempo libre, en sí misma, fuera una condición suficiente para el desarrollo de un tipo de cultura que merezca ser tomada en serio. Sin embargo, es realmente muy improbable que hubiera tanto tiempo libre en una comunidad como ésta. Quien haya trabajado en una granja, aunque sea por corto tiempo, no podrá menos que dudar de la supervivencia de una comunidad donde sus miembros trabajan sólo cuatro horas diarias. A uno le gustaría revisar la contabilidad de una comunidad de este tipo. A medida que uno estudia el asunto, suena cada vez más como un proyecto patrocinado por alguna fundación o por alguna donación que no aparece mencionada, pero que está allí, en el trasfondo, lista para pagar la cuenta. De hecho, esta comunidad es parásita de una gran comunidad industrial, de la cual deriva sus materiales e implementos. De acuerdo al plan, estas comunidades finalmente se multiplicarían, la gente emigraría a ellas desde la sociedad más grande y Walden II, transformada en una red de comunidades, llegaría al poder sin nunca haberlo ejercido. Pero esta eventualidad hace que toda la economía del proyecto se haga más frágil y elimina toda posibilidad de contar con tiempo libre: con el requerimiento de que cada comunidad sea autosuficiente y produzca su propia energía y todos sus materiales e implementos, el mantener una solvencia económica —o, más claramente, una mínima supervivencia— exigiría de sus miembros mucho más de cuatro horas de trabajo diario.

Estas consideraciones económicas son directamente relevantes con el tema de la libertad, que es el motivo central de este libro, porque plantean el hecho de que una comunidad tan totalmente controlada no requería una costosa supervisión a cargo de muchos administradores. Como esta es una comunidad que intenta además modelar la personalidad humana, los administradores tendrían que asumir la muy extensiva función de psicólogos. Aquí queda en claro el gran engaño que implica el cuento de hadas del profesor Skinner, porque aunque sabemos que hay psicólogos que trabajan intensamente en el trasfondo, nunca llegamos a conocer ni a saber en forma concreta qué es lo que hacen. Se menciona al pasar que "nuestros psicólogos mantienen un estrecho contacto con todos los problemas personales"; y cuando un miembro funciona mal, se agrega que la persona "va a ser enviada donde uno de nuestros psicólogos". Ahora bien, ¿qué tipos de "disfunción" se requieren para ser enviado al psicólogo? ¿Será cuando un miembro está descontento o deprimido? "Mantener un estrecho contacto con todos los problemas personales" es algo que toma mucho tiempo, aun en una comunidad relativamente pequeña. ¿Estos psicólogos dedican el mismo tiempo al trabajo comunitario que los demás miembros de la comunidad? Si no es así, constituyen una clase aparte del resto, lo que podría ocasionar problemas políticos. Y si los psicólogos comparten las labores comunitarias, se necesitaría un buen número para "mantener un estrecho contacto con todos los problemas personales". Recordemos las leyes del condicionamiento del conductista: si un miembro es enviado al psicólogo y la consulta logra que la persona se sienta mejor, lo más probable es que vuelva a acudir al psicólogo y que esta conducta se transforme rápidamente en un hábito. Acabo de tomar lápiz y papel —voy a evitarle al lector las cifras y él puede hacer sus propios cálculos—; estimando nuestra propia carga de trabajo personal, se requeriría un mínimo —y sería estrictamente un mínimo— de diez médicos para una comunidad de cien miembros. En todo caso, uno termina con una burocracia de psicólogos relativamente grande que tendría realmente poderes dictatoriales.

III.

De todos modos, el desinflar cualquier sueño utópico produce cierta angustia, por muy burdo que éste sea, ya que, después de todo, la utopía es un sueño más de la humanidad para un mundo mejor. Los lectores jóvenes —en especial los estudiantes— a veces son atraídos por Skinner debido al agudo y desesperado anhelo de un futuro mejor que el presente. Aunque no sean lo suficientemente ingenuos como para aceptar a Skinner *in toto*, están casi dispuestos a ensayar cualquier método para mejorar el terrible estado de las cosas. Habría que decirle a estos estudiantes que uno comparte sus anhelos, pero que la forma más expedita para retroceder es arrojarse ciegamente hacia el futuro. La propia noción de progreso se ha hecho actualmente difícil e incierta. Y si uno llega a estar de acuerdo sobre cuáles son las áreas donde el progreso parece ser evidente y definitivo —como en la ciencia, o en el mejoramiento de las condiciones materiales de vida para un mayor número de gente que en el pasado—, uno debe plantear una pregunta igualmente importante: ¿cómo se logró este avance? Y si uno mira la historia, la respuesta a esta pregunta no es tan difícil como podría parecer, aunque significa un golpe para Skinner y los cientistas conductuales.

Cualquier avance que parezca evidente en la condición humana ha sido producto de la invención y creación individuales, resultado del trabajo de individuos libres trabajando solos o juntándose libremente en grupos. El método, que en realidad no es un método, puede parecer un probar-y-dejar, pero no parece haber otra forma a disposición de la especie humana para luchar por su supervivencia. La naturaleza tiene la inexpugnable tendencia a producir individuos no cortados por el mismo molde, como ocurre con los objetos que salen mecánicamente de una línea de producción. Esta derrochadora falta de consideración que tiene la naturaleza por la uniformidad resulta a veces en algunas incomodidades sociales y es siempre molesta para el cientista conductual. Sin embargo, para el resto de la humanidad, tiene el valor avasallador de que los dones de inventiva y creatividad que benefician a la especie, se dan precisamente entre los individuos que nacen inusuales y diferentes. Es posible que, cuando ya se han dado estos dotes, se puedan establecer condiciones que los ayuden a desarrollarse, pero las cualidades mismas no son programables de antemano. La creatividad de la libertad consiste precisamente en lo que no se puede programar de antemano. Puede parecer que el camino para lograr el mejoramiento de la especie humana es irregular, poco seguro y tortuoso, pero no hay otro en el cual podemos confiar.

Mientras estamos en el tema de la idiosincrasia personal, quizás sea interesante y esclarecedor recordar cómo el profesor Skinner llegó a ser psicólogo. Siendo estudiante tomó un curso de escritura creativa y el instructor le dijo que poseía un claro talento como escritor, pero que sus historias revelaban que tenía poca comprensión del ser humano. Este es el tipo de descorazonador comentario que frecuentemente tienen que soportar los aspirantes a escritores y el impulso inmediato de respuesta varía de acuerdo al individuo: enredarse en amoríos, embarcarse a navegar, atravesar el país en moto o cualquier otro gesto igualmente infantil e irreflexivo. Pero el profesor Skinner no hizo nada tan tonto, o tal vez hizo algo peor, dependiendo de cuál consideremos que debe ser la comprensión de la gente que debe poseer un escritor. Skinner decidió tomar inmediatamente un curso de psicología, se inscribió y allí se quedó. Esta respuesta es completamente característica, típica de la forma resoluta y simplista de abordar los problemas que siempre ha tenido Skinner. Sin embargo, lo irónico es que decidió dedicarse a aquella parte de la psicología donde la comprensión de la gente no juega ningún papel y donde el investigador puede ocupar todo su tiempo trabajando con animales sacados de su ambiente natural y sometidos a condiciones de laboratorio especialmente diseñadas. Uno se pregunta si, después de haber leído los escritos del profesor Skinner, el instructor que involuntariamente lo lanzó en esta carrera no tendría que repetir su comentario original.

Como ya hemos citado los comentarios proféticos de William James sobre la utopía de Walden II, podríamos redondear nuestras conclusiones aprovechando nuevamente un inmejorable párrafo de James, que podría servir de advertencia general, no sólo para Skinner, sino también para los cientistas conductuales en general:

> La principal diferencia del hombre con los brutos está en el exuberante exceso de sus propensiones subjetivas —su preeminencia sobre ellos resulta simple y solamente del número y en el fantástico e innecesario carácter de sus deseos, físicos, morales, estéticos e intelectuales. Si toda su vida no hubiera sido otra cosa que una búsqueda de lo superfluo, nunca habría logrado establecerse tan inexpugnablemente como lo ha hecho en lo necesario... Si uno le recorta la extravagancia, y lo hace más sobrio, uno lo deshace.

Fuera de lo extraordinariamente opuestos que son sus comentarios, hay una razón más profunda y simbólica para colocar a James en contra de Skinner. James fue profesor de psicología en Harvard poco menos de un siglo antes que Skinner ocupara el mismo puesto. Es evidente que el mundo ha cambiado mucho en el intertanto y que Harvard ha cambiado con él, pero en cierto sentido Harvard no ha cambiado y es en la posición tan prominente que aún se le otorga en la vida intelectual de la nación. En este papel simbólico, Harvard representa lo más válido y significativo de toda la parte intelectual de nuestra cultura; por lo tanto, es justo considerar esta institución, en sus diferentes etapas, como la vara para medir los cambios producidos en esta cultura. Puede decirse que la comparación de dos individuos como James y Skinner es violenta. Los talentos, sensibilidad, imaginación y flexibilidad mental de ambos personajes son demasiado diferentes. Pero si los consideramos en su papel institucional, entonces la violencia de la comparación deja de ser nuestra y pasa a ser la de Harvard y aún más, tomando al mismo Harvard en su papel representativo, tendríamos que decir que la violencia de la comparación nos ha sido impuesta por nuestra propia cultura. Tal vez al enfrentar a estos dos individuos con la imaginación, teniendo en cuenta que son, en el más completo sentido emersoniano, hombres representativos, se puede remecer nuestra complacencia para así comenzar a darnos cuenta de lo que se nos viene encima. James fue una especie de precursor del conductismo a su modo. Fue un líder de la causa de extender a la psicología los métodos del laboratorio, además siempre insistió en la naturaleza esencialmente conductual de la conciencia. Pero a través de sus variados intereses científicos, James jamás —y este es el punto que hay que enfatizar—, jamás perdió de vista el hecho que el objetivo final y el centro de la investigación psicológica era la persona humana, en toda su complejidad y concretidad. Entonces, la diferencia entre James y Skinner, vista en el contexto adecuado, es un signo de cómo nuestra cultura, o un sector muy influyente de ella, se ha desplazado hacia la tarea de la reducción de la personalidad humana.

Sugiero que este no es un asunto trivial de *academica*, que no es una curiosidad del momento que luego dejaremos de lado. Es algo que nos debe llenar de aprehensión y malos presentimientos. Intelectualmente, hemos derivado mucho más cerca de la actitud mental totalitaria de lo que nos damos cuenta. Por lo cual nos volvemos al mundo marxista en el próximo capítulo, donde esa actitud está representada en forma mucho más total y decidida.

Dieciséis

La Forma del Futuro:
La Versión Rusa

"¡La esencia del marxismo es la lucha de clases!".

Este fue el axioma que se me machacó durante mis años de joven marxista. Mis mentores me advertían así contra mis propias tentaciones mentales; trataban de que no me perdiera en las sutilezas de la teoría que me podría hacer perder de vista el centro humano de toda la doctrina. Y este centro, que es lo suficientemente claro como para ser entendido por los oprimidos y los sin educación, es la guerra que existe entre los que poseen y los desposeídos. El mantenerse firme en ese principio básico, el considerar que el trasfondo de toda la historia es una lucha entre clases económicas, nos ayudaba a sostener una postura mucho más militante en ese tiempo. En los años 30, con la Depresión aplastando pesadamente a la nación, el comunismo tenía una considerable fuerza proselitista y el insistir en la prioridad de la lucha de clases era un buen baluarte para protegerse de la crítica contra la Unión Soviética. En ese clima y con su avasalladora simpatía por los desposeídos, sólo un reaccionario podría atacar las imperfecciones que aún persistían en la primera sociedad socialista.

Una década después, el fallecido Philip Rahv volvió a machacarme una y otra vez el mismo axioma. El era mayor que yo y con mucha más experiencia política, por eso yo lo oía ávidamente. Yo era un recién llegado en el equipo del *Partisan Review*; los editores más antiguos ya conocían todas las arengas y bastaba que alguien le prestara un oído nuevo y motivado para que Rahv se lanzara con todo el torrente de su elocuencia. En esa época tenía una considerable reputación como crítico literario y editor, pero en nuestras conversaciones privadas hablaba más de política. Rahv tenía un tipo de mente muy concreta, lo que para mí era otro motivo de admiración, porque en esa época yo luchaba contra mi propia tendencia a la abstracción. Además, comenzaba a tener algunas dudas teóricas sobre el marxismo en general. En su estilo abrupto, Rahv pasaba sobre estas dudas con la vieja insistencia: "¡La esencia del marxismo es la lucha de clases!". En ese período había entrado en su vocabulario la palabra "existencial" a la que le había tomado cariño. Olvida la dialéctica, solía decirme, deja de lado la teoría del valor y del trabajo y todas esas otras abstracciones; el "núcleo existencial" del marxismo es la lucha de clases, uno debe aferrarse a eso. Como había asumido el papel de pupilo, terminaba por estar de acuerdo con mi maestro. Podíamos seguir aferrándonos a nuestro marxismo porque su significado final y justificación era que expresaba las aspiraciones de justicia de los pobres y los oprimidos contra las clases opresoras.

Lo que me llama la atención ahora es la peculiar ironía histórica de esas conversaciones. Seguíamos trabajando con las etiquetas políticas de nuestra niñez y adolescencia que ya se habían hecho obsoletas. Para nosotros, hijos de los años 30, la existencia de la Unión Soviética como el primer estado socialista todavía parecía un milagro frágil e improbable y tendíamos a considerar los problemas del socialismo marxista como inherentes a la toma del poder, de un movimiento que recién comenzaba. Las atrocidades del stalinismo nos parecían una excrecencia accidental en la verdadera naturaleza del socialismo. Sin embargo, estas conversaciones con Philip Rahv ocurrieron a fines de los años 40; la Unión Soviética ya había sobrevivido a la guerra y no había cuestión de la estabilidad del régimen; no sólo estaba segura dentro de sus propias fronteras sino que además dominaba toda Europa del Este. De hecho, la insistencia de Rahv en que la parte central del marxismo era la lucha de clases se mezclaba a veces con estallidos en los cuales se tornaba casi apoplético denunciando la forma como los Aliados dejaban que Stalin extendiera su influencia sobre Europa. Como nación, la Unión Soviética parecía más bien un poseedor que un desposeído. No obstante, cuando nuestra conversación se hacía general, seguíamos santificando al marxismo con las consignas que lo habían acompañado en su ascenso al poder. Seguíamos considerándonos marxistas, aunque siempre con la cuidadosa calificación que éramos marxistas liberales.

Mi intención al introducir este trozo de reminiscencias no es dar un color personal adventicio, sino señalar que, por lo menos en este asunto, nos comportábamos como típicos intelectuales de nuestra generación viviendo los malentendidos que estimulaba la época. El desarrollo subsecuente de los hechos, si decidimos no seguir ciegos, nos permiten desprender el fenómeno del marxismo de esas ilusiones iniciales y observarlo con una perspectiva más amplia y más significativa. Personalmente, creo que sólo se puede entender el marxismo si se lo coloca dentro de la enorme perspectiva de los tres siglos de la Era de la Técnica, como hemos llamado a los tres últimos siglos (Capítulo 10). Para desarrollar en detalle esta interpretación se necesitaría un estudio aparte. Pero aquí es pertinente una versión más comprimida de nuestra visión porque el marxismo, como tal vez nada más en nuestro siglo, arroja luz sobre el tema clave de este trabajo: la libertad y la integridad espiritual del individuo.

Para empezar, la comprensión de la realidad histórica del marxismo, al terminar los años 70, requiere premisas muy diferentes de las que usó la generación anterior. No se puede pasar por alto el hecho que esta ideología ya ha estado en el poder por más de medio siglo. Si la lucha de clases es el núcleo central del marxismo, se debe presumir que cuando el estado marxista suprima las clases económicas, el marxismo mismo se tiene que desintegrar porque va a quedar sin ningún contenido político o social. "Por sus frutos los conoceréis". Tenemos que aplicar el principio pragmático de que el significado de una idea debe ser juzgado por sus consecuencias en la acción. Es ocioso continuar con las preguntas hipotéticas sobre lo que Marx realmente quería decir al afirmar esto o aquello, situándose al margen de la historia que se desarrolló a la luz de esas afirmaciones. De hecho, habría que invertir el énfasis: somos más capaces de comprender el significado de los escritos de Marx, ya que hemos llegado a ser ingredientes de la sociedad que los cita. Por ejemplo, una cosa es aceptar el materialismo como una hipótesis filosófica abstracta y otra muy distinta es juzgarlo una vez que se ha transformado en el poder estatal que trata a los seres humanos como objetos.

Aún más, no podemos comenzar con la premisa de que la esencia del marxismo es la abolición de las clases, porque hemos visto que después de medio siglo de estado marxista, ha desarrollado procesos propios que llevan claramente a la formación de clases.

I.

La lucha de clases no fue por cierto un descubrimiento de Marx. La idea ya era un hecho de la vida política que se conocía desde hacía siglos; los griegos, Platón y Aristóteles nos han legado algunos análisis penetrantes de ella. Los griegos estaban en una posición favorable para estudiar el comportamiento político. Dentro de un mundo más pequeño y más observable en sus ciudades-estados podían observar la lucha de clases con toda claridad —a veces la veían como una competencia donde los antagonistas podrían ser personas conocidas entre sí. En el Libro Quinto de su *Política*, Aristóteles da una descripción magistral de las causas y variedades de revoluciones que habían ocurrido a través de la historia en el mundo griego. En todos los casos indica que estas revoluciones se originan de o involucran un conflicto fundamental entre clases sociales. Es difícil mejorar lo desapasionado del análisis de Aristóteles. No cae ni en el sentimentalismo respecto a las masas que chorrea en los izquierdistas modernos, ni en la adulación romántica hacia las clases altas que se produce en la nostalgia aristocrática de algunos conservadores modernos.

Entonces, ¿por qué la lucha de clases es una característica tan distintiva y esencial del marxismo? La respuesta es que en la época moderna la idea de revolución ha sufrido una transformación. Las revoluciones modernas se han vuelto más ambiciosas, totalizadoras y utópicas.

Las revoluciones entre las ciudades-estados griegas eran más abiertas y limitadas. Parecían competencias en que un grupo o clase trataba de arrancar las riendas del poder a otro grupo. Se podían lograr algunos cambios en la organización social, pero estas revoluciones nunca fueron lo suficientemente dementes como para proclamar que su triunfo iba a ser el comienzo de una nueva era para la humanidad. De hecho, el concepto mismo de la humanidad entera era algo ajeno al sentido enraizado y local de su propio ser que tenían los griegos. Y en lo que se refiere a transformar la historia del mundo, gozaban de la bendición de estar libres de esa pesadilla teatral por la que luchan los revolucionarios modernos. No cabe duda que estas revoluciones entre los griegos no eran asuntos muy sanos. Se acompañaban de engaño, traición, violencia personal y sórdidas pasiones. Sin embargo, aun en sus peores momentos, uno no puede dejar de admirar a este pueblo que vivía con la clara y definida percepción de sus límites. Sus mentes no se nublaban con las nubes de las abstracciones ideológicas. Una revolución era una revolución, no un debut en el escenario de la historia del mundo.

La Revolución Francesa fue el primer estallido completo de la megalomanía moderna. Como todos los neuróticos, debió insistir que era absolutamente diferente: no se parecería a esas antiguas revueltas griegas. Sus metas no serán limitadas sino totales. Lejos de representar una rotación de grupos de poder, primero buscaré transformar la totalidad de la vida humana de arriba a abajo, y segundo, determinaré un cambio decisivo en la historia y comenzaré una era completamente nueva para la humanidad.

Esta fue la norma que adoptaron las revoluciones subsiguientes. De hecho, la Revolución Bolchevique de 1917 fue más allá porque sintió que poseía la verdadera llave para lograr todas las aspiraciones de la revolución anterior. La Revolución Francesa, producto de la época burguesa, todavía pensaba en términos de las abstracciones de estructuras políticas y legales. Sin embargo, el materialismo marxista iría a la raíz misma del asunto. Para transformar la vida social, había que transformar las relaciones económicas que existían entre los hombres. Las nuevas estructuras políticas y legales —las llamadas superestructuras— iban a producirse como consecuencia de esos cambios en la base de la estructura económica. El materialismo marxista finalmente había otorgado una filosofía a la aspiración revolucionaria de transformar totalmente la vida humana. Sólo bajo la dirección de esa filosofía se podría abrir un capítulo totalmente nuevo para la humanidad.

(En vista de estas aspiraciones totalizadoras, algunos de nuestros intelectuales podrían encontrar que se dificultaba más de lo que pensaban determinar si el totalitarismo de un Stalin fue una aberración del marxismo, o si fue un duro y necesario requisito para lograr las metas socialistas).

Lo que hemos dicho aquí es ahora un lugar común entre los historiadores. Sin embargo, el filósofo tiene que ir más allá con sus preguntas. Debe preguntar: ¿cuáles son las presuposiciones que subyacen estas demandas totalizadoras de los revolucionarios modernos? ¿Cuál es su fundamento filosófico? ¿Qué hace que los hombres aspiren racionalmente a esta transformación total de su vida cuando estas aspiraciones no se habían dado en las grandes civilizaciones clásicas? O, ya que las ideas dominantes de una época sólo expresan cómo ha emergido el Ser que subyuga a la mente humana, tenemos que formular una pregunta más fundamental: ¿qué ha ocurrido en el ser del hombre en la época moderna que hace que éste se sienta que está en la posición para dominar y transformar totalmente su historia?

Una de las más llamativas simetrías de la historia es que la Revolución Francesa haya ocurrido en el país de Descartes y que el sistema métrico, tan indispensable para la física matemática, constituyó uno de sus principales legados para el futuro. Aquí usamos el nombre de Descartes, como lo hicimos previamente, para caracterizar toda una época. Por ello, en lo que sigue necesitaremos repetir algunos de los puntos que discutimos al describir la era cartesiana. Pero, en este caso, no será una repetición inútil, pues agregará nuevos hechos confirmatorios del esquema anterior y, al mismo tiempo, agregará una nueva dimensión y profundidad de significado, particularmente a los prospectos de libertad del mundo de hoy.

El método y el dominio del método es lo que determina la más importante diferencia entre la ciencia moderna y antigua. Este método es universal: si se sigue fielmente, revelará secretos en todos los campos de la investigación. Presenta una armazón —usando el término de Heidegger— dentro de la cual todo lo que es, tanto la naturaleza como el hombre, debe ser colocado y comprendido. La ciencia griega, aun en su punto de mayor auge, siguió siendo relativamente pluralista. En su centro seguía albergando la noción de rendirse a los fenómenos más que contenerlos a la fuerza. Los diversos ámbitos de todo lo que es —estrellas y objetos terrestres, plantas y animales, el hombre con su historia y política— se nos presentan tal como son en sus diferentes estructuras específicas. La universalidad de la ciencia no se impone sino que emerge del flujo de las transformaciones. La palabra para conocimiento o ciencia, *epistema*, se refiere a lo que asume una posición que lo destaca y lo convierte en una constante dentro del desordenado tumulto de la experiencia. El comentador griego de la *Física* de Aristóteles explica el objetivo de esta ciencia como *Sozein ta Phainomena* (preservar los fenómenos). La frase tiene un significado completamente diferente al de la interpretación positivista que presenta Duhem, el historiador de la física, en su clásica historia de la ciencia, *Le Système du Monde*. Aquí "fenómenos" no tiene nada que ver con lo "fenomenal" en el sentido subjetivista de la filosofía moderna. Para los griegos, los *phainomena* son las cosas más "objetivas" que pueden existir. Son las cosas que se nos hacen abrumadoramente presentes y que, con su presencia, se establecen como evidentes y verdaderas (no ocultas). Como tales, se oponen a lo que sólo parece ser *ta dokounta*[1].

Como ya lo explicamos en el Capítulo 10, la ciencia moderna, por el contrario, se caracteriza por su búsqueda y resuelto empleo del método —un método que va más allá de los fenómenos, en el sentido griego, para dominar la naturaleza usando sus propios instrumentos.

Las revoluciones modernas pueden considerarse como un traslado de la teoría a la práctica de este concepto del método, que es el corazón

---

[1] Me parece que aquí es decisivo el pasaje de Tucídides I, 32, 13-16. Los enviados de Córcira piden ayuda a los atenienses. Hasta ese momento, Córcira había seguido una política de aislamiento, que había parecido (*dokousa*) prudente; pero ahora, en el curso de los acontecimientos, lo que se había hecho claro (salido a lo abierto) y se había mostrado en forma abrumadoramente evidente (*phainomene*) es que esta política era una locura y una debilidad.

Las dos palabras, *dokousa* y *phenomene*, como términos opuestos expresando apariencia (en nuestro sentido de "mera apariencia") versus realidad.

El pasaje es aún más decisivo porque Tucídides no es un filósofo hablando una jerga especial. Está usando el "lenguaje corriente", tal como lo entendería cualquier griego inteligente y educado en su tiempo.

de la ciencia moderna. Sin embargo, de hecho teoría y ciencia ya convergen dentro de la nueva ciencia. El conocedor ya no es el único depositario de lo que es; él pone las condiciones bajo las cuales formula las preguntas y obtiene las respuestas. Los significados de las preguntas y respuestas se hacen cada vez menos separables de las condiciones experimentales que ha utilizado el científico. Estamos equivocados si pensamos que la tecnología sólo es una aplicación externa e incidental de la ciencia, porque la tecnología habita el corazón mismo de la nueva ciencia.

Ahora consideremos esta versión técnico-científica de la razón humana extendida a la esfera social. Marx hablaba de la conquista de la naturaleza como la más esencial de las metas humanistas. Conquista implica guerra y en particular esta guerra tiene que ser total para poder satisfacer las necesidades humanas. Todos los ciudadanos deben estar organizados en forma efectiva dentro de las filas para esta lucha. Todo lo que existe —tanto el hombre como los recursos naturales— debe colocarse dentro de la armazón de la planificación técnico-científica. A medida que los seres humanos se incluyen dentro de esta armazón, se transforman en objetos calculables para la administración. La economía emerge aquí, tal como querían los marxistas, como la base de toda la realidad social*. ¿Y qué otra cosa es la economía fuera de una administración técnica eficiente? Aquí entramos a todo dar en la era de la tecnología.

¿Qué ocurre con la lucha de clases en todo esto? Pertenece a la prehistoria del marxismo, a la retórica de las pasiones que el marxismo usó tan efectivamente mientras era un movimiento en formación. Es el combustible para la llama que destruirá el antiguo orden. Pero cuando el nuevo orden se asienta en forma más o menos estable, observamos una nueva estratificación de clases que emerge entre los técnicos que se fundamenta en la habilidad técnica y en la experiencia.

Aun entre las víctimas de la sociedad, los técnicos reciben un trato preferencial. El estado monolítico es exhaustivo en la aplicación del principio básico en forma completa. Solzhenitsyn estando en prisión y siguiendo un impulso de curiosidad, se registró como físico atómico y fue inmediatamente trasladado a un campo penal mucho más cómodo. Como en la antigua teología, aun en el Infierno hay estrictas categorías de rango.

Los teóricos marxistas no sólo reconocen sino que también justifican esta nueva estructura de clases. Jurgen Habermas, líder de la escue-

---

* Esta frase, escrita en los años 70, se puede aplicar perfectamente a la forma de capitalismo vigente a fines del milenio. ¿Se habrá hecho marxista el capitalismo? (N. de los T.).

la de Frankfurt, sostiene que la ciencia y la tecnología se han convertido en las fuerzas productivas decisivas en la sociedad y, por lo tanto, deben asumir un papel social central. El rango que uno alcanza en la jerarquía técnico-científica establece el lugar dentro de la sociedad. El filósofo checo Radovan Richta también sostiene que esta jerarquía es la base de la nueva estructura de clase. Aun los sociólogos soviéticos ahora proclaman que "la revolución técnico-científica" es la característica más importante de la sociedad moderna. ¿Qué ha pasado con las masas trabajadoras de las viejas canciones y consignas marxistas?

Por mucho que difieran en su lenguaje, estos neomarxistas se unen en un virtual coro de acuerdo sobre la nueva sociedad naciente. En el Continente, los marxistas llaman a esta "sociedad racional" "la sociedad programada" del presente inmediato y del futuro. Una palabra que sugiere inmediatamente la programación de un computador. Nótese que, en "la sociedad racional", la palabra "racional" se entiende en el sentido técnico y tecnológico que se ha convertido en el principal motor de la época moderna. De hecho, el lenguaje de estos sociólogos empieza a converger con el de Heidegger: su programa es la armazón de Heidegger, dentro de la cual se calculan y administran en forma eficiente todas las entidades. ¿Qué ocurre con la existencia individual en una sociedad programada? Ser significa ser un objeto dentro del programa de la administración.

II.

Los primeros marxistas no pensaban en estos términos. Sin saberlo, su ideología se había hecho absoluta, se había situado más allá del tiempo y del proceso de transformación. Lo que ha ocurrido en la historia reciente es simplemente la inversión tragicómica que, según Hegel, debe ocurrir con todas las ideas cuando entran al mundo. En la mente de los marxistas, se supone que Marx puso a Hegel de cabeza sobrepasando completamente a su maestro. Para el marxista, la Idea no es más que la expresión de las condiciones materiales de la sociedad humana. Pero la conclusión a la que se llega es que hay una entrega gradual del marxismo a la Idea soberana que fue la que hizo posible originalmente su existencia. Pudo concebir una revolución diferente a las de la antigüedad, porque surgió en un clima de ideas, la edad de la nueva ciencia, que permitía el sueño de una transformación tecnológica del planeta.

En la larga historia de la mente humana —la única historia realmente interesante de este perverso animal—, el marxismo es sólo un episodio más. Indudablemente constituye la ideología más poderosa de la edad moderna. Esto también determina que tenga la estampa del momento, y que haya sido modelada y limitada por los impulsos más profundos de esa época. Si examinamos el marxismo con los ojos de Hegel, lo vemos tal cual es, como la expresión finita y unilateral de un *Zeitgeist* en particular. Si Hegel reviviera, sería el que ríe último a costa de su desviado pupilo.

De hecho, el estado marxista produce su propia antítesis. En la práctica, él mismo refuta su propia metafísica. La historia de la metafísica occidental desde el siglo XVII puede resumirse como una lucha permanente entre las exigencias rivales de la mente y la materia. El marxismo como materialista empieza como el rechazo de todos los idealismos. La idea es sólo una forma de expresión de la materia y de circunstancias materiales; la mente es una realidad subordinada y derivativa de la materia. Hasta hoy, la ironía del marxismo, tanto en sus triunfos como en la carga que aún acarrea, es que su historia es una continua afirmación de la prioridad de la mente sobre la materia, del poder de la idea sobre el hecho empírico.

Primero en sus triunfos: hasta el momento, sus victorias sobre sus adversarios han sido a través de líderes individuales fanáticamente aferrados a una idea. No hay nada más impactante y peligroso que una idea que sin calificaciones engloba a todo y que es tan sencilla que parece resolver todos los problemas. Nuestro siglo ya ha visto el colapso de esas ideas en la física, la lógica, las matemáticas y la psicología. En todos los casos, la realidad ha demostrado ser más recalcitrante y compleja que lo que habíamos supuesto inicialmente. Con respecto a la naturaleza, finalmente estamos dispuestos a aceptar el veredicto del cientista británico J.B.S. Haldane después de una vida entera de investigación: "La naturaleza no es sólo más extraña de lo que imaginamos; es más extraña de lo que podemos imaginar". Pero en cuanto a la política, esto no es así. Allí la idea sencilla se posesiona de nuestra primordial voluntad de poder y libera las pasiones de la rabia y el resentimiento en contra siglos de miseria. Ningún religioso ha sido más fanático que Lenin. Una reciente biografía crítica hace que uno se pregunte si Lenin no fue una figura más malvada y siniestra que Hitler. El juicio sobre la moralidad individual está aquí fuera de lugar. La ideología de Hitler era un anticuado llamado hacia un pasado tribal, una invocación a los antiguos dioses teutónicos y, por lo tanto, su poder de atracción era necesariamente circunscrito y étnico. La ideología de Lenin envuelve a toda la humanidad y a los pseudodioses de la Ilustración. Es más peligroso porque habla con el poder de las abstracciones que prevalecen en la edad moderna.

Estados Unidos, a pesar de sus condiciones materiales tremendamente ventajosas, ha ido perdiendo cada vez más terreno en su lucha
contra el comunismo mundial. Este país, que tiene una tradición de
anti-intelectualismo, se siente incómodo en un concurso de ideas. En su
inocencia, no puede captar que una ideología sea tomada tan en serio
y practicada con tal duplicidad por el adversario. América no puede
captar la pasión de una idea... o su malignidad. Tardíamente empieza a
reconocer el rol de las ideas en esta lucha y trataría de entablar un
diálogo con el llamado Tercer Mundo. ¿Qué tendría que ofrecer América en tal diálogo? Hechos, argumentos cuidadosamente calificados, el
equilibrio de lo bueno y lo malo, conclusiones tentativas. Los demago-
gos semieducados del Tercer Mundo ya han abrazado una ideología
que les ahorra la tediosa labor de pensar cuidadosamente.

Sin embargo, a pesar de algunas ventajas en la lucha de ideas, los
países comunistas aún llevan la pesada carga de someter a la mente
humana. Esta es la suprema ironía del estado marxista. El materialismo
no puede otorgar un mejor tributo a la mente que los extraordinarios
extremos a los que está dispuesto a llegar tratando de doblegarla.

Y estas extraordinarias medidas extremas se utilizan aun cuando
consumen una drástica parte de los recursos materiales. Las purgas de
Stalin produjeron una desorganización en las fuerzas productivas de la
Unión Soviética por muchos años. Nos hemos vuelto tan insensibles a la
gran escala de estas opresiones que nos sorprendemos todavía por las
medidas mezquinas y, casi cómicas, que debe tomar la censura. Hace
poco el *Times* de Nueva York informó que un domingo un pequeño
grupo de moscovitas había decidido exhibir sus cuadros en un sitio
baldío en las afueras de Moscú. Rápidamente aparecieron bulldozers, y
estos aspirantes a artistas fueron sacados de la escena. Este episodio
podría ser gracioso si no fuera además tan aterrador. ¿Es posible que un
régimen que controla a tantas tropas y cañones se sienta amenazado
por un puñado de pintores dominicales? ¿Iba a tambalear el Kremlin
por este patético esfuerzo de autoexpresión? La libertad es entonces
indivisible y el más pequeño intento para alcanzarla, incluso en la esfera
donde la política no es cuestión, debe ser suprimido como un germen
con la potencialidad de provocar una epidemia.

En una dictadura se espera que haya cierto grado de supresión.
¿Pero por qué el estado tiene esta necesidad tan urgente y está dispuesto a llegar a cualquier exceso para moldear y controlar la mente de sus
súbditos? La respuesta tiene dos partes, una empírica y otra metafísica,
y como ocurre a menudo, en el curso de los acontecimientos las dos se
mezclan y la última se transforma en la dominante.

Primero, empíricamente, los estados socialistas no pueden cumplir con las utopías con que inevitablemente ilusionan a sus súbditos. Aunque Marx atacó al socialismo utópico, su propio estilo de socialismo está coloreado por todos lados con elementos utópicos. Una ideología con metas totalizadoras no puede hacer menos que despertar aspiraciones totalizadoras. La retórica socialista se ha nutrido con la imagen del pérfido capitalismo. Cuanto más se infla esta perfidia, más se trasladan todas las otras maldades humanas hacia esta monstruosa figura y más se convencen los que le escuchan que la mera desaparición del capitalismo conducirá a un estado paradisíaco. La emoción adopta la forma de una fantasía económica: basta con destruir a los capitalistas parásitos y dirigir todas las energías hacia la población utilizando un programa de producción "racional" y seguramente fluirá la leche y la miel. Pero la leche y la miel no fluyen tan fácilmente. La clase gobernante de burócratas, planificadores y policías consumen mucho más valor de plusvalía que lo que el codicioso capitalista podía apropiarse. La Biblia nos dice: "Te ganarás el pan con el sudor de tu frente". Pero si la Biblia no fuese suficiente, está Darwin. A pesar de los sueños de algunos de nuestros propios economistas, la naturaleza nunca intentó que hubiera una especie en forma confortable e indolentemente afluente. La lucha por la supervivencia continúa en forma implacable.

La alienación es la única realidad donde convergen las dificultades empíricas y metafísicas del marxismo. Una de las grandes promesas del marxismo era liberar a la humanidad de la alienación. Según su doctrina, esta alienación era producto de la sociedad capitalista y, por lo tanto, desaparecería con ella. Cuando los medios de producción pertenezcan a los trabajadores y cuando ellos tengan la parte que les corresponde de los productos de su trabajo, el trabajo otorgará una sensación de plenitud y de alegría. Desgraciadamente, la mayor parte del trabajo no se puede redimir tan fácilmente; sólo para una mínima fracción de la humanidad el trabajo le dará una sensación de plenitud y lo hará a costa de otro tipo de agonía personal. Volvamos nuevamente a la Biblia: "Te ganarás el pan con el sudor de tu frente". Los instrumentos modernos de producción no eliminan esta dura realidad, sólo cambian las condiciones de su aplicación. En la "sociedad programada", usando el lenguaje de los marxistas recientes (o la "armazón de la planificación", en términos de Heidegger), el individuo, como otro de los objetos programados, sentirá que su trabajo es desesperanzado y vacío sea cual sea la forma como él y sus compañeros se sientan agarrados de la ficción de la propiedad colectiva.

Para sobreponerse a la alienación y al desamor, el estado ahora se encuentra en la labor de producir felicidad. No basta con que el dictador tenga derechos anticipados sobre nuestro cuerpo; también debe abrirnos las mandíbulas para verter en nuestra garganta el agua sucia de su felicidad. El violador se satisface sólo cuando obtiene una sonrisa de su víctima. Sin embargo, podemos contentarnos con la idea que el marxismo ha caído aquí en la más utópica de sus ilusiones y ha llegado al punto cuando está en guerra con la condición humana misma. La felicidad es el pájaro azul que se vuela. Por un momento estamos satisfechos y luego nos aferra la garra del deseo que clava sus uñas en nuestro corazón; los tentáculos de la mente se agitan intranquilos. La maldición de la conciencia es que se estanca o está intranquila. A los marxistas les convendría estudiar el budismo y el cristianismo, aunque sólo sea por sus descripciones fácticas de la miseria de la condición humana. Es imposible para un gobierno garantizar la felicidad de sus ciudadanos; a lo más, puede ofrecer la tranquilidad social para darnos la libertad de cargar con nuestras cruces individuales.

Cuando el estado tiene pretensiones totalizadoras, también se ve forzado a llevar toda la carga, incluyendo aquella que normalmente llevaba la religión. Nos debe sanar del trauma de haber nacido. Se ve involucrado en el asunto de salvar almas. Lea la antigua novela de Koestler, *Darkness at Noon*, a la luz de *Gulag*. Al interrogador no le basta con haber obtenido una confesión; se ha convertido en confesor de almas y debe conseguir la contrición y un verdadero cambio de corazón, aun sabiendo que la víctima será ejecutada. Así Torquemada, mientras torturaba a su víctima, rezaba por la salvación de su alma. Los rusos tienen la maldición de una gran literatura que siempre parece centrarse en el personaje que despierta una mañana y se pregunta: ¿por qué? ¿Por qué vivir? ¿Cuál es el significado de todo esto? A pesar de que el comisario no cree en el alma, debe protegerla contra estas preguntas. Ha renacido un nuevo estilo de gran inquisidor en el suelo de la no tan santa Rusia.

Los chinos no están obstaculizados por las tradiciones del cristianismo y de la literatura rusa. Son más flexibles y pacientes, y son tantos, que les resulta más fácil construir el hormiguero humano donde el individuo terminará por ser totalmente absorbido dentro del grupo. Aquellos americanos que han tomado uno de esos sonrientes tours guiados a través de China deberían leer el sorprendente documento *Prisionero de Mao*, escrito por el chino-francés Bao Ryo-wang, quien sobrevivió a los campos de trabajo chinos. Nos presenta un cuadro impresionante de una población completa que está afanosamente envuelta en la vigilancia mutua, la denuncia mutua y en interminables sesiones de autocorrección. Desde el punto de vista de un economista, ese esfuerzo representa un abismante número de horas-hombre consumidas. Bueno, a China le sobra gente. Con su interrogador (confesor), Bao escribió un recuento de sus pecados que tenía setecientas páginas. ¡Setecientas páginas! Lo suficientemente largo como para una novela victoriana de pecado y redención. Sólo esa prolijidad daba fe del verdadero arrepentimiento del autor y reafirmaba su ardor por el régimen. El estado comunista no se contenta con producir una sociedad como la de Orwell en *1984*, que mantiene cautiva a una obediente pero resentida población. El Nuevo Jerusalén se llevará a cabo con un pueblo en el que va a haber sólo creyentes que compiten entre sí por el ardor de su fe. Van a ser mentes tan completamente absorbidas en su realidad social que nunca tendrán dudas. La idea de la libertad ya había desaparecido hace tiempo junto con las molestas preguntas que surgen con ella. Las atormentadas preguntas de Nietzsche se habrán hecho tan obsoletas como la cruz de Cristo.

La sociedad materialista describirá su victoria final en términos de cierta evolución en la mente humana. Filosóficamente, esto representa una victoria para el idealista. Pero, por desgracia, es una victoria pírrica; el idealista ya no estará allí para gozarla porque se habrá extinguido hace mucho tiempo.

William James sostuvo que la libertad constituye el único hecho de la vida humana donde coinciden la creencia en la cosa con la realidad de la cosa. Si nos creemos libres, esta creencia funciona en nosotros, dirige nuestras energías y produce una diferencia demostrable en nuestras vidas. A veces se piensa que esta visión es demasiado optimista: coloca a la libertad demasiado a nuestro alcance; sólo se necesita creer en ella para que se convierta en realidad. En una sección anterior señalamos que la creencia, para ser efectiva, debe ser completa y eso no se alcanza tan fácilmente. En cualquier caso, los totalitarios nos han mostrado otro lado más oscuro y pesimista de la visión de James. Si la libertad se logra por el acto de creer en la libertad, bastaría con hacer desaparecer esta creencia para terminar con la libertad. James se refería a la libertad metafísica, no a la libertad política. Pero ambas convergen cuando se llega al punto de intentar destruirlas: si un régimen pretende eliminar la libertad, se verá obligado a remover hasta el último vestigio de la idea de libertad metafísica. En esto el totalitarismo tiene un astuto instinto de dónde está la yugular. Se puede cargar a la humanidad con todas las cadenas que se quiera, pero la tarea sólo se podrá completar cuando se haya logrado cambiar sus mentes. La humanidad sólo dejará de ser libre cuando haya perdido la idea misma de libertad.

Nihilismo, Fe, Libertad

Todo lo que existe participa en una esencia religiosa.
—E.M. CIORAN

¿En qué creo? Por ser filósofo, podría parecer que estoy especialmente bien preparado para dar una respuesta, sin embargo, mi profesión podría ser precisamente lo que me separa de la intención humana que subyace a esa pregunta. Un filósofo podría entregar toda clase de ideas y, a pesar de eso, ser ciego en cuanto a las cosas que realmente lo hacen funcionar en la vida. Entonces, ¿para qué vivo? Esa es la pregunta en cuyas garras estamos cogidos y nos coloca a todos en la misma situación de ser honrados sobre nosotros mismos y enfrentar el día que se amanece. Mirando hacia atrás, ¿cuáles fragmentos de mi vida he retenido para poder encontrarle significado? ¿Qué rituales, amuletos, encantamientos o amores ayudan a continuar? Es posible que en último término estas cosas nos sean más reales que cualquiera de nuestras impresionantes y grandiosas ideas.

El tiempo nos confronta con esta pregunta. Sea cual sea su temperamento, al fin se llega a una etapa de la vida donde se ve obligado a pensar en la muerte con más insistencia. En su novela *Un Pasaje a la India*, E.M. Forster nos cuenta de una anciana, Mrs. Moore, que bruscamente cae en el abismo del nihilismo:

> Había llegado al estado donde el horror del universo y su pequeñez
> se hacen visibles al mismo tiempo —el crepúsculo de la visión doble
> que envuelve a tantos ancianos.

Aún estoy lejos de haber llegado allí; aún danzan en mí las lujurias y enojos de los vivos. Me digo a mí mismo que nunca voy a llegar a eso, que veré más del universo que su pequeñez y horror, sin importar cuáles sean las fallas de mi cuerpo. Pero esta confianza también podría ser otra ilusión que el tiempo va a desbaratar como ha hecho con tantas otras. Por el momento he notado que algunos de mis amigos más viejos han muerto en forma inesperada y he comenzado a estar consciente de que la muerte nos contempla a todos o nos reúne dentro de *nuestra* generación. El futuro que se abre ante mí ya no parece un espacio sin límites y los horizontes dentro de los cuales me muevo parecen cada vez más estrechos.

La libertad ya no expone su magnífico despliegue de alternativas delante de mí. Si ahora afirmo esa libertad, es sólo para afirmar el estrecho corredor dentro del cual mi vida se deslizará en el futuro. Se han asentado los rieles, el tren se desplazará más o menos en la dirección indicada. En todo caso, ya es demasiado tarde para levantar los rieles y poner una nueva línea que me permita dirigirme hacia otra dirección del compás. Sin embargo, ahora más que nunca, la idea de libertad se transforma en algo más central en mí. Esta libertad incluye la monotonía de la existencia que yo mismo me he impuesto. Samuel Beckett dice: "El esclavo de la galera se aferra a sus remos". Es precisamente allí, cuando sus condiciones son mínimas, que la importancia de la libertad se hace máxima. La libertad emerge como la chispa que transfigura lo que desde afuera podría parecer sólo monotonía. Uno se levanta cada mañana al regalo de la vida como si este día fuera un nuevo comienzo.

Es algo ajeno a las aterradoras palabras que Forster dice sobre su anciana señora. Sin embargo, estoy obligado a tener en mente a Mrs. Moore y su situación. A ella le ocurre algo muy terrible, para lo cual nosotros, como lectores, no estamos muy preparados. Mrs. Moore aparece como una persona enormemente simpática, iluminada y sabia, con una sensibilidad religiosa que le queda como residuo de la fe cristiana. Sin embargo, no tiene la suficiente fuerza como para resistir el shock de la India, el calor, la fatiga de la vejez y los tediosos problemas que le imponen los jóvenes. A pesar de su forma discreta y silenciosa, Forster es un "moderno" —hace sonar la muy moderna nota de desesperación. Hace dos siglos, o tal vez un siglo atrás, los hombres se veían como amos de la historia; ahora es más probable que nos veamos como sus víctimas. La literatura del siglo XX es, en gran medida, un lamento por nosotros como víctimas. Y en nada somos más víctimas que en esto: debemos enfrentar la misma vida que enfrentó la humanidad en el pasado, pero esta vez habiendo perdido el recurso de defensa más potente. No podemos traer de vuelta la fe que se ha perdido. Tenemos que volver a esa forma de ser en cuyo ambiente los religiosos podían respirar. Tenemos que situarnos dentro de la naturaleza para que Dios pueda encontrarnos.

En todo caso, ahí comienza mi propio *Itinerarium mentis in Deum*, el viaje hacia Dios.

I.

"La naturaleza está en harapos", le comentó una vez Merleau-Ponty a Sartre, durante una conversación días antes de que esta amistad se rompiera, como era tan frecuente entre Sartre y sus pares. El mismo Sartre cuenta este incidente y nos dice que Merleau-Ponty citaba a Whitehead. Este comentario se fija en nuestra mente, en especial porque viene de Sartre. Es extraño oírlo mencionar a Whitehead, cuyo pensamiento pertenece a un ámbito tan diferente al suyo, incluso es extraño oírlo mencionar a la naturaleza, ya que juega un papel tan pequeño en su pensamiento. Sin embargo Merleau-Ponty estaba tomando un camino diferente. En la obra de Cézanne había descubierto su testaruda lucha por permanecer dentro de la presencia de la tierra. Buscando allí su propio sostén filosófico, tuvo la curiosidad suficiente como para explorar a Whitehead y caer cautivado por la observación de este último sobre los "harapos" (fragmentación) a la que había reducido la naturaleza la filosofía de los últimos tres siglos. Característicamente, Sartre menciona sólo al pasar la observación de su ex amigo, sin detenerse a comentarla o a reflexionar sobre ella. La frase no parece ocasionar ninguna molestia en su modo de pensar.

Para ser justos con él, Sartre no es atípico. La idea de la naturaleza ha jugado un papel pequeño en la filosofía contemporánea. Bergson señaló una vez que la mayoría de los filósofos parecen filosofar como si estuvieran encerrados en la privacía de sus estudios y no vivieran en un planeta rodeados por el vasto mundo orgánico de animales, plantas, insectos y protozoos, con los cuales su propia vida está unida en una historia común. De hecho, sólo dos filósofos importantes de este siglo, Bergson y Whitehead, han tomado la idea de la naturaleza como su tema central; y, en general, ambos no son apreciados hoy en día. Bergson es casi un nombre olvidado; Whitehead nunca fue considerado por los ingleses después que los abandonó para establecerse en América y prácticamente no es leído por la generación joven de filósofos americanos.

Bergson y Whitehead proveen ciertas imágenes de la naturaleza que son claves para establecer el trasfondo para continuar nuestro pensar sobre la libertad. Es un gran error olvidar el papel de la imaginación en proveer el trasfondo contra el cual todo el pensamiento, por abstracto que sea, debe encontrar su lugar y significado. La libertad humana puede ser única en las formas como se manifiesta, pero tiene sus raíces en la naturaleza, y tenemos que ser capaces de imaginar el cosmos de una manera que sea congruente con esa libertad.

Bergson, por ejemplo, nos invita a vernos a nosotros mismos y nuestras cuestiones humanas contra el trasfondo de la evolución de la vida en este planeta. Según cálculos recientes, la tierra tiene cinco billones de años. Sin embargo, su historia es un capítulo en la vida de nuestro sol, una pequeña estrella, que ha pagado su existencia con energía que ha vertido al espacio durante todo este tiempo. De acuerdo a la segunda ley de la termodinámica, a medida que se irradia energía al espacio, ésta se diluye más y más hasta que eventualmente todo el universo alcanza el mismo tenue nivel. Esta es la famosa muerte fría del universo (*heat death of the universe*) que se mantuvo como un solemne *memento mori* inscrito en los portales intelectuales de fines del siglo XIX. Era una sombría perspectiva que calzaba con el ánimo mecanicista y pesimista de la época, y no pocas imaginaciones literarias se estremecieron con ella.

Contra este cuadro de muerte cósmica, Bergson alzó la imagen complementaria de la vida. Durante los cinco billones de años que nuestro sol ha estado disipando su energía en el espacio, quemándose lentamente, la vida apareció y se las ha arreglado para sobrevivir en esta tierra. Pero no sobrevivió en un nivel marginal o de inercia, sino que también se lanzó hacia adelante en formas cada vez más elevadas y variadas. Algunos biólogos calculan que existen cinco billones de especies orgánicas en este mundo. Si se incluyen las formas de vida que alguna vez existieron y que ya se han extinguido, el número podría ser mucho más alto[*]. No importa. Por conveniencia y simetría, digamos que han existido cinco billones de especies en cinco billones de años. Una especie por año. Un estupendo esfuerzo de la creación de la que somos una parte. Si el universo exhibe procesos que parecen estar en vías de disminuir, también tiene otros que están aumentando. Mientras el sol se disipa en el espacio, se produce un proceso contrario que reúne, almacena y hace converger esta energía para producir niveles de vida superiores y más complejos. Finalmente, con la llegada del ser humano, la vida devuelve esta energía a la naturaleza en la forma de su fuente original. Nuestros instrumentos nu-

---

[*] Según el famoso paleontólogo David Raup de la Universidad de Chicago, se han extinguido entre el 99 ó 99,9% de las especies que han pasado por la tierra. Actualmente hay entre 10 y 100 millones de especies en el planeta. (Las fuentes de Barrett parecen haber exagerado considerablemente este número). Si esto es así, la tierra puede haber visto entre 10 y 100 billones de especies que han llegado y se han ido. Stuart Kauffman dice: "Cien billones de actores pavoneándose y quejándose en el escenario durante su momento, para luego no ser nunca más oídos" (N. de los T.).

cleares crean energía a partir de la materia en una imitación del sol mismo**.

¿Es este sólo un cuadro optimista cuyo objeto es ponerlo en oposición al prospecto de la muerte fría del universo que pregonaba el siglo XIX? La obsesión con el optimismo y el pesimismo es como el mal hábito del lector que ojea un libro para saber cómo termina. Lo que tenemos que vivir es el drama página a página. El que, en muchos milenios más, ocurra un final que suele ser deprimente o feliz no nos ayuda en nada a vivir día a día. Pero la imagen de la vida construyéndose a sí misma, en forma testaruda, pródiga y arriesgada, a partir de fragmentos de energía disipada por el sol, puede ayudarnos en este momento porque nos trasmite el proceso espectacular del cual somos parte y cuyo dinamismo compartimos. A la luz de esta imagen, dejamos de pensar en nuestra vida personal como una repetición iterativa de lo que ya ha sido. Entonces, la vida, cualquier vida, sin importar cuán pequeña, se percibe como un acontecimiento más milagroso que cualquier mecanismo que podamos imaginar.

Whitehead no discute la evolución de la vida en este planeta. Sin embargo, su sola idea de "organismo" es más radical y comprehensiva para devolvernos un universo vivo en lugar de un universo muerto. Durante los últimos tres siglos, desde Descartes, hemos estado inmersos en una metafísica de la muerte que Whitehead llamó "materialismo científico". Comprendemos los fenómenos de la vida como un ensamblado de cosas sin vida. Consideramos lo rutinario y lo mecánico como la realidad subyacente de la naturaleza. Tomamos como algo concreto las abstracciones de nuestros cálculos técnicos. Bajo nuestra preocupación por la técnica y los aparatos existe una predisposición metafísica

---

** Parece apropiado insistir en que no hay un proceso de disipación de energía opuesto a otro de ganancia. La energía total de todo el universo se está equilibrando, no perdiendo. Por supuesto que las gradientes de energía que existen (como la del sol versus la de la tierra) pueden utilizarse en procesos locales acumulativos que llevan condiciones de creciente complejidad. Es un error que se repite mucho el creer que la evolución, porque va de lo más simple a lo más complejo, va también contra la segunda ley de la termodinámica. No es así. La bomba atómica no crea energía, sólo la libera de la materia en un proceso que no implica ganancia de energía. La muerte fría del universo debiera afectar a los procesos endergónicos locales sólo una vez que la energía que hay concentrada en algunas zonas del universo (esencialmente en las estrellas) se haya consumido hasta alcanzar un nivel crítico. Un ejemplo podría ser un automóvil desplazándose. La velocidad del vehículo se puede aumentar en cualquier momento sin que importe la cantidad de gasolina que hay en el estanque, lo que varía es el tiempo requerido para que se detenga el motor, inexorablemente la gasolina (la fuente del desnivel energético) se va a agotar. La energía se habrá disipado transformándose en calor (N. de los T.).

para considerar las cosas como meras partículas de materia bruta que
invade el espacio, "en un flujo de configuraciones, sin sentido, sin valor
y sin objetivo".

Sin embargo, supongamos que invertimos este esquema; revertimos
el orden que usa el esquema para designar lo abstracto y lo concreto. Al
hacer eso, ya no es necesario que lo que es central para nuestra experiencia sea periférico para la naturaleza. Por ejemplo, la puesta de sol
que vemos, captada en medio de la maraña de las desnudas ramas
invernales, parece un momento de bendición en que colabora la totalidad de la naturaleza. ¿Por qué no podrían ser esos colores y esos rayos
de luz que caen sobre nosotros tan parte del universo como los átomos
y moléculas que los constituyen? Si realmente sólo están "en mi mente",
entonces ni yo ni mi mente formaríamos parte de la naturaleza. ¿Hay
alguna razón para que el pulso de la vida hacia la belleza y hacia el valor
no sea también parte de las cosas? Siguiendo esa forma de pensar, dejamos de tratar de construir lo que está vivo a partir de configuraciones
de estructuras muertas; lo que hacemos es descender desde lo más complejo a los grados más simples de lo orgánico. Desde los humanos a los
árboles y las rocas; desde los organismos "más complejos" a los "más
simples". En el universo de energía, cualquier cosa individual es un
patrón de actividad dentro del flujo y, por lo tanto, un organismo en
otro nivel.

II.

Rocas y árboles. Este invierno he llegado a conocerlos; me han acompañado en mis caminatas, o más bien, yo he aprendido a compartir su
compañía. Los árboles en invierno son más bellos que bajo el frondoso
y pesado follaje del verano. Nos revelan ahora su estructura secreta, la
línea viva y desnuda de sus ramas, la flexible aspereza que le ha dado su
continua lucha contra los elementos. Robles, arces, fresnos, castaños,
hayas, están ahora sin las hojas que los identifican, pero yo he aprendido a reconocerlos por sus cortezas, cada una tan individual como las
huellas digitales. Hay algunos donde he llegado a conocer sus curvas
particulares y la tortuosidad de sus ramas tal como conozco los rasgos
individuales de mis amigos.

Las rocas no son menos individuos. El que crea que la materia es
sólo una cosa inerte, no ha mirado las rocas con la detención que requiere. No yacen inertes; se lanzan hacia adelante o se inclinan hacia
atrás con un poder quieto y autoconcentrado. Como un gato sentado
tan quieto que su cola ha dejado de estremecerse. Entre los artistas, sólo

Cézanne pintó bien las rocas, presentándolas en la tela tan vivas como los árboles contra los cuales las colocó. En la luz gris del invierno también viven en su color, gris-humo o gris-azul, con el sutil moldeado de sus sombras que cambian a medida que cambia la luz gris. ¡La roca viva! No es sólo una frase ociosa. De la roca viva brotan las aguas del espíritu.

Por el momento me he alejado del mundo del hombre. Tampoco estoy en un salvajismo remoto. Sin embargo, se trata sólo de una franja de bosque que se extiende por varias millas a lo largo del río Hudson; pero cuando camino por ahí puedo estar solo —al menos lejos de otros seres humanos. El ancho río, que se vislumbra aquí y allá entre la red de las ramas, y la ocasional gaviota volando en lo alto, inmóvil, dejándose llevar por las corrientes de aire, bastan como trasfondo. Respecto a lo demás, estoy contento de estar en compañía de árboles y piedras. Generalmente se necesita caminar una milla para comenzar a estar libres. Lo importante es encontrar primero la libertad en el movimiento del cuerpo y dejar que la mente sea lo que quiera. Al llegar a la segunda milla, me siento libre dentro de mi cuerpo, se ha retirado la confusión de la mente y la idiotez de sus ideas. He dejado de ser un desposeído, alguien sin hogar. Estoy allí. También están allí los árboles y las rocas; me he introducido en la severa pero secretamente pródiga vida del invierno.

Aun en el árbol caído y muerto hay algo noble. El gran roble que hay allí que cayó durante el otoño pasado porque sus raíces se habían asentado en un terreno demasiado delgado; un viento lo derribó y sus raíces color tierra dejaron un gran hueco en la tierra. Ahora yace en el suelo con la nobleza de un rey muerto en la dignidad de su muerte. Toco una de sus raíces con la misma reverencia con la que hubiera tocado un féretro. En un contraste superficial, la vida animal, que es tanto más vívida, es también más degradante e innoble en la muerte. No hace mucho tiempo encontré entre los matorrales a un mapache muerto: este pequeño animal, tan bello y cautivante en la vida, se había convertido en un feo cadáver que hedía espantosamente. La ley de los opuestos de la naturaleza también trabaja aquí: mientras más nervioso y móvil se es en la vida, más escuálido y abyecto se es en la muerte. El árbol pudriéndose al volver a entrar al esquema de las cosas lo hace con más discreción y dignidad.

Comprendo muy bien por qué antiguamente la humanidad podía rendir culto a los árboles. Tal vez es eso que yo hago ahora. Después de todo, mis ancestros fueron druidas y tal vez al volver a su culto sólo estoy completando el ciclo. Ciertamente, mientras más aprendo sobre la biología de los árboles, más me inclino a la reverencia y el asombro. Me deleito al pensar en las intrincadas formas que usa ese fresno para extraer el agua del suelo para elevarla a las ramas más altas que se alzan setenta pies sobre el suelo. Las pequeñas células de xilo viven sólo unos cuantos segundos porque no tienen utilidad cuando están vivas, pero una vez muertas, forman los tubos huecos que bombean el agua hacia arriba mediante una acción capilar. Viven sólo para morir y mueren para permitir la vida más grande. Lucha continua, esfuerzo sin esforzarse.

¡Culto a la naturaleza! ¡Misticismo! Ya están listas las etiquetas que convertirían a nuestra experiencia en una gastada banalidad. Somos una cultura consumida por el verbalismo, y el efecto que tienen nuestras palabras es colocar un telón entre nosotros y las cosas. Nada existe hasta que no le hayamos asignado un nombre, y cuando ya lo tienen, su vida se transforma en la vida de una palabra que genera más palabras en un interminable argumento, debate y sofisma. Aquí, entre mis rocas y árboles, estoy más allá de la necesidad de esas etiquetas. Esto no quiere decir que mi mente se haya convertido en un borrón innominado e incoado. Al contrario, la mente y el ojo están alertas para seguir leyendo la textura de la corteza y la forma de una piedra. A un amigo que se preguntaba por qué le dedico tanto tiempo a este bosque, le contesté que me parecía a un boy-scout repasando sus conocimientos sobre bosques. Mi amigo se desilusionó con mi respuesta; le habría gustado que yo usara la palabra "misticismo". Nos olvidamos que lo que llamamos misticismo fue antes una condición natural para la humanidad y que podría volver a serlo si nos permitimos entrar a ella. El misticismo que importa es el que no necesita de la palabra. Lo mismo ocurre con el Ser. Otra palabra. Nunca estamos más en él que cuando no usamos la palabra y cuando hemos dejado de lidiar con la idea. Estas palabras son notaciones a la distancia para algo que cuando está cerca no las requiere.

Lo que acabo de escribir puede ser sólo una expresión más de la doctrina clásica del budismo Zen de la "No Mente". Uno tiene que pasar más allá de la prisión de los conceptos para lograr estar directa y completamente allí, sea cual sea esa. Hace veinte años escribí un libro en colaboración con el fallecido D.T. Suzuki; jugué un pequeño papel en la introducción del Zen a este país, y los resultados no siempre me han dejado contento. La juventud americana adquirió otro vocabulario para lanzar a su alrededor. Los jóvenes trataron de lograr la "ausencia de mente" que recomienda el Zen a través de la neblina de la marihuana y las drogas. Olvidaron, si es que alguna vez lo habían aprendido, el prosaico y magnífico dicho del sabio Hui-Neng: "El Tao [la verdad] es nuestra mente corriente". En los últimos años he echado al olvido todo lo que aprendí sobre el Zen, y al hacer esto, probablemente me he acercado más a su espíritu. Lector, aférrese a su mente corriente y olvide las etiquetas. Encuentre sus propias rocas y árboles.

III.

¿Pero no es autoindulgencia el charlar de esta manera sobre un paseo por el bosque? ¿Puedo obtener alguna respuesta filosófica de algo que, como yo insisto, no se puede expresar con palabras?

Sin embargo, el problema de la voluntad, de evitar el temido colapso hacia el nihilismo, obliga a todos los posibles recursos del espíritu para ayudarnos. Si no pudiera respirar caminando por esa franja de bosques, si no me pudiera situar en ese claro abierto, mi estado mental sería menos estable para afrontar las tareas que impone la vida. En último término, el asunto de la motivación es crucial. Si no pudiera enriquecerme aquí, también se marchitaría la fuerza de mis motivos para realizar otras cosas.

Aunque no se necesita una confirmación filosófica, podríamos volvernos hacia Kant. En su vejez, en la última de sus tres grandes obras, *La Crítica del Juicio*, Kant desarrolla una visión de la relación concreta y sensual del hombre con la naturaleza. Hegel y Schelling, que en otras materias son agudos críticos, alabaron esta obra como la más grande de las tres grandes críticas. Este juicio no debe tomarse con ligereza; son dos filósofos que pertenecían a la generación que lo seguía y que estaba más cercana a las preguntas de Kant que los circunspectos neokantianos que los siguieron y que lo quisieron encerrar en la camisa de fuerza de la epistemología. De hecho, en este último trabajo, Kant enfrenta un problema que lo había estado esperando en bambalinas. Ya había discutido al hombre como un esqueleto —un conocedor abstracto y un agente moral abstracto—, pero ahora debía analizarlo como una criatura de los sentidos, en sus percepciones inmediatas de la naturaleza. Aquí se debe encontrar la libertad del hombre, no como un postulado moral abstracto, sino que en su ser concreto dentro de la naturaleza. Kant nos dice que cuando se experimenta la sensación de lo Sublime y lo Bello, se establece entre nosotros y la naturaleza que contemplamos, una armonía desconocida e imposible de conocer. Dentro de esta percepción no hay algo en particular que pueda explicar la profundidad que la rodea. Lo que vibra en ella apunta a algo más allá que nunca comprendemos como un hecho de facto dentro de ello. Existe una resonancia que vibra entre las profundidades desconocidas del Ser y la profundidad inconocible de la naturaleza de las cosas. Lo profundo llama a lo profundo. Aquí termina la angustia de la alienación. Aunque no lo podemos conocer en forma precisa y conceptual, estamos cómodos con este misterio que sugiere un significado del cual nosotros también somos parte. Y al tener significado, tenemos un motivo más para sostenernos en nuestro solitario viaje como seres mortales a través de este mundo. Por lo tanto, Kant termina por convertirse en un moralista. Lo sublime y la belleza de la naturaleza son los símbolos sensoriales de nuestro elevado destino moral.

Es una expresión de lo inexpresable tan buena como cualquier otra. Pero no mejor que cualquiera de las otras. En todo caso, terminamos en la torpe e inarticulada presencia desde donde parte Kant. Esta es una verdad más importante que cualquiera de los intentos por expresarla. Estaríamos equivocados al pensar que Kant simplemente desarrollaba una inferencia intelectual a partir de las ideas de lo sublime y lo bello. Simplemente chapuceando, como cualquier otro mortal, aunque de la manera más elaborada y formal de su filosofía, para dar palabras a ese sentimiento sin palabras que nos invade en presencia de la naturaleza.

De hecho, las ideas de lo sublime y lo bello son cosas hechizas que aprendemos a descartar. Son nuestras perspectivas humanas; y si nos aferramos demasiado a ellas, es probable que terminemos en una separación "estética" de la naturaleza. Por eso ninguna fotografía, por impresionante que sea, puede tener el poder sobre nosotros que tiene nuestra presencia real dentro de un escenario natural. Mientras más cerca estemos de la naturaleza, menos buscamos dicotomizar la belleza y la fealdad. Ese gran fresno, con su enorme tronco con más de quince pies de circunferencia, se ve atrayente y bello cuando se envuelve con el cortinaje del verano. Cuando perdió sus hojas, reí al descubrir que sus ramas más altas emergen rechonchas y feas. Pero si me paro bajo él y miro hacia arriba, el gran torso rizado se remonta sobre mí con la gracia muscular de un bailarín, y sonrío disculpándome por haberlo juzgado feo. A medida que nuestra perspectiva cambia de lugar, también cambian de lugar lo bello y lo feo. Con el tiempo uno aprende a no separar la belleza de la totalidad. En todas partes, en mi ánimo invernal, encuentro la belleza mezclada con lo duro y lo doloroso. Recuerdo la punzante visión de un cisne en un río en Zurich, era de noche, y el cisne dormía bajo la fría lluvia, balanceándose en las ondas del agua, su largo cuello doblado hacia atrás sobre su cuerpo. Aun ahora me cuesta recordar una imagen más bella; sin embargo, también era una imagen de angustia acunada sobre las frías olas. Aquí tampoco es posible aislarse de lo estético. Estos árboles y rocas me acompañan en mi sufrimiento.

Kant, temblando frente a la presencia de la naturaleza que lo rodeaba, se apresuraba demasiado para encontrar en esa experiencia una confirmación de sus sensibilidades morales. Los románticos que lo siguieron persistieron en esta vena humanística. El paisaje que amaban les devolvía su imagen humana. Así canta oportunamente Wordsworth:

Un solo impulso de un bosque primaveral
Puede enseñarnos más sobre la maldad moral y sobre el bien...

(*One impulse from a vernal wood*
Can teach us more of moral evil and of good...).

Los árboles y las rocas no incurren en la impertinencia de imponernos lecciones. Su método de instrucción es más tortuoso e indirecto, pero quizás por eso mismo más potente. Su primera lección es arrancarnos del estrecho y presumido horizonte de nuestro humanismo. Ayudan a recuperar el equilibrio de nuestra sanidad mental sin la cual estaríamos menos libres para realizar la tarea moral que se nos exige.

Y entonces, en forma sorpresiva, ¡hace una semana instalaron una cerca que ahora me cierra el paso hacia la parte más lejana de mi caminata! Hoy descubrí un modo de soslayarla y, por el momento, de nuevo estoy en paz.

Pero no completamente. Ahora le temo a la cerca que vendrá después y la que la seguirá. Sueño con esa última cerca que los seres humanos algún día erigirán para aislarse efectivamente de cualquier mundo que esté más allá del humano. ¡Al fin el triunfo del "humanismo"! Entonces tendremos que preocuparnos del futuro humano. La especie podría enloquecer o deslizarse flojamente en el vacío nihilismo de la ciencia-ficción.

IV.

A pesar de todo, volvemos a entrar al mundo humano. Allí tengo mi habitual cuota de amarras, con su complemento de amores, enojos y desilusiones. No aspiro al desapego. Aun cuando fuera posible, sería vacío, y de hecho, es imposible. Los occidentales no podemos permanecer detenidos para siempre en las maravillosas imágenes del taoísmo y del budismo Zen, que nos llaman a lograr la tranquilidad del Ser. Entre ellos y mi persona se interponen la Biblia y la novela rusa, de cuya influencia me resulta imposible desprenderme.

Tan pronto como nacemos se nos lanza en la pregunta de las primeras y de las últimas cosas. El secreto de los escritores rusos es que sus personajes están inmersos en estas preguntas aun en sus acciones más insignificantes. Los personajes desaliñados y frívolos de Gogol no habrían descollado tan monumentalmente como los de Shakespeare sin la manía religiosa que devoraba al autor. Al final, esta obsesión religiosa destruyó a Gogol como artista, pero sin ella no habría podido escribir en la forma incomparable como lo hizo. Esta es otra de las paradojas de la creación —y, podríamos agregar, de la libertad.

Tan pronto como nacemos respiramos el aire de una religión: estamos vivos y, por lo tanto, debemos morir. Entre todas las definiciones que se han propuesto para el ser humano, la más cercana a la verdad es la que lo define como un animal religioso. Creó las religiones mucho antes que los griegos crearan la razón. Y ahora que al fin vive en el mundo de la ciencia y del computador, nuevas religiones brotan por todos lados. Sería una locura pensar que la parte religiosa del ser humano es una excrecencia accidental que terminó con la Revolución Francesa. El fanatismo de la historia que ha seguido a esta revolución ha demostrado que la humanidad simplemente desplazó sus pasiones religiosas hacia el mundo; los resultados han sido más aterradores que cualquier inquisición religiosa.

El psicoanalista mentalmente secular ahora encuentra en todas partes que sus pacientes tienen un sentido de falta de significación contra el cual no puede luchar. Es muy posible que, como sostuviera Freud, la religión sea una ilusión, pero el propio ser humano también es esa ilusión. La historia de sus religiones presenta al ser humano y a nadie más. En esa historia, las maldades y excesos son de él, así como también todo lo conmovedor y sublime. Lo frenético del ascetismo, que puede dar la impresión de ser sólo una aberración y una anormalidad para nuestra mente secular, de hecho es una forma inevitable del animal humano para encontrarle significado a su existencia. Antes de poseer un significado, podemos vernos buscando mecanismos propios que son igualmente extremos. Creamos al negarnos a nosotros mismos. Mientras nos esforcemos en los trabajos de alguna disciplina, no podemos creer que nuestra vida no tiene sentido. En las tensiones de la voluntad —el simultáneo esforzarse y rendirse— aleja al fantasma del nihilismo.

Según un antiguo dicho, lo más importante que una dueña de casa debe conocer de su arrendatario es su filosofía. Tal vez sea lo más importante como un asunto de utilidad social, pero no lo más profundo. Una filosofía es sólo aquella parte de nosotros que podemos articular delante del público. Nuestra parte más profunda es nuestra religión, ese incierto centro de las añoranzas, la aceptación y la rebelión, de desesperación y aspiración simultáneamente, de donde proviene todo lo filosóficamente vital. Cuando ese centro no ha sido tocado, la filosofía suena hueca.

Todas las mañanas, al cruzar el umbral de la buhardilla que es mi estudio, me persigno. No me pregunten qué significa esto. Es un gesto que me enseñaron a temprana edad y que yo había olvidado pero ahora ha vuelto a mí. Me ayuda a no pensar. En silencio, al hacerlo, no estoy atrapado en las palabras y sus artificios. Tal vez esto también se podría lograr con otro gesto, pero el resultado sería el mismo. Para mí sería el mismo gesto. He llegado a formar parte de una iglesia invisible con una sola persona. Estoy preparado para aceptar cualquier ritual o amuleto que me ayude a sostenerme y entusiasmarme dentro de este misterio que se me ha dado para vivir. Pascal dijo: "Atúrdase, tome agua bendita". Ya no me parece que esta orden sea un ultraje. Haríamos algo equivalente en ciertas situaciones para lograr seguir con vida. Y algunos de nuestros medios podrían no ser tan inocuos. Imaginemos a un comunista —debe haber alguno en alguna parte— que sufre dudas. Lo veo en el momento cuando cruza por su mente el pensamiento de que toda la idea que gobierna su vida podría ser un error terrible y que, aun en un asunto tan mundano como la eficiencia económica, el sistema resulta chambón e inepto, y sin embargo, esta sola idea podría determinar el sacrificio de toda la humanidad y su futuro. Por un momento el personaje se siente confundido, pero luego se sacude y sale corriendo hacia su propia pila de agua bendita; y sus dudas se desvanecen al sumergirse en la disciplina y demostraciones del partido.

Todos somos miembros de una iglesia invisible que consiste de un solo miembro y de todos. Al subir la escalera, a media luz, me encuentro con los grandes ojos suplicantes de mi perra. Me mira como si estuviese triste de que ya no la lleve en mis paseos. Está muy vieja y la distancia la cansa demasiado. Está envejeciendo rápidamente y luego morirá y perderé la compañía de sus ojos. Me gustaría poder decirle que no la olvidaré. Compartimos el hecho de la mortalidad —ahora me mira desde sus ojos—, pero no podemos compartirlo con el lenguaje. Ese es el don único que tienen los hombres sobre todos los otros animales: pueden compartir entre ellos su muerte. El culto fundamental de todas las religiones son los ritos funerarios. Reuniéndose en su observancia, podemos persignarnos, o hacer cualquier otro gesto ritual, no tanto por el muerto sino por nosotros, los vivos, en un acto de compasión del uno por el otro. Y así comenzar a vivir.

El psiquiatra Harry Stack Sullivan tuvo un paciente que constantemente amenazaba con suicidarse. Una vez, después de uno de estos episodios, el analista le preguntó con mucha suavidad: "¿Y por qué no lo hace?". El enfermo, tomado por sorpresa, enmudeció. De allí en adelante (según cuenta la anécdota) dejó de hacer amenazas contra su propia vida. Una vez que uno ha sido desafiado y se ha echado atrás, ha realizado un gran acto de fe. Se ha llevado a cabo una afirmación primaria más allá de la cual cualquier elogio verbal palidece.

Sería un buen ejercicio espiritual que cada uno de nosotros tratara de actuar esta situación. Seríamos el paciente y también el analista y plantearnos la pregunta de Sullivan. (Es mejor practicar este ejercicio cuando gozamos de calma mental; podemos aunar las fuerzas para resistir el momento de pánico que se nos viene encima). Demos rienda suelta a la mente y dejemos que vague por donde quiera. Esto me mostrará que mis razones para vivir son meros pretextos: que mis placeres son mediocres, mis talentos inciertos y mis virtudes insignificantes. Pero aun mientras la mente vaga devorando mi sustancia, algo más fuerte que la razón asume el poder. Si proyecto esta mezquina vida mía en contra de la posibilidad de no haber sido, entonces siento que el regalo de Ser me inunda como una marea. El hecho de existir es ser feliz. Dostoievski, en su forma sorprendente e impredecible, eligió poner su verdad suprema en la enajenada boca de Kirilov: "Todos seríamos felices si sólo lo supiésemos". Contra el vacío de la no-existencia, cualquier fragmento de existencia, por mezquino que sea, se transforma en un milagro supremo. ¡Dios mío, soy feliz! Esta libertad, como la del esclavo en la galera, aquí en esta buhardilla, es inacabable.

Así cada día me juzgo y me sentencio a permanecer entre los vivos. Condenado a vivir, entonces debo crear continuamente razones para vivir. El juicio no es tan severo ni la tarea tan difícil como imaginamos. Sólo necesitamos abrirnos al mundo y éste derramará sus riquezas a nuestros pies. Antes de este invierno no sabía que la corteza de un árbol, cogido en la amarilla luz del sol, bastaría para restaurar una vida.

Índice Analítico

Este libro se terminó
de imprimir en
Andros Impresores
en octubre de 2001